Balduin Penndorf

Geschichte der Buchhaltung in Deutschland

Verlag
der
Wissenschaften

Balduin Penndorf

Geschichte der Buchhaltung in Deutschland

ISBN/EAN: 9783957002051

Auflage: 1

Erscheinungsjahr: 2014

Erscheinungsort: Norderstedt, Deutschland

Hergestellt in Europa, USA, Kanada, Australien, Japan
Verlag der Wissenschaften in Hansebooks GmbH, Norderstedt

Geschichte der Buchhaltung in Deutschland

Von

Prof. Dr. B. Penndorf

1913

Verlag von G. A. Gloeckner in Leipzig

Vorwort.

„Wer in einer Kunst Meister werden will, studiere deren Geschichte. Ohne historisches Fundament bleibt alles Können unvollkommen und das Urteil über die Erscheinungen der Gegenwart unsicher und unreif."

Mit diesem Motto ist der praktische Zweck der vorliegenden Arbeit ausgesprochen. In der Tat würde die Methodik des Buchhaltungsunterrichtes einen anderen Weg angenommen haben, wenn die Lehrart und die Praxis der alten Buchhaltungslehrer, die sie uns in ihren Lehrbüchern überliefert haben, mehr beachtet worden wäre, und mancher pädagogische Heros, der heutzutage mit seiner neuen Methode sich breit macht, würde, wie einst Koldewey (Monumenta Germaniae Pädagogica VIII, S. IX) ausführte, „vielleicht bescheidener auftreten, wenn er wüßte, daß das Produkt seines Scharfsinns schon lange vor seiner Geburt einmal erdacht, erprobt — und vergessen worden ist."

Ferner verbindet sich damit ein wissenschaftlicher Zweck. Die Geschichte einer jeden Wissenschaft hat die Aufgabe, ihren Ursprung, die Stadien ihrer Entwickelung quellenmäßig zu erforschen und festzusetzen und ihre Fortschritte darzulegen.

Liegt so die Bedeutung einer solchen Arbeit klar vor Augen, so herrschen über den Weg, der dabei einzuschlagen ist, noch verschiedene Zweifel. C. P. Kheil hat 40 Jahre lang an seinem Lebenswerke, einer universalhistorischen Darstellung der Buchhaltung, gearbeitet, ohne jedoch über die Vorarbeiten hinaus gekommen zu sein. Kurz vor seinem Tode schrieb er deshalb das Wort: „Indes ist mit Bruchstücken oder Beiträgen zur Geschichte der Buchhaltung vorlieb zu nehmen, insolange die Quellen und das gesamte handschriftliche und literarische Material behufs einer universalhistorischen Darstellung dieser Wissenschaft nicht vollends erforscht, gesichtet und geprüft sind." Im Jahre 1905 schrieb zwar F. Row. Sogo[1] eine „History of Book-keeping", die aber in der Hauptsache nur eine zusammenfassende Darstellung der bis dahin veröffentlichten kleinen Arbeiten ist. Diese von Sogo benutzten Teilarbeiten erstreckten sich zunächst auf die Bearbeitung von älteren Handlungsbüchern, insbesondere war in dieser Richtung Prof. Sieveking-Zürich tätig gewesen. Andere hatten sich den älteren Lehrbüchern über Buchhaltung zugewendet, wie Jäger und Kheil.

---

[1] Brown, A History of Accounting and Accountants. Edinburgh. 1905.

Schließlich hatte man sich in richtiger Erkenntnis darauf beschränkt, Bibliographien für einzelne Länder aufzustellen, so namentlich für Frankreich und die Niederlande [1].

Als ich vor einer Reihe von Jahren den Plan zu dieser Arbeit faßte, stand es für mich fest, daß nur eine strenge Beschränkung auf Deutschland zu praktischen Ergebnissen führen würde. Als Grundlage sollten mir sowohl die alten Handlungsbücher als auch die alten Lehrbücher über Buchhaltung dienen. Planmäßig wurden daher die wichtigsten deutschen Archive und Bibliotheken durchforscht, und manches wertvolle, bis dahin unbekannte· Dokument kam dabei zum Vorschein. Überall fand ich großes Entgegenkommen, und dafür sei den Vorständen dieser Archive und Bibliotheken auch an dieser Stelle gedankt. Ebenfalls brachten Wirtschaftshistoriker, Juristen und Handelslehrer meinen Studien großes Interesse entgegen und leisteten mir dabei manchen wertvollen Dienst. Bei meinem einzigen Versuche, für diese kostspieligen und zeitraubenden archivalischen Forschungen eine Unterstützung zu erhalten, machte ich jedoch so bittere Erfahrungen, daß ich von weiteren Bemühungen absah.

Die Einteilung des Stoffes war hier gegeben. Während sonst die Einteilung nach Jahrhunderten vielfach gekünstelt ist, bildete hier das Jahr 1500 einen natürlichen Abschnitt. 1494 war das erste gedruckte Buchhaltungswerk erschienen, infolgedessen wurde für den 1. Abschnitt das 14. und 15. Jahrhundert gewählt. Im 16. Jahrhundert entwickelte sich die doppelte Buchhaltung in Deutschland und hatte am Ende des Jahrhunderts ihre Ausbildung erlangt. Damit war der 2. Abschnitt gegeben. Nun tritt ein Stillstand ein, und daher wurde der Zeitraum von 1600 bis heute im 3. Abschnitt zusammengefaßt.

Schwierigkeiten bot dagegen die Edition. Von einer schriftgetreuen Wiedergabe aller Proben mußte ich deshalb absehen, weil dadurch das Buch schwer lesbar geworden wäre. In verschiedenen Aufsätzen, die ich über diesen Gegenstand bereits veröffentlicht hatte, mußte ich die Erfahrung machen, daß die unverändert wiedergegebenen Einträge zumeist vom Leser überschlagen werden. Um allen gerecht zu werden, entschloß ich mich schließlich zu folgenden Grundsätzen: Bei jedem Beispiele aus der Zeit vor 1600 habe ich zunächst einen Teil schriftgetreu, das folgende in heutiger Schreibweise gegeben. Nach dem Jahre 1600 habe ich stets (also auch bei den Proben aus den Lehrbüchern) die heutige Schreibweise angewendet.

Da es in diesem Buche nur auf die in den Handlungsbüchern verwendete Form und nicht so sehr auf den Inhalt ankam, sind sachliche Erklärungen beschränkt worden. Bei der großen Zahl von alten Handlungsbüchern, die ich durcharbeiten mußte, sind Lesefehler unvermeidlich gewesen; für den hier in Frage kommenden Zweck sind sie aber belanglos.

Prof. Dr. Penndorf.

Chemnitz, im November 1913.

---

[1] Cerboni, Cataloque des œuvres sur la comptabilité publiées en Italie. Roma 1882.
A Torrents y Monners. Diccionario Bibliografico. Barcelone 1902.
J. Hagers, Bouwstoffen voor de Geschiedenis van het Boekhouden. Rotterdam 1903.
G. Reymondin, Bibliographie métodique des Ouvrages en langue française parus de 1543 à 1908 sur la science des comptes. Paris 1909.

Inhalt.

A. Die Buchhaltung in Deutschland bis zum Jahre 1500.

I. Einleitung.

Die ältesten deutschen Handlungsbücher, die sich bis auf unsre Tage erhalten haben, stammen aus dem 14. Jahrhundert, und zwar sind es meist Geschäftsbücher hanseatischer Kaufleute.

Der hanseatische Handel jener Zeit war bedeutender als zumeist angenommen wird. So betrug Lübecks Außenhandel zur See im Jahre 1368 über 4½ Millionen Mark heutiger Währung, der Hamburgs 1371 über 3½ Millionen Mark, Stralsunds 1384 über 3 Millionen Mark[1]). Um die Bedeutung dieser Summen zu erkennen, sei erwähnt, daß gleichzeitig ganz England mit all seinen reichen Großgrundbesitzern an Steuern jeglicher Art höchstens 5 Millionen Mark im Jahre aufzubringen vermochte, so daß der damalige hanseatische Seehandel tatsächlich als bedeutend bezeichnet werden muß. Die Ausfuhr der preußischen Städte und der vier wendischen, Lübeck, Rostock, Wismar und Stralsund, sowie ihre Einfuhr aus nichthansischen Städten zusammen aber belief sich in 1½ Jahren 1368/69 auf heutige 23¼ Millionen Mark[2]) oder in einem Jahre 15½ Millionen Mark, oder mehr als dreimal soviel wie die gesamten englischen Staatseinnahmen. Keutgen[3]) vergleicht diese Zahlen mit denen des

---

[1]) Stieda, Revaler Zollbücher und -Quittungen des 14. Jahrhunderts. (Hans. Geschichts-Quellen, Bd. V, S. LVI f.) Die Berechnung beruht auf dem Pfundzoll, der in kriegerischen Jahren erhoben wurde und zwar von der eignen Ausfuhr, sowie von der Einfuhr aus bundesfremden Häfen. Keutgen, Hansische Handelsgesellschaften, vornehmlich des 14. Jahrhunderts. (Vierteljahrschrift für Sozial- und Wirtschaftsgeschichte. Bd. IV.) S. 283 f.
[2]) Stieda, a. a. O. S. XXXII.
[3]) A. a. O. S. 284.

1

heutigen deutſchen Außenhandels und den heutigen britiſchen Staatseinnahmen und kommt unter Berückſichtigung des Umſtandes, daß in den oben genannten Zahlen (23 ¼ bzw. 15 ½ Millionen Mark) nicht nur Hamburg, Bremen und die kleineren wendiſchen Städte, ſondern auch Köln und der ganze ſüddeutſche Handel fehlen, zu dem überraſchenden Ergebnis, daß auch heute unſer Außenhandel noch nicht ein gleich günſtiges Verhältnis wieder erreicht hat.

Haben wir ſo in Kürze ein Bild von der Größe des Warenumſatzes jener Zeit erhalten, ſo müſſen wir uns nun mit einigen Worten dem Betriebe des damaligen Handels zuwenden. Häpke[1]) hat einmal betont, wieviel mehr Zeit man ſich ehemals zu allen Geſchäften nahm. Wie langſam wird man gedacht und geſprochen, wie gründlich die angebotenen und erhaltenen Waren geprüft, die Verpackung und Verladung beauffichtigt haben. Und wie unvollkommen waren die Verkehrsmittel! Da war es notwendig, daß der Kaufmann ſeine Ware perſönlich begleitete, was aber mit der Ausdehnung ſeines Geſchäftes unmöglich wurde. Man ſuchte nach Mitteln und fand einen Ausweg darin, andere Kaufleute an ſeinen Unternehmungen zu beteiligen. Die „Ubiquität"[2]) der Perſon, die ſchon damals unmöglich geworden war, wurde durch die Errichtung von Handelsgeſellſchaften erreicht, die tatſächlich auch in den Handelsbüchern des Mittelalters eine ſolche Rolle ſpielen, daß hier wenigſtens einige Worte darüber vorausgeſchickt ſeien[3]).

Im Anſchluß an Keutgen[4]) beginne ich mit dem „Sendeve". Der Sinn dieſes Wortes wird aus folgenden Stellen des Wittenborgſchen Handlungsbuches klar:

7 stucke wasses . . . van deme sendewe, dat ic Arnolde mede dede . . .;
1 mille scones werkes . . . van deme sulven sendewe, do Arnold mit worede (= fuhr).

Sendeve bedeutet alſo Sendegut. Urſprünglich wurden Waren, dann auch Geld „to sendeve", lateiniſch „in sendeve, ut sendeve" anderen Leuten, wohl zuerſt Verwandten, ſpäter Gehilfen mitgegeben, oder man ließ durch ſie auswärts einkaufen und heimſenden. Das Sendevegeſchäft iſt alſo ein Kommiſſionsgeſchäft.

Von dem Sendeve unterſcheidet ſich die Geſellſchaft, für die in den Handlungsbüchern verſchiedene Namen vorkommen, wie gheselscap, selscop, kumpanie, societas vera, wederlegginge, contrapositio[5]). Von ihnen iſt die vera societas eine Geſellſchaft mit Gemeinſamkeit von Gewinn und Verluſt.

Bei der Wederlegginge (Wiederlegung, lat. contraposicio) ſtreckte der Kapitaliſt dem Reiſenden ein Kapital vor, das er in die Geſellſchaft einſchießen ſollte. „Es handelte ſich alſo um die widerrufliche Schenkung eines Handelskapitals oder um ein Darlehen auf ſo lange, wie der Empfänger im Dienſte

---

[1]) Schmollers Jahrbuch für Geſetzgebung, Verwaltung und Volkswirtſchaft im deutſchen Reich. Jahrgang 1905 S. 1051.
[2]) Mollwo, Das Handlungsbuch von Hermann und Johann Wittenborg. Leipzig 1901, S. XLIX.
[3]) Die Literatur über hanſiſche Handelsgeſellſchaften iſt groß. Von neueren Werken ſeien genannt: Rehme, Die Lübecker Handelsgeſellſchaften in der erſten Hälfte des 14. Jahrhunderts. (Zeitſchrift für das geſamte Handelsrecht, Bd. 42.) Silberſchmidt, Kumpanie und Sendeve. (Archiv für Bürgerliches Recht, Bd. XXIII.) Keutgen a. a. O.
[4]) A. a. O. S. 474 ff.
[5]) Im ſüdeuropäiſchen Geſellſchaftsrecht lautete der zentrale Begriff Commenda, wobei der Empfänger eine Quote (meiſt ein Viertel) des von ihm erzielten Gewinnes als Entſchädigung erhielt.

des Gebers bleiben würde. Das hingegebene Geld brachte dem Empfänger Vorteil und blieb doch den Zwecken des Gebers dienstbar: es war ein Mittel, jenen dauernd an das Haus zu fesseln und zugleich zu belohnen, entsprach übrigens altgermanischen Grundsätzen." [1])

Tiefer auf den Charakter der hansischen Handelsgesellschaften einzugehen ist hier nicht der Ort; es sollten nur die Begriffe, die im folgenden häufig wiederkehren, im voraus erklärt werden. Für die Entwicklung der Buchhaltung sind diese Handelsgesellschaften, wie später gezeigt werden soll, von größter Bedeutung, wurde doch durch das Gesellschaftsverhältnis eine Aufzeichnung deshalb notwendig, um die Abrechnung zu ermöglichen.

II. Die Handlungsbücher dieser Zeit.

a) Die Bücher des 14. Jahrhunderts.

Das älteste deutsche Handlungsbuch, das auf uns gekommen ist, wurde im Jahre 1895 im Lübecker Staatsarchiv gefunden und später von Mollwo herausgegeben [2]).

Das Buch ist von Hermann Wittenborg, der seit 1310 in Lübeck nachweisbar ist, eröffnet worden. Sein Geschäft besaß keine gewaltige Ausdehnung, doch war er ein vermögender Mann, der zwischen 1337 und 1338 starb. Sein Sohn Johann, der dann das Buch benutzte, gehörte seit dem Jahre 1350 dem Rate an und wurde 1360 Bürgermeister. Im Jahre 1363 wurde er enthauptet.

Johann Wittenborg war Großhändler, und zwar handelte er hauptsächlich mit Malz, Gerste, Roggen, Heringen, Wolle, Schafen, Pelzen und Tuchen. Die ersten drei Erzeugnisse bezog er vom Osten, insbesondere von Danzig, und schickte als Gegenwert flandrische Tuche dahin. In Flandern vollzog sich das Geschäft dann umgekehrt. So dehnte sich sein Geschäft von Flandern und England bis nach Schonen, Preußen und Rußland aus. Da er infolge seiner öffentlichen Stellung Lübeck in seinen Geschäftsangelegenheiten nur selten verlassen konnte, übertrug er die Vertretung seiner Interessen im Auslande Geschäftsteilhabern und Handelsbevollmächtigten [3]).

Das Handlungsbuch der Wittenborgs besteht aus zwei aneinandergehefteten Lagen Papier von verschiedener Größe, die durch einen dünnen, braunen Lederumschlag mit rechts überschlagender Kappe ohne Schließen zusammengehalten sind und besteht im ganzen aus 40 Blättern. Es enthält durchaus nicht alle Handelsgeschäfte, sondern nur diejenigen, bei denen Kredit gewährt worden war. Bei den Eintragungen werden meist die Schuldner, das zugrunde

---

[1]) Keutgen, a. a. O. S. 494.

[2]) Mollwo, Das Handlungsbuch von Hermann und Johann Wittenborg. Leipzig 1901. Ein wahrscheinlich von Johann Klingenberg herrührende Buch des Lübecker Archivs ist zwar älter (1331—1336), enthält aber vorwiegend Nachrichten über Haushaltsausgaben und kommt daher für unsere Zwecke nicht in Betracht.

[3]) Eine zusammenhängende Darstellung der Gesellschaften Johann Wittenborgs gibt Keutgen a. a. O. S. 613 ff.

liegende Geschäft, die Schuldsumme und der Zahlungstermin bezeichnet. War das Geschäft erledigt, so wurde die Buchung durchstrichen. Eine besondere Sicherheit wird nur in wenig Fällen verlangt, bei den 438 Eintragungen finden sich die Pfandsetzung zwölfmal, Bürgschaft oder Zeugnis etwa 40 mal. Größere Geschäfte, die den Wert von etwa 130 Mark lüb. überschritten, und solche mit unsicheren Kunden wurden zur größeren Sicherheit auch in das Niederstadtbuch eingetragen, dessen Aufzeichnungen absolute Beweiskraft gegen jedes Zeugnis hatten. Als Beweismittel dienten noch andere Belege (Urkunden, Denkelbriefe, Schuldverschreibungen)[1]), die sich in einer auf dem Hausboden verwahrten Kiste[2]) befanden.

Die Einträge erfolgten teils in lateinischer, teils in deutscher Sprache, seit 1350 vorwiegend in letzterer. Folgende Beispiele sollen ein Bild von der Technik. der Wittenborgschen Buchhaltung geben.

Das von Hermann Wittenborg herrührende Buch ist undatiert, weist aber einige Posten aus den Jahren 1329, 1331, 1332 und 1336 auf. Es beginnt mit folgenden Einträgen (vgl. Abbildung):

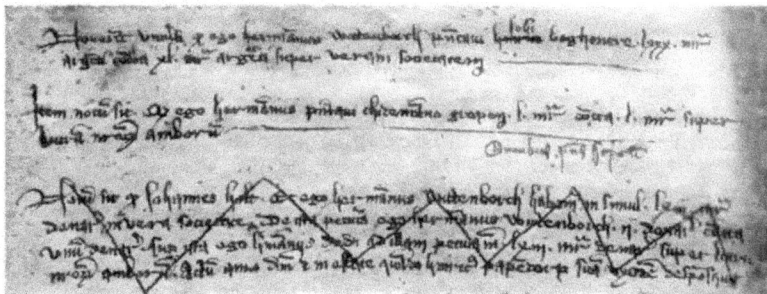

Noverint universi, quod ego Hermannus Wittenborch presentavi Johanni Boghenere 80 m. argenti contra 40 m. argenti super veram societatem. (Zu wissen, daß ich, Hermann Wittenborg, übergeben habe dem Joh. Boghener 80 Mark Silber gegen 40 Mark Silber auf gemeinschaftliches Risiko.)

Item notum sit, quod ego Hermannus presentavi Thidemanus Gropen 50 m. contra 50 m. super lucrum nostrorum amborum. (Zu wissen, daß ich, Hermann, übergeben habe Thidemann Grope 50 Mark gegen 50 Mark auf gemeinschaftliches Risiko.)

Hermann Wittenborgs Angaben sind im allgemeinen sehr dürftig, das zeigt sich auch hier, denn er gibt bei seinen Gesellschaften fast durchweg nur die Kapitalien an, nicht aber die Waren, in denen sie angelegt werden sollen.

---

[1]) Eine Schuldverschreibung über 10 Mark den. des Dietrich Weger an Johannes Wittenborg vom 16. Dezember 1359, die sich im Original im Staatsarchiv Lübeck befindet, hat folgenden Wortlaut:
Notum sit, quod Thidericus Wegher tenetur domino Johanni Wittenborch decem marcas denariorum, eidem festo beati Martini episcopi (= 10. Nov.) proxime venturo expedite persolvendas. Testes sunt domini Jacobus Plescow et Dethardus Sachtelevend, consules lubicenses. Datum anno domini MCCCLIX feria secunda ante festum beati Thome apostoli gloriosi.
[2]) I. 11. „in cista mea". II. 9. „de ligen in meiner kisten" usw.

Auch der folgende Eintrag betrifft Gesellschaften:

Notum sid, quod Johannes Holt et ego Hermannus Wittenborch habemus in simul 63 m. 'd. in vera societate. De ista pecunia ego Hermannus Wittenborch 2 denarios contra unum denarium; super ista ego Hermannus dedi ad illam pecuniam 63 m. d. super lucrum nostrorum amborum. Actum a. d. et in estate. quando Hinricus Papendorp suam uxorem desponsavit. (Zu wissen, daß Joh. Holt und ich, Hermann Wittenborg, haben zugleich 63 Mark in Gesellschaft im Verhältnis von 2:1; außerdem habe ich, Hermann, zu jenem Gelde noch 63 Mark zu gemeinsamen Risiko gegeben.[1]) Geschehen im Jahre und zu der Zeit, als Heinrich Papendorf sich verlobte.

In regelmäßiger Verbindung stand Hermann Wittenborg mit seinem Verwandten, dem Wechsler Marquard Wittenborg und Johann von Dülmen; so heißt es verschiedene Male: Notum sit, quod Johannes de Dulmen et Marquardus campsor et ego Hermannus Wittenborch exposuimus in societatem.

Nun ein Beispiel eines Verkaufes:

Notum sit, quod Thi. Crele et Thi. Rode cives in Rostok tenentur Hermanno Wittenborghe 123 m. pro 12 Dixsmudenses pannos, persolvendos in festo carnisprivii nunc venturo sine omni impedimento. Et hoc scriptum est in libro civitatis. (Zu wissen, daß Th. Crele und Th. Rode, Bürger in Rostock, dem Hermann Wittenborg 123 Mark für 12 Dismudesche Tücher schulden, zu bezahlen jetzt kommende Herrenfastnacht ohne jede Hinderung. Und dies ist geschrieben in das Stadtbuch.)

Nur wenig Eintragungen sind von Hermann Wittenborg aufgezeichnet worden, dann folgte in der Buchführung seine Witwe. Sie beginnt mit folgendem Eintrag:

Notum sit, quod ego habeo in duabus hereditatibus apud sanctum Jacobum habio 16 m. redditus, marcam pro 20 m. d. lub. (Zu wissen, daß ich in 2 Erben [Grundstücken] bei St. Jakob ... 16 Mark Rente habe, die Mark für 20 Mark lübisch.)

Vereinzelt treten dann Einträge hinzu, die wahrscheinlich von den Testamentsvollstreckern Hermann Wittenborgs stammen. Dann folgen die Einträge Johann Wittenborgs.

Johann Wittenborg beginnt mit einer Übersicht über seine Zinseinnahmen und Renten aus Häusern:

Notum sit, quod ego Johannes Wittenborch habemus cum civitate lubecensi 5 m. redditus, marcam pro 16 m. d. lub. persolvendos temporibus duobus Michaelis et Pasche, anno domini 1343 scriptum in liber (!) civitatis Lubeke. (Zu wissen, daß ich, Hermann Wittenborg, mit der Stadt Lübeck 5 Mark Zinseinnahme habe, die Mark für 16 Mark lübisch, zu zahlen in 2 Zeiten: Michaelis und Ostern 1343. Geschrieben in das Stadtbuch.)

Die dritte Eintragung ist in niederdeutscher Sprache verfaßt:

Wittellic si dat ic Jo. Wittenborch hebbe dan mime knechte Bertelde 5½ m. tegen 5⅛ m. in kumpenighe, des hebe ic dan 4½ m. boven de kumpenighe, de schelen nicht winnen unde nicht vorlesen. Na desser tit, so hadde Bertold 9 m. dar dede ic eme in tegen 9 m. in cumpenie up unser twier win; de hevet mi weder gheven 4 m. unde echt hevet he mi weder geven 4 m. — Item 4 m.

Johann Wittenborg interessiert hier seinen Verwandten Berthold Wittenborg gesellschaftlich, zuerst nur mit 5½ Mark gegen ebensoviel, wozu er dann noch 4½ Mark legte, die nicht gewinnen oder verlieren sollen. Daran schließt sich eine neue „cumpenie" mit je 2 Mark, und es werden dreimal je 4 Mark zurückgezahlt. Doch hat damit die Gesellschaft noch nicht ihr Ende gefunden.

---

[1]) Also 105:21.

Dabei war Berthold für seinen Herrn viel in Sendeve-Geschäften, die bei
Johann Wittenborg überhaupt im Vordergrunde standen, tätig. Hierüber
ein Beispiel:

No. 21.　Wittellic si, dat ic Bertolde mede de to sendeve 17 laste tunnen, de stat
mit alme ungelde (= Unkosten) mit scipfruc (= Fracht) 23 m. Oc dede ic
eme 30 m. sulveren (= silberne) penninghen to sendeve, oc dede ic eme
8 s. min 4 d. to ungelde vor de tunnen.

Von den 311 Einträgen Johann Wittenborgs seien nur noch einige
charakteristische hervorgehoben:

No. 241. A. d.　58 post vestum Jacobi do colte Henneke Laurensius unde ic
Wittenborch, bidde (= beide) mit ener sameden hant, van sime ghesellen
Kort Westphales 50 Werwelessce[1]) lakene, io dat laken vor 8 m. de
summa is 400 m., to bitalende to mitwasten, dar hebe ic af utegheven
1 s. intodregente, 6 s. deme mekeler (= Makler).

Diese Tücher werden nach Preußen gegen Malz verkauft, wie aus dem
Eintrag Nr. 319 hervorgeht, der uns auch die Verbuchung der Unkosten zeigt,
die beim Malzhandel ziemlich groß waren:

Notum sit, dat de 50 Wervelessce lakene, de Johannes Laurensius unde ic
Wittenborch koften to borge van Henneken Maken sime kumpane Kort Westvales,
de hebe wi sant in Prusen Henseken Laurensius, de helvete in Tideman Brune,
de anderen helvete in Bertold Dowel, dar is uns af weder komen 10 Centum
moltes (= Malz) de kosteden in Prusen 65 m. Prus. unde 1 m. gaf he dar to
fruch (= Fracht) unde oc bitalede he dat halve winneghelt (= Windegeld); vor dat
Centum scal me gheven to frucht 18 s. lub, des hebe ic Wittenborch hir (in Lübeck)
utegheven vor de wrucht 10 m. minus 4 s. unde 5 s. to winnegelde. Van desseme molte hebe ic weder vorkoft Wolter deme holtkoper in der Beckergroven
4 leste, de last vor 18¹/₂ m., to bitalende to Winnacten, oc hebbe ic vorkoft
Hofnagel 3 leste, de last vor 8¹/₂ m., to Winnacten to bitalende, oc hebbe ic vorkoft Jacob de Godebocse 2 leste, de last vor 8¹/₂ m., dese wonet in der Wiss-
cergroven, dar scal sin wif mede to loven unde sin sone to bitalende to Wi-
nacten. Oc hebe ic vorkoft 1 last vor 8¹/₂ m. oc hebe ic vorcoft ¹/₂ last vor 4 m.
4 s., oc hebe ic vorkoft 20 scepel (= Scheffel) vor 28 s. 4 d., ic hebe weder utegheven vor 4 leste uptobringende 4 s. minus 3 d. Item hebe ic weder utegheven
7¹/₂ s. pro de pramhure (= Abgabe für Gebrauch des Prahms beim Ausladen) Item
hebe ic utegheven 30 d. pro me ... (= im Original verwischt). Item 8 d. pro 4 nacht
to wakende. (Nachtwachen, offenbar beim Ausladen des Malzes in Lübeck.)

Diese Eintragung zeigt uns so recht die große Umständlichkeit, mit der
mitunter gebucht wurde. Diese ist jedenfalls hervorgegangen aus dem Bestreben, alles, was mit einem bestimmten Geschäftsvorfalle zusammenhängt, auch
im Zusammenhange zu buchen. Dadurch wird die Übersichtlichkeit erleichtert
und eine gewisse Ordnung erzielt. Wird aber eine solche Eintragung auf
einmal erfolgt sein oder hat Wittenborg noch andere Bücher gehabt? Ich
möchte diese Frage verneinen; denn nirgends ist eine Andeutung auf ein anderes
Buch enthalten. Wohl aber wird er sich zunächst manches auf Zetteln aufgeschrieben und dann zusammenhängend gebucht haben. Für Bremer Handelsbücher läßt sich das noch im 16. und 17. Jahrhundert nachweisen. Mitunter
schrieb er manches, so die Gewichte, vorläufig auf eine elfenbeinerne Schreibtafel („in miner elpenbenes tavelen").

Doch finden sich auch sehr kurze, knappe Einträge, wie z. B. Johannes
Meynardeshagen 97 rl. 2 s., oder Hayno Bluseme tenetur mihi 12 aur.
concessi pecunie.

---

¹) Tuch aus Verviers.

Zum Schlusse seien noch einige Beispiele über die Sicherheitsstellung angeführt:

Pfandsetzung: Wittellic si, dat Johan Steller is mi sculdich 20 m. un 4 s. lub. sulveren pennic to bitalende to Paschen (= Ostern), dar hebe ic vore to pande tue keleke (= Kelche) en glas unde ene scalen, de wegen 7 ludege marc.

Bürgschaft: Wittellic si, dat Willeken Grwl unde Ecghert Sciphorst sint mi sculdich 20 m. an sulveren penninghen mit ener sameden hant to Phascen to bitalende. (Vergleiche Abbildung.)

Zeugnis: Wittellic si, dat Johan Grulle is mi sculdich 20 m. an sulveren phennighen up midden somer to bitalende. Des is tuch (= Zeuge) Lubbrecht Dregehorn unde Grabowe.

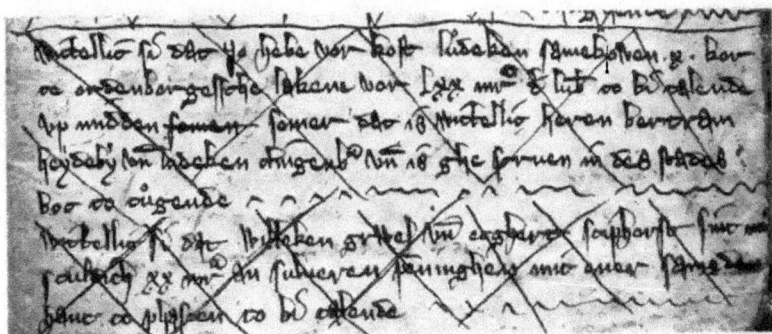

Eintragung in das Stadtbuch: Wittellic si, dat ic hebbe vorkoft Ludeken Samekowen 10 korte Ordenbergissche lakene vor 70 m. d. lub. to bitalende up middensomer. Dat is wittellic heren Bertram Heydeby unde Ludeken Clingenberch unde is ghescr[e]ven in des stades boc to tugende (= zum Zeugnis). (Vergleiche Abbildung.)

Im Niederstadtbuch lautet der entsprechende Eintrag:

Ludekinus Samekowe tenetur Johanni Wittenborch in 70 m. d. in festo nativitatis beati Johannis baptiste (= Johannisfest) nunc proximo persolvendis.

Für die Geschichte der Buchhaltung ist dieses Buch als ältestes naturgemäß von hoher Bedeutung. Die Technik der Buchhaltung ist hier so einfach wie möglich, besteht sie doch nur in formloser Eintragung der Kreditgeschäfte.

Aus derselben Zeit wie das Handlungsbuch Johann Wittenborgs stammt das von Johann Tölner in Rostock herrührende Buch, denn es umfaßt den Zeitraum von 1345—1350. Das Buch befindet sich im Ratsarchiv zu Rostock und ist von Koppmann[1]) herausgegeben worden. Es besteht aus zwei verschiedenen Stücken, die jedoch nicht Bruchstücke oder Teile desselben Buches sind, sondern zwei verschiedene und inhaltlich vollständige Bücher. Die Einträge sind alle in lateinischer Sprache erfolgt.

Das erste Buch enthält die Geschäfte einer Handelsgesellschaft, die aus Hennecke Tölner, seinem Vater, (= dem Bürgermeister Johann Tölner), seinem Schwager Koppmann und dessen Schwager Witte bestand. Die Gesellschaft

---

¹) Koppmann, Johann Tölners Handlungsbuch von 1345—1350. Rostock 1885. Die folgende Darstellung beruht auf dem Koppmannschen Werke.

kaufte in Flandern Tuche ein, ließ fie in Packen nach Roftock bringen und verkaufte fie hier. Es handelt fich um 10 Packen, doch enthält das Buch nur über 7 genaue Abrechnung. Als Probe foll diejenige über den erften Packen dienen:

> Notandum, quod anno Domini 1345 festo nativitatis beate Marie (= 8. Sept.) receptum est ex cogone (= Seeschiff) Biscoppes frustum pannorum, pertinentem domino Johanni Tolner et Hennekino Tolner ejus filio, necnon domino Arnoldo Copman et Edelero Witten, ipsis equaliter; et continebat in se 71 pannos cum slachdoeck, videlicet 5 longos Gandenses et 3 Brugenses et 22 mixtos et 40 Osborgenses et 1 Stenvordensem ad slachdoc; et cons'abat 60 ₰ 13 s et 9 ₰ grossorum.

Diefer erfte Packen, frustum pannorum, beftand demnach aus 71 Tuchen, nämlich aus 5 langen Gentern, 3 Brüggern, 22 gemengten, 40 Goftburgern und 1 Steinvorder als Einfchlagtuch und koftete zufammen 60 ₰ 13 s 9 ₰ oder 697 m 14 s. 6 ₰.

Nun folgt die Aufzeichnung der Verkäufe:

> Exinde primo tenetur (= schuldet) domina Magnopolensis 53 m. pro 4 Osborgensibus et pro 1 mixto panno. (4 zu 10 m., 1 zu 13 m.) Item Hinricus et Radolfus dicti Stoyslaf tenentur conjuncta manu (= zu gesamter Hand, also Bürgschaft) 12¹/₈ m. pro 1 mixto panno festo beati Martini persolvendo. usw.
> Summa istius frusti est 883 m.

Der Gefamterlös beträgt alfo 883 m, der Gewinn demnach 185 m 1 s 6 ₰, alfo 26 Prozent, fowie das Schlagtuch, d. h. das zur Schonung der übrigen Tuche um diefe gefchlagene Tuch von geringerem Werte.

Da die Verkäufe gegen Ziel ftattfanden, fo folgt nun ein Verzeichnis deffen, was bezahlt worden ift:

> Exinde persolvit (= bezahlt) primo Conradus Molteke 10 m. Item Koewals 20 m. Item Neghendanke 100 m. ufw., insgefamt find 788 m. bezahlt worden, fo daß die Außenftände 95 m. betragen.

In diefer Weife erfolgt auch die Abrechnung der übrigen Packen, vom 6. und 7. ift jedoch noch nichts bezahlt worden. Diefe Einträge rühren von dem jüngeren Tölner her, der den Verkauf beforgte und das Rechnungsbuch führen ließ. Als er aus der Gefellfchaft ausfchied und feinen Anteil forderte, nahm der Vater eine vollftändige Rechnung über alle Ausgaben, Eingänge und Außenftände vor. Auch hier zeigt fich alfo, wie gerade durch das Gefellfchaftsverhältnis fich die Notwendigkeit der Buchhaltung ergab.

Der Vater ftellte zunächft ein Verzeichnis deffen auf, was für die Gefellfchaft eingenommen worden war, und zwar zunächft der Einnahmen für die drei Ballen, fodann derjenigen aus den fpäteren fieben Ballen, die in der vorhergehenden Abrechnung fehlen, weil fie erft fpäter eingingen oder nicht mit beftimmten Summen in Rechnung gefetzt wurden.

Die gefamte Einnahmerechnung wird fodann nochmals aufgeftellt (Notandum quod ego Johannes Tolner ex parte nostre societatis sustuli hec infrascripta), der fodann eine genaue Angabe der Ausgaben gegenübergeftellt wird (Notandum, quod hec sunt que ego Johannes Tolner ex parte societatis nostre exposui). Schließlich folgt ein Verzeichnis der Schuldner der Gefellfchaft (Notandum quod hii sunt debitores nostre societatis).

Das 2. Stück des Buches bezieht fich auf die Privatgefchäfte des jüngeren Tölner.

Diefe beftehen hauptfächlich darin, daß er als Wandfchneider (= Gewandfchneider) die Tuche im kleinen, zu zwei, drei ufw. Ellen verkauft. Oft gibt

er aber dabei nicht den vollständigen Kaufpreis an, sondern den rückständigen
Rest nach Abzug einer Abschlagszahlung. Seine Kundschaft setzt sich aus
allen Schichten der Bevölkerung zusammen, neben Fürsten finden wir kleine
Gewerbtreibende, wie man aus dem Verzeichnisse seiner Schuldner im Jahre
1346 entnehmen kann.

Die Eintragungen sind von Blatt 11 bis 17 a (mit Ausnahme von Blatt
16 a) von oben bis unten durchstrichen. Dies bedeutet, daß sie bereits bezahlt
oder, der besseren Übersicht wegen, von neuem eingetragen, mit anderen Rück-
ständen desselben Schuldners zusammengestellt worden sind. Bei solchen Wieder-
holungen der Buchungen ist nicht immer der frühere Posten einfach abgeschrieben
worden, sondern es wurde einerseits gekürzt und zusammengezogen, andererseits aber auch geändert und erweitert. Der Herausgeber des Tölnerschen
Handlungsbuches schließt daraus, daß im Tölnerschen Geschäft deshalb noch
eine Kladde geführt worden ist. Meiner Ansicht nach wird wahrscheinlich
Tölner wie noch viele spätere Kaufleute dafür Zettel verwendet haben.

Neben den Eintragungen über den Tuchhandel befinden sich solche über
den Ein- und Verkauf von 90 Dutzend Borten (= Holz zu Fenstereinfassungen),
103 ½ Ellen englischen Tuches und von Bottichholz.

Daran schließen sich Eintragungen über die Privatverhältnisse Tölners.
Hier verzeichnet er, was seine Gattin ihm bei der Heirat mitgebracht hat
(Notandum, quod hec sunt bona que sustuli ex parte dotis uxoris mee
Elyzabet . . . Summa istius est 1100 m. 15 marcis minus), was er für
ihre Hochzeitskleider (= 80 Mark) und für die Hochzeit überhaupt ausgegeben
hat (= 200 Mark).

Dann zählt er die Renten auf, die seiner Frau als Erbschaft zugefallen sind
(Primo in angulo Hinrici Giscowen senioris 6 m. redditus usw., insgesamt
92 Mark), sodann verzeichnet er, was er als Testamentsvollstrecker ausgezahlt
hat oder noch auszahlen soll.

Die letzten Einträge des Buches sind erst nach dem Tode des Besitzers erfolgt. Sie verzeichnen die Außenstände (Notandum, quod hii sunt debitores Johannis Tolner) sowie die Schulden (Item teneor solvere ego Johannes Tolner).

Die von Tölner angewandte Buchhaltung bedeutet entschieden einen Fortschritt. Zunächst werden nicht nur die Kreditgeschäfte aufgezeichnet, sondern alle
Geschäfte. Sodann kann man das Bestreben nach Einhaltung einer gewissen
Ordnung beobachten. Stieda[1] meint sogar, daß diese an die Grundzüge der
doppelten Buchhaltung erinnern. Geht dies auch zu weit, so ist doch zuzugeben,
daß diese Abrechnung deutlich ist und einfachen Verhältnissen vollkommen entspricht.

Aus dem Hansagebiete stammt schließlich das Handlungsbuch Dickos von Geldersen, das im Hamburger Staatsarchiv aufbewahrt wird und von Nirrnheim[2])
herausgegeben worden ist. Dicko von Geldersen ist wahrscheinlich in der Mitte
des 14. Jahrhunderts in Hamburg eingewandert, wo er rasch sein Glück gemacht
hat. Er war Wandschneider, also Tuchhändler, wurde 1377 in den Rat gewählt
und starb 1391.

---

[1] Über die Quellen der Handelsstatistik im Mittelalter. Berlin 1903. S. 25.
[2] Nirrnheim, das Handlungsbuch Dickos von Geldersen. Herausgegeben vom
Verein für Hamburgische Geschichte. Hamburg u. Leipzig 1895. Im folgenden ist davon
abgesehen worden, in jedem Einzelfalle zu zitieren, da meine Angaben sich völlig an die
treffliche Arbeit Nirrnheims halten.

Das von ihm geführte Handlungsbuch iſt ein Papierband von 84 Blättern, die in einen Pergamentumſchlag mit übergreifender Schnippe gebunden ſind. Es beſteht aus 4 Teilen, die der Herausgeber als Handlungsbuch, Rentenbuch, Schuldbuch und letztwillige Verfügungen bezeichnet.

Das Handlungsbuch, das für uns beſonders in Frage kommt, enthält neben Einträgen geſchäftlicher Art auch ſolche privaten Charakters. Dieſe Eintragungen ſind ziemlich regellos erfolgt, es herrſcht nicht nur ein zeitliches, ſondern auch ein ſachliches Durcheinander, das der Herausgeber wie folgt erklärt:

Man hat zu derſelben Zeit an verſchiedenen Stellen des Buchs Eintragungen gemacht, und zwar hat man dabei anfangs wahrſcheinlich an eine genauere Scheidung nach Geſchäftsarten, wie Einkauf, Verkauf, Sozietätsgeſchäfte uſw. gedacht. Dieſe Scheidung iſt aber nicht durchgeführt worden; es läßt ſich nur im allgemeinen ſagen, daß das Buch in zwei Abſchnitte zerfällt, von denen der erſte hauptſächlich Warenverkäufe im Inlande, der zweite vorwiegend andere Geſchäftsoperationen enthält.

Auch innerhalb dieſer beiden größeren Abſchnitte iſt keineswegs auf chronologiſche Ordnung geſehen; es ſind vielmehr häufig ſpätere Geſchäftsabſchlüſſe und ſpätere Vorgänge auf früheren Seiten verzeichnet.

Auf bereits mehr oder wenig beſchriebenen Seiten erfolgten dann häufig Einträge, wenn bei einer der älteren Eintragungen dieſer Seiten ein Zahlungsvermerk hinzugefügt wurde. Freigelaſſene Seiten und Plätze wurden bisweilen noch ſpäter, vielleicht um zu ſparen, mit Eintragungen ausgefüllt.

Die Eintragungen ſelbſt ſind von verſchiedenen Händen erfolgt, und zwar urſprünglich in der lateiniſchen, ſpäter vorwiegend in der niederdeutſchen Sprache oder in einem Gemiſch von beiden. Wie das Wittenborgſche, ſo enthält auch das Gelderſenſche Handlungsbuch keine Bargeſchäfte, ſondern nur Kreditgeſchäfte.

In einfachſter Form, die jedoch ſelten angewendet wurde, erſtreckte ſich die Eintragung nur auf den Namen des Käufers, die Ware und den Preis, ſo z. B. Mechtildis, ancilla domini Johannis Kil, tenetur 9 m minus 4 s pro dimidio panno Brugensi (= Mechtildis, die alte Magd des Herrn Johann Kiel, ſchuldet 9 Mark weniger 4 Schilling für ein halbes Brüggeſches Tuch). Meiſt war die Eintragung jedoch umſtändlicher; denn es kam zunächſt der Zahlungstermin dazu, für den ſehr gern ein größeres Kirchenfeſt gewählt wurde. Sodann wurde, wenn der Schuldner ein Fremder oder ein Hamburger, aber nicht erbeingeſeſſener Bürger war, die Art der gewährten Sicherheit angegeben. In mildeſter Form beſtand dieſe darin, daß man den Schuldvertrag vor Zeugen ſchloß, z. B.: Hennecke Bremer in Domenitze tenetur unum pannum brevem pro 13 m, quem emit in foro beati Feliciani, jejunio solvendum; presentibus Heynoni Clincspore et Hinrico Vorrade, Heynen Vitten, Johanni Heyser (hennecke Bremer in Dömitz ſchuldet ein kurzes Tuch für 13 Mark, welches er im Felicianusmarkt gekauft hat, zahlbar zur Faſtenzeit, dabei waren anweſend hinrich Klingspor uſw.). Größere Sicherheit bot die Stellung eines Bürgen, z. B.: Hennecke Wistede in Wytinghe tenetur 23 m pro 1 grün Brugensi panno; quos emit, quando cantatur judica, ver weken na paschen solvendum. Promisit Nicolawus de Gheldernsen. (Johannes Wiſtede in Wittingen ſchuldet 23 Mark für ein grünes Brügger Tuch, welches er zu Judika kaufte, zahlbar vier Wochen nach Oſtern. Bürge war Nikolaus von Gelderſen.)

Mitunter bürgte auch der Bürge mit dem Schuldner zu „gesamter Hand", trat also als Selbstschuldner auf und konnte an Stelle des Schuldners ohne weiteres zur Zahlung gezwungen werden, z. B.: Johannes Magister de Doymense tenetur 13½ m pro 1 Rosselensi panno. Emit in die Jacobi. Dedit eodem tempore 7 m, aliam partem solvat in die Michahelis. Pro quo Vicke Nodup et predictus Johannes fidejusserunt copulata manu. (Magister Johannes von Dömitz schuldet 13½ Mark für 1 Roßlersches (Roulers) Tuch, das er am Jakobustage gekauft hat. Er gab an demselben Tage 7 Mark, den anderen Teil soll er am Michaelistage zahlen. Dafür verbürgen sich Dicke Nodup und der genannte Johannes zu gesamter Hand.) Seltener ver-langte Gelderfen Sicherstellung durch ein Pfand. 3. B.:

Hertoghe Erych van Sassen, de jungher, deme hebbe ik afghecoft 20 m gheldes vor 200 m. Dar hebbe ik synes wyves hovetgholt (= goldner Kopfschmuck) vore tho pande, unde dat lecht uppe deme rathuse in der tresekamere (= Schatz-kammer) in eme scryne, unde den slotel to deme scryne hebbe ik in mener kysten in eme nasche, unde dit mach he wedder cope to allen sunte Mertens daghe.

Ebenso selten machte Gelderfen davon Gebrauch, die Schuld zu größerer Sicherheit außerdem in das vom Rate angelegte Schuldbuch, das Ratsdenkel-buch, eintragen zu laffen. So findet sich in seinem Handlungsbuche folgende Eintragung:

(I. 130) Sifridus Glasewarte tenetur 23 m. ex parte Albi Johannis de Kil, quas promisit mihi in die Viti, et 12 m. solvat infra 4 septimanas et 11 m. in die Michahelis. (Siegfried Glasewarte schuldet 23 Mark für Johannes von Kiel, welche er mir gutgesagt hat am St. Deitstage; 12 m. bezahlt er 4 Wochen später und 11 Mark zu Michaelis.)

Im Ratsdenkelbuch (Liber memorandorum) lautet der entsprechende Ein-trag wie folgt[1]):

1369. Siffridus Glazewerthe tenetur domino Vickoni de Ghellerdessen 23 m. denariorum, de quibus sibi persolvere debet 12 m. infra mensem et alias 11 m. persolvet in festo beati Michaelis proxime futuro. Pro quibus obli-gavit sibi pro pignore suam hereditatem et omnia ac singula sua bona, ubicunque habet. Actum Vite. Dominus Hartwicus Embeke fuit presens. (Siegfried Glasewarte schuldet Herrn Dicko von Gelderfen 23 Mark, wovon 12 Mark nach 1 Monat und die anderen 11 Mark nächste Michaelis zu bezahlen find. Dabei verpflichtet er als Pfand sein Grundstück und alle seine einzelnen Güter.)

Mitunter ließ sich Gelderfen auch einen Schuldbrief (open bref, litera aperta) geben, insbesondere von vornehmen Schuldnern.

Nach der Eintragung blieb ein freier Raum, der für Bemerkungen über die Abtragung der Schuld bestimmt war. Diese erfolgte meist ratenweise, war sie getilgt, dann wurde der Posten durchstrichen. Bei vielen undurch-strichenen, aber auch bei einzelnen durchstrichenen Eintragungen ist am Rande ein T (tenetur?) hinzugefügt, manchmal ist über dieses T eine Jahreszahl geschrieben. Wahrscheinlich hat der Besitzer von Zeit zu Zeit seine Außen-stände festgestellt und auf diese Weise die noch offenen Posten bezeichnet.

Zahlte der Schuldner persönlich, so bemerkte Gelderfen dies einfach durch die Bemerkung: Dedit (Er gab). Vielfach wurde von auswärtigen Schuldnern der Betrag einem zufällig nach Hamburg reisenden Kaufmann mitgegeben. So heißt es 3. B.:

Vicke Gherwer civis in Ultzen, tenetur 3 breves pannos, quemlibet pro 12 m. etc. — Dedit 12 m. quos dedit Tiderico Lembeken in purificationis beate Marie virginis. Item dedit 14 m., quos dedit Alberto Soltowen. Item dedit 10 m.

___

[1]) Beilage V, 1.

Hier hat also Dicke Gherwer in Ülzen erst einen Ülzner Mitbürger, dann einen Hamburger zur Übermittlung der Zahlung benutzt, während er die letzten 10 m wahrscheinlich persönlich bezahlt hat.

Einige Einträge lassen auch auf Wechselverkehr schließen, so z. B.:

> Her Hartich Embeke is schuldigh 12 punt gr., de ik em afkofte des mitwekens vor pingesten, tho sunte Jacobes daghe to betalenne in Vlandern.

Sehr viele Einträge betreffen die Handelsgesellschaften. So z. B.:

> Anno Domini 1376 tho mydvasten. Ik, Vicke van Gheldersen, hebbe maket eyne cumpenyge myt Alerde, myne kneghte, unde myt Woldere, myneme scholere, also dat Alerd unde Wolder hebben malk uteleght 30 m., dar hebbe ik 60 m. enteghen leght, also dat it em twen gheit half unde my half.

Im nächsten Jahre rechneten sie ab und hatten 35 m und 12 s Gewinn erzielt, wie aus folgender Buchung hervorgeht:

> Item hebbe wy rekent in deme jare unses Heren 1377 to sunte Feliclanus daghe; do was de cumpenige also ghut 150 m. 5¹/₂ m. et 4 s.

Das zweite Buch Geldersen ist das Rentenbuch. Der Rentenkauf war ja das beliebteste und am häufigsten angewendete Mittel, trotz des Zinsverbotes Geld nutzbar anzulegen. Hatte ein Grundstücksbesitzer Geld nötig, so nahm er solches gegen die Verpflichtung auf, jährlich an den Geldgeber eine bestimmte Rente zu zahlen. Es war gewissermaßen eine unkündbare Hypothek, doch konnte der Kapitalsnehmer jederzeit kündigen. Bei den Eintragungen über Renten wird der Name des Hausbesitzers bezeichnet, wohl auch die Lage des Hauses, die Höhe der Rente, das Jahr und der Tag, von dem an sie läuft, sowie in der Regel der Fälligkeitstermin. So z. B.:

> Ik hebbe in Werneken Rodenborghes hus in deme Schopenstele 4 m gheldes. Dyt stud an tho paschen (= Ostern) in deme 73. jare; de helfte ghift he to paschen unde de helfte sunte Mechaheles daghe.

Meist wurden die Rentenkäufe vor einem Ratsherrn geschlossen und noch ins Stadtbuch eingetragen.

Einige Renten hat Geldersen auch ins Handlungsbuch eingetragen. Im Jahre 1390 betrug die zu erwartende Rente über 167 m und entsprach einem Kapital von 2413 m 5 s 4 ₰.

Um 1400 legte Johannes Geldersen, der das Buch nach dem Tode seines Vaters benutzte, ein neues Verzeichnis an, auch trug er größere Posten über Gesellschaften, an denen er beteiligt war, ein.

Der 3. Teil, das Schuldbuch, enthält in knapper Form Forderungen und scheint ein Auszug aus einem weitläufiger angelegten Verzeichnisse zu sein. Hiervon einige Beispiele:

> Item Hennecke Struzs tenetur mihi 7 m.
> Item Emecke, frater suus, tenetur 3 m.
> Dominus Hartwicus de Heeste debet movere 6 m. de Emekino, quibus concessit sibimet usw.

Den Schluß bilden letztwillige Verfügungen des Johannes von Geldersen aus der Zeit um 1400.

Die von Geldersen angewandte Buchführung ist, wie dargelegt worden ist, äußerst einfach; sie hat Ähnlichkeit mit der Wittenborgs, steht aber weit zurück hinter derjenigen Cölners.

Wenden wir uns nun von dem hanseatischen Handel dem süddeutschen zu. Auch er war zu jener Zeit durchaus nicht so unbedeutend, wenn wir ihn auch nicht zahlenmäßig erfassen können. Berthold von Regensburg (gest. im Jahre 1272), sagte in einer Predigt[1]):

Wir möhten der koufliute niemer enbern, wan sie füerent ûz einem lande in daz ander daz wir bedürfen, wan ez ist in einem lande daz wolveile; sô ist in einem andern lande jenz wolveile; unde dâvon sullent sie diz hin fueren und jenz her.

Leider ist bis jetzt nur ein einziges süddeutsches Handelsbuch aus dem 14. Jahrhundert bekannt, das der Regensburger Kaufmannsfamilie Runtinger aus den Jahren 1383—1407[2]).

Die Runtinger (Wilhelm und Matthäus) handelten besonders mit Venedig. Hier kauften sie Atlas, Samt, griechische Seide usw., sowie Gewürze, namentlich Pfeffer, Ingwer, Zucker usw. ein. Ferner kauften sie in Bologna und Lukka („Samt von Lukk") ein. Vom Norden bezogen sie vor allem Tücher, so von Brüssel, Löwen, Mastrich. Oft kamen sie nach Frankfurt am Main zur Messe; 1384 schickten sie sogar einen Diener mit Gütern nach Frankfurt an der Oder „oder gein stetyn oder gein den sunn (= Sund) oder das er wänet, da er sie allerpest verdreiben müg". Nach Prag und Wien unterhielten sie einen lebhaften Ausfuhrhandel[3]).

Neben dem Warenhandel betrieben sie auch bedeutende Geldgeschäfte, so streckten sie z. B. im Jahre 1396 den Herzögen Johann und Ernst 5000 neue ungarische Gulden vor. Lange Zeit hatten sie auch das Münzamt inne.

Das im Regensburger Stadtarchiv aufbewahrte Handlungsbuch trägt die Aufschrift: „Chaufmanschaft vnd wegselpuch[4])." Es ist ein Quartband mit 558 Seiten, von denen 142 leer geblieben sind, ab und zu sind Blätterlagen in Schmalquart eingeheftet, die von Geschäftsbediensteten geschrieben worden sind. Aufzeichnungen sehr verschiedenen Inhalts folgen da aufeinander, oft bloß durch einen Strich getrennt, andere Male mit Überschriften versehen, welche bald den Geschäftsfreund, bald den Geschäftsführer nennen, zuweilen bloß den Ort und die Zeit angeben, wo und wann etwas geschah.

Das Runtingerbuch ist nicht, wie vielfach angenommen wird, in erster Linie ein Warenhandelsbuch, vielmehr werden ungefähr ³/₄ der beschriebenen Blätter von den sogenannten Wechselbuche eingenommen. Matthäus Runtinger hatte nämlich im Jahre 1392 in Gemeinschaft mit einem Ratsfreunde die Regensburger Münzgerechtigkeit erworben, die er auch bis zu seinem Tode (1407) beibehielt. Damit war zugleich das Münzwechselmonopol verbunden. Indem nun Runtinger nicht sich selbst, sondern einen seiner Handlungsdiener unter die „Münzlaube" (Wechseltisch) setzte, dem er eine Anzahl Münzsorten, in erster Linie Regensburger Pfennige, anvertraute, ergab sich für ihn die

---

[1]) Herausgegeben von Pfeifer, Wien 1862. S. 18 ff.
[2]) Verhandlungen des historischen Vereins von Oberpfalz und Regensburg, Bd. 45. S. 133 ff. Zurzeit wird das Buch von Dr. Bastian-München zu einer Quellenpublikation zur Geschichte der Runtinger bearbeitet. Herr Dr. Bastian stellte mir jedoch in dankenswerter Weise zahlreiche Textproben zur Verfügung.
[3]) Diese Seite ihres Handels wird dargestellt von Mayr, Der auswärtige Handel des Herzogtums Österreich im Mittelalter. Innsbruck 1909, sowie von Luschin von Ebengreut in der „Geschichte der Stadt Wien", herausgegeben vom Altertumsverein zu Wien. Luschin hat das Buch außerdem beschrieben im „Bank-Archiv" 1910, Nr. 13.
[4]) Vgl. dazu die Abbildung auf Seite 38.

Notwendigkeit, dieſe Poſten und auch ſpätere Geldüberweiſungen an den Diener zu buchen. Dieſer wieder hatte faſt täglich ſeinem Herrn mit Kleingeld auszuhelfen oder Ausgaben an deſſen Verwandte, Geſchäftsfreunde und Arbeiter zu machen, eingekauftes Rohſilber an die Münze abzuliefern uſw. Während nun anfänglich dieſe Debet und Kreditpoſten durcheinander oder wenigſtens auf ein und derſelben Seite des Buches ſtehen, und der Kaſſenbeſtand beim Abſchluſſe nicht mit aufgenommen wurde, ſondern geſagt wurde, daß das Vorhergehende „alles abgerechnet und bezahlt ſei", entwickelte ſich allmählich eine ganz moderne Ordnung. Es wurden nämlich auf dem linken Blatte nur Debet und auf dem rechten nur Kreditpoſten aufgenommen, die in einheitlicher Münze unten zuſammengezählt wurden. Ein Unterſchied zuungunſten des Dieners wurde links, ein ſolcher zu ſeinen Gunſten rechts eingetragen. Zur Darſtellung diene folgendes Beiſpiel[1]):

(Seite 158.)   In dem LXXXXVIII jar Erhart Letel.

Item ich enpfalch dem Letel wider meinen wegsel dez samtztag nach sand Michels tag; da cham er wider zu mir.

Item an demselben tag enpfalch ich ym XX march newer Regenspurger.

[Item und enpfalch im L new Unger an demselben tag.][1])   Gabs.

Item und VII ₰ helbling. — Pr(ingt) (XVIII s.) III ₰ LXXXIII d. R.[2])

Item XXXIII Beh. gr. LIX Meignser [III s. IX chrautzer]. — Pr(ingt) Beh. und Meigsner VII sol. R.

Item III ₰ III s. VIII d. weizz geltz. — Je V fur II d. pr(ingt) X s. XXVII d. R.

Item III ₰ III s. XIIII glathaller. — Er sol XX d. fur haller.

Item [mir] ich gab im XX mar. Regens. an der XI M maid abent.

Item dez sambtztag vor Symonis et Jude gab im der Ernst X marc. Regens. von seinem gelt.

Item dezselben tags gab ich im XXIII Meigsner, XV Turnas und LXXIIII plaphart. Und gab im III s. XXIII chrautzer und XIIⱼ sol alt Municher und Amberger von Amberckh.

Item ich gab dem Letel XX march newer R. dez michen vor sand Merteins tag.

Summa dez, das mir der Letel sol, pringt LXXXXVⱼ ₰ XII d. R.

(Seite 159.)

Item mir gab der Letel XIII s. helbl. dez suntag vor Gally.

Item mir gab der Letel IIII ₰ helbl. an der XI M maid abent.

Item er gab mir VIⱼ ₰ helbl. dez sambcstag vor Symonis et Jude.

uſw.

Summa untz her, daz mir der Erl geben hat, pr(ingt) LXXXXII ₰ VII s. und V d. R., und hat mich an gr. und an ander münsse IIIIⱼ ₰ und XXXVII d. R.

Item er gab uber daz allez III ₰ weisz, XV s. alt Municher, Prager dn. und Wienner, LXIIII chrautzer; waz uber lauffen geraitt an sand Marteins tag.

Die Warengeſchäfte betreffen vorwiegend Fernhandelsgeſchäfte, und wahrſcheinlich nur diejenigen, zu denen die Geſchäftsinhaber nicht ſelbſt auf Reiſen gingen. Wenn nämlich ein Handlungsdiener nach Venedig zog, um Gewürze, oder nach Frankfurt, um Tuche zu kaufen, ſo wurden ihm am Kopfe irgendeiner Seite die mitgegebenen Gelder, Rohſilber, Wechſelforderungen, ſowie mehrmals das zu verkaufende Reittier zur Laſt geſchrieben. Kam der Diener zurück, ſo wurden ihm zunächſt darunter die gekauften Waren mit Angabe

---

[1]) Die eckige Klammer ſoll andeuten, daß das betr. Wort oder der ganze Satz als ungültig oder erledigt durchſtrichen ward.

[2]) d. R. = Regensburger Pfennig, Hälbling iſt ¹/₂ Pfennig.

der Preise, die verauslagten Unkosten, sowie etwa zurückgegebene Gelder gutgeschrieben, worauf schließlich die Restschuld des Dieners oder des Herrn festgestellt wurde.

Zog dagegen ein Handlungsdiener nach Wien oder Prag, um dort Waren zu verkaufen, so wurden ihm zunächst die mitgegebenen Waren, und zwar durchgehends ohne Wertangabe, sowie etwaige Vorschüsse auf Zehrung und Fuhrlohn zur Last geschrieben, dagegen wurde er entlastet durch dort auf Kredit erfolgte Verkäufe und etwa zurückgelassene unverkaufte Waren, wieder belastet durch empfangene Anzahlungen oder Barverkäufe, wieder entlastet durch die gesamten Zehrungs- und Transportkosten, aus der Fremde oder bei Rückkehr gemachte Zahlungen usw. Für die Buchung der Einkäufe sei folgendes Beispiel aus dem Jahre 1401 gegeben:

(Seite 409.) XIIIIᶜ ain jar. Letel.

Item ich sant den Lettel gein Franchenfurt dez mantag nach sant Gylgentag, ich enpfalch im XVIII march und V lot silber und darzu IIIIᶜ und LXX Reinisch gulden und XL helb. ze zirung.

Item ez ist ze Franchfurt aws dem silber worden XVIIII march und V̦f lott; ich han ez verchawft je ain march umb VI gld. und umb 1 ortt Reinsch. gld., summa dez silber pr(ingt) Iᶜ und XXVI gld. an 1 ortt.

Summa dez geltz pr(ingt) V hunder und LXXXI Reinsch. gld.

* * *

Item ich chawft zu Franchfurt XVIII Chollischer tuch, je ains umb XII Reinsch. gld., pr(ingt) IIᶜ und XVI Reinsch. gld. Der tuch sind XIII plab und V rott.

Item und II tuch von Meichel, pr(ingt) XL gult. Reinsch. gult.

Item ich chawft mer XV tuch von sand Drawten, je ains umb XV gld. Reinsch, pr(ingt) IIᶜ und XXV gld. Der tuch sind IIII swartz und IIII grün und IIII chorenplum und II prawn und I grabs.

usw.

Summa der tuch sind XLII und ain umbslag.

Item und chawft VIII roty lösch umb V Dürnas.

Summa erst chawfes pr(ingt) VIᶜ und VI Reinsch gulten und II Durnas.

Item in der sum sind XXVI gulten meiner Hawsfrawen, dafür hab ich in, daz sey angehörd ain halbs tuch von Wrüchell und ain tuch von Maintz.

Item das gewand hat untz her verriden XV gulden und II gulden zainzing; so han auf der sird verzirt V Reinsch gulten; pringt XXII gulten.

[Item ich sol dem Lettel XI Reinsch. gulten an dem furlon von Franchfurt noch gelten. Ich zallt.]

* * *

Item dye obgeschriben zway tuch von Meichel hat der Lettel verchawft umb XLIIII gult Reinsch. Dazselb gelt sol der Lettel wezalen awf weinnachten.

Item noch hat der Letel hie lazzen daz tuch von Wrügsel und II plabew von Maintz und II plab von Putzbach und ain satplabs von Franchfurt.

Item ich sol dem Krügel gelten XXXVI Reinsch gulten umb ain prawn tuch von Wrüchell, zu wezalen awf die vasten mess, die schirst chumbt, won der Krügel dem Lettel awch schuldig ist awf die weinachten XLIIII Rein. gulden. Darzu gab mir der Chrugel VII Rein. gulden. — Daz tuch han ich halbs verchawft der Magenssinn umb XXII Reinisch gulden ze weinnachten. Sy gabs.

usw.

Für den Verkauf diene folgendes Beispiel (abgeänderte Schreibweise):

(Seite 413.)   1401 Jahr. Lettel: Wien.

Item ich sandte Erhard Lettel gen Wien den Dienstag nach St. Martinstag. Er führte mit sich das Gewand, das an dem vorderen Blatt geschrieben steht, 18 Tuche von Cöln und 14 Tuche von Saint Trond und 3 Tuche von Düren und einen Direndeil[1]) zu einem Umschlag; Summa bringt das Gewand 35 Tuche. Das Gewand šoll er zu Wien verkaufen mit der Hilfe Gottes.

Item ich gab dem Lettel auf das Gut und zur Zehrung 20 ungarische Gulden und 3 ℔ an 11 Wiener Pfennige. — Und 3 Schilling und 6 Wiener Pfennige.

·   ·   ·

Item es verkaufte der Lettel von dem Gewand zu Wien 7 Cölnische Tuche dem Jorgen im Hirs, je eins um 15 ung. Gulden, die soll er bezahlen auf die nächste Sonnenwende unverzüglich. Sie (= die Frau des Schuldners) gab mir 30 ℔ Helbinge auf St. Katharinentag. — Er gab mir 10 ℔ R. den Dienstag nach Sonnenwende, galt 76 Regensburger 1 Gulden. Er gab aber 15 ung. Gulden. Er gab mehr 9 ung. [und 32] Helbinge am Thomastage, er soll noch 1 ung. Gulden. Er gab 1 ung. Gulden und 60 Regensburger.

usw.

Item so habe ich mehr verkauft 4 Tuche von St. Trond, je eins um 18 ung. Gulden dem Jakob Spiegler von St. Jorgen (= Ort bei Preßburg), daran habe ich eingenommen 30½ ung. Gulden. Noch soll er mir bezahlen 42 ung. Gulden auf den Petronellatag der nächst kommt. Darum habe ich einen Brief mit 2 Siegeln meines Wirts zu Wien im Regensburger Hof. — Er gab mehr 20 ung. Gulden und verschaffte mir 22 ung. Gulden von dem Mügentaler, zu bezahlen zu Frankfurt. Der Mügentaler hat bezahlt 22 ung. Gulden. (Dieser Nachsatz stammt von Hans Lettel.)

(S. 414.)

Item so habe ich noch liegen zu Wien 18 Tuche und den Direndeil im Regensburger Hof. Das Gewand ist verstochen (= vertauscht) gegen 11 Faß Osterwein.

Item so kostet das Roß 10 ung. Gulden und 1 ung. um Sattel und Zaum zu bessern.

Item so gab ich zu Fuhrlohn von zwei Saum gen Wien 11 Gulden ung., für Maut, Zoll und alle Ding.

Item so hat auf der Fahrt verzehrt 7 ung. Gulden.

Item so hab ich meinem Herrn wiedergegeben 27 ung. Gulden, also habe ich die Fahrt abgerechnet am St. Johannstag zu Weihnachten.

Schließlich finden sich im Runtingerbuche auch einige unabhängige, allgemeine Personenkonten. Dahin gehört zunächst das für Matthäus Runtinger noch zu Lebzeiten seines Vaters eingerichtete Konto, auf dem einerseits des Sohnes Geschäftseinlagen, andrerseits seine Kasseneinnahmen verzeichnet sind. Matthäus Runtinger errichtete sodann im Jahre 1378 seiner Vaterstadt ein Konto, wobei er diese für seine durch die zahlreichen Ehrenämter entstandenen Auslagen belastete und durch seine jeweils fälligen Steuer- und Ungeldbeträge entlastete. Eine Gegenüberstellung der Posten fand dabei noch nicht statt. Ferner waren zwei Handlungsdienern besondere Konten eröffnet, von denen das eine als Muster dienen soll:

(S. 2.)   Fürtler in dem LXXXIII jar.

Item ich rait mit Ulreich dem Furtler, meinem diener, ab dez pfintztag nach unsers Herren leichnamstag, umb waz er gelt pey mir hat und umb sein dienst II½ jar. Daz ward alles zu ainander gerait; da welaib ich im an der raitung uberall schuldig untz her IcLXII gulden, Di sol ich im noch.

---

[1]) Direndail ist eine halb aus Flachs, halb aus Wolle bereitete Ware.

Item darzu sol ich dem Furtter XX gulden für sein lon umb ein halbs jar untz auf St. Niklastag.

Item mir sol der Fürtter XI sxn. XIII (g) für den Zäkel[1]) und XXXV g., di an dez Zäkel chufer verloren wurden, und VII sxn. an IIj g. an der raitung, di ich mit im tet dez mantag vor dem prechentag, suma XVIII sxn. XLVj g. Dafur wil ich von dem Fürtter nur L gulden nemen, di slach im ab an dem obegeschrieben gelt, daz im sol.

Item mir sol der Fürtter IIII sxn. und XV g., di er von meinem gelt genomen hat, da er mit meinen parich(ant) fur gen Franchfurt an dy Oder.

Item ich rait mit Ulr. Furtter umb sein gelt, daz ich von im ynn gehabt han und rait im sein lon darzu untz her auf sand Merteinz tag, da welaib im an lon und gelt und an aler raitung dannoch schuldig Ic gulden und I gulden. Dy zalt im Matheus Runtinger ze Prag dez mantag vor sand Anderes tag. Also hab wir in gor wezalt, da waz Albr. Fronawer pey.

* * *

Item so welaib der Furtter meinem sun an der raitung schuldig ze Prag dez mantag vor sand Andrez tag XVIIII sxn. g. Die slug im mein (sun) ab und zalt im Ic und I gulden darauf, alz oben geschrieben slat. Also han ich in gor wezalt.[2])

Diese kurzen Proben haben nur andeuten können, welche Fülle wichtiger handelsgeschichtlicher Tatsachen dieses Buch birgt. Aber auch für die Geschichte der Buchhaltung ist es bedeutsam, zeigt es doch deutlich den Fortschritt von der einfachen Aufzeichnung zur Gegenüberstellung und zur Kontenbildung. Die Herausgabe dieses Buches, die demnächst erfolgen wird, ist deshalb freudig zu begrüßen.

Aus dem 14. Jahrhundert sind uns schließlich noch die Abschlüsse der Nürnberger Firma Kreß vom Jahre 1395 uff. erhalten[3]). Auf der Außenseite der Abrechnung von 1395 steht:

Daz ist dy gantz rechnung mein fritzen kressen vnd meiner kind vnd frewnt 1395 X; innen: Cuntz kress † 1395 yar mit hail.

Item wir haben gantzew rechnung gemacht an sant barbara obent do man zelt von gotes gepurt 1395 vnd es westund (= bestand) yedem jcxxxj gld. zo gwinn vnd wir gebunnen (= gewannen) alz geltz vjM vjcxij gld. das rechen ich vnter vns all nach markzal (= pro rata) auz alz hernach an diser zeteln geschriben stet vnd waz nu fürbaz vnder (= unser) yeklicher yn der geselschaft lest lygen vber alz daz wir ein haben genomen daz stet auch hernoch geschriben got geb vns allen hail vnd geluck vnd daz es vns wol ge an sel vnd an leib amen.

1395 yar.

Item fritz kress hat xxM guldlein in der geselschaft.

Item hilpolt kress hat iij M guldein in der geselschaft vnd mein herlein legt ym Xc gld. enpfor (= in bevor, im voraus).

Item kuntz kress hat xxiijc gld. in der geselschaft.

Item kraft kress hat viijc xix gld. in der geselschaft.

Die Abschlüsse dieser Gesellschaft erfolgten nicht in regelmäßigen Zwischenräumen, sondern der Gesellschaftsvertrag wurde bald auf weniger, bald auf mehrere Jahre verlängert und dabei Abrechnung gehalten. Dies geschah in den Jahren 1395, 1397, 1401, 1403, 1407, 1411, 1413, 1415, 1418, 1422 und 1425.

---

[1]) Ein anderer Geschäftsdiener des Runtinger.
[2]) Von diesen 6 Einträgen wurden zunächst nur die 4., dann die 5. und 6. zusammen, schließlich aber alle zum Zeichen der Erledigung durchstrichen.
[3]) Mitteilungen des Vereins für Geschichte der Stadt Nürnberg, Bd. II, S. 193.

b) Die Bücher des 15. Jahrhunderts.

Den Übergang vom 14. zum 15. Jahrhundert bilden die von Sattler herausgegebenen „Handelsrechnungen des deutschen Ordens". (Leipzig 1887.) Wie Sattler in einem in den hansischen Geschichtsblättern, Jahrgang 1877, veröffentlichten Aufsatze ausführt, machte sich in der ersten Hälfte des 14. Jahrhunderts für den Orden das Bedürfnis fühlbar, die bei fortschreitender Kolonisierung und Kultivierung des Landes in immer größerer Menge in seine Hand zusammenfließenden Abgaben an Naturalien, besonders Getreide, nutzbar zu machen, außerdem drängte mit einer gewissen Notwendigkeit die Regalität des Bernsteins zu einem ausgedehnten Handelsbetriebe hin.

An der Spitze der einzelnen Handelsämter standen die Großschäffer, die alljährlich ihren Vorgesetzten Rechnung über ihre Verwaltung und ihren ganzen Geschäftsbetrieb ablegen mußten.

Von den Rechnungen der Großschäffer zu Marienburg sind noch vier erhalten, und zwar aus den Jahren 1399—1418. Gibt die erste Rechnung nur einen allgemeinen Überblick, so wird bei der zweiten schon eine bestimmte Ordnung eingehalten. Den Anfang bildet das Verzeichnis der Schiffsparten, dann folgen die Waren in Bornholm und Schonen, daran schließen sich die Gesellschaften unter der Überschrift Societas. Hierauf werden die Waren auf der Lastadie in Danzig und anderen Orten aufgezählt und den Schluß bildet das Verzeichnis der Schuldner, die nach Orten getrennt werden. Im 4. Buche werden Vorräte und Waren außerdem noch in sichere und unsichere geschieden. So heißt es dort z. B.:

(1. Gewisse.)   Partes navium[1])

Czu merken, das der grosscheffer von Marienburg also viel hat an schiffspart von des amphtis der schefferie wegen, doruf man sich vorlosen mag, als hie hernoch steet geschreben.

Czum irsten, so habe wir eynen nuwen holk (= Seeschiff) von 200[2]) lesten, den furet Petir Johansson, und ist usgegangen ym 1400 ym 16 den yore uf Johannis baptiste, doran habe wyr eyn achtenteil. Constat unsir teil 200 m.

Das Verzeichnis der ungewissen Schiffsparten beginnt mit folgender Einleitung:

Item czu merken, das dese nochgeschrebene schifspart ungewisse synt und vorgangen, doruf sich eyn grosscheffer nicht mag verlosen.

Die Summe der „schiffpart ungewisse" beträgt 3419 m. 22 sc.

Die Gesellschaftsgeschäfte sind ebenfalls in sichere und unsichere eingeteilt, letztere tragen folgende Überschrift:

Czu merken, dis nochgeschrebene hat brudir Heinrich von Aller gerechent brudir Johan Tirgart und ist ungewisse wedirlegunge, wen her ni keynen phennig dovon gehaben noch gesehen hat.

Die gleiche Scheidung findet sich schließlich auch bei den Außenständen[2]):

Item czu merken, das dese nochgeschreben schulde die gewisten seynt, die eyn grosscheffer von Marienburg mag lasen tegelichin ynczumanen, doruf man sich vorlosen mag, von den schulden der schefferige.

Czum irsten 130 m. tenetur Johannes Amelung burger czu Danczk usw.

---

[1]) Sattler, a. a. O. S. 61.
[2]) Im Original stehen überall römische Ziffern.
[3]) A. a. O. S. 61.

Die ungewisse Danziger Schuld wird eingeleitet durch folgende Bemerkung[1]):
Nota dis nochgeschreben ist die ungewisse scholt czu Danczk, die uns her
Johan Tirgart hot gelosen.

Die Außenstände sind dabei nach Gebieten geschieden, wie Flandern, Bri-
tannien, Schottland, Norwegen, Wismar, Lübeck usw.

Aus dem Handelsbetriebe der Großschäfferei Königsberg sind sogar neun
Rechnungen aus den Jahren 1400—1423 erhalten, von denen Sattler ebenfalls verschiedene veröffentlicht hat. Die einen von ihnen sind zum Zweck
der Übergabe des Amtes von einem Beamten an den andern angefertigt worden
und sind daher nur Inventarienverzeichnisse, während die andern auch der
laufenden Verwaltung dienten. Sie sind den Marienberger Abrechnungen
ähnlich, enthalten aber mitunter unter dem Titel „Oberster Marschall" eine
Schlußrechnung, welche die bei der Übergabe des Amtes überlieferten Summen,
die während der Verwaltung geleisteten größeren Zahlungen und die beim
Abgang wieder abgelieferten Summen enthält:

„Wissintlich sey, das des rechten howptgutis unsirs amptis der grossen schafferie
von Konyngisbergh ist unde pflegit czu seyn unde seyn sal bleybindes dreiyssig
thusendt m. Prusscher muncze usw.[2])

Eine wertvolle Ergänzung erhalten diese Rechnungsbücher durch die noch
erhaltenen drei flandrischen Liegerbücher aus den Jahren 1391—1434. Hier wal-
tet schon größere Ordnung. Der Lieger (= Faktor) Johann Plige schreibt genau
auf, was er verkauft, wieviel er bar erhält, und wieviel man ihm in jedem Falle
schuldig ist. Am Schlusse verzeichnet er immer, was er von dem empfangenen
Gelde an den Großschäffer abgeliefert hat und wieviel dieser noch zu bekommen
hat. Im letzten Teile seines Rechnungsbuches gibt er auch Auskunft über
seine Verbindung mit anderen Kaufleuten. So trägt er z. B. Pfingsten 1392
folgendes Geschäft ein[3]):

Item in dem vorscreven jare up de sulven tyt entpfeng ic Johannes Plige van
Johannes Barlouwen wegene 8 stucke wasses, (= Wachs) darvan gaf ic to vrucht
unde to vngelde 18 s 10 gl.
Item vorkoft de vorscreven 8 stucke wasses, de waghe galt 68 m. myn
1 quarteir, unde woch to Dordrecht 14 wagen unde ½, 4 ₰. Summa in gelde
van den vorscreven 8 stucke wasses 73 ₰ 16 s ½ gl. Hiervan sla ic af dat
vorscreven ungelt 18 s 10 gl. Item sla ic hiervan 13 s ½ gl. de my de coplude
vorentholden, de my dat was afkoften, zo blivet de summa blivendes 72 ₰ 3 s 11 gl.
Insgesamt hat Joh. Plige 90 ℔ 14 s 7 gl. empfangen, aber dafür übersandt für
91 ℔ 6 s 9 gl.,
so blivet my Johannes Barlouwe schuldich 12 s 2 gl. Deze vorscreven rekeninghe
sende ic over by Grigor dem loper up sante Gallen dach anno 92.

Aus dem Anfange des 15. Jahrhunderts stammen ferner die Handlungsbücher des Hildebrand Veckinchhusen. Dieser selbst war aus Lübeck und wird
im Jahre 1395 als Altermann des gotländisch-livländischen Drittels zu
Brügge erwähnt. Es sind zwei längliche, in Schweinsleder gebundene Bücher,
die im Stadtarchiv zu Reval aufbewahrt werden. Das eine stammt aus den
Jahren 1408—1416, das andere aus den Jahren 1417—1420. Das letztere
ist beschrieben in „Beiträge zur Kunde Ehst-, Liv-, Kurlands" 2. S. 215. Stieda
gibt in seiner Festschrift über „Hansisch-Venetianische Handelsbeziehungen im

---

[1]) A. a. O. S. 79.
[2]) A. a. O. S. 26⁹.
[3]) A. a. O. S. 427.

15. Jahrhundert" S. 175 ff. einige Auszüge, die das venetianische Geschäft einer Handelsgesellschaft, der Deckinchhusen angehörte, betreffen. In der Technik unterscheidet sich diese Buchhaltung nicht von den bisher genannten Büchern, wie aus folgenden Beispielen hervorgeht:

(Bl. 16 a.) [1])

Int jar 1411, 20 in aprylle, do untfench ic, dat my Slyper von Colnne sante 1 balle, dar was inne 5 secke eynghever Meckinch (= Mekka Ingwer) dey woyghen 14 sintener. Van dem sintener gaf ic emen 14 wyte ℈. Des hadde hey untfangen 4 gulden to Colnne. Aldus so hebbe ic eme hir gheven van desser balen 24 sl. 9 gr.

(Bl. 16 b.)

Int jar 1411, 20 in aprille, so untfench ic, dat my Slyper van Berghen sante ton ersten 7 balle sardoke (grobes, halb wollenes, halb leinenes Zeug); hirvan gheven to unghelde 3 sl. 5 gr.

Item so untfenck ic noch by Slyper 1 balle, dar was inne by 500 punt brusyllegenholtes (= Brasilienholz) unde ok was hir inne 2 balle Mesch einghevers und 2 balle Meckinges einghever; hirvan gaf ic to unghekde 9 gr.

(Bl. 17 a.)

Int jar 1411, 22 in feberwario, do quam (= kam) my 1 wesselbreyf (= Wechsel) van Venedyen, also dat ic van der selschop weghen moyt betalen vor 1000 ducaten. Hirvor sal ic gheven her Arnt Poltus op den 19. van merte, dat komet, 1263 franken 5 gr., to 33 gr. den franken. Hirvor sal ic gheven by punt groten 173 ℔ 13 sl. 8 gr. Item 27 in merte do gaf ic Peter Fyfoyde by sin son van her Arnt Poltes weghen hirop 60 ℔ 7 sl. Hirto wystede ic emen by Mertyn Langen 39 ℔ 13 sl. Item so hebbe ic hirop noch betalt Ioris 73 ℔ 13 sl. 8 gr. Summe in al hirop betalt 173 ℔ 13 sl. 8 gr.

Von Interesse ist weiter eine Abrechnung dieser Handelsgesellschaft, die sich auf vier losen Blättern befindet, die im Stadtarchiv Lüneburg aufbewahrt werden [2]).

Auch das nächste Handlungsbuch des 15. Jahrhunderts stammt aus dem Norden, und zwar aus Danzig. Es wird im dortigen Staatsarchiv aufbewahrt und ist von W. von Slaski in seiner Dissertation: „Danziger Handel im 15. Jahrhundert auf Grund eines im Danziger Stadtarchiv befindlichen Handlungsbuches geschildert" (Heidelberg 1905) benutzt worden [3]).

Der Besitzer des Danziger Buches hieß wahrscheinlich Johan Pisz, über den jedoch nichts Näheres zu erfahren ist, da das Buch nur Einträge geschäftlicher Natur enthält. Er beginnt sein Geschäft im Jahre 1421 und bringt es in 40 Jahren in die Höhe. Neben Eigenhandel trieb er besonders Kommissionshandel, wobei er zwischen dem Osten und dem Westen vermittelte. In Geschäftsverbindung stand er mit Schonen, Bergen, Lübeck, Flandern, Deventer, Aachen, Münster, Nürnberg, Breslau, Krakau, Wilna, Kauen, Kolberg und Rostock. Von den Nachbarorten werden am häufigsten Königsberg, Thorn, Elbing und Braunsberg erwähnt; binnenländischen und Kleinhandel scheint er nicht zu viel betrieben zu haben.

---

¹) Bedeutet die Handelsmarke.
²) Stieda, a. a. O. S. 162.
³) Eine von Slaski angefertigte druckreife Abschrift liegt in der Bibliothek des Polnischen Museums zu Thorn. Sie wurde mir in dankenswerter Weise zur Verfügung gestellt.

An fünf Orten arbeiten für ihn Wirte, nämlich in Flandern, in Lübeck, in Elbing (der Schiffer Herecke und seine Frau), in Riga (der Schiffer Hans Greve) und merkwürdigerweise auch in Danzig (Arndt Dotte und später Johann van dem Hagen).

Gesellschaftsgeschäfte kommen nur wenig vor, so findet sich nur ein Kompagniegeschäft:

(Bl. 95 b.)
Item soe hebbe yk met Hynryk Voss 1 last honyges in Kompanie, staed 80 m.

Ebenso nur einmal „selscop":

(Bl. 1 b.) Item so hebbe yk in desse selscop 5 fr [1]) Pruss. gelent.

Die Wiederlegung wird ebenfalls nur einige Male erwähnt:

(6 a.) Item zoe hevet Steven my to gesecht als van wedderlegynge. Int eyrste 90 Armlansce gulden, dey my Momme sal seynden van Sconen. Item 1 veyrde part ok van wyne, den ok Momme med syk hebet op Sconen. Item noch zoe wes komet van enem perde, dat toe Deventer bleff stande van 30 gulden. Item zoe wes komt van 2½ ame wyns, dey 4 ₰.

Einige Male gab er auch Darlehen, bei denen jedoch eine Rückerstattungs-frist nicht festgesetzt wurde, z. B.:

(113b.)   21 jar.
Item zo hebbe yk unssem werde Arnd Otten gelent op sunte Jacops avent 12 m. Item zo ys my unsse wert Arnd Otte 6 Armlandsche gulden, dey yk em lende, do hey dat gelt to der Ryge sande. Item noch 4 m., dey yk em lende op wynachten avent.

Sicherheit verlangt er nur in wenig Fällen, so z. B. Bürgschaft:

Item vercofft Arnd Otten, dar myn wert borge vor ys, oder
Item do vercaffte yk Hans Kerstyan. . . . dar ys my Hans Sterte borge vor toe betalen.

In dem Handelsbuche hat sich noch ein Schuldschein erhalten, der sich auf folgendes Geschäft bezieht (67 a):

Anno Domini 53 op unsser vrouwen assuntionis. Item doe rekende yk met Hynryk van Staden alle dynk slycht, van wasse unde van laken, alsoe dat hey my schuldich blyfft un op ostern toe betalen 500 m. geryngen geldes.

Der dazugehörige Schuldschein hat folgenden Wortlaut:

Ik Hinrik van Staden bekenne, dat ik schuldich bin dem ersamen manne Johan Pisz vor gewant, dat ik to vuller genoge van em - untphangen hebbe 500 m. Prusschen geringen geldes nu negest up ostern to betalen ane argelist, unvertogert, des hebbe ik min signyt hir upgedrukket, to ener merer sicherheit. Datum 53 [jar,] 9 dach na unsser leven vrowen dag hemmelvart.

Als der Besitzer sein Lebensende nahen fühlte, zog er sich vom Geschäft zurück, schloß seine Bücher ab, rechnete alle seine Geschäfte „doet" und belastete die Konten seiner Schuldner mit Renten, Leibgedingen, Leibrenten, wobei er auch einige Male Häuser als Pfandobjekte nahm.

Item dyt sal hey my wartynssen (= verzinsen) op myn lyffgedinge, wan yk dot sye, soe sal ed ok dot syn. Int jar 55 op Mychelis untffangen.

---

[1]) 1 Mark = 4 Vierdung (fr.) = 24 Scot = 60 Schillinge = 720 Pfg.

Das Buch ist ungefähr 15 cm breit, 36 cm hoch und 4½ cm dick, besteht aus acht Lagen von verschiedener Stärke, ist auf Papier geschrieben und in Pergament eingebunden. Inhaltlich zerfällt es in drei Teile, von denen der erste fast ausschließlich die Kommissions- und Kompagniegeschäfte, der zweite den Warenverkauf und der dritte den Wareneinkauf enthält. Die Art und Weise der Eintragungen ist sehr regellos erfolgt, doch lassen sich folgende Tatsachen feststellen¹):

Die Jahreszahlen folgen einigermaßen chronologisch aufeinander; die Ausnahmen dürften wohl dem Sparsamkeitsprinzip des Schreibers zu verdanken sein, der alle leergebliebenen Stellen nachträglich noch mit neuen Eintragungen ausfüllte. Geschäftsfreunden, mit denen er längere Zeit im Verkehr stand, eröffnete er besondere Konten, die sich namentlich im ersten Teile finden, häufig steht am Anfange eines solchen Kontos die Handelsmarke des betreffenden Kaufmanns. So beginnt z. B. das Geschäftsbuch mit folgendem Konto (S. 1a):

Item zo byn yk Bakker schuldich 4 m. dey hey my lende (= lieh), do yk hyr quam (= kam).
Item noch 5 m., dey hey Steven van Umen gaff (= gab).
Item noch 74 m., dey hey vor dat mel gaff.
Item so ys my Bakker weder 8 scot, dey yk em lende, do hey dey rydestole (= Schreibtischstuhl) holde.
Item so ys my Bakker 1 fr. van Spareverynges wegen.

. . 22 jar (= 1422).

Item gerekent myt Bakker op sunte Jürgens d(ag), do bleff (= blieb) yk em schuldich 17 m. und 8 (scot).

usw.

Aus dem ersten Teile des Buches, der die Kommissions- und Gesellschafts-geschäfte behandelt, sei folgende Probe gegeben:

22 jar 8 dage vor Johanni (= 7. Juni 1422).

Item so hebbe yk untffangen van Wolquyn Toyze ut scepper Mertyn Meryenvelde 2 halbe vate henps (= Hanf). Hyrop betalt to halver vracht 10 scot. Vercofft und geven den sten vor 8 scot und 1 sz. Summa dat van den henppe geworden ys blywendes 15½ m. min. 2 sz. Item noch 4½ tunnen medes ut Meryenvelde. Hyrop betalt to halber vracht 7½ scot. Vercafft desse 4½ tunne medes vor 9 m. Summa blywendes 9 m. min. 7½ scot.

(3a.)   18 dage vor Mychelis (= 11. Sept. 1422).

Item zoe hebbe yk Volqyn Toyze weder gesand in scepper Hennymg Berndesson 1 sak hoeppen, dey woech hyr 2 scepp ₤ und 1½ lis ₤, ed stepp ₤ steyt eyrstes Koeppes 10½ m. Summa ys eyrstes Koeppes 22 m. min. 2 scot.
Item zoe ys geworden van synen 2 halwen vaten henps unde van 4½ tunne medes 24 m. und 3 scot und 21 ₰. Reste dat yk ym sculdich blyve 2 m. und 5 scot unde 21 ₰.

Bei einer großen Anzahl von Geschäften zeichnete der Besitzer des Buches auf der linken Seite die Art und Weise des Geschäftes, den Preis, die Zahlungs-bedingungen, Bürgen usw. auf, auf der rechten dagegen die Abtragung der Schuld, die bald auf einmal, bald in Raten erfolgte.

Als Beispiel sei folgender Eintrag aus dem Verkaufsbuche gegeben:

---

¹) Slaski, a. a. O. S. 8

(S.108a.) 1424 jar op den hilgen
3 Konynge dach.

Item doe verkoffte yk Johan Junchorn
25 tunnen herynges (= Heringe), darvon
zal hey my geven 2 last Ungersces ysern
op vastelavent.
Item verkofft Zander van Russen 2 vate
wyns, dey stop vor 2 scot. Summa 119 m.
unde 8 scot; item dat ene vat helt 5¹/₂ ame
unde 2 [Kannen] 32 stop, item dat ander
helt 5 amen unde 3 Kannen unde 5 stop.

(Gegenüber.)

Hyrop untffangen 2 last Ungersces
yserns.

1424 8 dage nae passchen.

Item do verkaffte yk Reyneken van
Saust 171 Korbe rasyne, elk korff vor
1 fr., dey helffte to betalene op Mychelis,
dey ander helffte op paschen. Summa
ys 43 m. min. 1 fr.

Hyrop untffangen 50 m. op palmen
avent by my sulven. Item untffangen
40 m. 14 dage nae paschen (= Ostern)
by Reyneken van Saust. Hyrop untffangen 29 m. min. 4 scot.

1424 14 dage nae pascen.

Item doe verkoffte yk der Schottes-
schen 15 Nynevensche, ed par vor
16¹/₂ m., und 1 Condits vor 4 m.

Hyrop hebbe yk untffangen van Reyneken van Saust 20 m. op sunte Nycha-
wes avent. Item noch untffangen 18 bys-
cops gulden.

Item noch verkofft Kanneberge dem
Kremer 1 tunne alluns, dey woech 13¹/₂
sten met dem holte, den sten vor 1 m.
unde 3 scot.

Hyrop untffangen 104 m. min. 1 fr.
Reste dat sey my schuldich 24 m. Betalt
21 m. by Hans van dem Hagen.

[14]24 8 dage vor sunte Jacop.

Item doe verkoffte yk Vette Hannese
2 terlynge ypersche, 1 roet, 1 pers, ed
stucke vor 31 m. min. 3 scot. Summa
62 m. min. 1 fr.

Hyrop hebbe yk untffangen 13¹/₂ m.
unde 1 fr.

[14]24 op Domnyk (= 4. Aug.)

Item doe verkoffte yk Arnd Scabek
20 Gerbergessche ed par vor 18 m., dyt
zal my Hynryk van dem Spegel betalen.

Hyrop untffangen 180 m. van Hynrik van
dem Spegel.

Item soe hevet vercofft Johannes van
dem Hagen 2 luden van Thoren 5 terlynge Ypersce, ed stucke vor 30 m.,
summa 150 m., dey ene heyt Gyse van
der Brugge unde dey ander Gosschalk
Hetvelt.

Hyrop hebbe yk untffangen 25 m. op
Domnyk von enem jungen gesellen.
Item untffangen van Clawes Geren 45 m.
op unsser vrawen avent asumptionis.
Item noch untffangen 30 m. von Herman
van der Behe. Item noch untffangen 50 m.
by Hans van dem Hagen.

Item vercofft Wylm Kremer 4 tunnen
alluns, dey eryste woech. Item 15¹/₂ sten
unde 4 ℔, item 13¹/₂ sten unde 2 ℔, item
13¹/₂ sten, item 13¹/₂ sten unde 2 ℔.
Item den sten vor 26 scot. Item noch
Wylm Kremer vercofft 2 vate rysses,
item 29 sten unde 6 ℔, item 40¹/₂ sten,
den sten vor 26 scot. Summa blyvendes
to hoppe van ryses unde allun 113¹/₂ sten
unde 5 ℔.

Summa to gelde 123 m. unde 3 scot.
Hyrop hebbe yk untffangen 80 m. Item
noch untffangen 23 m. unde 3 scot. Item
noch untffangen 20 m.

Bemerkenswert an diesem Danziger Buche ist zunächst das Fehlen aller
Einträge privaten Inhalts, es ist das erste Geschäftsbuch im wirklichen Sinne
des Wortes. Sodann ist eine Trennung der Geschäfte in Einkäufe, Verkäufe

und Kommissionsgeschäfte durchgeführt; Leistung und Gegenleistung werden
häufiger gegenübergestellt und vielfach werden Konten errichtet. Auch die
Drucklegung dieses Werkes, die bereits vor Jahren geplant war, wäre demnach
sehr erwünscht.

Dem hanseatischen Gebiete entstammt schließlich noch das Handlungsbuch
des Lübecker Krämers Hinrich Dunkelgud, das auf der Lübecker Stadtbibliothek aufbewahrt wird und von Mantels in einem Aufsatze[1]): „Aus dem
Memorial oder Geheimbuche des Lübecker Krämers Hinrich Dunkelgud" beschrieben worden ist.

Heinrich Dunkelgud stammte aus der Nähe Lübecks, hat vielleicht bei
einem Krämer gelernt und ist später Teilhaber und Inhaber geworden. Im
Jahre 1479 unternahm er eine Wallfahrt nach S. Jago di Compostella,
heiratete nach seiner Rückkehr, wurde Bürger und Mitglied der Krämer-
Kompagnie und übernahm Haus und Kram seines Schwiegervaters Hans
Meyer. Er ist in seinem Geschäft vom Glücke begünstigt gewesen und konnte
bei seinem Tode reiche Stiftungen für Klöster und Kirchen aussetzen.

Die Handschrift ist ein Band in Kleinfolio und enthält 234 Blätter. Sie
ist in braunes Leder gebunden mit überschlag und Schnippe, die in eine Schnalle
faßt. Der vordere Umschlag trägt in roter und in schwarzer Farbe die Sig-
natur F.; somit ist es das sechste Buch. Mantels bezeichnet es als ein Memorial
oder, da es wiederholt Testamentsentwürfe enthält, als Geheimbuch. Ich
habe keinen großen Unterschied von den bisher erwähnten Geschäftsbüchern
feststellen können und möchte es deshalb einfach als das Handelsbuch Dunkelguds bezeichnen. Nun enthält es allerdings Hinweise auf fünf andere Bücher
A—E, von denen Buch C das schwarze Buch genannt wird. Vermutlich sind
daher die übrigen Bücher: das im Pergamentumschlag, das weiße, alle Tage
gebrauchte und das rote Registerbuch identisch mit den Büchern A, B, D oder E,
doch läßt sich weder dies noch der verschiedene Charakter der einzelnen Geschäftsbücher aus den Hinweisen ermitteln.

Das Buch ist nur zum Teil mit Einträgen gefüllt, und zwar anfänglich
vorwärts fol. 1—48, dann rückwärts fol. 234—193. Der Besitzer hat nämlich seine Testamentsentwürfe auf der letzten Seite des Buches begonnen,
später aber daran geschäftliche Aufzeichnungen angeschlossen. Den ersten Einträgen nach zu urteilen, hat Dunkelgud verschiedene Rubriken schaffen wollen,
was aber dann unterblieben ist. Jede Seite ist überschrieben „Jesus Maria
Amen"; vielfach sind die Seiten auch in der Mitte gebrochen und es fand eine
kontenmäßige Abrechnung statt.

Das Buch ist im Jahre 1479 bei Gelegenheit der Wallfahrt nach S. Jago
di Compostella begonnen worden. Die erste Eintragung hat folgenden Wortlaut:

Anno Domini xiiij c lxxxix up Lychtmessen wart anhaven dit boek in deme
namen der hilgen Drefaldysheit.

Vor der Wallfahrt gibt er seine Geschäftsbücher in Verwahrung:

(fol. 8 b.) Anno 1479, up Lychtmessen, also ik van Lubeke reyse na deme guden
heren sunte Jacob[2]), late ik stan up mynes werdes (= Hauswirtes) sall in myner
kisten unde kontor (= Schreibtisch) my tobehorende up 70 rinsche gulden, bilde
an louwent (= Leinwand) gemalet, unde dar inne myne kleder unde myne b o e k e

---

[1]) Mantels, Beiträge zur Lübisch-Hansischen Geschichte. Jena 1881, S. 341 ff. Mir
stand eine von Professor Deeke angefertigte und mit einem sorgfältigen Register versehene
Abschrift zur Verfügung, die sich ebenfalls im Besitze der Stadtbibliothek Lübeck befindet.
[2]) S. Jago.

Die Bücher des 15. Jahrhunderts. 25

(= Geschäftsbücher). Noch late ik dar ene klene kiste, dar inne allerley eventur ruch unde rap (= allerlei Gerät durcheinander) noch op sale 2 sedel vn 1 Spet. Gegenüber steht die Bemerkung über die Auslieferung bei der Rückkehr: Item entfink ik wedder de kisten unde it ander in al.

Auch machte er vor der Abreife fein Teftament (fol. 11 b) und ging noch eine Wette darauf ein, daß er Junggefelle bleiben werde; vergl. fol. 10 a:

Anno Domini 1479, up Lychtmyssen gaf ik Hans Roekelosen 7 m lüb. Dar schal he my wedder vor geven, wen ik en wyf neme, 11 m lüb.[1]

Bei diefer Wallfahrt verleugnet er jedoch den Handelsgeift nicht und benutzt fie daher mit zu gefchäftlichen Zwecken, wie aus folgendem Eintrage hervorgeht (f. 8 b):

Item se neme ik mede 1 suben (= Schaube) myt sabele (= Zobel) foder. Vorkope ik en nicht to Hamburg, so bevele ik ene Gosswin van dem Moor (= in Hamburg). Aber er ist sie hier nicht losgeworden, daher bucht er gegenüber: Item dessen suben heft Clawes Werneken to Brugge to mynen besten, he steit my 40 m. lub. Später hat er noch folgende Eintragung gemacht: Item schryft Claus Werneken in sinem breve (= Briefe), dat he den suben heft vorkoft vor 4 ℔ groten unde 8 s groten (= 30 m. 13 s).

Daß dies erft fpäter, nämlich 1482 erfolgt ift, geht aus folgendem, im Buche liegenden Briefe Claus Wernekens hervor:

Dem ersamen Hinr. Dunkelgut to Lubeke sal desse breff.

Jesus Maria.

Minen wilgen denst tovorn. Hinrik, ersame gude vrunt. Ik hebbe dinen breff wol untfangen unde vorstan, de gescreven is up unses Heren Hemmelvart, dar du in scrivest, dat ik dy scriven sal, wo unse dink stat tussen (= zwischen) dy unde my. Aldus so hebbe ik dat boek (= Geschäftsbuch) nicht hir[2]), also van dinen dingen, unde ik vormode my, ik wil dar kamen ut dessen mark (= Markt). Aldus mostu to vreden (= zufrieden) sin so lange, dat ik dar by kame, so wil ik dy, wil Got, dar gut beschet aff don. Item ok, so du scrivest also van dem suben (vergl. oben), den ik van dy hebbe, den hebbe ik vorkopen laten in dem Brugschen (= Brügge) mark, unde wart gegeven vor 4 ℔ 8 s. Ik en konde dar nicht mer aff kreigen. De men (= der Makler) hadde 1 s vor sinen arbeit, aldus kumpt he ut vor 4 ℔ 7 s. . . . Nicht mer, men ik bevele dy Gade (= Gott). Gescreven to Amdorpe (= Antwerpen) desz Mandages na des Hilgen Lichnames dag anno 82   Claus Werneke.

Im folgenden feien einzelne Bucheinträge, die ziemlich einfach waren, mitgeteilt:

(fol. 7 b.) Anno 1479, up s. Agaten vorkoft unde borget Goedert van Hovelen. 10 tymmer hermelen (= Hermelin) it tymmer vor 6½ m., is 65 m.

Auf der rechten Hälfte fteht gegenüber die Abrechnung:

Item hyr up entfangen 16 m. Item entfangen van Willem van der Heyde to Brugge 7 ℔ grot (= 49 m.).

(fol. 10 b.) Anno 1479, up sunte Appolonyen, do vorkofte ik unde borgede Cort Meteler, der Luneborgischen, en melde tafelen, up louwent malet, vor 18½ m.; noch lende ik eme 2 ongersce (= ungarische) gulden, is 3 m. — Gegenüber: Anno 1479 up s. Dyonyse, entfangen van Cort Meteler 10 m., noch hebbe ik van em 1 klen kontor, zo gut alse 3 m.; entfangen 1 ewangyllenboek vor 8 m.

---

[1]) Einträge über abgefchloffene Wetten finden fich mehrfach in diefen alten Gefchäfts-büchern, in Lehrbüchern des 16. Jahrhunderts wurde ihnen fogar ein befonderes Konto: Glück und Unglück eröffnet.

[2]) Claus Werneke wohnte in Brügge, befand fich aber zur Zeit in Antwerpen und konnte, da er die Gefchäftsbücher nicht zur Hand hatte, deshalb die von Dunkelgub ge-wünfchte Abrechnung nicht geben. Diefe Stelle beweift, daß auch fchon damals der Kauf-mann nicht alles im Kopfe haben konnte, fondern Bücher führen mußte.

Vielfach finden sich dann noch quer darunter Bemerkungen, daß die Abrechnung ausgeglichen sei, z. B.:

Item dyt is dot rekent, mer (= nur) dat ik it noch clare make, oder: Item dit boven (= oben) schreven is dot rekent in dit jegen screven, oder: Do rekende ik myt Hans Help alle dink dot, do blef he my 5½ m. Dat steit in dat witte bok screven.

Verhältnismäßig häufig finden sich eigenhändige Einträge der Schuldner, z. B. fol. 28b

a. d. 1500 des frydages jn dem pinxten, do rekende ik myt hynr. dunkelgudt, so dat ick em schuldich blef 19 m lub. so is dyt myn egen hantscrift. Ick hans blanke.

Oder (fol. 21b):

Item noch bekenne yk (= Hans Meyer d. Jüngere) myt myner hantscrift, dat yk entfangen von mynem swager 24 m.

Auch Eintragungen in die Stadtbücher werden erwähnt:

Unde dyt steyt schreven in der stat bok van befel des rades.

Für unseren Zweck sind von wesentlicher Bedeutung die Hinweise auf die anderen Bücher:

Buch A — (fol. 47) 1479. . . . Item was ik Hanseken Meyer dan hebbe, steyt int bok A fol. 69.

Buch B. — (fol 212b, 211a) 1483. Nach Abrechnungen über die Verwaltung der Gelder für die Bruderkinder von Tideke Kegeben: Int bok B fol 125.

Buch C. (fol 33b) Anno Domini 1503. des Mandages vor aller Appostel dach, do rekende ik myt Hinryk Pawels. . . . Item so hebbe ik noch tosprake to em up dat gut, dat he van my hadde, also int s w a r t e bok steyt m y t d e m C, fol 182.. Item desse wedderlegginge (= mit Peter Kegeben) steint jn myn swartebok jnt 7 blad vorn.

Buch D. — (fol 28b) Um 1500. Item Bartolt Burmester fol 37 int bok D.

Buch E. — (fol 22b) Anno Domini 1486, up s. Dyonysy, do schepede ik Hinr. Kylenberch unde Merten Petersen . . . Item ok int bok E fol 136.

Pergament-Buch. — (fol 9b) Anno 1479. . Ik hebbe it ungelt dar vor utgeven, it steit in myn p a r m y n t t e s bok.

Weißes Buch. (fol 11a) 1479. Abrechnung mit seinem Oheim Peter Schutte: Item dyt steit int w i t t e bok, des ik a l l e dage bruke.

Rotes Register-Buch. — (fol 6a) 1478. Abrechnung mit Hans David zu Hubbersdorf: Dyt steit int rode reygysterbok schreven.

Schließlich enthält auch das historische Archiv zu Cöln einige Rechnungs-bücher[1] aus dem 15. Jahrhundert. Von ihnen war mir das der Witwe Figin von Syburg geb. von Bruwilre aus den Jahren 1475—1489 als ein solches bezeichnet worden, das neben Haushaltungsausgaben auch Angaben über Geschäfte enthält. Diese waren aber so dürftig, daß sie für die Geschichte der Buchhaltung ohne Bedeutung sind.

Zu derselben Zeit, als die Gegenüberstellung von Leistung und Gegen-leistung im Norden in ausgeprägter Form auftrat, finden wir sie aber auch im Süden Deutschlands, nämlich in dem Handelsbuche des Nürnberger Ulrich S t a r c k von 1426—1435 [2]. Starck war kein Kaufmann im Sinne der bisher

---

[1] Diese Handlungsbücher sind von Dr. Bruno Kuske-Köln bearbeitet worden und werden in den „Quellen zur Kölner Handelsgeschichte" (Bonn, P. Hanstein) veröffentlicht. Aus diesem Grunde habe ich von einer eignen Bearbeitung dieser Bücher abgesehen. Da aber beim Abschluß meines Manuskripts der Druck dieses umfangreichen Werkes (120 bis 130 Bogen) noch nicht beendet war, habe ich wenigstens dieses eine Buch persönlich eingesehen.

[2] Beilage zur „Allgemeinen Zeitung". München 1901, Nr. 101.

geschilderten Besitzer von Handlungsbüchern, sondern mehr ein Gelegen-
heitskaufmann. Er hatte Landgüter, bezog viele Renten und handelte mit
allem möglichen, mit Pferden, Rindern, Getreide, Pfeffer, Safran, Wolle, Wein,
Schmucksachen usw. Die Gewürze kaufte er von Venedig und verkaufte sie
vornehmlich an die Nürnberger Kaufleute Hans Polandt und Hermann Dasch
sowie an den Nördlinger Hans Herele. Zur Fastenzeit bezog Starck vor allem
Rosinen, Mandeln, Feigen. So ließ er z. B. 1431 aus dem Donaugebiet einen
mächtigen Hausen im Gewichte von neun Zentner kommen, den er aus-
pfundete und für das Pfund 70 Pfennige erzielte zu einer Zeit, da das
Rindfleisch nur 10 Pfennige kostete. Ausgedehnt war sein Weinhandel. Die
Frankenweine kaufte er in Bamberg, die Rheinweine in Frankfurt und die
Österweine in Österreich. Für den österreichischen Wein gab er meist Waren
zum Tausch [1]. Bedeutend war der Handel in Pretiosen. Einmal gab er
z. B. seinem Oheim Hans Kraft Rubinen, Diamanten und Korallenketten
in Kommission, die dieser in Ungarn absetzte. Auch Münzspekulationen finden
sich aufgezeichnet. So schickt er einmal fremde Münzen durch einen Nürnberger
Agenten nach Venedig, wo sie gegen Dukaten umgetauscht werden sollten.

Das Handlungsbuch wird im Königl. Kreisarchiv Nürnberg (Salbuch
Nr. 285 b) aufbewahrt und ist ein in Leder gebundener Band in Großquart.
Es trägt die Aufschrift: „Dos puch helt jnnen von zinsen vö 1429 jar pns auff
31 jar." Es enthält nur wenig Handelsgeschäfte, dagegen sehr viel Aufzeichnungen über Liegenschaften und Kapitalien. Die Schreibweise ist bald kurz,
bald breit. Von Bedeutung ist die Gegenüberstellung von Leistung und Gegenleistung. Links ist das Geschäft aufgezeichnet, rechts ist die Bezahlung eingetragen, meist mit kurzen Bemerkungen, wie: Die sind mir bezahlt, dedit,
solvit, er hat, er gabs usw. Charakteristisch ist dafür folgender Eintrag
(Blatt 6 b, 7 a) (siehe Abbildung):

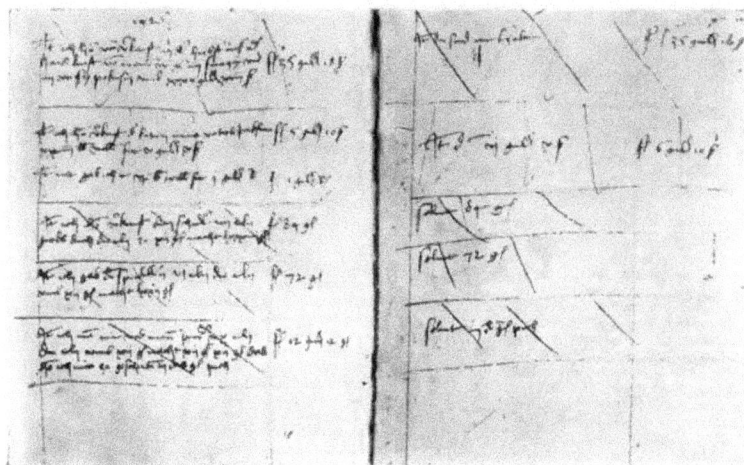

[1] Vgl. über den österreichischen Handel Mayr, Der auswärtige Handel des Herzogtums Österreich im Mittelalter. Innsbruck 1909.

(Links.)		(Rechts.)	
1426			
It. ich hö vkauft in de herbst mess od hans kraft vö meinē wegē iiij swarczen und iiij weissen pokasin vmb xxxv guld. xviij s.	fl 35 guld 18 s	It die sind mir bezalt	fl 35 guld 18 s
It. ich hö vkauft de katrin meins vaters Junkfraw xxxiiij ℔ wolle für v guld x s	fl 5 guld 10 s	It dt vj guld x s	fl 6 guld 10 s
It. mer gab ich ir vj ℔ wolle für j guld Rh	fl 1 guld Rh		
It. ich hö vkauft dem schedl vij eln grobs duchz die eln zu xij g macht lxxxiiij g	fl 84 g	soluit 84 g	
It ich gab de spendellen vi eln die eln vmb xij g macht lxxij g	fl 72 g	soluit 72 g	
It ich nā mir und meinē prud xx eln die eln vmb xij g macht xij g xij g das hö ich mir (mit?) zu geschribē in das g puch	fl 12 guld. 12 g	soluit in d. g puch	

Die nächste Probe stellt einen größeren Verkauf an Hans Poland dar:

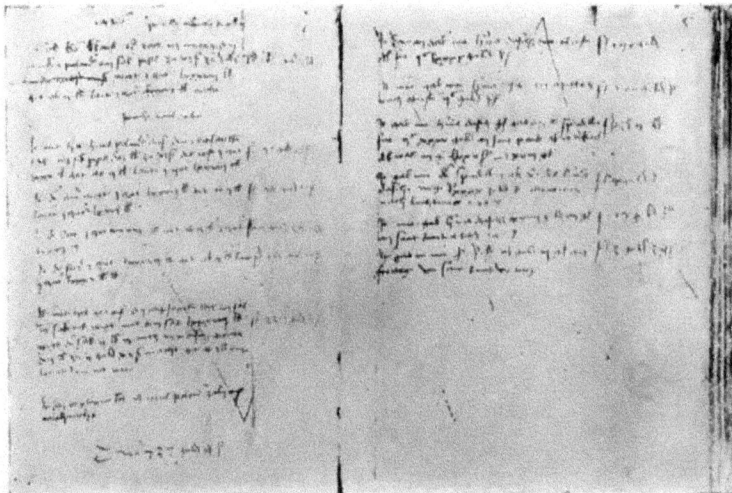

(Links.) 1426 pracht albrecht kegellen

It. Ich hö vkauft 18 tag in meien dem hanssen poland ein sak pipers zu xj s zu zaln auf weihenacht wigt j cznt. lxxxiij ₰ get ab ij ₰ lau:er j cznt lxxxvj ₰ macht pracht hans lochner. fl 102 g. 6 hlr

It. mer hat hans poland auf den obgeschribē tag iiij sek pipers daz ₰ zu xj s der erst j cznt lxxx ₰ get ab ij ₰ lauter j cznt lxxviij ₰ fl 97 guld 18 s

It. der and wigt j cznt lxxviij ₰ get ab ij ₰ lauter j cznt lxxvj ₰ fl 96 guld 16 s

It. de drit j cznt lxxviij ₰ get ab ij ₰ j cznt lxxxj ₰ fl 99 guld 5 s 6 hl

It. de fird j cznt lxxxvlj ₰ get ab ij ₰ lauter j cznt lxxxv ₰ fl 101 guld 15 s

It. mer hot er auf den obgeschriben tag ein sak saffrans wigt mit dem sak lxxxvilj ₰ wigt der sak ij ₰ lij ontz venedisch geb ich daz ₰ zu lj guld 15 s macht get ab j ₰ xiiij lot und nlt mer It daz obgeschriben sol alz hans poland zaln auf weihnacht fl 239 guld 9 s

Summa 737 guld 4 s

(Rechts.)

It. dar an gab mir h'ma daschz vor obenste g für je lxxxx guld Rh fl 190 guld Rh

It. mer gab mir h'ma daschz an mitboch nach obersc ijc guld Rh fl 200 guld Rh

It. gab mir h'ma dasch gd gab ich de spendeller für ijc xxxv guld an sant pauls abent bekenß das was an g lxxv s an xviij gd fl 235 guld

It. gab mlr de spendellen als von des h'ma daschz wegen lxxxx guld Rh am eritag nach lichtmes 1427 fl 90 guld Rh

It. mir gab h'ma daschz xviiij guld an g an sant dorotea tag 1427 fl 19 guld Rh

It gab er mir p Rest lij guld lij g am freitag vor sant kunigden tag fl 3 guld 3 g [1]

Diese Beispiele enthielten nur Verkäufe, im folgenden ist Einkauf und Verkauf verbunden. Beide sind links untereinander eingetragen, während gegenüber rechts die Teilzahlungen verzeichnet stehen (abgeänderte Schreibweise).

(Links)   1429.

Item um Weihnacht kaufte ich von Hans von Meienn 9 Schock Blei, wiegen 78 Ztr. 14 ℔, kostet 1 Ztr. 1 fl 15 ß, macht mit allen Dingen 137 fl 5 ß.

Item das obengeschriebene Blei verkaufte ich dem Forchheimer Kandlgießer, je ein Ztr. um 2 fl Rh. am Mittwoch nach St. Urbanstag fl 156 s 5 ½.[2]

(Rechts) Item daran gab mir der Forchheimer am Montag nach St. Seboldstag 70 fl. Rh.

Item daran gab mir der Forchhelmer mit am Sonntag nach St. Matthäustag 20 fl., je 19 gl. und 3 den. für 1 fl.; ich wollt aber mehr haben.

Item daran gab mir der Forchheimer mit am Allerheiligenabend 30 fl. Gold.

Item dedit 36 fl. 5 ½ s am Mittwoch vor Sankt Kunigundentag.

---

[1] Diese Beträge sind hier zwar nicht addiert, sie stimmen aber mit dem gegenüberstehenden Betrage überein.

[2] Einkauf 78,14 Ztr. zu 1,75 fl = 137 fl 5 s; Verkauf 78,14 Ztr. zu 2 fl = 156 fl 5½ s, also Gewinn 19 fl ½ s, rund 14 %.

Im lebhaften Geschäftsverkehr stand Ulrich Starck mit seinem Oheim Hans Kraft, dem er deshalb auch verschiedene Konten errichtete, z. B.:

Jt. so ist mir Hans Kraft, mein Oheim, daß ich ihm bar geliehen habe 48 fl. Rh., soll sein Vater auf nächste Weihnachten bezahlen.

Jt. so ist er mir für Diamanten 27 fl. Rh., den er verkauft hat in Ungarn.

Jt. mehr ist er mir 10 fl. Rh. geliehenes Geld, da die Frist um war. So ist er mir das Jar besonders .. an Zins und 4 fl. geliehenes Geld seinem Weibe als 29 fl. an Allerheiligen Abend.

Jt. so ist er mir für Heu und Hafer und Wein, ist 4 Simmer Hafer und 1 Fuder Heu[1]).

Item mehr lieh ich ihm 10 fl. Rh., da er die 2 Panzer kauft am Montag nach Martin.

fl. totu 159 fl. Rh.

(Rechts)   Jt. daran hab, daß mir Kunrad Daschl gab für 20 fl. Simon u. Judä.

Jt. mehr hab ich daran ein Pferd, ist angeschlagen für 15 fl. Rh.

Jt. gab mir der alte Hans Kraft am Jahrstag 25 fl. im 1432 Jahr.

Jt. mehr gab mir Hans Kraft der alte 25 fl. am Freitag nach dem neuen Jahr

totu 85 fl. Rh.

Rest mir an der Rechnung 74 fl. Rh.

Im Münchner Stadtarchiv[2]) befindet sich ein als „Manual eines Kauf- und Handelsherrn von 1440—1458" bezeichnetes Handlungsbuch. Es ist in Leder gebunden, ungefähr 30 cm hoch und 10 cm breit und enthält 178 Seiten. Beigelegt sind eine Reihe loser Blätter gleichen Formats und ähnlichen Inhalts. Der größte Teil der Eintragungen bezieht sich auf die Jahre 1450—1456.

Der Besitzer des Buches ist nirgends genannt. Doch gibt vielleicht eine Bemerkung auf einem der losen Blätter einen Anhalt. Da heißt es: „Das jar de anno 1451 sind fier d'Kramer. Ulreich aychstock, Ulreich vetter, Hanns Steinaid, Hans Ierer." Auf einer anderen Einlage werden im Jahre 1456 die „pfenbert des Ierer Säligen" vermerkt, so daß dieser Hans Ierer wahrscheinlich der Besitzer gewesen ist.

Dem Namensverzeichnis der vier Kramer folgt die Bemerkung: Item vns obgenanth fier' ist geantwort worden von den allth fierer an paren gelt X ℔ iij s xxij ₰. Der Besitzer scheint demnach Kramer gewesen zu sein und dem Vorstande der Kramerzunft angehört zu haben; seine Buchführung ist äußerst einfach.

Das Buch beginnt mit einer Liste der Einnahmen, die auf Jahrmärkten erzielt worden sind:

Jt. czw lantsperk viij ℔ d.
Jt. czw pallung xv ß ₰
Jt. auf dem perg viiij ß ₰
Jt. czw dachaw vij ß ₰
    usw.

Auf Seite 2 und 3 sind Steuern aufgeschrieben, z. B.:

Jt. in dem vl jar (= 1445) an sant marteins abent j ℔ ₰ zw stewr vnd het an pfebert (= Pfennigwerte) lxxxv ℔ ₰ vnd iiiij ℔ ₰ die man mir solt vnd der hawsrat was xxxiiii ₰, daran solt ich xxxj ℔ gelten.

Seite 4 verzeichnet den „samkauf (= Engroskauf) czw Venedig in dem xl jar". Diese Einkäufe haben namentlich in Gewürzen (Zucker, Pfeffer,

---

[1]) Hier ist keine Summe eingesetzt, wahrscheinlich 31 fl.
[2]) III S. 89.

Nelken, Muskat, Safran usw.) bestanden. Die folgenden „samkäufe" in Nürnberg bestehen in Schlüsseln, Nadeln, Fingerhüten, Heringen usw. Verschiedentlich macht er Tauschgeschäfte (Stich, Baratt), 3. B. S. 11: „It. für vj stübel
gestochen für messingne knöpfe." Die Einkäufe zu Nürnberg, Steyer usw.
nehmen großen Raum ein.

Die Verkäufe sind ebenfalls in einfacher Weise gebucht worden, 3. B.:
„hoffers knecht sol vj ellen parchant" oder „. . . . sol j wachs xxx ℔". Nach
der Bezahlung wurden diese Einträge — wie heute noch im Kramladen —
durchstrichen.

Die Zusammenstellung der Außenstände erfolgt von Zeit zu Zeit unter
der Bezeichnung: „Die außer Schuld oder das äußer gelt;" die unsicheren werden
verzeichnet unter der Überschrift: „das verlorn gelt."

Einkäufe, Verkäufe, Zusammenstellungen folgen im bunten Durcheinander;
oft sind die Einträge kurz, oft umständlich, wie 3. B.:

S. 171. Ich sol dem kaffman, dem goltschmid 3 ℔ ₰ auff sand jorgen tag vmb
sungerl vnd vmb stefflen 1 tuzend sungel vnd ꝥ tuzend stefflen in das har daz
gesach an der 12 poltentag so sy vnser her auhsend in die wellt jm 58 jar.

Der Eigenart halber sei folgende Buchung erwähnt:

S. 167. Ich sol dem pertold schisler 4 klan mude (?) gestendt 10 s ₰ gezalen,
wan er ein weybt nempt, das ist geschehen im . . jar in der tullt (= Duld ist
Münchner Jahrmarkt)[1].

Den Schluß bildet eine Abrechnung mit dem Schwager:

S. 178. It. ich hab eingenomen von meinem schwager 39 ℔ ₰ vnd 4 s ₰ vnd wier
haben gerayt czw pfingsten jm 58 jar dapey ist gewessen ludwyg gradl vnd casper
jung vnd er sol myer noch schuldig 19 ℔ ₰ vnd 4 s ₰ vnd 5 ℔ ₰ die quotember
in d'vasten sol er geben dem kaffman golt schmyd die pyn ich im schuldig. aller
raytum daz ist geschehen des pfincztag vor sand veycztag im 58 jar dabey ist
gewessen d'ludweyg gradl vnd casper jung.

It. ich hab mych zw meinem schwag' gedinckt in die Kost, j jar vmb j ℔ ₰
32 ₰ vnd 2 mall j tag vnd nycht mer vnd wenn man vast j mal zw myttentag vnd
margens vnd abencz j suppen oder ander ding daz gschach achtag vor sand
veycztag de hept ich an daz merck eben.

Die Buchhaltung dieses Buches steht, wie diese Proben zeigen, auf sehr
niedriger Stufe; denn es sind lediglich einfache Aufzeichnungen. Zu erklären
ist dies wohl daraus, daß der Besitzer des Buches kein Großhändler, sondern
ein Kramer war.

Aus der Mitte des 15. Jahrhunderts (1444—1462) stammt das Buch
des Kaufmanns Ott Ruland in Ulm. Das Geschäft Rulands im allgemeinen
und seine Ausbreitung und Bedeutung hat K. D. Haßler[2] im Vorwort zur
Ausgabe ausführlich dargelegt. Ott Ruland pflegte vor allem die Verbin-
dungen zwischen Ost und West; alle bedeutenden Orte von Basel bis zum
Niederrhein finden sich verzeichnet, und im Osten Regensburg, Landshut,
Braunau, Linz, Wien, Klosterneuburg und andere. Von den Zweignieder-
lassungen befand sich die eine in Frankfurt a. M., wo die wichtigsten Geschäfts-
papiere, Schuldscheine usw. in einem Fasse bei seinem Hauswirt aufbewahrt
wurden, die andere in Augsburg, die dritte in Wien, während der Hauptsitz
in Braunau am Inn gewesen zu sein scheint. Von den Waren erscheinen in

---

[1] Vgl. oben S. 24 Dunkelguds Eintrag ähnlichen Inhalts.
[2] Ott Rulands Handlungsbuch. Stuttgart, gedruckt auf Kosten des literarischen
Vereins 1843.

dem Buche: niederländische, venetianische, Ulmer Tücher, Leinwand aus Ulm und Augsburg, Tischtücher, Metall, Weine aus Württemberg, Schweine aus Bayern, Rosenkränze und Holzstöcke usw. „Was die Art und Weise seines Geschäftsbetriebes betrifft, so tauscht er Waren gegen Waren, kauft Waren gegen Barzahlung und auf Kredit, bestellt Waren mit bedeutenden Vorauszahlungen, hat Waren von anderen in Kommission, verkauft selten gegen bar, meist auf Kredit von Messe zu Messe, teils wieder in größeren Quantitäten, teils in geringeren an Kleinhändler und Krämer, bei denen er nicht selten Verluste erleidet und sich mit deren Grundbesitz oder mit Hypothek auf denselben bezahlt machen muß". Wie bedeutend der Handel Rulands war, geht daraus hervor, daß er „zu derselben Zeit, in welcher die Stadt Ulm um wenige Tausend Gulden die schönsten Güter, Dörfer, Schlösser, Städte und halbe Grafschaften erwarb", auf der Frankfurter Herbstmesse für mindestens 3000 rheinische Gulden Niederländer Tücher bestellte und sie zum größten Teil im voraus bezahlte. Das Handlungsbuch wird auf der Stadtbibliothek Ulm aufbewahrt und besteht aus 96 zum Teil leeren Papierblättern in Quartformat. Die Eintragungen sind ziemlich formlos erfolgt, werden doch auf jeder Seite die verschiedenartigsten Dinge, Personen und Zeiten durcheinandergeworfen, auch Privatausgaben befinden sich darunter. Aus dem unterbrochenen und ungleichmäßigem Inhalt geht hervor, daß nicht alle Geschäfte aufgezeichnet worden sind. Das Buch beginnt mit den einleitenden Worten:

Das puch ist Otten Ruland und angehebt einzeschreiben an pfincztag nach sant Johannstag Baptista Anno Dni. M°CCCC°XL qwarto.

Aus dem Inhalte selbst seien folgende Geschäfte hervorgehoben:

(Tauschgeschäft S. 13.)

Item das ich verkauft hab dem Fritz Wagner ze Nürnberg ze dem hailtum 47 tatlen Saltzburger taflen, 18 dutzat wag taflen und ye dutzat um 4 reinisch gulden, und darnach der grösten 8 dutzat, ye ain dutzat umb 2 gulden reinisch und darnach der dreyer 20 duzet mödel, ye ain dutzat umb 2 gulden minus 1 ort. Summa macht alles an ainer summa 100 und 28 gulden reinisch. Daran hab ich 5 forstat, kumt 3 ye ainer umb 15 guldin und 2 ye ainer umb 14 gulden, macht 73 gulden reinisch, die ich daran hab. Summa pleibt mir noch aller raytung 55 reinisch gulden. Dt. 16 gulden von dem Schwindenbach von Agspurg. — dt mir selbs 2 fl. Restat noch 37 fl.

(Einkauf mit Vorausbezahlung. S. 3.)

Item das ich Ott Rulannd ain kauf hab getroffen mit Jan Hagen von Ach, der sol mir schikken 100 tuch auf Martini, und 200 tuch auf die weihennechtn, und kumpt ye 1 umb 10 fl., daran hab ich im geben 1500 reinisch gulden, das ander sol ich im czaln, wenn ich das gwand nimm, auch hab ich ain brieflin darumb von im mit seim handgeschrift und mit seim zaichn. — Dt daran hab ich enpfangen 100 tuch und 25, auch hab ich gelichen auf das schiflen und auf das kranrich gelt 28 guldn, minner 1.

Besonders hervorzuheben ist, daß Ruland bereits ein förmliches Verlagssystem ausgebildet hatte, indem er mit den Herstellern von Holztafeln und Paternostern Verträge abschloß, daß alles, was ein Meister innerhalb einer gewissen Zeit erzeuge, ihm zu einem gewissen festgesetzten Preise übergeben müsse. An andere darf der betreffende Meister nicht im großen verkaufen, höchstens eine Tafel. Dies geht aus folgenden Einträgen hervor (S. 33):

Item ich Ott Ruland hab von dem Matheus Antheringer von Salczburg sein tafeln kauft, was er machen mag von liechtmess schirst über drew jar, ye 1 tuczet wagtafeln die grösten dreiy mödel umb 10 schilling dn., und die andern vier mödel darnach die grösten an wagen, 1 tuczet umb 5 schilling dn., und der kauf stct also von liechtmess über ain jar; darnach geit er mir 2 mödel, die grösten mit den wagen, 1 tuczet umb 11 schilling dn., und den klaineren model geit er mir dann zu den andern vier mödeln an die wagen, 1 tuczet umb 5½ schilling dn., und die sol er mir her antwurten gen Prawnaw an allen mein schaden.

Wie bereits erwähnt, sind Verkäufe gegen bar selten verzeichnet, meistens hat Ruland auf Kredit verkauft. Daher ist auf Seite 9 vermerkt, „was ich Ott Rollant verpiten hab in der fastenmeß 47." (jar), und Seite 11 trägt die Überschrift: „Verbiten cze Nörlingen 1447." Das große Vertrauen, das Ruland seinen Abnehmern auf diese Weise entgegenbrachte, scheint selten mißbraucht worden zu sein. Auf Seite 11 findet sich z. B. folgender Eintrag:

Item und noch ist ainer, hat mit den obgeschribnen gekauft; bleibt mir ach 19 gulden reinisch umb mischtlin paternoster; zaln uf die herbstmeß nechstkünftig; ich hab des namens vergessen.

Aber der Posten ist durchgestrichen, der Unbekannte hat also gezahlt.

Als Sicherheit diente meist ein Schuldbrief, die Formel: „darum hab ich ain brieff von in" kehrt immer wieder, vielfach war auch angegeben, wo sich der Brief befand, z. B. „leit zu Wien". Nur einmal ließ Ruland die Anerkennung der Forderung von dem Schuldner eigenhändig in sein Handelsbuch eintragen, und zwar Seite 91. Dort heißt es in niederdeutscher Sprache:

Item ich Cruytz van Julpen jnde Johan Hagen bekenne, dat wyr samen van Ott Rolant hant geguldin 33 Olmer swartz dye besegelt synt. Item eyn dach gult 3 gulden ... Item dyt js gescheyn up ons heren fronelychem dach, jnde dat sollen wyr betzalen jn dye poys mes jn deme jor 63.

Sein Geschäftskapital ist wahrscheinlich sehr bedeutend gewesen, einmal macht er jedoch auch eine Anleihe bei einer Privatperson.

Item daz ich Ott Ruland enpfangen hab von dem Walthasar Ramstainer zu Elizabeth, appoteterin wittwe bey unser lieben frawen, hundert und 13 reinisch gulden, die sie mir gelichen hat und die ich ir widerumb bezalen sol auf sanct Michahelis tag.

Andere Privatpersonen wiederum vertrauten ihm Geld an, so heißt es z. B. auf Seite 36:

Item daz ich Ott Ruland enpfangen hab von dem Walthasar Ramstainer zu Nurnberg 200 reynisch gulden, die sol ich ihm anlegen zu gwin und verlust auf sein wagnuß.

So bedeutsam der Inhalt dieses Buches für die Wirtschaftsgeschichte ist, so unbedeutend ist seine Form für die Geschichte der Buchhaltung; denn wir finden hier keinen Fortschritt, sondern eher Rückschritt, nämlich zu den Büchern des 14. Jahrhunderts, wie denen Wittenborgs und Gelderfens. Wie diese, so enthält es ebenfalls nur einfache Aufzeichnungen, die dem ausgedehnten Handelsbetriebe recht wenig entsprechen.

Aus dem Ende des 15. Jahrhunderts sind schließlich noch Abrechnungen von zwei süddeutschen Handelsgesellschaften vorhanden. Die einen betreffen die Venediger Abrechnung einer Frankfurter Gesellschaft, die aus Wolf Blum dem Älteren, seinem Bruder Balthasar, ihrem Neffen Loi Joftenhöfer aus Tournai und Philipp Adler zu Augsburg bestand. Dietz beschreibt diese Bücher in dem 1. Bande seiner „Frankfurter Handelsgeschichte" (Frankfurt a. M. 1910) und gibt dort auch verschiedene Proben[1]).

---

[1]) Dietz, a. a. O. S. 268 ff.

Es handelt sich dabei um fünf ungebundene, kaum leserliche Hefte in Folioformat, welche die Abschlüsse für je ein halbes Jahr von der Herbstmesse 1491 bis zur Fastenmesse 1492 und weiterlaufend bis zur Herbstmesse 1494 mit Ausnahme des fehlenden Sommerhalbjahres 1493 bringen und vorn angefangen die Einnahmen (Aktiven), umgekehrt angefangen die Ausgaben enthalten. Außer diesen Abrechnungsbüchern sind von der Gesellschaft noch Schuldbücher, Journale und ein rotes Geheimbüchlein geführt worden, das die Anteile der Gesellschafter enthielt.

Die Einnahmen enthielten folgende Rubriken: 1. Restierende und neue Güter; 2. Schuldner der letzten Rechnung; 3. Bareinnahmen aus Wechsel, Geldsendungen u. a.; 4. Verkäufe auf Borg, um bar und tauschweise [1]); 5. Gläubiger zu Beschluß der Rechnung.

Die Ausgaben dagegen haben folgende Abteilungen: 1. Bezahlte Gläubiger der letzten Rechnung; 2. Barausgaben für Wechsel und ähnliches; 3. Gekaufte und eingetauschte Waren; 4. Schuldner zu Beschluß der Rechnung; 5. Fuhrlohn für hinausgesandte Güter; 6. sonstige Unkosten; 7. Kassenbestand; 8. Unverkaufte Waren.

Bemerkenswert sind hiervon besonders die Einträge über den Wechselverkehr, der ziemlich bedeutend war. Während die Warenverkäufe sich im Jahre auf 20—25 000 Dukaten beliefen, betrugen die Bareingänge aus dem Wechselgeschäft vom April 1492—1493 fast 24 000 Dukaten. Meistens handelte es sich dabei um Geldempfänge in Venedig zwecks Rückzahlung in der nächsten Frankfurter Messe oder auch in Augsburg und Nürnberg. Einige Proben mögen dies zeigen [2]):

Adi 8 feber hon ich eyn genomen duc 1000, die vnss steffan keysser hie zu wexell gelihen hott, sollen wir dass zallen disse nest vasten messe dem hanss Dürer von nurberg von syne wegen zu 37³/₄ per cento soll unss hanss durir .... duc 1000. —. --

Adi 11. ditto habe ich eingenommen von Gotthardt Stammler e Co. Duk. 200, ist für einen Wechsel, kommt von Nürnberg, soll mir Gotthardt Stammler e Co. .... duc 200. —. —

Adi 13 ditto habe ich eingenommen Duk. 500 für einen Wechsel von Frankfurt, sollen wir dies zahlen die nächste Fastenmesse dem Franz und Hans Baumgartner e Co. zu 137³/₄ per cento, sollen uns Franz und Hans Baumgartner e Co. .... Duk. 500. —. —

Andererseits löste die Firma in Venedig auch deutsche Wechsel ein, wie folgende Beispiele beweisen:

Adi 21. April 1492 habe ich ausgegeben und zahlte ich an Peter Stolz, Rhodeserritter für einen Wechsel von Frankfurt und einen von Ulm Duk. 3586 ₰ 6, zahlte ich ihm bar .... Duk. 3586. —. 6

Aber auch große Barsendungen erfolgten von Augsburg nach Venedig, so am 29. Mai 1492 in drei Posten 2147 Dukaten:

Adi 29 Mai habe ich eingenommen, brachte mir Gilg Rem, hatte ihm eingeschlagen Miser Phillpp zu Augsburg Duk. 847, hat er mir überantwortet .... Duk. 847. —. —

usw.

---

[1]) „alles waß wir verkauft han auff borck und um par, auch was wir verstochen hant und wem."

[2]) A. a. O. S. 277. Der 1. Eintrag schriftgetreu, die anderen abgeändert.

Weitere Abrechnungen aus dem Ende des 15. Jahrhunderts bewahrt das Ulmer Stadtarchiv auf, nämlich diejenige zwischen Jakob Ehinger und Wolfgang Derber. In dem Gesellschaftsvertrage zwischen beiden heißt es, daß alle Jahre einmal Rechnung gehalten werden soll. Die Abrechnungen sind in Kontoform gehalten, aber so stark mit spanischen Wörtern durchsetzt, daß ich von der Wiedergabe einiger Proben absehe.

Nur den Gesellschaftsvertrag, nicht aber die Bücher, enthält das Ulmer Archiv von der Weißhaupt-Schreiber und Dittmannschen Gesellschaft[1]). Danach hatte im Jahre 1491 Bilanzaufstellung stattgefunden, die weiteren sollten nach je zwei Jahren stattfinden, also 1493 und 1495[2]).

Mit diesem süddeutschen Gebiet war im Mittelalter Basel in wirtschaftlicher Beziehung aufs engste verbunden, weshalb ich die Handelsbücher dieser Stadt wenigstens in aller Kürze beschreiben will.

Im Wirtschaftsarchiv der Stadt Basel befindet sich zunächst das Schuldbuch von Claus Stützemberg aus den Jahren 1441 ff.[3]). Dieses ist in sehr einfacher Form gehalten, so daß die folgende kurze Probe genügen wird:

Item Hr. Franz Offenburg sol XIII lib. IIII ß tut   XIII lib. IIII ß
Item min Frow von Efringen sol VI lib. ₰ tut   VI lib. d
Item min Hr. marggraff sol XXX lib X₁ ß. Daran sol ulrich dem Kind von des marggrafen wegen XI gulden III ß. Die sin worden und verrechnet sind uff zinstag vor der lichtmess anno XLI. Die hat er bezalt.

Item Hanns zum Rongarten der Schiffmann sol

Item min Hr. Gräff Hauss von Tierstein sol   XXIII lib. III ß
Item min Swerg Ulrich hatt im dem alt schuld Buch geschrieben
Dass Graff Hauser Summper schuldig ist nit me den   XVII llb. V ß

Item min Frow von Tierstein sol III lib II₁ ß V ₰ tut III lib II₁ ß V d und sol aber XVIII ß umb III fierte, rot mechelchs tuch, gehort so zu irem siebrin rock.

---

usw.

Schluß: Summa II₁c V₁ gulden tut IIc LXXXXIII lib XXVII schilling

Interessanter ist das Buch von Ulrich Maltinger (1470—1498)[4]), der ein ausgedehntes Geschäft mit allerlei Gegenständen führte. Darin befinden sich sehr lange Posten mit zum Teil zusammengesetzten Buchungsvorfällen, daneben aber auch ganze Seiten von sehr kurzen Posten. Wie die Verweise zeigen, müssen die Buchungen aus einem chronologisch geführten Memorial stammen. Das Buch selbst enthält die Buchungen zusammengestellt nach Debitoren und Kreditoren. Folgende Proben mögen dies belegen:

---

[1]) Abgedruckt von Jos. Strieder: Zwei Handelsgesellschaftsverträge aus dem 15. und 16. Jahrhundert. Leipziger juristische Dissertation, 1909.
[2]) Das Buch des Konstanzer Goldschmieds Stephan Maignow (1480—1500), das Sieveking (in Schmollers Jahrbuch für Gesetzgebung, Verwaltung und Volkswirtschaft, Bd. 25. S. 1492) erwähnt, habe ich leider nicht einsehen können.
[3]) Personalurk. 60.
[4]) Personalurk. C. 2.

Bergwerck.

Bl. 214. Item uff mitwuch vor dem meytag im Lxxxviiii jar wass ich Hanss bär /
Heinrich Schibach / Hanss von öringen / caspar brand / bernhardt tschekapürlin /
anthoni waltenheim und martin der goldschmid zu Tettnow . . . den studler ein
halben alten teil tut iii fürtel des berges so man nennt den pouch und gab darum
xiii gulden gold bezahlt ich im durch caspar brand wurden min vetter Heinrich
Schachen uff donnerstag nach dem meytag anno L xxxix an dem selben berg
hatten ich und min Hussfrow vor iii teil also hand wir jetzund iii teil iii fürtel
Bl. 244.) Item Peter Wolfer stat Fol 164 sol xiiij s um XLI ꝉ nam sin Knecht
Konraden und Heinrich Fischer am Valentin a⁰ 71, bruchten sy zu denn wog.
Bl. 75.) Item sol Jacob Meyer xxv gulden je xxiv s pro fl Do sol ich im xxiv fl in
gold um geben.

ist zahlt

III. Zusammenfassende Darstellung.

Lassen nun die erwähnten Handlungsbücher einen richtigen Einblick und
ein sicheres Urteil zu?

Da muß zunächst darauf hingewiesen werden, daß sie aus den verschiedensten Teilen Deutschlands stammen, sowohl aus dem Gebiet der Hansa als
aus Oberdeutschland. Auch die Geschäfte, in denen sie geführt wurden, sind
verschieden: Großkaufleute und Detailhändler, großzügige Geschäftsleute und
Gelegenheitskaufleute, Einzelunternehmung und Gesellschaftsformen, Eigenhandel und Kommissionshandel, Außenhandel und Binnenhandel treten uns
entgegen.

Man sollte daher meinen, diese Bücher würden ausreichen. Aber da entsteht ein Bedenken, nämlich das, ob das auf uns gekommene Buch das einzige
des betreffenden Kaufmanns war. Deshalb sind die Schlüsse, die aus den
vorhandenen Büchern gezogen werden, mit einiger Einschränkung aufzunehmen
und es kann nur dringend der Wunsch geäußert werden, die Forschung nach
solchen wichtigen Zeugen der Vergangenheit fortzusetzen.

Betrachten wir nun den Inhalt der geschilderten Handlungsbücher, so
finden wir, daß er sowohl geschäftlicher als privater Natur ist. Im allgemeinen
läßt sich feststellen, daß im Anfang die privaten Eintragungen überwogen,
nach und nach aber immer mehr verschwanden. Schon — man möchte sagen
leider — das Danziger Buch aus den Jahren 1420—1460 enthielt lediglich
geschäftliche Einträge, während sich andererseits private Bemerkungen bis weit
in das 17. Jahrhundert hinein finden. Man könnte daher zu der Annahme
gelangen, daß sich die geschäftliche und kaufmännische Buchhaltung aus der
privaten entwickelt habe [1]). Nach Stieba [2]) ist die offizielle Rechnungslegung,
sei es eine Rechnungsführung über fremdes Gut oder zum Zwecke, sich mit
anderen auseinanderzusetzen, wie es bei den Handelsgesellschaften nötig wurde,
die ältere. Meine Untersuchungen haben mich zu der gleichen Ansicht geführt;
ich erblicke den Ursprung der kaufmännischen Buchführung insbesondere in
den Handelsgesellschaften. Die Tölnersche Buchführung (1345—1350) steht deshalb auf einer verhältnismäßig hohen Stufe, weil es galt, bei Auflösung einer
Handelsgesellschaft genauere Rechnung abzulegen. Eine Reihe von Handelsgesellschaften bestimmte ferner schon zu dieser Zeit in ihren Verträgen eine

---

[1]) Sieveking, a. a. O. S. 1491 weist insbesondere auf den „zwiefachen" Ursprung
unsrer Buchhaltung hin.
[2]) Über die Quellen der Handelsstatistik im Mittelalter. Berlin 1903. S. 24.

regelmäßige Abrechnung, ja nach einem Eintrage in das Lübecker Niederftadtbuch aus der Mitte des 14. Jahrhunderts waren die Gefellfchaften fogar verpflichtet, über ihre Gefchäfte Buch zu führen, wogegen es ihnen geftattet war, fich vor der Behörde darauf zu berufen[1].

Ein Blick auf den Inhalt diefer Handlungsbücher zeigt uns fodann weiter, daß er vorwiegend die Kreditgefchäfte betraf. Die älteften Bücher enthalten nur folche Gefchäfte, bei denen keine volle Barzahlung ftattgefunden hatte. Hierin erblickt Stieda eine weitere Wurzel der Buchführung, und ich kann mich diefer Anficht nur anfchließen. Die Aufzeichnung der Bargefchäfte hielt man anfangs für überflüffig, und erft nach und nach rang fich die Gewohnheit durch, alle Gefchäfte einzutragen.

In welcher Form erfolgten nun die Buchungen? Die älteften Bücher enthalten lediglich einfache Aufzeichnungen; doch wird bald das Streben nach einer gewiffen Anordnung bemerkbar, wie bei Cölner und Runtinger. Bei letzterem — alfo fchon im 14. Jahrhundert — folgten dann die Gegenüberftellung von Leiftung und Gegenleiftung und die Kontenbildung, die beide im 15. Jahrhundert weitere Ausbildung finden, namentlich im Danziger Handlungsbuche und dem Starkfchen. Es zeigt fich uns alfo folgende Entwicklung in den Buchungsformen: 1. formlofe Aufzeichnung; 2. Beachtung einer gewiffen Anordnung; 3. Gegenüberftellung von Leiftung und Gegenleiftung; 4. Bildung von Perfonenkonten.

Der deutfche Kaufmann des Mittelalters führte demnach zuerft ein einziges Buch, in das er feine Kreditgefchäfte in zwanglofer, einfacher Form aufzeichnete. Bald trat das Streben nach einer gewiffen Ordnung hervor. Dies zeigte fich in der äußeren Anlage des Buches, indem der eine Teil nur die Einkäufe, der andere die Verkäufe enthielt. Sodann fuchte man Leiftung und Gegenleiftung gegenüberzuftellen und ging fchließlich dazu über, Perfonenkonten zu bilden. Diefe Form findet fich noch im Kleinhandel des 16. Jahrhunderts[2]. Vergleichen wir diefe Form mit den heute üblichen, fo nähert fie fich wefentlich der einfachen Buchhaltung. In der Tat wird auch diefe Form der Buchhaltung am Anfange des 16. Jahrhunderts in der Literatur als einfache bezeichnet, nämlich von dem Italiener Giovanni Antonio Cagliente. Diefer fchrieb im Jahre 1525 zwei kleine Bücher: Luminario di aritmetica, libro ugnolo und Luminario di aritmetica, libro doppio. Nach P. Rigobon[3] fpricht er darin hauptfächlich vom Buch oder Hauptbuch (er wendet aber diefes Wort nicht an) ausdrücklich ohne Gegenpoften, ohne Ausgleichung zwifchen Belaftung und Gutfchrift, nur mit Debet- und Kreditpoften im eigentlichen Sinne. Das Journal der einfachen Buchhaltung erwähnt er in dem Werke nicht, wohl aber bringt er in einem Buche über Schönfchreiben einen Auffatz darüber. Demnach ift Cagliente (1525) der erfte Schriftfteller über einfache Buchhaltung und nicht Gatta (1774), wie Jäger meint[4].

Die Streitfrage, welche Buchhaltungsform die ältere fei, ob die einfache oder die doppelte, ift deshalb dahin zu beantworten, daß in Deutfchland die einfache Buchhaltung zuerft auftritt. Allerdings ftimmt diefe einfache Buchhaltung nicht völlig mit der Buchhaltungsform überein, die wir heute als

---

[1] Vgl. unten S. 30.
[2] Vgl. S. 73.
[3] Rigobon, Di Giovanni Antonio Tagliente Veneziano e delle sue opere di ragioneria. Milano 1894.
[4] Altes und Neues aus der Buchhaltung. Stuttgart 1889, S. 2.

solche bezeichnen. Die heutige sogenannte einfache Buchhaltung ist meines Erachtens ein Fragment der alten italienischen doppelten Buchhaltung; sie ist im Mittelalter in Italien entstanden, doch fehlen noch die handschriftlichen Dokumente, die diese Entwicklung darlegen[1]).

Die Einträge in die deutschen Handlungsbücher erfolgten ursprünglich in der lateinischen Sprache; noch das Kölnersche Buch (1345–1350) ist darin geführt. Aber wie im kaufmännischen Briefverkehr, so erfolgte auch in der Buchhaltung in der zweiten Hälfte des 14. Jahrhunderts der allmähliche Übergang zur deutschen Sprache, die bald die Alleinherrschaft erlangte[2]).

Dementsprechend wurden auch anfangs römische Ziffern verwendet, doch treten schon im 14. Jahrhundert daneben indische Ziffern auf. Man hat ja mitunter die Entstehung der Buchhaltung in enge Verbindung mit dem Pisaner Leonardo Fibonacci (1202) gebracht, der sich großes Verdienst um die Einführung dieser Zahlzeichen und des Rechnens mit ihnen erworben hat. Nach Bariola scheint freilich Fibonaccis Verdienst, der übrigens kein Kaufmann war, wie man oft liest, sondern ein Gelehrter, nur darin bestanden zu haben, daß er seine Landsleute dahin brachte, Lire, Soldi und Denari säuberlich untereinander zu schreiben und zu addieren[3]).

Für Deutschland sind die indischen Ziffern zum ersten Male in einer Regensburger Chronik[4]) vom Jahre 1167 nachgewiesen. In Handlungsbüchern treten sie uns zuerst bei Matthäus Runtinger entgegen, der sie allerdings nur ausnahmsweise und dann nach Art der römischen Zahlzeichen schrieb, z. B. 15 000.30 statt 15030 Gulden. Einmal verwendete er die indischen Ziffern sogar zu einer Geheimschrift und zwar wahrscheinlich zum Zwecke der Steuerhinterziehung. Im Jahre 1390 verzeichnete er nämlich nach dem Tode seiner Eltern seinen Vermögensbestand in folgender Weise[5]) (vgl. Abbildung):

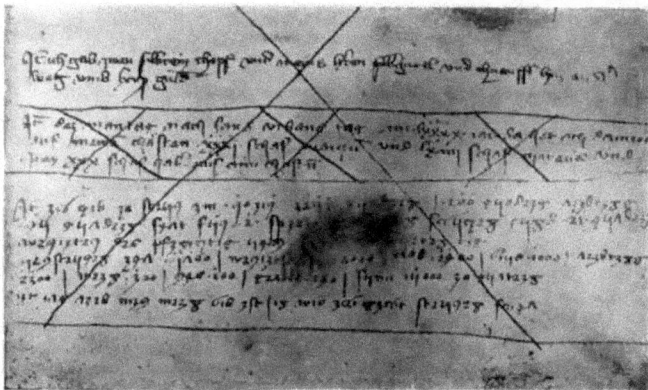

---

[1]) Vielleicht bringen die von Fabio Besta unternommenen Forschungen in dieser Sache die wünschenswerte Aufklärung.
[2]) Deutlich zeigt sich dieser Übergang im Handlungsbuche Wittenborgs.
[3]) Bariola, Storia Della Ragioneria Italiana. Milano 1897, S. 52.
[4]) Cod. Lat. 14733 ir. München. Über das Auftreten dieser Zahlzeichen vgl. Archaeologia. Oxford 1910, Bd. 62, S. 137 ff.
[5]) Die Ziffern 1–5 bezeichnen die Selbstlaute, 6 das h, 7 das l, 8 das n und 9 das r; sollten sie Zahlenwert erhalten, wurde ein Punkt aufgesetzt.

Item 3c6 glb ze st259 3m · 90 · 319 · 325÷g57d238 | · 200 g57d238 723b138g,
· 95 · g57d238 s47t f59 · 2 · sp32zz 58d 1388 sc65cz28 58d · 21 · g57d238w2913-
t29 d2s pf38czt1g nach s18d m19g92t28 t1g usw. oder in der Auflösung: Item
ich gab ze steur im · 90 · jar · 325¹·'₂ · guldeln, · 200 guldein leibting, · 95 · guldein
solt fur · 2 · splezz und ainn schuczen, und · 21 · guldein weraiter des plincztag
nach sand Margreten tag.

Die Geheimschrift setzt dann fort:

Versteuren Zol[1]) · 5700 · weraitschaft · 3000 ·   eirb · 2400 / haus · 1000 /
leibting · 2300 / wein · 300 / ros · 100 geltär · 230 suma · 15000 · 30 guldein.
Ait als lieb mir mein hab ist / an was ich nicht steuren schol.

War die lateinische Sprache bereits um 1400 aus den deutschen Handlungsbüchern verschwunden, so hielten sich die römischen Zahlzeichen[2]) in ihnen wesentlich länger, in manchen bis ins 16. Jahrhundert. Mitunter wurden im
Handlungsbuche freie Stellen zur Einübung der indischen Ziffern benutzt,
so namentlich im Münchner Buche (1450) auf Seite 22.

Welche Bedeutung hatten nun diese Handlungsbücher für den deutschen
Kaufmann des Mittelalters?

Als im Sommer 1358 in Lübeck das große Sterben begann, hatte
Johann Wittenborg einem Eintrage die Bemerkung hinzugefügt, „so hebe
ic Wittenborch dit sulven screven ... unde wil dat mine vormunner ut-
ricten (= ausrichten) scolen als hir in desseme boke steyt." Die größte Bedeutung des Handlungsbuches lag aber in seiner Beweiskraft gegen dritte.
Es scheint, daß damals in Lübeck die prozessuale Beweiskraft der Handlungsbücher bestand, denn so heißt es z. B. im Lübecker Niederstadtbuch unter
Nr. 63 (ca. 1354): ubi ista bona sint et a quibus illa tractantur, hoc
asserebant in suis papiris esse signatum. Ähnliches besagt auch der Eintrag Nr. 59. Die Hamburger Statuten vom Jahre 1497 enthalten keine
Angaben über Handelsbücher. Für Danzig gibt jedoch Hirsch[3]) einen Fall vom
Jahre 1449 an, wo die Danziger Schöffen eine Eintragung in ein Handelsbuch
als Beweis für Löschung einer Schuld annahmen. Die Reformation oder Statuten
von Nürnberg vom Jahre 1484 ordnen in Titel 8, Ges. 1 die Zulassung der
„Salpücher" und „Rechenbücher" zum Beweis im Prozesse an.

Eine klare Bestimmung enthielt darüber das aus den Jahren 1411—1421
stammende Ofener Recht[4]). Da lautet die Überschrift zu Artikel 376: Waß
Kaufleut in iren Puchern geschriben haben, sol man nit gancz glauben, und
die Ausführung sagt: „Man schol der Kauffleitt Pucher, so in klagen nach
gelt schuld, by sy haben geschriben, nit hoer glauben dan auf eyn march; es
het denn der antworter mit seiner aigen Hant in des klager Puch geschriben,
so ist esz zu glauben, esz sey umb vil oder umb wenig." Durch diesen Schlußsatz erklären sich die eigenhändigen Einträge des Schuldners in den handelsbüchern, wie sie uns namentlich bei dem Krämer Dunkelgud, aber auch bei
Ott Ruland entgegentreten, ohne weiteres.

---

[1]) 1384 war von den Herzögen von Bayern ihr Salz- und Eisenzoll den Runtingern
um 6000 fl verpfändet worden.
[2]) Im Memorial des Lübecker Krämers Dunkelgud finden sich alte Zahlzeichen, wie
ooo ɔ÷· usw., wie sie Franziskus Brasser auch in seinem Rechenbuche anwendet. Sie
sind wahrscheinlich aus den römischen Ziffern gebildet worden; ebenso verwendet Dunkelgud alte Wägezeichen, wie ⌒ᴵᴵᴵ (= 10 Liespfund 3 ℔).
[3]) Danzigs Handels- und Gewerbegeschichte 1858. S. 232.
[4]) Dgl. Bankarchiv, IX. Jahrgang, Nr. 13.

Wenden wir uns zum Schluſſe noch kurz dem Unterricht in Buchhaltung zu.

Der hanſeatiſche Kaufmann des Mittelalters erlangte ſeine Ausbildung
vielfach in den Kontoren der Hanſa zu Bergen, Brügge, London und Nowgorod;
beſondere Hinweiſe auf den Unterricht in Buchhaltung habe ich jedoch nicht
ermitteln können.

Für Süddeutſchland bildete damals Denedig die hohe Schule der Kauf-
mannſchaft. Schon durch eine Urkunde vom 1. Auguſt 1308 weiſt Simonsfeld[1]) die Anweſenheit deutſcher Kaufmannsſöhne, welche die Grammatik und
das Rechnen lernen wollten, auf dem Fondaco dei Tedeiſchi, dem deutſchen
Kaufhauſe in Denebig, nach. Aus dem Schenkbüchlein der Walpurga Kreß vom
Jahre 1427[2]) wiſſen wir, daß dabei ſogar ein Austauſch zwiſchen befreundeten
Firmen ſtattgefunden hat. Und als der Nürnberger Kaufmann Chriſtoph Scheurl
im Jahre 1488 ſeinen Lehrling Hieronymus Haller, nachdem er ihn genügend
vorbereitet hatte, zur weiteren Ausbildung nach Denebig ſchickte, gab er ihm
allerlei Derhaltungsmaßregeln mit. So ſollte ſich Haller u. a. nicht über
Nacht auf ſein Gedächtnis verlaſſen, ſondern alles, was er handle, es ſei mit
Kaufen oder Derkaufen, mit den Banken, Bezahlungen oder anderen, von
Stund an in ſein Täfelein aufſchreiben; was er nicht nicht Muße finde, in ſein
Kapus (= Warenbuch) oder Schuldbuch zu ſchreiben, wenigſtens in ſein Journal
eintragen: wenn er ſo ſeinen Kopf geräumt habe, werden ihm der Schlaf und
andere Dinge deſto ſanfter ſein.

Süddeutſche Kaufleute, die ihre Lehrzeit in Denebig verbracht haben,
ſind uns eine ganze Reihe bekannt. Sehr anſchaulich erzählt ſeine Denediger
Lehrzeit Lukas Rem in ſeinem Tagebuche[3]). Rem wurde im Alter von
13¾ Jahren allein, hoch zu Roß, nach Denebig geſchickt. „Adj. 6 Ottobrio
1494 rit Jch aus Augsburg, kam gen Dinebig adj. 15 ditto, fuort mich Hans
Pfiſter hinein. Ward bevolchen Hans Stebehaber, Hans Lauginger (beide Faktoren der Welſer). Taten mich zuo Miſſ. Jero Delanave. Der ſtarb im
Aug. Blib ben ſeim Weib bis auf ½ Ottobro 1495. Da kam Jch zuo
Ulrich Ehinger, Trager[4]). Da lernet ich rechnen in 5½ monet gar aus. Und
darnach gieng Jch auf ain ſchuol, da man biecher halten lernt. Das in dren
monett aus, ſchrib Jornal und Schuldbuch ſol.“

Auch in Deutſchland haben im 15. Jahrhundert wahrſcheinlich die Rechen-
meiſter Unterricht in Buchhaltung erteilt, doch fehlen uns hierüber genaue
Mitteilungen.

---

¹) Simonsfeld, Der Fondaco dei Tedeiſchi in Denebig und die deutſch-venetia-
niſchen Handelsbeziehungen. 2 Bd. Stuttgart 1887.
²) Anzeiger für Kunde der deutſchen Dorzeit. 1876. Spalte 37 ff.
³) 26. Jahresbericht des hiſtoriſchen Kreisvereins im Regierungsbezirk Schwaben
und Neuburg. Augsburg 1861.
⁴) Trager waren Beamte im Kaufhaus, dem Fondaco.

B. Das Aufkommen der doppelten Buchhaltung in Deutschland im 16. Jahrhundert.

I. Die Entstehung der doppelten Buchhaltung in Italien.

Als Erfinder der doppelten Buchhaltung wird meistens der Franziskaner-mönch Luca Pacioli[1]) genannt, der im 11. Traktat des zweiten Abschnittes des ersten Teiles seiner im Jahre 1494 erschienenen Summa de Arithmetica, Geometria Proportioni et Proportionalita die erste gedruckte vollständige Darstellung der doppelten Buchhaltung gegeben hat. Diese Behauptung wider-legt Pacioli gründlich selbst durch seine eigenen Worte, indem er ausdrücklich sagt: „Wir werden uns darin nach der Venezianer Art halten, welche unter anderen Arten gewiß sehr zu empfehlen ist." Der gelehrte Franziskanermönch ist zwar von bahnbrechender Bedeutung für die nachfolgende Buchhaltungs-literatur gewesen, aber der Erfinder der doppelten Buchhaltung ist er nicht. Vielmehr finden sich schon zahlreiche Belege über das Vorhandensein der Buchhaltung bereits im Altertum, doch ist ihre Ausgestaltung und Weiter-bildung erst im Mittelalter erfolgt, und zwar durch die damals den Welt-handel beherrschenden Italiener.

Dieser Fortschritt[2]) bestand zunächst in der Bildung von Konten, die bereits am Anfang des 13. Jahrhunderts erfolgt ist, wie aus einem von

---

[1]) Über Pacioli vgl. die biographische Skizze in der Zeitschrift für Mathematik und Physik. 34. Jahrgang, Heft 3 und 4.

[2]) Die folgende Darstellung beruht auf den verdienstvollen Forschungen Prof. Sieve-kings, deren Ergebnisse niedergelegt sind in Schmollers Jahrbuch für Gesetzgebung, Ver-waltung und Volkswirtschaft im Deutschen Reiche. 25. Jahrgang, Heft 4; in den Volks-wirtschaftlichen Abhandlungen der Badischen Hochschulen, Band I, Heft 3 und in den Sitzungsberichten der Kaiserlichen Akademie der Wissenschaften in Wien, Philosophisch-historische Klasse. Bd. 151 und 162.

einer Florentiner Bankgesellschaft geführten Handlungsbuche vom Jahre 1211
hervorgeht. Dabei finden sich die Formeln: no di dare (= er muß uns geben) und
di avire (er soll haben) oder ci a dato (er hat uns gegeben). Die deutliche
Kennzeichnung der Schuld, Forderung oder Zahlung hatte von jeher zum
Wesen jeder Buchung gehört. Ägypter und Babylonier hatten dafür die
Ausdrücke „belasten" und „erkennen", die Römer ihr „acceptum und expen-
sum". In Italien schrieb man ursprünglich unter das „de avere" das
„aver dato", später erst „de dar" links und „de aver" rechts, oder auch
„dover dare" (= Soll Geben) und „dover avere" (Soll Haben). Auf der
linken Seite wurde zuerst das dare (das Geben), auf der rechten ziemlich
später das dover (das Soll) weggelassen, und so entstand unser heutiges Soll
und Haben; Haben ist sprachlich also Infinitiv.

Diese Konten waren bald zu selbständigen Größen geworden. Der ursprüngliche, im 13. Jahrhundert gebrauchte Ausdruck lautete ratio = Rechnungsverhältnis, aus ihm wurde später italienisch conto = Rechnung, Verrechnung. Eine solche ratio wurde dem einzelnen Kunden eröffnet. Es war
möglich, diese Konten durch Eintragung neuer Posten oder durch Übertragungen
auszugleichen. Dazu kam, daß schon am Ende des 13. Jahrhunderts der
Florentiner Kaufmann solche Konten nicht nur Personen, sondern auch Sachen
und Vorgängen eröffnete. Da finden sich Konten für Kleidung, Schuhwerk,
Unkosten, Prägekosten usw. In einem französischen Handlungsbuche aus dem
Ende des 14. Jahrhunderts finden sich ebenfalls Sachkonten, wie Ölkonto,
Schiffskonto, Honigkonto, Reisekonto usw.

Aber noch stehen Soll und Haben untereinander, noch erfolgte die Saldierung der Konten nicht gleichmäßig. Ihre Gegenüberstellung scheint zuerst
in Venedig erfolgt zu sein. Von dort aus kam diese unvollkommene Art
der Buchführung (also noch ohne Gewinn- und Verlustkonto) Ende des 14. Jahrhunderts als scrittura alla Veneziana nach Florenz. In einem Florentiner
Handlungsbuche von 1382 sagt der Buchführende, er wolle „alla veneziana"
schreiben, cioè da una carta dare e dirimpetto avere[1]).

Von dieser Art ist uns das Hauptbuch der Firma Donado Soranzo und
Gebrüder mit Eintragungen aus den Jahren 1410—1416 erhalten. In ihm
sind Soll und Haben nicht untereinander, sondern säuberlich nebeneinander geschrieben. Die Posten sind regelmäßig doppelt gebucht, und Übertragungen finden nach dem Grundsatze der Gegenverrechnung statt. Neben
den Konten, die Personen eröffnet worden sind, stehen die sogenannten toten
Konten, oder besser Sachkonten, wie das Kassenkonto, die Konten der eingegangenen Geschäfte und die Warenkonten. Zwischen diesen Konten finden
Übertragungen statt. Das Kassakonto speist das Konto des Geschäftsunter-
nehmers, dieses das der Reise, dieses das Konto der auf der Reise eingekauften
Waren, dieses das der Abnehmer der Waren, dieses schließlich das der Bankiers,
die für sie zahlen. So ist zwischen den einzelnen Eintragungen ein systematischer Zusammenhang, der sich aber nur auf die einzelnen Posten erstreckt,
und es ist ein Zufall, wenn in dem alten Hauptbuche der Soranzo sich die
Konten ausgleichen, in der Regel tun sie das nicht.

---

[1]) Wie selbstverständlich im 15. Jahrhundert in Venedig die Saldierung der Konten
war, zeigt die Erzählung von Jacopo Loreban, der die Beleidigungen, die Francesco
Foscari seiner Familie, wie er meinte, zufügte, ihm in seinem Geheimbuch zur Last schrieb,
und als der Doge seines Amtes entsetzt wurde, die Partita (= Posten) saldierte. (Steve-
king, a. a. O. S. 1503 nach Ranke, Zur venet. Geschichte, S. 37.)

Die doppelte Buchführung in unserem heutigen Sinne erscheint nun, wie die Forschungen Sievekings ergeben haben, zuerst in den genuesischen Büchern, und zwar scheint sie dort am Ende des 13. oder Anfang des 14. Jahrhunderts eingeführt worden zu sein. In einer Rechnung vom Jahre 1278 läßt sie sich noch nicht nachweisen, aber die seit dem Jahre 1340 erhaltenen Bücher der städtischen Finanzbeamten, der Massarii communis, sind vollständig in doppelter Buchführung gehalten. Jedes Geschäft wird hier doppelt auf einer Soll= und auf einer Habenseite gebucht. Gegenüber wird die Tilgung der betreffenden Verbindlichkeit verzeichnet, so daß die beiden Seiten sich ausgleichen. Eine eventuelle Differenz wird auf die andere Seite übertragen und dort weiter verrechnet mit dem Ausdrucke: Recepimus oder Debet nobis in alia ratione.

Sehr bald fand die doppelte Buchführung auch Eingang in anderen italienischen Orten. Das Buch Averardo de Medicis vom Jahre 1395, der zu den angesehensten Florentiner Bankiers gehörte, ist in doppelter Buchhaltung geführt, ebenso die Bücher der Pisaner Filiale Averardos von 1424—1426 und das der Mailänder Filiale vom Jahre 1459.

Aus der ersten Hälfte des 15. Jahrhunderts sind uns ferner erhalten das jüngere Soranzobuch (das libro real nuovo) aus den Jahren 1406—1434, ferner das Handlungsbuch von Jakob Badoer, das dieser 1426—1439 während seines Aufenthaltes in Konstantinopel führte, und die Geschäftsbücher des Hauses Barbarigo aus den Jahren 1430—40, 40—49, 56—82.

Diese handschriftlichen Quellen weisen sonach unzweifelhaft nach, daß die doppelte Buchhaltung bereits in der Mitte des 14. Jahrhunderts in den nach Art der Bankbücher geführten Staatsrechnungen angewendet worden ist. In unvollkommener Weise war sie schon vorher in Venedig in Gebrauch gewesen und hatte von hier aus große Verbreitung gefunden. Solange kein anderes als das bisherige Quellenmaterial vorhanden ist, ist daher die Behauptung berechtigt, daß sich der rechnungsmäßige Grundgedanke der doppelten Buchhaltung aus dem italienischen Handels= und Wirtschaftsbetriebe des 13. bis 15. Jahrhunderts herausgebildet hat, und daß es deshalb schwer fällt, ja sogar unmöglich ist, ihren Erfinder genau festzustellen.

Welche Bücher hatte nun diese italienische Buchführung? Ursprünglich kannte diese nur ein Buch, das Hauptbuch. In ihm waren, wie wir gesehen haben, Konten errichtet, doch erfolgte dies anfangs nur gelegentlich. Die Bezeichnung des Kontos trat äußerlich noch nicht scharf hervor, vielmehr wurde nur der Anfangsbuchstabe des zu eröffnenden Kontos mit deutlicher Schrift hervorgehoben. Wurden anfangs Soll und Haben untereinander ge= schrieben und die einzelnen Konten nicht saldiert, so wurden sie später einander gegenübergestellt, übertragen und dann durchgestrichen. Zu den Personenkonten traten bald die Sachkonten, ja in dem Pisaner Hauptbuch vom Jahre 1424—1426 finden sich in den Spese di bancho sogar die Ausgaben für Streu= sand, Federhalter und Kerzen, sowie für die Kost des erkrankten Handlungs= dieners Paolo di Ser Nado.

Den wichtigsten Fortschritt in der Entwicklung bildet aber die Einführung des Gewinn= und Verlustkontos. Durch das Konto Utile e danno (Nutzen und Schaden) wurde es erst möglich, die Warenkonten zu saldieren. Das von Leyrer[1]) veröffentlichte Quaderno der Compagnia de Caboga von 1426—1433

---

[1]) Leyrer, Die Handlungsbücher der Republik Ragusa. Triest 1907.

hat sogar fünf Konten pro e danni. Eine bestimmte Funktion scheint das
Gewinn- und Verlustkonto hier noch nicht gehabt zu haben, sein hauptzweck
war vor allem die Feststellung der Einzelerfolge. Seine noch unklare Stellung
wurde erst durch die Inventur klar, und das Konto wurde dann zu einem
Kontrollkonto. Ähnlich lagen die Verhältnisse beim Kapitalkonto. Dieses
war zunächst nur ein Personenkonto, auf dem das eingezahlte Geschäftsvermögen erschien. Das Kapitalkonto wurde sodann saldiert durch das Bilanzkonto, das anfangs nur den Zweck hatte, die noch fehlende Inventur zu
ersetzen. In dem ersten Hauptbuche Barbarigos sind nicht nur, wie in dem
zweiten Hauptbuche der Soranzo, die Warenkonten regelmäßig durch das
Gewinn- und Verlustkonto saldiert, sondern dieses selbst wird auch ordnungsgemäß durch das Kapitalkonto geschlossen. Die Utilekonten von 1430 und
1432 speisen das Utilekonto von 1434. Der Saldo dieses Kontos wird dem
Kapitalkonto gutgeschrieben, dieses selbst wird durch das 1434 eröffnete „Conto
saldo de debitori e creditori" ausgeglichen. Zum zweiten Male wird 1440
am Schlusse des Buches die Bilanz gezogen. Aber das zweite Hauptbuch
des Andrea Barbarigo aus den Jahren 1440—1449 hat kein Bilanzkonto, und das Konto Utile e danno ist nicht saldiert. In dem hauptbuche Nicolo Barbarigos aus den Jahren 1456—1482 findet sich nur eine
Bilanz am Schlusse des Buches. In der Tat scheint der Abschluß der Bücher
den Italienern große Schwierigkeiten bereitet zu haben, so daß Cotrugli[1])
in seinem im Jahre 1458 abgefaßten, aber erst 115 Jahre später im Jahre
1573 gedruckten Werke „Della Mercatura" ein Rastjahr verlangt, das sich
der Kaufmann nach sechs Jahren Arbeit gönnen soll, um alle sieben Jahre
Abschluß zu machen. Aber diese Bilanzen waren nur Probebilanzen, die ja
mit so vielen Unzulänglichkeiten behaftet sind. Eine tatsächliche Aufnahme
der Bestände wurde nicht vorgenommen, und in diesem Fehlen des Schlußinventars und damit einer genügenden Schlußbilanz bestand der wesent-
lichste Mangel der Buchführung des ausgehenden Mittelalters. In Florenz
jedoch war die regelmäßige Aufnahme der Inventur durchgeführt, und darauf
beruht nach Sievekings Ansicht die Überlegenheit der Florentiner Rechnungen.
Von den Medicis sind Inventare aus den Jahren 1440 und 1451 erhalten,
und bei der Teilung im Jahre 1451 konnten sich die Schiedsrichter auf die
Bilanzen des Jahres 1440 berufen.

Hatte anfangs ein einziges Buch genügt, so brauchte der Kaufmann später
mehrere Bücher, die er durch die Buchstaben des Alphabets, durch Kreuze
oder durch Ziffern voneinander unterschied. Bald wurden auch nebeneinander
für verschiedene Geschäftszweige verschiedene Bücher geführt, so finden sich
z. B. bei dem Franzosen Olivier (1381—1392) besondere Bücher für das
honiggeschäft und für die Rechnung seines Mündels. Dies ging so weit, daß
diese französischen Kaufleute sogar zwischen Manual und Grand livre unterschieden, die jedoch nicht mit dem Journal und hauptbuch unserer Buchhaltung
verglichen werden dürfen, denn der Zusammenhang zwischen beiden Büchern
war mehr ein gelegentlicher als systematischer.

Das wichtigste Buch neben dem hauptbuch, dem Maestro quaderno,
war das Giornale oder Manuale. Seine Einführung hatte den Zweck, die
Eintragung im hauptbuch vorzubereiten und zu erleichtern. Daher wurden in
chronologischer Folge die einzelnen Geschäftsvorfälle hier in erzählender Form

¹) Vgl. Kheil, Benedetto Cotrugli Raugeo. Wien 1906.

eingetragen. In Venedig kannte die Staatsschuldenverwaltung schon 1391 das Journal. Leyrer beschreibt das Giornale der Compagnia de Nicola e Luca de Caboga aus dem Jahre 1426, und auch von den Barbarigos ist uns ein Giornale aus der Zeit von 1420—1440 erhalten. Jede Journalseite war mit der Jahreszahl versehen, das Datum wurde gewöhnlich zu Beginn der Buchung geschrieben oder im Buchungstexte selbst angegeben, und jeder Buchungsposten wurde, wie heute noch, von dem folgenden durch einen Strich getrennt.

In der Mitte des 15. Jahrhunderts findet sich neben dem Journal bereits das Memorial. Cotrugli sagt darüber im Jahre 1458: „Der Kaufmann hat drei Bücher zu führen, das Hauptbuch mit seinem Index, das Journal und Memorial. Alle Bücher sind zu Beginn mit dem Buchstaben A zu bezeichnen, wobei der Name Gottes anzurufen ist. Im Journal sind der Zeitfolge nach Sache für Sache das ganze Kapital anzuführen und ins Hauptbuch zu übertragen. Nach Beendigung sämtlicher Eintragungen im Hauptbuch A sind alle offenen Konten abzuschließen und deren Debet- und Kreditsaldo in das Hauptbuch B zu übertragen. Im Memorial ist alles, was du für Rechnung deines Geschäfts gekauft oder verkauft und abgeschlossen hast, und alle anderen Geschäftsfälle, wie Verkäufe, Käufe, Zahlungen, Empfänge, Sendungen, Anweisungen, Wechsel, Spesen, Promessen, sowie alle anderen Geschäfte einzutragen."

Cotrugli fordert aber auch noch Nebenbücher. Er sagt: „Ich habe noch daran zu erinnern, daß du bei dir stets ein kleines Vormerkbuch haben sollst, in welches du täglich und stündlich selbst deine kleinsten Geschäfte verzeichnest, um zu deiner größern Bequemlichkeit die Posten in das Memorial oder Journal verbuchen zu können, indem du dich bemühest, diese Posten aus dem besagten Memorial ganz oder teilweise an demselben oder am folgenden Tage in das Journal und dann täglich in das Hauptbuch zu übertragen."

Ein Memorial vom Jahre 1434 ist uns von den Medicis erhalten geblieben. Die Debitoren sind mit „de dare" verzeichnet, bei Zahlungen wurde „aver dato" hinzugefügt und der Posten bei Erledigung durchstrichen. Von der Medicischen Handlung sind uns auch noch eine Reihe Nebenbücher erhalten geblieben, so z. B. ein Warenbuch vom Jahre 1412/13, in dem die eingegangenen Waren oder Geldsorten verzeichnet stehen, worunter über ihren Verkauf oder ihre Verwendung berichtet wird.

Während die Genueser Kassenbücher schon im 14. Jahrhundert so geführt wurden, daß sich Eingänge und Ausgänge links und rechts gegenüberstanden, sind in den Medicischen Kassenbüchern des 15. Jahrhunderts (1429, 1436 usw.) zunächst alle Einnahmen in fortlaufender Reihe, dann die Ausgaben gebucht.

Auf einen lebhaften Wechselverkehr lassen die erhaltenen Wechselbücher (1421, 1440, 1455, 1492) schließen. Dort sind die von der Firma ausgestellten und genommenen Wechsel, sowie die Kreditbriefe verzeichnet, ferner die Adressen der Geschäftsfreunde, sowie die Namen der Boten, durch welche die Abrechnungen und Wechselbriefe besorgt wurden. Cotrugli verlangte 1458 bereits noch zwei andere Bücher, „in das eine die Rechnungen abzuschreiben, welche man auswärts verschickt (unser heutiges Ausgangsfakturenbuch), in das andere, um deine abgehenden Briefe, selbst die von geringer Wichtigkeit, zu kopieren (unser Kopierbuch)."

Ja, sogar über die Registratur gibt Cotrugli Vorschriften, indem er
sagt: „Auch haft du deinen Schreibtisch in Ordnung zu halten und auf allen
empfangenen Briefen zu bemerken, woher sie kamen, sowie auch die Jahreszahl
und den Tag des Empfanges. Monatlich machst du dann aus diesen Briefen
Päckchen, welche du insgesamt mit allen deinen anderen Schriften, als Kontrakten, Urkunden, Handschriften, Wechseln, Rechnungen, Policen u. ä., ein
jedes in ein bestimmtes Gestell deiner Schreibstube hinterlegst und darin nach
dem Brauche wahrer Kaufleute aufbewahrst."

So, wie jetzt geschildert, sah die Buchhaltung um die Mitte des 15. Jahrhunderts in Italien aus. Sie ist der Urtypus der doppelten Buchhaltung und
ist insbesondere für Deutschland von wesentlichem Einfluß gewesen.

II. Die Handelsbücher des 16. Jahrhunderts.

a) Süddeutschland.

Das „Zeitalter der Fugger" überschreibt Richard Ehrenberg[1]) seine wertvollen Studien über Geldkapital und Kreditverkehr im 16. Jahrhundert und
bringt damit den allumfassenden Einfluß dieses bedeutendsten Handelshauses
jener Zeit kurz und treffend zum Ausdruck.

Leider sind wir über die Buchhaltung der Fugger nicht so unterrichtet wie es zu wünschen wäre. Während nämlich die Güterarchive und auch
das Stiftungsarchiv verhältnismäßig gut erhalten sind, hat ein Unstern über
dem Handelsarchiv gewaltet[1]). Offenbar haben die Fugger, nachdem die
Zeit des Handels abgeschlossen hinter ihnen lag, kein besonderes Interesse
an diesen für uns wichtigen Handelsbüchern gehabt[2]). Abrechnungen einzelner
Faktoreien sind zwar noch erhalten, wie z. B. „Nürnberger gemaine Handels-
Rechnung", von 1595—1599, sowie Kassenbücher, aber von den wichtigsten
Büchern sind nur Bruchstücke vorhanden[3]). Bilanzen haben sich aus folgenden
Jahren erhalten: 1511, 1527, 1533/36, 1539, 1546, 1563, 1577, 1579.

Trotzdem können wir die von den Fuggern angewandte Buchhaltung
vollkommen rekonstruieren.

Das Hauptkontor der Fugger befand sich im vornehmen Teile Augsburgs am Rindermarkt. Dort liefen in der Schreibstube, die wohl nicht
nur wegen ihrer äußeren Pracht, sondern auch der großen Gewinne halber, die in ihr erzielt wurden, als die goldene bezeichnet wurde, alle Fäden
zusammen. Hier saßen neben den Leitern auch zahlreiche Angestellte, von
denen jeder eine besondere Aufgabe zugewiesen erhalten hatte[4]). Da finden

[1]) R. Ehrenberg, Das Zeitalter der Fugger. Geldkapital und Kreditverkehr im
XVI. Jahrhundert. 2 Bde. Jena 1896.
[2]) Vgl. Jansen, Die Anfänge der Fugger, Leipzig 1907. Dieser verdienstvolle Herausgeber
der „Studien zur Fugger-Geschichte" und Archivar des Fuggerschen Familien-Archivs hatte
mir in entgegenkommendster Weise seine Unterstützung bei meinen Studien im Fugger-Archiv
zugesagt, war aber wenige Tage vor meinem Augsburger Aufenthalt unerwartet verstorben.
[3]) Das Handelsbuch von Antonius Fugger aus den Jahren 1413—1427, das Andreas
Wagner (Englische Buchhalterei. 1803, S. 51) in einer Augsburger Privatbibliothek gesehen haben will, stammt wahrscheinlich aus einer späteren Zeit oder Wagner hat ge-
flunkert. Da er überdies auch der einzige ist, der Paciolis sonst unbekannte Schrift „La
Scuola perfetta" vom Jahre 1504 in den Händen gehabt haben will, so sind seine
literarischen Angaben mit größter Vorsicht aufzunehmen.
[4]) Vgl. Jansen, Jakob Fugger der Reiche, S. 64 ff.

wir zunächst den Hauptbuchhalter Matthäus Schwarz, dem die Überwachung
der von den Faktoreien eingesandten Bücher oblag, worüber dann ausführlicher gesprochen werden soll. Den übrigen Buchhaltern war die Buchführung über eine oder mehrere Faktoreien übertragen, gleichzeitig erledigten
sie den Briefwechsel zwischen dem Hauptkontor und den ihnen zugewiesenen
Faktoreien. So schrieb z. B. am 25. Januar 1525 Lienhard Mair, dem die
Buchführung über den ungarischen Handel übertragen war, aus dem Hauptkontor folgenden Brief an den Breslauer Faktor Hans Bühler:

„Lieber Hans Pühler! Du hast ain ordnung kupfer zu verkauffen
jede sort umb sein gellt gegen parer bezalung. Der kumbst du nicht nach,
sonder du machst schulden. Soltest die mynndern, so merrest du die. Das
schreib ich dir getreuer maynung und warnung. (Folgt eine Reihe von
namentlich genannten Schuldnern aus Schlesien und der Lausitz, Summa
6595 fl 25 sh 3 h.) On was sunst allter schulden sind, die du und
ander gemacht haben. Lieber Hans Pühler, ich schreib dir das aus mir
selbst dermaßen, als wärest main pruder. Ich gyn dir ern und guts; sich
das du die schulden und all ander allt schulden einbringest. Solt es her
Jacob Fugger wissen, wurd dir uebel bekumen. Wölcher gelt bringt, dem
gib kupffer. Laß ee die kupfer ligen. Es mugen wol auch schulden darunder
sein aus pargellt gemacht. Das wär furwar nicht recht. Es verbeut der
herr nichts höhres, dann das man nicht schulden sol machen. Er hat jetzt
kurzlich ain oder zwen ernstlich gestrafft. Du hast dich gut auf die herren
zu verantwurten."

Weiter hatte hier Anton Mangolt seinen Platz, der die Firma in Prozeß-
sachen vertrat und hierfür „volle Gewalt" hatte[1].

Große Verantwortung lag auf den Leitern der auswärtigen Filialen,
die bei den unentwickelten Verkehrsverhältnissen der damaligen Zeit mit
weitgehenden Vollmachten ausgestattet sein mußten, um selbständig handeln
zu können.

Solche Faktoren finden wir in Nürnberg, Tirol, Venedig, Wien, Ofen,
Breslau, Antwerpen usw.

Aus dem Bruchstück eines Ofener Journals vom Jahre 1510 seien folgende Eintragungen als Beispiel gegeben[2]:

Adi 22 april zalt mir Hallers diener der Paul müntz　　　　　　　　　fl 100
adi 12 marzo zalt mir der Stefi(. .) mer müntz　　　　　　　　　　　　fl 100
adi 5 jugio mir mer zalt müntz　　　　　　　　　　　　　　　　　　　fl 100

Adi 25 april zalt mir der gwardian von sant Johans hie müntz fl 300, darum
ich bruder Bernharten ain brief gab an Hans Raisser gen Wienn zu Grätz
darfur zu zaln mit teutschem gelt als er waisst etc. und sich geburt　　fl 300

Item der her sol königlicher Majestät zaln fl 4000, daran dem hern schatzmaister zalt laut alner quitanz fl 1000, die sol ich dem Pemflinger zu gut
schreiben am haus etc.　　　　　　　　　　　　　　　　　　　　　　fl 1000

---

[1] In späteren Zeiten hatten die Fugger auch einen eigenen Beamten für die Registratur. Unterm 4. I. 1592 schreibt Hans Fugger an Marx Fugger nach Speyer, daß
Martin Frisch, „den du mir vorlengst herauf geschickht, den meine brueder und ich zur
registratur unserer brieflichen urkhunden und der alten schrifften gebraucht", gestorben sei
und bittet um Empfehlung eines anderen Beamten. Lill, Hans Fugger (1531—98) und
die Kunst. 1908, S. 12.
[2] Vgl. Jansen, Jakob Fugger der Reiche, S. 69.

Mer hab ich zalt adi 22 april dem unterschatzmaister mit gutem lindisch
tuch 30, zu fl 24 ains angeschlagen, tut fl 720, mer 2 pallen Neisser vorder,
hat schatzmaister selb angeschlagen, per fl 100 ain, tut fl 200 und ain
pallen Neisser mitel zu fl 80, summa tut   fl 1000
mer die ander fl 2000 sol man in 8 wochen zaln etc.

3 april verkauft ich fl in golt 52 zu 110 ₰   fl 63 ₰ 80
verkauf fl 90 zu 109 ₰ tut müntz   fl 98 ₰ 10

In den Breslauer Handel führt uns ein im Fugger-Archiv erhaltenes
Heft ein, das die Auffchrift trägt: Volgt hernach, was ich Hans Puchler wegen
meiner herren Jacoben Fuggers und seiner gebrueders Junen von Augspurg
von adi primo september im 1519ten jarn biff wider auf adi primo september
im 1520ten jarn fur gute kupfer von der Pleff hieher gen Preßlau emphangen
hab. Links ift fortlaufend das ankommende, rechts fortlaufend das abgehende
Kupfer verbucht, so z. B. rechts auf S. 2:

adi 29 oct. bei dem Antoni Kraft von Altzen tut ct 75
adi 2 Nov. bei dem Caspar Janscher furman von Pilgersdorf ct 36
                             usw.

Am Schluffe jeder Seite wurde der Reftbeftand rechts eingeftellt und so
Bilanz gezogen.

Eine völlige Rekonftruktion der Fuggerfchen Buchhaltung ermöglicht jedoch
ein Manuskript, das mir der Zufall in Danzig in die Hände führte[1]). Es
hat folgenden Titel:

Copia vnd abschrifft ab vnd von Matheus Schwartzen aigen handschrifft,
was das Buchhalten sey, Auch von dreierlei Buchhalten / So Er Inn seiner Jugent /
also selbst gestelt vnd gemacht hat / Als Im 1516. vnd 1518. Jar / Vnd letstlich
Im 1550. Jar noch ein clains / ainer andern art / alle aufs kürtzest geordnet /
Laut etlicher seiner Relation aufs kürtzest geschriben. Das er dann hernach
andern Nachkomenden Jugent / auch zu lieb vnd tail hat lassen werden / vnd
das nie niemands versagt
                             Anno Domini MDLI[2])
                             Soli Deo gloria

Matthäus Schwarz, der Hauptbuchhalter der Fugger, war 1497 in einem
wohlhabenden Augsburger Bürgerhause geboren worden und hat uns seinen
Lebensgang in einer 137 Bilder umfassenden Koftümbiographie dargeftellt[3]).

Nachdem er im Jahre 1510 die Bücher weggeworfen hatte, weil, wie
er selbst sagt, seine Sinne „nur in frembde land" ftanden, wurde er „Diener"
in der Weinhandlung seines Vaters und ritt 1514 nach Mailand. Von hier
aus fuhr er in einer Barke nach Venedig, und unter dem betreffenden Bilde
fteht: „in föllicher barcha lert (= lernt) ich Buchhalten auf dem mör". In
seiner Abhandlung „was das Buchhalten sey" berichtet er, daß er in Mailand
keinen Meifter fand, der „sufficient" war, ebenso erging es ihm in Genua.
Endlich fand er in Venedig einen Meifter namens Maria Fior, der großes
Ansehen genoß. „Doch im außßeren (= am Schluffe) befand Ich, das er auch
feicht gelert was. Da Ich aber nun mainet, Ich kundt die kunst gar, da kam
Ich von Venedig Im September Anno 1516 widerumb gen Augspurg zu den

---

[1]) Stadtbibliothek Danzig. Manuskript 2297; Stadtbibliothek Elbing. S. 30 und
Hofbibliothek Wien. Ich zittere nach der deutlicher geschriebenen Elbinger Schrift.
[2]) Die Danziger Handschrift MDLXIIII.
[3]) Original im Herzoglichen Museum zu Braunschweig, vgl. dazu Reichard, Matthäus
und Veit Konrad Schwarz. Magdeburg 1786.

herrn Juggern. Da vermainet Jederman, Ich were das Magnificat / da es aber zu der prob kam, vnd in das thon, da empfand Ich, das Ich ein wenig mer kundt, weder gar nicht."

Das verdroß ihn gewaltig, er ärgerte sich, daß er dem Buchhalten so weit war nachgezogen und hätte es „baß" (= besser) in Augsburg lernen können. Deshalb setzte er sich im Jahre 1518 hin und arbeitete dreierlei Buchhalten aus. Das erste umfaßte Journal, Schuldbuch und Rechnung aus dem Schuldbuch in der Weise, „wie mans In welschlanden helt, als das man die Guetter auch für Schuldner helt, wie andre Schuldner". Das zweite stellt Journal, Schuldbuch und Kapus (= Güterbuch) dar, wie man es hält „vast In Teutschen Landen Darinnen man die Guetter nicht für Debitor helt". Das dritte stellt ein hauptbuch dar, „darinnen dann die obgemelte zwo Rechnungen vnd gantze handlung einkombt". Den Schluß bildet ein im Jahre 1550 verfaßtes vermischtes Buchhalten mit einem Schuldbuch, hauptbuch und Geheimbuch.

Bei den „dreierley" Buchhalten denkt sich Schwarz die Sache so, daß er von herrn Jakob Fugger nach Denedig zu „Traphigieren" gelegt worden sei und nun die Abrechnung nach Augsburg ausfertigt. Ich habe die in den Buchungen erwähnten Personen, Angaben und Tatsachen mit den mir zur Derfügung stehenden Werken[1]) verglichen und eine solche Übereinstimmung gefunden, daß ich zuerst zu der Annahme kam, diese handschrift enthalte die Originalbuchung der Denediger Faktorei vom Jahre 1516! Eine genauere Prüfung führte mich zu folgender Annahme: Schwarz hat nach seinen eigenen Worten sich dieses Buch allein zu einem „gedechtnus" seiner Jugend gemacht, und zwar hat er es im Dezember 1518 verfaßt. Um in die Buchhaltung voll und ganz einzudringen, arbeitete er sich einige „Buchhaltungsgänge" aus. Dabei entwickelte er ein bewundernswertes methodisches Geschick, wie die folgende Darstellung ergeben wird. Die Geschäftsvorfälle dazu entnahm er der Denediger Abrechnung von 1516, die er wahrscheinlich damals zu prüfen hatte. Denedig wählte er, wie er sagt, deshalb, weil er im Jahre 1516 dort gewesen war. Einige Buchungsfälle scheint er zwar aus „methodischen" Gründen konstruiert zu haben, aber im wesentlichen werden wir hier wohl ausgewählte Originaleinträge vor uns haben. Das Ganze bedeutet bei dem jugendlichen Alter seines Verfassers — Schwarz war damals 21 Jahre alt — eine tüchtige Leistung. Wenn wir aber bedenken, daß ihm in diesen Jahren schon die Revision der von den Faktoreien eingesandten Bücher oblag, was doch eine eingehende Kenntnis des weitverzweigten Fuggerschen Handels voraussetzte, erscheint sie uns begreiflich.

Schwarz beginnt mit einer kurzen Abhandlung über die Frage: „Was das Buchhalten sey." Darauf folgt eine kleine „antzeig vom Zornal" mit einer Erklärung der wichtigsten Fremdwörter[2]), sodann werden Schuldbuch und Kasse beschrieben.

Das erste Buch ist das Journal mit der Überschrift: Jhesus Maria 1516.

---

¹) Z. B. Ehrenberg, Strieder, Jansen, Schulte.
²) hierbei konnte Schwarz auch ironisch werden, wie aus folgender Erklärung hervorgeht:

Interesse ist hoflich gewuchert |
Finanzen ist hoflich gestolen | Nota bene famulus

Von diesen Journaleinträgen seien folgende Proben gegeben:

Adi primo Jenner

$\frac{18}{18}$ Vns Soll Cassa duc 3^m. Die sollen wir Herrn Jacob Fugger, vmb souil seind vns durch Inssbrugk von Augspurg her worden, mit Hans Negelin Potten In drey flecken, In Jeden 1^m ducaten, damit zu handlen, thut duc. 3000. g – p –

$\frac{19}{19}$ Vns soll Franco Ciuena duc. 520$^1/_2$. Die sollen wir Roma, Ist vmb ain wechsel mit Im dahin gemacht zu zalen mit ducaten deca.[1]), a 2$^1/_2$ p. co dem Bancho de Grimaldi, laut ainer seiner bekantnus von Ciuena, thut duc. 520. 12. —

$\frac{19}{20}$ Vns soll Roma dc. 72$^1/_2$. Die sollen wir Franco Verzelin, Ist vmb souil haben die vnseren von Rom auf vns traxiert, daselbst eingenomen von Sebastian de Villa Noua p. duc. 74 deca., thut duc. 72. 12. —

Adi 4. Febrer

$\frac{20}{18}$ Vns soll Seiden gewand, das sollen wir a Cassa, duc. 1155 g. 13 p. 12. Ist vmb 4 st. Damast Zoe 1 st. helt 60 V^a elen p. 1$^1/_2$ duc. schwartz, e 1 st. gel, helt 62 eln zu 2 duc. 2 st. Cermexin (= Karmesin) Rot vnd braun, kosten zu 2$^1/_2$ duc., halten beide stuck 123 elen, thut 521$^1/_4$ duc. Mer vmb 3 st. Samat schwartz halten 211 V^a elen, zu 3 d., thut duc. 633 vnd vnkost darauf gangen, als zu seubern, vnd den arbeittern zu trinckgeltt d. 1 g. 1 p. 12, thut alles in Summa duc. 1155. 13. 12

Am 30. September unterbricht Schwarz seinen Geschäftsgang, um für das letzte Vierteljahr andere Buchungsweisen anzuwenden und auch den Abschluß zu üben.

Die ersten Abschlußposten im Journal sind folgende:

Adi 27 Settembrio

$\frac{25}{27}$ Vns soll Silber duc 3897 g 17 p 19. umb souil ist mer aus den Silbern worden, so wir von Hall empfangen haben, Dann wir die angeschlagen haben, Laut desselbigen Conto, mach wir den Auanzo (= Gewinn) herrn Jacob Fugger gut, vnnd dem v. zu als obsteet p. Saldo desselbigen Conto, Dann auff dato kain Silber mer verhanden ist. Haben auch ein Copi des Silber Conto von wort zu wort, wie die Im Zornal steend, auf Augspurg gesant   dc 3897. g 17. 19

Adi ultimo Settembrio

$\frac{27}{27}$ Vns soll herr Jacob fugger duc. 85, die sollen wir a Cassa, vmb souil hat matheus Schwartz hie zu V^a (= Venezia, Venedig) für sich gebraucht, Laut des Gesellenbuechlins, sider (= seit) primo Jenner, Ist neun monatlang, Soll man Im zuschreiben vnnd mit Im verrechnen, halten Im hie kain Conto   dc 85.

$\frac{27}{27}$ Vns soll herr Jacob fugger duc. 156$^1/_2$. Die sollen wir a Cassa, vmb souil ist gangen, hie über das haußhaben, Laut desselben Buechlins, als vmb holtz zu brennen 18. duc. vmb Butter. Öl, Saltz, Flaisch, Brot vnnd anders so in die kuchen (= Küche) gehort, In Summa 82 dc., mer vmb wein 50 dc. vnd sonst allerlay

---

[1]) Dukaten di Camera, der Dukaten der römischen Kurie, er zerfiel in 20 s zu je 12 S̸.

clain vncost, als Spaga (= Bindfaden), Papier, Dinten, wax vnd
was in die Schreibstuben gehört, nach laut ains Registers nach
lengs gehalten, vnnd die Copi nach Augspurg gesant   dc 156. 12

$\frac{27}{19}$ Vns soll herr Jacob fugger duc 98478 g 4 p 4. Die sollen wir
Roma. Ist vmb das Ich auff dato ein Rechnung beschließ vnd
find, das wir also fur Rom mer außgeben haben dann eingenomen, Laut des Römischen Conto. Vnd vmb Rechnung zu beschliessen, so mach Ich den Römischen Conto Saldo mit dem
Rest gut, vnd schreib dem herrn Jacob Fugger zu als obsteet
fur außgeben   dc 98478. 4. 4

Das Schuldbuch beginnt mit einem Register (dem „Alphabet") und enthält neben Personenkonten folgende Sachkonten: Kasse, Seidengewand, Schwa-
zer Garkupfer, Silber. Die Konten tragen nicht die Überschriften: Soll
geben — Soll haben, sondern links: Soll uns, rechts: Sollen wir. Schwarz
bemerkt dazu: „So das Buch offen vor dir ligt, vnd du sichst das Buch an vnd
nit das Buch dich, So ist die seitten gegen hertzen die lingk seitten S o l l m i r ,
das ist als vil, als zu dir zum hertzen, Die ander seitten haist von dir von
hertzen, diß ist die gerecht seitten, vnd haist S o l l I c h ."
Von diesen Sachkonten sei das Silberkonto herausgenommen:

Silber Soll vns[1]

						Zor. Schuld.[2]	
1516.	m. 9892 lot 2 Stuck 80	Adi 5. April p. Hall emp-					
		fangen Sina (? = sider?)					
		4 marzo	ac	2. 25.	duc	71727. 21. 24
	m. — — —	detto p. Cassa (= Unkost)	ac	2. 18.	duc	1052. 12. —
	m. 1640 lot — Stuck 20	Adi 28. mazo p. Hall . .	ac	4. 25.	duc	11890. —. —
	m. — — —	p. Cassa vnkost	ac	4. 18.	duc	295. 18. 25
	m. — — —	p. hern Jacob Fugger Avazo				
Sa		(= Gewinn)	ac	12. 27.	duc	3897. 17. 19
	m. 11532 lot 2 Stuck 100	Summa			duc	88863. 22. 4

Silber Sollen wir

1516.	m. 2492 Lot 3 Stuck 25	Adi 4. Zungo p. Rom dahin					
		gesant angeschlagen . .	ac	4. 19.	duc	18068. 8. 20
	m. 3247 Lot 5 Stuck 21	Adi po Luio p. Bancho Bi-					
		sani p. 29800 duc an ainem					
		Diamant	ac	6. 22.	duc	25978. 12. —
	m. 1957 Lot — Stuck 20	Adi 8. Luio p. Seidengwand					
		824 stuck Schamlott ver-					
		tauscht	ac	6. 20.	duc	15656. —. —
	m. 1802 Lot 6 Stuck 10	Adi 15. Luio p. Rom dahin					
		gesant, angeschlagen . .	ac	7. 19.	duc	14419. —. —
	m. 2033 Lot 4 Stuck 24	Adi 20. Augusti p. Rom dahin					
Sa		gesant, angeschlagen thut	ac	10. 19.	duc	14742. 1. 16
	m. 11532 Lot 2 Stuck 100	Summa			duc	88863. 22. 4

Von den Personenkonten soll ein Bankkonto als Beispiel dienen:

Vns Soll Bancho Preuilli.

1516.	Adi 20. April p. Nurmberg ain wexel . . .	ac	3. 26.	duc	4000. —. —
				Summa	4000. —. —

---

[1] Diese Konten sind, als sie erledigt waren, durchgestrichen worden.
[2] ac = Blatt im Journal und Schuldbuch.

Wir Sollen al Bancho Preuilli.

1516.	Adi 15. April p. Nurmberg ain wexel . . .	ac 2. 26. duc	300. —. —
	E 20. Maio p. Verzelln thut	ac 4. 20. duc	100. 6. —
	E 9. Augusto, p. Bancho Capello verwißen thut	9. 21. duc	3599. 18. —

Summa 4000. —. —

Außerdem erſcheinen noch im Schuldbuche die Faktoreien zu Rom, Mailand, Antwerpen, Bozen, Ofen, Lyon, Hall und Nürnberg.

Vns Soll Nurmberg.

1516.	Adi 15. April p. Cassa ein wexel thut . .	ac 2. 18. duc	28. —. —
	E — — p. Bancho Preuilli ein wexel .	ac 2. 26. duc	300. —. —
	E ulto Sett. p. herr Jacob Fugger p. Saldo	ac 14. 27. duc	4672. —. —

Summa 5000

Wir sollen Nurmberg.

1516.	Adi 20. April p. Bancho Preuilli ein wexel thut	ac 3. 26. duc	4000. —. —
	E — — p. Bancho Bisani ain wexel thut	ac 3. 22. duc	1000. —. —

Summa duc 5000

Die wichtigſten Konten waren das Kaſſenkonto und das Konto Jakob Fuggers, das als das Kapitalkonto anzuſehen iſt. Deſſen Sollſeite hat folgende Geſtalt:

Herr Jacob Fugger Soll vns

1516.	Adi 25. Zenner p. Cassa vmb ain wexel den Gran-der als im Zornal ac 1 vnd dises . .	ac 18. —. duc	500. —. —
	E 28. marzo p. Cassa als im Zornal ac 1 dises	ac 18. —. duc	22. —. —

usw.

E ulto Sett. p. Se vmb ain Rest . .	ac 14. 28. duc	2412. 11. 8

Summa duc 268450. 6. 6

Das ganze Einnehmen und Ausgaben vom 1. Januar bis 30. September 1516 wird nun in einer Rechnung zuſammengefaßt. Dieſe iſt „nach ordnung gemelts Zornals außgeſchriben von Poſt zu Poſt, vnd von tag zu tag, aus den zway wörtern Soll vns und Sollen wir. allain was auf die Leger deutlet, als Soll vns herr Jacob Fugger . . . das iſt alles ain Außgeben, Wo aber ſteet Sollen wir herrn Jacob Fugger . . . Das bedeut alles ain Einnemen. Die linke Seite gibt daher folgendes Bild:

Vns Soll Herr Jacob Fugger für Ausgeben

Rom 1516. Adi po Zen. Haben wir zalt Franc. Verzelin auf schrei-ben von Rom, von wegen Sebastian de la Villa Nuova, daselbst eingenomen 74 duc dic. thut Li.	duc	72. 12. —
Augspurg E 25 — Zalt wir dem Endris Grander auf Schreiben herr Jacob detto, de adi 3 detto, p. 700 fl R, thut	duc	500. —. —

usw.

(Rechts)   Wir sollen herrn Jacob Fugger für Einnemen

Augspurg 1516 Adi po Zenner, Haben wir bar empfangen von Augs-purg In drey flecken mit Hans Negelin, thut Li.	duc	3000. —. —
Rom E — / —. Haben wir eingenomen, vnd gen Rom geschri-ben zu zalen den Grimaldi a 2½ pco, haben wir gehabt von Franco Ciuena, thut Li.	duc	520. 12. —

usw.

Die Rechnung ist im Grunde genommen ein ausführliches Kapitalkonto, sie beginnt rechts mit dem Anfangskapital und enthält auf dieser Seite alle Vermehrungen, links alle Verminderungen und den Endbestand von duc. 2412.11.8.

Die bisher dargestellte Buchhaltung ist nach Schwarz die in Italien übliche, deshalb zeigt er nun den deutschen Gebrauch. Die Abweichung besteht darin, daß neben dem Schuldbuch noch das Güterbuch oder Kapus geführt wird. Schwarz gibt dazu folgende Anleitung: halt ain Zornal wie sonst, vnnd auch ain Schuldbuch wie sonst. Allain setz die Guetter nit In das Schuldbuch. So du die Gueter empfachst, schreibs In den Capus einfach für empfahen, vnd zaig es an das Zornal an, vnnd nicht zu gelt angeschlagen, oder was sie kost haben darben hinauß geworffen. Was du dann daruon verkaufft, schreib denselbgen Guetter ab vnd gut, vnnd wurff das gelt hinauß, vmb wieuil du gebest auf porg, oder vmb bar.

In dieser Form werden die Geschäftsvorfälle vom 1. Oktober bis 31. Dezember 1516 gebucht.

Das Journal beginnt wie heute mit der Journalisierung der beim letzten Abschluß festgestellten Aktiven und Passiven. Der erste Posten lautet:

Venedig	1516. Adi p̊ de Octobrio duc 831. g 2. p 8 Für
	Einnemen, Soll vns al Bancho Bisani, Vmb souil
Schuldbuch 43 S	ist er Vns in nechster Rechnung auff ult̊ Sett.
Capus 47̅ K̅	schuldig beliben vnd p. Saldo derselbig Rech-
	nung fur außgeben gesetzt, hiemit widerumb
	für Einnemen duc 831. 2. 8

Die übrigen Buchungen bieten nichts Neues, nur die letzte sei noch aufgeführt:

K 47	Adi ult. December fur außgeben p. herr Jacob Fugger
S̅ 42̅	duc 1611 g 6 p 21, Die sollen wir der Cassa, hat Mattheus
	Schwartz mit Im auf dato gen Augspurg fuert, per Resto
	ains Jars handlungen In S̊ duc 1611. 6. 21

E Detto zu wissen, Das auf Dato zu Venedig weder an schulden, Gueter noch Barschaft beleibt   —. —. —

Das Schuldbuch enthält die Personenkonten, außerdem aber noch das Kassenkonto.

Das Kapus enthält neben den Konten für Kupfer und Silber noch solche für die einzelnen Faktoreien. Als Beispiel sei das Kupferkonto gegeben:

(Links.)   Einnemen Zoe empfahung Kupfer

1516. Faß 9. c. 225	Botzner gewicht adi p̊ Octobrio, Setz Ich fur
V̊ (= Venedig)	empfahen, so In nechster Rechnung Im be-
	schlus derselbig, Adi ult̊ Sett. überpliben
	seind, thut Zornal ac 38. — duc —. —. —
Botzen. Faß 20. c. 500	Botzner gewicht adi 18 de Octob. von
	Botzen empfangen mit 3m R fl, Seind die faß
	mit No. 1 bis 20. thut Zornal ac 36 —. —. —
Botzen. Faß 50. c.1250	Botzner gewicht adi p̊ Dec. von Botzen
	empfangen, No. 10 bis 20. 28 bis 30. 40 bis
	58. 100 bis 132 thut Zorn. ac 38. —. —. —
S̊ Faß 79. c.1975	

(Rechts.) Ausgaben Zoe wegkgsendet Kupfer vnd Einnemen des gelts.

1516.	Faß 3	c.	75	Adi 4. Octobris für verkaufft p. 4¹/₂ duc, thut		
				duc, 337¹/₂ Zoe p. duc 287 getauscht an Sei-		
				dingwand auf dato auf Augspurg gsant, vnd		
				den Rest 50¹/₂ duc vmb bar geben, thut ac 36	duc	50. 12. —
Verk.	Faß 6	c.	150	Adi 8. Novemb. verkauft dem Bo Bisano zu		
				42 duc El. m. Botzner gewicht, thut ac 37	duc	630. —. —
	Faß 20	c.	500	Adi 3. Dec. verkauft dem Aluixo Bosto zu		
				4¹/₂ den c., thut ac 38	duc	2250. —. —
	Faß 38¹/₃	c.	970	Adi 7. Dec. verkauft den c. zu 5 duc ge-		
				stochen an Seidingwand, thut ac 38 . .	duc	4850. —. —
Rom.	Faß 10	c.	250	Adi 24. Dec. gen Florentz gesant, 5 faß		
				vnd gen Bologna 5 faß zu 25 c. Sollen		
				wir sie gen Rom verrechnen, was daraus		
				wirt, vnd dann die von Rom den Herrn,		
				thut ac 39	duc	—. —. —
Verkauft Faß 1¹/₃		c.	30	Adi detto verkauft vmb bargelt, zu 4³/₄ duc		
				Laut Zornals ac 39, thut	duc	142. 12. —
Sa.	Faß 79		c. 1975		Summa duc 7923. —. —	

Am Schlusse des Kapus ist die Probebilanz gemacht worden:

Summa Einnehmen			
Duc	7923. g. — p.	— Kupfer	
	26129.	6.	— Silber
	14323.	13.	16 Herr Jacob Fugger
	4700.	—	— Ofen
	2068.	23.	5 Botzen
	2400.	—	— Anttorff
	14000.	—	— Nurmberg
	3800.	—	— Lion
	8000.	—	— Inßbrugk

Duc 83344. g. 18. p. 21

Summa Ausgeben			
Duc	12909. g. 12. p. 21	Herr Jacob Fugger	
	15000.	—	— p. Ofen
	6000.	—	— p. Mailand
	1000.	—	— p. Anttorf
	2900.	—	— p. Lißbona
	44085.	6.	— p. Roma
	1450.	—	— p. Preßburgk

Duc 83344. 18. 21

Das dritte Buchhalten stellt das Hauptbuch dar, in das die zwei Rechnungen eingeschrieben werden, nämlich die auf Seite 52 dargestellte Rechnung und das Kapus. Zu diesem Zwecke werden im Hauptbuche Konten errichtet, welche die Beziehungen Venedigs zu den übrigen Faktoreien darstellen, aber auch Konten über Unkosten, Botenlohn und Vorteil. Ich gebe als Muster davon das Konto Augsburg—Venedig:

(Links.)   Augspurg p. Venedig Soll vns

1516. Adi ulto Sett. Sider po Zenner, verrechnet Venedig für außgeben. In der Rechnung Nr. 1 In 9 Posten Laut derselbigen ac 30/31 vnd ac 32./33./35 Nemlich fl 500. zalt zu nemen von Endris Grander; fl 22 Hertzog Wilhelm von Bairn, fl 1304. Jo. Angelo, fl 12. Kay. M. duc 11¹/₂ Petro Amadeo, duc 900 vmb Vastenspeis, duc 376³/₄ vmb Perlen, duc 82 ᵐ Romischer kay. M., duc· 85 Matheus Schwartz thut alles In Summa nach lautt der Rechnung nach lengs vnd dises ac 52. duc 85211. 6.—

Wirt Augspurg also für Einnehmen p. Va. verrechnen

Bis ulto. December verrechnet Va. In Nr. 2 ac 47 für ausgeben in 2 Posten, zoe fl 1100 zu zalen Endris Grander e cpa. vnd mer duc 1611 g . 6 p. 21, hat Matheus Schwartz p. Resto seiner Rechnung gen Augsprug gefuert, Soll vns Augsprug für Einnemen verrechnen, thut Va. gut gemacht ac 52 . duc 2711. 6. 21.

(Rechts.)   Augspurg p. Venedig Sollen wir
1516. Adi ulto. Sett. p. Va., Verrechnet Va. In Nr. 1 fur Einnemen sider p. po.
Zenner In 6 Posten, Laut derselbigen Rechnung ac 30/31/34/35/ Nemlich
fl 3 m bar empfangen; duc 212 g, 12. p. 9 Lt. Sultzer; duc 6060 p. 6 m vng.
bar empfangen; duc 5400 zu zalen, Nemlich den Manlich 2 m, den Höchstettern
1400, den Weisern 2 m, duc 80800 p. 80 m Ung. In mer Posten empfangen, mer
duc 1 m Vlrich Rehlinger, thut alles nach laut der Rechnung, Soll Augspurg
für Ausgeben verrechnen, thut   ac 52 duc 96472. 12. 9.
    Bis ult. Dec. p. Venedig verrechnet In Nr. 2 fur Einnemen zu 2 Posten, Laut
der Rechnung ac. 47 duc 8080 vmb 8 m vng. bar empfangen; duc 3000 zu
zalen den Philip Adler vnd Endris Grander, soll Augspurg also fur ausgeben verrechnen, Thut in Summa Venedig zugeschriben   ac 52 duc 11080.—

Das Konto „Dorteil zu Denetia" verzeichnet rechts zwei Gewinne, der
eine (ein kleiner) ist ein Skonto, der andere von rund 3900 duc. ist an Silber
erzielt worden. Das Konto: „Vnkost zu Denebig" enthält links die bezahlte
Maklergebühr und die Haushaltungsunkosten, das Konto „Botenlon zu Denebig" den Botenlohn für 800 ung. Gulden von Augsburg nach Denebig im
Betrage von 8 Dukaten.

Alle diese Konten werden zusammengestellt auf einem Hauptkonto: Denetia
auf Rechnung. Dieses beginnt links:

        1516. Adi ult. Sett. Sider po Jenner p. Augsp. ein-
                                  usw.   genomen ac 53. duc 96472. 12. 9

(rechts) 1516. Adi ult. Sett. Sider po Jenner p. Augsp. aus-
                            geben. In Suma ac 53. duc 85211. 6. —

Nun wird von diesen Konten die Probebilanz gebildet, wobei jedoch
das Konto: Denetia auf Rechnung, sowie die Erfolgskonten: Dorteil, Unkosten und Botenlohn wegbleiben. So ergibt sich folgende Bilanz:

                Beschlus des Haubtbuchs auf ein Generallrechnung.

Carta			Soll vns			Sollen wir		
53	Augspurg per Venedig	. . . .	87922	12	21	107552	12	19
53	Antorff » »	10906	6	—	96090	8	—
54	Botzen » »	900	—	—	3260	—	—
54	Lion » »	7740	—	—	16000	—	—
54	Lissbona » »	3200	—	—.	—		
55	Mailand » »	40130	12	3	3000	—	—
55	Ofen » »	28738	14	27	4700	—	—
55	Nürmberg » »	1578	—	—	19000	—	—
56	Insprugg » »	200	—	—	8000	—	—
56	Rom » »	134073	6	13	8432	6	13
56	Tantzge » »	95	—	—	—		
58	m (= Mark) 4525⁷/₁₆ Silber zu rom	32822	10	4	—		
58	m 911¹/₄ silber zu Rom angeschlagen . . .	6610	—	—	—		
58	m 11532¹/₈ Silber zu Hall				83617	21	4
58	m 4138¹/₄ silber zu Hall angeschlagen. . . .				31310	—	—
59	C 4700 Kupfer zu Botzen				18204	18	25
59	C 1750 » » Botzen				6774	—	—
59	C 820 » » Hall				3325	—	—
60	C 250 » » Rom	900	—	—	—		
60	Ein 8563¹/₂ allerley Seiden gewant zu Augspurg	27572	5	24	- .	—	—
60	Edelgestein Zoyen¹) usw. zu Augspurg . . .	32360	—	—	—	—	—
	Summa		415748	19	28	409268	—	31

Also hat der gemeine Handel aus Venedig
mer einzunemen weder zu zalen   6479 18 29

                                        Summa | | | | 415748 | 19 | 28

¹) = Edelsteine.

Dieser Beschluß des Hauptbuches, der aber erst $1/_{13}$ des gemeinen (= all=
gemeinen) Handels ist, geht nun, so meint Schwarz, dem Faktor zu Venedig
nichts mehr an, sondern ist Sache des Hauptgeschäfts zu Augsburg. Hier liefen
alle diese Abschlüsse ein und wurden miteinander verglichen. Diese Arbeit
hatte Matthäus Schwarz zu besorgen. Er war ja am 1. Oktober 1516 in
die Schreibstube der Fugger eingetreten, und in seiner Kostümbiographie
stellt er sich uns auch als Fuggerscher Buchhalter vor. Er sitzt am Schreibtische
und trägt in das Hauptbuch ein; neben ihm liegen zwei andere Bücher, die
wahrscheinlich von den Filialen zur Prüfung eingesandt worden sind. Links
davon steht der Briefschrank, an dessen Fächern die Namen der wichtigsten
Faktoreien zu lesen sind. Vor Schwarz steht Herr Jakob Fugger, der ihm
eine Anweisung zu geben scheint. Jakob Fugger ist „recht conterfeit", und
das scheint in der Tat der Fall zu sein. Die Überschrift lautet: Primo
octobrio 1516. Als ich zw her Jacob Fugger kam, doch erst 5 Jener 1517
verschriben (= angestellt) worden. Unter dem Bilde hat er sein genaues
Alter angegeben: 19 Jahre, 8 Monate und 8 Tage. (Siehe Abbild. S. 57.)

Ergaben sich bei der Prüfung Unstimmigkeiten, so wurde von der be=
treffenden Filiale Aufklärung verlangt, wofür uns die Reste eines von Schwarz[1])
geführten Briefkopierbuches zahlreiche Belege bieten. Hieraus nur ein Beispiel:

Adi 15. Jenner 1524.

Auf Dato schrieb ich Matheus Schwarz, in der hern namen nach Antorf die
100 fl zu Nürnberg eingenommen adi 6. Jugno 1520 zu Antorf zu zalen Ludwig
Schnedt, (ob) das geschehen ist und nicht für Ausgeben geschrieben worden, hab
ich dem Bernhard Stecker an seynem abgang gut gemacht.

In Nürnberg were eingenomen adi ultimo Aprill 1520 fl 6, zu Antorf zu zalen
Gregor Lamiro, ob das geschehen sey.

Die 200 fl zu Antorf, geliehen herrn Zypprian von Serntein adi primo hoc=
tobrio 1521, so in Innspruck zalen soll Johans Kontz, das ist nicht geschehen, und
waist niemantz zu Innspruck noch zu Augspurg davon, soll besseren beschaidt
schreiben.

Lief auf solche Ausstellungen dann die Antwort ein, so wurde unter den
Eintrag die Bemerkung: „Verantwortet und recht gemacht" nebst Datum ge=
setzt und der Posten durchgestrichen.

In umständlicher Weise erläutert Schwarz nun die weiteren Abschluß=
arbeiten. Daraus sei nur folgendes hervorgehoben. Da jeder Faktor seine
Rechnung mit der Währung, den Maßen und Gewichten seines Landes gab,
so mußte alles auf „Teutsch gelt" umgerechnet werden. Waren alle 13 Rech=
nungen auf einen Tag, nämlich den 31. Dezember, eingeschrieben, so sollte
man das Buch durchblättern und bei Gütern ohne eingesetzten Wert den
Verkaufspreis einsetzen („schlag sie an, was du magst daraus bringen").
Zweifelhafte Debitoren sollte man nach dem wahrscheinlichen Werte ansetzen
oder ganz abschreiben („Debitores, die nit richtig seind, so laß die aus, Und
setz allain sovil du dir getrawst einzubringen, oder für gut achtest"). War
man fertig, so sollte man beide Teile (= Aktiva und Passiva) summieren und
voneinander abziehen. „So sichst du was dein Capital ist. Sollich Capital
sich ab gegen dem vorigen Capital. Ist es jetzt mer dann vor, so ist es gewin,
Ist es aber minder, so hast du verlurst."

Das hier von Schwarz geschilderte Verfahren finden wir angewendet
in der Fugger=Inventur aus dem Jahre 1527. Nach Strieder[2]) war als Zeit=

¹) Jansen, a. a. O. S. 65.
²) J. Strieder, Die Inventur der Firma Fugger aus dem Jahre 1527. Ergänzungs=
heft XVII der „Zeitschrift für die gesamte Staatswissenschaft".

punkt für die Inventuraufnahme der einzelnen Faktoreien der 31. Dezember
1527 bestimmt worden, doch scheinen einige diesen Termin nicht eingehalten

und durch einen späteren ersetzt zu haben. „Nach dem spätesten dieser Termine,
also etwa in die Mitte des Jahres 1528, müßten wir demnach die Zusammenstellung der Teilinventuren zum Zwecke des Abschlusses setzen. Dieses Ge-

schäft besorgte der Chef des Hauses, wie aus den Überschriften über dem „Ainnemen" und dem „Außgeben" ersichtlich ist, wohl zum größeren Teil allein. Hierbei erwuchs ihm zunächst die Aufgabe, die Endresultate der Aktiva und der Passiva der einzelnen Faktoreiinventuren, die, in der dort zu Lande üblichen Münze ausgedrückt, von den Faktoren eingesandt worden waren, auf den rheinischen Gulden umzurechnen. Erst dann wohl erfolgte die Verteilung der Posten der einzelnen Filialinventuren und derjenigen der Augsburger Stamm-hausinventur nach Aktiva und Passiva. Auf Grund dieser Aufstellung zog Anton Fugger sodann die Bilanz, welche als Resultat das Vermögen der Firma am Ende des Jahres 1527 ergab. Die Berechnung des Gewinnes in der Zeit von 1511—1527, sowie die Berechnung der Vermögensverteilung auf die einzelnen teilhabenden Familienglieder bildete endlich den Abschluß der Anton Fuggerschen Bilanzierungstätigkeit in dem ersten arbeitsreichen Se-mester von 1528[1]."

Die Inventur selbst beginnt mit den Passiven der einzelnen Fak-toreien. Dieser Titel hat folgende Überschrift:

Im 1527ten jar. Außgeben.

Hierinn wirdet volgen das ausgeben; waran u. wem wirs schuldig sein, welches am einnemen unsers vermugens wir abzogen; als nemblich, was man in den legern noch hat außzugeben, das an andern ortten schon ist eingenomen; was wir sollen u. schuldig u. unnsern creditorn. Sollichs setz ich alles in außgeben. Ist durch mich Antoni Fugger außzogen unnd alles gestellt auf ultimo December des ausgeenden 1527ten jars.

Als Beispiel will ich die Nürnberger Passiven geben:

Außgeben graf Perchtold von Hennenberg adi 24. Dec. im 1527ten der Ku. M. zu betzallen fl 147.— Für Jacob Rechlinger adi ultimo Dec. im 1527ten jar eingenomen 13. 10.— Adi 18. Dec. 1527ten jar zu Fuggeraw eingenomen von Jorgen Sanuss leydten 350.— Marxen Sidlman od. sein erben zu Rom eingenomen adi 8 Luio im 27ten jar duc 250 Largi darfür 358 . 6 . 8.— Erhart Daphart von grafen Wörd umb duc 112½ Largi zu Rom eingenomen darfür zu tzalen fl 150.

Creditori

Marxen Onspach 100. — Jobsten Geschwindt 12. — Hanns Craus 46. 10. 2. Dechandt u. Capitl zu Münster 42. 10. — Bartlme Haller 75. — Jörgen Payr 244. 12. 9. Antoni Tätzl 1100. Hans Penter 4000. — Pauls Dürren 750. — Benedict Brandskorn 1000. — Jörgen Senus 300. —

Summa fl 8689 ß 9 h 7. .

Daran schließt sich das sog. Wechselbuch[2]), das heißt ein Verzeichnis der festverzinslichen Einlagen verwandter und befreundeter Personen, auch Be-diensteter und Faktoren der Firma. Über diese Einlagen war von den Fuggern ein Solawechsel ausgestellt worden, daher erklärt sich auch der Name des Buches. Es beginnt:

Hector Muelichs seligen kindern fl 40 ß — h —; das interesse darauf — 10 — Junckhfraw Felitz Fuggerin zu Sant Katerina 400; der zinß darauf 3. 6. 8.— Peter Hablützl, castner zu Kirchperg 400; der zins darauf 155. 16. 8 usw.

---

[1]) Strieder a. a. O. S. 4.
[2]) Die in der ersten Abteilung genannten Gläubiger waren Personen, die in einer Fuggerschen Faktorei gegen Ausstellung einer Tratte Geld eingezahlt hatten, das in einer anderen Faktorei der Fugger ihren Bevollmächtigten auszuzahlen war, während die „Creditori" Gläubiger der betreffenden Faktorei selbst waren.

Der zweite Hauptteil, der die Aktiva behandelt, trägt folgende Einleitung:

Ainemen.

Hierinn wirdet begriffen unnser vermugen und waran; das ist als nemblich, was man in den legern noch hat einzunemen, das an andern ortten schon ausgegeben ist, Waarn so verhannden sendt, par gellt verhannden, guet schulden und also alles guet und richtig ding; durch mich Antoni Fugger auszogen und alles gestellt auf ultimo December des ausgeenden 1527 ten jars.

Hiervon will ich als Beispiel die Denebiger Aktiven geben:

Einzunemen von Wienn gen Venedig gesandt auf 3 Dec. im 27 ten ducaten 1600 ungarisch, fl 2240 ß — h —,

Waarn

Newn vaß Swatzer kupfer zu 25 ctr. Mer sendt von Potzen gen Venedig gesannt 31 vaß Swatzer kupfer zu 25 ctr. Summa 40 vaß thond 1000 ctr. wiennisch gewicht, den centner umb 7 fl tut 7000—. Mer 99 väßlin messing zain soll darinnen sein ctr 495, unnd noch gen Venetia gesannt 191 väßlin ctr. 955.— Summa ctr 1450 zu 7 fl. 10150. —

Par gellt.

Par gellt bliben duc 3123 Pf. 23 zu 126 percento tut 3936 . 4. 9.

Debitori.

Herr Gregori Angrer duc 134 Pf 20. — Martin Grami fo de[1]) M. Bartolomeo 36. 8. — Aluiso Grami fo de M. Fango 106. 8 —. Martin Trevisan fo de M. Banato 897.6. — Barto. Grimani Effil 419.23. — Bernard Swartz von wegen der Ochinger u. Bubenhouvers 150. — Summa 6 posten duc 1744 Pf 17 zu 126 p cᵒ fl 2198.

14. Summa fl 25 524 ß 4 h 2.

Was zu Venedig in der camer und volta (= Magazin) für hawsrat ist, findt im inventari. Slag wir für nichten an.

Diesen Aktiven der einzelnen Faktoreien folgte auch hier ein Wechselbuch, das alle die Personen verzeichnete, die bei den Fuggern Geld gegen Wechsel aufgenommen hatten.

Daran schloß sich das „Hofpuech", dieses war das Konto für die Geldgeschäfte der Fugger mit der Regierung der österreichischen Erblande. Da heißt es u. a.:

Ku. Mt. zu Naplas zutzalen, auf primo May des 25 ten jars duc 60 063 Largi, nemblich adi primo Mazo im 26 ten jar duc 7000, ultimo September 17 000, ultimo Dezember 17000 und primo Marzo des 27 ten 18 563. Was daran zalt ist, stat im außgeben, derhalb die suma hie für vol gesetzt wirt, zu 86 kr. für ain duc. fl 86 090. — Ku. Mt. umb ain verschreibung auf Naplas der datum 7. Jenner im 26 ten jar per duc 108 662 kr 58. Biß ins 30 te jar hinaus zutzallen zu 86 kr für 1 ducaten fl 155 794 . 17 — usw.

Das Inventar im engeren Sinne, also das Verzeichnis der Einrichtungsgegenstände, war in einer besonderen Abteilung zusammengestellt. Es beginnt wie folgt: Inventari was an allen orten vorhanden ist in legern, hauß und haußrat. Das gelt ist im generalüberschlag gesetzt zw ausgenden 1527 ten jar.

Inventarii von allen orten was alda von haustrat ist beliben was wir dann anschlagen oder nit zu gellt anschlagen findt man im auszug der generalrechnung ist dises alles zu ausgeendem 27 ten jar.

---

[1]) fo de M. heißt wahrscheinlich Figlio di Messer (altes Wort für Signor).

Die Aufzählung beginnt mit der Faktorei Bozen. In voller Ausführlichkeit wird das gesamte Mobiliar verzeichnet, um so mehr überrascht die
Schlußbemerkung: „Ist alles alt ding und für nichtz anzuschlagen." Auch in
den übrigen Faktoreien wird der Hausrat „fur nichts angeschlagen". Diese
Abschreibung erklärt sich daher, daß bei der eidlichen Selbsteinschätzung nach
alter Sitte der Hausrat nicht mit angegeben wurde, da er steuerfrei war.
Das immobile Inventar (Häuser, Gärten, Hüttenwerke, Bergwerksanteile)
wird dagegen zu seinem ungefähren Werte angesetzt.

Die zweifelhaften und uneinbringlichen Forderungen bildeten
eine Abteilung für sich, das sogenannte „schwarze Buch". Auch dieses Buch beginnt mit einer Einleitung: „hierin werden begriffen schulden, so nit gar gewiß,
ainstails gar pöß sendt; auch annders so ich nit aigenntlich kan wissen, wann
mans zu gellt und was daraus mag gepracht werden. Derhalb ichs hier inn ain
sonnder libell unnd nit in das vermugen unnsers capitals netzo in diser beslus
rechnung unnd derhalb aussetz. Was man in künfftig von sollichen schulden ein
unnd aus dem anndern pringen wirdet, das soll in nachvolgenden rechnungen
auf yedes capital (sonderlich herr Jacob Fuggers seligen) pro rata, dergleich
was den hungerischen hanndl angat, yedem, wems gehört, seins zugetailt
auch bezalt werden. Hab ich Anthoni Fugger auszogen unnd alles gestellt auff
ultimo December des ausgeenden 1527ten jars."

Zunächst werden die zweifelhaften und uneinbringlichen Forderungen der
„gemeinen" Handlung, sodann die aus dem sogenannten alten ungarischen
Handel aufgeführt. In die Bilanz wurden sie jedoch, gleich dem Mobiliar,
nicht mit eingesetzt.

In der Bilanz selbst werden Passiva (= Ausgeben) und Aktiva (= Einnehmen) gegenübergestellt, sodann wird durch Subtraktion das Geschäftsvermögen ermittelt:

Ausgeben	Ainemen
müntz	müntz
4512. 9. 4 Hall	4185. 12. 3 Potzen
2237. 19. 4 Schwatz	50358. 9. 2 Hall
871. 6. — Fuggeraw	213402. 5. 8 Schwatz

usw.

Die Gewinnermittlung und -verteilung war nun einfach:

Adi ultimo December zu ausgenden 1527ten Jar

an ligenden guettern	127902
„ schulden, wahren allenthalb	1904750
Summa hauptguet	2032652
Davon zogen die stiftung und prädicatur	11450
	2021202
Davon das hauptguet des 1511ten jars . . .	196791
Rest gewin in 17 jarn	1824411
Von sollichen gath ab ¹/₈ für Raym. und Anto Fugger	228051
Also bleiben noch außzwtailen	1596360
Auf herrn Jacob Fugger säligen teil	720950
„ Raymundus Fuggers „ „	211953
„ Antoni Fuggers „ „	211953
„ Jeronimus Fuggers „	451503
	1596359

Summa hauptguet und gewinn:

Herrn Jacob Fugger säligen	809825
Raymundus Fugger	352107
Antoni Fugger	352107
Jeronimus Fugger	507162
	2021201

Davon zw ziehen was yeder in obstanden jaren aingenohmen hat:

Herr Jacob Fugger	fl 142035	rest	667790
Raymundus Fugger	„ 101875	„	250232
Antoni Fugger	„ 60356	„	291751
Jeronimus Fugger für sein bruder Ulrichen selig fl 89016 u. für sich fl 37050	„ 126066	„	381096

Also ist zu außgeenden 1527ten Jar unser hauptguet	1590869
Darzu stiftung und praedicatur	11450
	1602319

Das ist das rechte capital.

Die späteren Bilanzen weichen mitunter etwas ab, sie sind teilweise von Ehrenberg veröffentlicht worden[1]).

Im Jahre 1546 hatten die Fugger dem König Ferdinand den ungarischen Kupfervertrag gekündigt und damit dieses gefährliche Gebiet verlassen. Ihr Erbe wurde von der Augsburger Firma Haug übernommen, die im ungarischen Kupferhandel sodann zeitweise dieselbe Oberherrschaft erlangte, wie sie früher die Fugger besessen hatten.

Die Firma Haug war am 1. September 1531 von Anton Haug dem Älteren, Hans Langenauer und Ulrich Link gegründet worden. Diese drei waren vorher Faktoren der Firma „Anton und Hansen Gebrüder die Bimmel" gewesen, dann Schwiegersöhne der Inhaber geworden und führten nun das Geschäft fort. Sie übernahmen alle Schulden und Waren, wie sie diese im Beschluß der Rechnung Nr. 30, „so adi augusto anno 1531 Inn Beisein Hansen Bimels beschlossen", befunden hatten[2]).

Das Schwergewicht der Firma lag ursprünglich im Warenhandel, später wurde sie allmählich in größere und häufigere Geldgeschäfte gedrängt. Die Ursache dazu lag im Metallhandel. Für Darlehen an Fürstlichkeiten ließ sich die Firma deren Anteile an der Ausbeute der Bergwerke übertragen, und so kam zu dem Warenhandel der Handel mit den Erzeugnissen des Bergbaues. Zu den von den Bimmel übernommenen Filialen Nürnberg, Ulm, Köln, Antwerpen, Venedig und Schwaz kamen im Laufe der Jahre noch Faktoreien in Biberach, Lyon, Neusohl, Teschen, Wien, Breslau, Leipzig, Linz, Krems, Krakau und Danzig hinzu. Die Teilnehmer wechselten verschiedentlich, zuletzt waren es David Haug, Hans Langenauer der Jüngere und Melchior

---

[1]) Ehrenberg a. a. O. Bd. I. S. 132, 137, 145, 157, 173, 182.
[2]) Näheres über das Geschäft der Haug usw. bei R. Ehrenberg, a. a. O. Bd. 1, S. 227 ff. Ferner bei J. Hartung, Aus dem Geheimbuche eines deutschen Handelshauses im 16. Jahrhundert. Zeitschrift für Sozial- und Wirtschaftsgeschichte, Bd. 6 (1898), S. 36 ff. Der Warenhandel ist von Mellinger untersucht worden: Der Warenhandel der Augsburger Handelsgesellschaft Anton Haug, Hans Langenauer, Ulrich Link und Mitverwandte (1532—1562), Leipziger philosophische Dissertation, 1911.

Link. Im Jahre 1574 mußte die Firma aus noch zu erörternden Gründen ihre Zahlungen einstellen.

Von dieser Firma sind uns in zwei mächtigen Foliobänden (Bd. I 23 cm breit, 34 cm hoch und 6½ cm dick, Band II 28½ cm breit, 42 cm hoch und 7½ cm dick) die Inventuren und Bilanzen nebst Austeilungen für einen längeren Zeitraum erhalten. Der erste Band enthält fünf Inventuren aus den Jahren 1533, 1543, 1545, 1547 und 1549; der zweite Band solche aus den Jahren 1551, 1553, 1555, 1557, 1560, 1561 und 1562. Bei den Inventuraufnahmen von Leipzig, Wien und Danzig im Jahre 1562 brechen die Eintragungen ohne jeden ersichtlichen Grund plötzlich ab (denn Platz war noch reichlich vorhanden). Für das Jahr 1564 fand ich die Inventur in Nr. 62 der „Schätze" des Augsburger Stadtarchivs, aber auch unvollständig.

Das Handlungsbuch beginnt mit dem Vertrag, der erst am 30. August 1532 zu größerer Sicherheit in das Buch eingeschrieben worden ist, obwohl die Handlung selbst bereits am 1. September 1531 begonnen hatte, ebenso enthält es den wichtigen Vertrag vom Jahre 1547[1]). Aus letzterem seien die Bestimmungen hervorgehoben, die sich auf die Buchführung beziehen. Da heißt es:

Es sollen auch alle Geheimnuß und sonst allander buecher und Rechnungen under uns in geheim gehalten werden und one des anderen vorwissen und bewilligung Niemant eroffnen in sonder der Zeit disser unser verainigung.

Für den Fall, daß ein Teilnehmer vor Ablauf des Vertrags stirbt, sollte „sein hauptguet bis auf nechst gepreichliche haubtrechnung so nach seinem absterben unserem alten prauch nach und alweg nach ausgang der zway Jar muehst gehalten werden zu gwin oder verlust ligen".

Sollte Anton Haug eher sterben als Ulrich Link, so sollte einer von seinen Söhnen „zu der Inventierung alles unser und des handels vermögen geprauцht und zum beschluß derselbigen hauptrechnung genomen werden". Sollte dagegen Ulrich Link eher sterben, so sollte einer von den Haugs zur „Inventierung zu der haubtrechnung anschlag der Schuldt und Waren, auch zum Beschluß der Haubtrechnung genomen werden".

Eine andere Umschreibung der Inventur findet sich in folgender Bestimmung. Nach dem Tode der beiden Teilhaber sollten die jungen Haugs „alle buecher, Schrifften, Rechnung, Register und alles anders dissen handl beruerent zu Iren handen und gewarsame" nehmen und zur Zeit der gewöhnlichen Hauptrechnung „all unsere deß handls verlassne hab und guetter schulden und paren gellt nicht davon außgenomen beschreiben inventieren und also ain haubt und Endt Rechnung wie sich die zu machen gepuert beschließen, alsdann ainem ietlichen seinen gewin oder verlust wie es got fuegt zu schreiben und unseren erben das eroffnen und anzaigen". Das mußte den Erben genügen, eigne Rechnung sollten sie nicht fordern dürfen. Auch war es den jungen Haugs nachgelassen, ihren Vetter Hans Bimnel „zu diser Inventierung auch der ganz handlung der haubt und Generalrechnung" heranzuziehen.

Die Darstellung der einzelnen Inventuren ist nicht ganz gleichmäßig. Die erste Inventur ist unübersichtlich geschrieben, man hatte noch zu viel mit

---

[1]) Vom juristischen Standpunkte aus ist dieser Gesellschaftsvertrag erläutert worden von Jos. Strieder, Zwei Handelsgesellschaftsverträge aus dem 15. und 16. Jahrhundert, Leipziger juristische Dissertation, 1908.

alten Schuldnern, „herrührend von den Bimmel" zu tun. Später wird die Darstellung besser, namentlich im zweiten Bande scheint man mehr Sorgfalt angewendet zu haben. Doch läßt sich ein gewisses Schema erkennen.

Zunächst wurden die Aktiven der Zentrale, sodann die der Filialen verzeichnet, und zwar in folgender Reihe: 1. Debitoren, 2. Waren, und zwar a) die vorhandenen, b) die abgeschickten, aber noch nicht am Bestimmungsorte angekommenen, c) Zusammenfassung von a und b. 3. Bargeld. 4. Die Behausung. 5. Zusammenfassung. 6. Kreditoren¹).

Die Inventur beginnt mit der Zentrale Augsburg.

$$+ \text{Laus deo } 1533 \text{ adi } 25 \text{ August}^2).$$

Nota: Hernach geschrieben ein Auszug, lautend auf umstehende Generalrechnung und Hauptgut betreffend. Nach der Länge alle guten Schulden, Waren auf das bare Geld angeschlagen und Bargeld, auf den Tag umstehender Generalrechnung inhändig. Und davon abgezogen, was wir zu tun schuldig sind, nachfolgend den Beschluß darauf gemacht und jedem sein Hauptgut zugeteilt und zugeschrieben. Und ist dies unsre erste Generalrechnung, die von Rechts wegen auf Nr. 1 gestellt sollte werden, allein uns entschlossen und unserer Herrn und Vorforderen Nr. nachzufordern, die denn ist Nr. 31, wie hernach folgt:

Erstlich alle Schulden, so in Augsburg in dem Schuldbuch Nr. 31 adi 8. August bis auf den Tag des Beschlusses inne gehabt; alle Debitoren mit Namen, auch alle für gut und richtig gesetzt und dafür gehalten werden:

Ullrich Zeller von Schieding   fl 100 ß 13 h 4
                      usw.

S. S.³) aller Schulden in Augsburg, wie hier vornen steht und alles zu 15 Batzen gesetzt   fl 66 110 s 14 h 2

Nota: Hernach was uns die Weber für Wolle schuldig sind, die uns durch den Schaller alle für gut und richtig angezeigt worden, wie hernach folgt (lauter kleine Beträge).

S. S. aller Schulden, so uns die Weber hier in Augsburg in
                      barem Geld schuldig sind fl 4010 ß 11 h 4
S. S. aller Schulden, wir auf dato in Augsburg und alle für
                      gut und richtig angelassen, facit fl 70121 ß 5 h 6

$$+ 1533 \text{ adi } 8 \text{ August}$$

Nota: Hernach die Inventierung aller Waren, so auf dato in Augsburg vorhanden, gleich hernach: (folgen die Bestände).

S. S. aller Waren, so in Augsburg im Beschluß dieser Rechnung, machen fl 13289 ß 7 h 2. Wiewohl die Rechnung nicht mehr inne hält als 13265 ß 7 h 2, fehlt um 24 fl, ist für ein kleines englisches Tuch, so nicht herausgeworfen und voll stehen worden; solche 24 fl kommen uns nachher gut, daher laß ichs bei dieser
                      Summe bleiben fl 13265. 7. 2

Nota: Hernach die Barchent, wir noch auf den 3 Bleichen
                      liegen haben, gleich hernach folgt fl 3612. 7. —
Nota: So hat Klaus Mair, Färber, noch in Händen . . . fl 387. —. —

¹) Die Augsburger Kreditoren werden jedoch nicht bei der Augsburger Abrechnung, sondern erst am Schlusse verzeichnet.
²) Ich gebe die ganze Inventur in abgeänderter Schreibweise.
³) Hier und später von mir abgekürzt.

Hernach die Waren, so von Augsburg und Ulm und auf Antwerpen gesandt und noch unterwegs, in die Rechnung
No. 34 nicht gekommen, nämlich   fl 5566. 4. 6

Nota: Hernach die Waren, so von Augsburg aus auf Venedig
gesandt worden mit samt dem baren Geld   fl 2889. 2. 8

Waren, so von Augsburg aus auf Nürnberg gesandt, und in
die Rechnung No. 15 nicht gekommen   fl   689. 9. 2

S. S. aller Waren, so wir in Augsburg und unterwegs gen
Antwerpen, Venedig und Nürnberg, wie denn ein jedes
besonders geschrieben und hier vorn steht, macht . .   fl 26409. 10. 4

Nota: Adi 11. August in barem Gelde in Augsburg angelassen
Gold und Münz, doch alles in Münz gerechnet. . . .   fl 9239. —. —

Nota: Die Behausung, dem Handel gehörig, so in der Rechnung vorher um 5124 fl angeschlagen worden ist, schlagen
wir an um . . . .   fl 5200. —. —

(Zusammenfassung.)

Summa solcher Rechnung in Augsburg

in erstlich an guten Schulden, als in diesem . . . . . ac 11 fl 70121 5 6
in allen Waren samt denen, so unterwegs auf Venedig,
Antwerpen und Nürnberg . . . ac 13   26409 10 4
In barem Gelde . . . . ac 13   9239 — —
In der Behausung . . . . ac 13   5200 — —

In ähnlicher Weise werden auch die übrigen Filialen behandelt und die
Ergebnisse sodann zusammengestellt:

Repetitio von unsrer Hab und Güter im Kaufmannshandel.			fl
Summa:	In Augsburg an guten Schulden .	ac 11	70122
„	Alle Waren in Augsburg	„ 13	26409
„	Zu Augsburg an barem Gelde . .	„ 13	9239
„	Die Behausung zu Augsburg . .	„ 13	5200
„	Aller Reichtum in Antwerpen . .	„ 16	86577
„	„ „ „ Cöln	„ 17	5782
„	„ „ „ Venedig . . .	„ 19	16232
„	Hauptgut im Schwazer Handel . .	„ 20	60262
„	An allen Hofverträgen	„ 26	92437
„	Aller Reichtum in Nürnberg . . .	„ 26	36399
„	Das Bergwerk in Joachimstal . .	„ 23	894
S. S. aller unsrer Hab und Güter an Schulden, Waren und barem Gelde, angeschlagen zu 15 Batzen für ein Gulden, macht			409552 —/—

Nota: Alle diese Summen hiegegen sind wir schuldig und gehören
an dieser hiegegen geschriebenen Summe abzuschlagen als hie-
nach an Blatt 29 und 30 nach längs steht fl 235306

Rest noch eignes Hauptgut und Reichtum im Handel, so die Kreditoren davon abgezogen fl 174246

Nun folgen auf Blatt 28b, 29a und 29b die Kreditoren zu Augsburg, während diejenigen der Filialen bereits bei diesen mit verzeichnet
worden waren.

Hieran reihte sich der

Beschluß unserer Generalrechnung.

S. S. aller unserer Hab und Güter, so wir in unserem
Handel haben an guten Schulden, Waren, Bargeld
samt des Handels Häuser, als dann hier vorn nach
längs beschrieben, facit in Münz . . . . fl 174246

So haben wir alles Hauptgut im Handel anno 1525 (?)
in unserer Generalrechnung gehabt

Anton Haug der Ältere Hauptgut	. . . . . fl	25000
Hans Langnauer	„ . . . . . „	13390
Ulrich Link	„ . . . . . „	15011
Hans Rosenberger	„ . . . . . „	7000
Anton Haug der Jüngere	„	2000
Lienhardt Haug	„	2000
Hans Bimmel	„	12000
Anton Bimmel	„	4000
Mang Dilher unser Diener	„	3000
Ulrich Hainhofer unser Diener	„	1656
Hans Schaller	„ „ . . . . . „	1359
Kaspar Wiedemann	„ „ . . . . . „	1552
Martin Flutzhofen	„ „ . . . . . „	617
Wilhelm Beirer	„	100
Pantaleon Schwarz	„	100

S. S. alles Hauptgutes im Handel diese zwei Jahre gelegen, das dann von obgeschriebener Summe abgezogen werden soll, facit . . . . fl 88785

Rest lauterer Gewinn, diese zwei Jahre vergangen,
mit Hilfe und Gnade des Allmächtigen . . . . fl 85461

Nota: Hernach, was aus gemeinem Handel uns, auch unseren Dienern fürgelegt[1]) worden ist

Hans Langnauer zur Erfüllung (der) 25m . . . fl	11610
Ulrich Link . . . . „	9989
Mang Dilher . . . . „	2000
Ulrich Hainhofer . . . . „	1200
Martin Flutzhofen . . . . „	200
Jörg Traumer . . . . „	200

S. was diese 2 Jahr fürgelegt worden fl 25399

S. S. alles Hauptguts und Fürlegung macht fl 114184,
davon gehen ab 8000 fl, nämlich 6000 fl, so Hans
Bimmel dem Handel fürgelegt und Anton Bimmel 2000 fl,
Rest noch fl 106184, welche sich also für den Austeiler
darin die obgemeldete Gewinnung zu setzen gebührt fl 106184

---

[1]) Unter „Fürlegung" (niederdeutsch „Wedderlegginge", vgl. S. 2) verstand man
damals eine Summe Geldes, die einem Teilhaber von der Handelsgesellschaft zur Vergröße-
rung seines Geschäftsanteiles eingeschossen wurde. Die fürgelegte Summe ging nicht in das
Eigentum des damit Bedachten über, sondern blieb Eigentum der Gesellschaft. So hatte z. B.
Hans Langenauer, wie oben zu ersehen ist, 13390 fl. in der älteren Gesellschaft liegen, Anton
Haug dagegen hatte 25000 fl. Daher erhielt Langenauer von der Gesellschaft 11610 fl.
„fürgelegt", wie aus folgender Eintragung hervorgeht: „Darzu sol im von gemeinem
handl fürgelegt werden fl 11610, damit im auch zu vollem gewinn und verlust, wie es
Gott der Herr fuegen wirt, 25000 fl im handel ligen. Des sol im von dem fürgelegten
gelt allain die nutzung zugeteilt werden, die fürlegung dem handl pleiben." Näheres
hierüber ergibt der Aufsatz von Jak. Strieder: Die sogenannte Fürlegung, eine Institution
des deutschen Gesellschaftsrechtes im Zeitalter des Frühkapitalismus. Vierteljahresschrift
für Sozial- und Wirtschaftsgeschichte, Bd. X (1902, S. 522).

Nota: So die Gewinnung in die vorgenannte Summe, nämlich 106184 fl ausgeteilt wird, gebührt sich die 2 Jahre vergangen
80 pco 9 ß (= also 80°/₄₀ °/₀!). Dieweil sich aber die Nutzung und
Gewinnung aus Hilfe und Gnaden des Allmächtigen diese Rechnung so reichlich erzeigt hat, lassen wir 20ᵐ fl von der Nutzung
fallen, wollens auf die künftige Rechnung zum voraus behalten[1]),
wäre noch die Nutzung fl 66461, die gehören in fl 106184 aus-
zuteilen, bringen die zwei Jahre 61¹/₂ pco, facit . . . . . . fl LXI₁²)

Wie die Derteilung im einzelnen erfolgte, sollen folgende ausgewählte
Einträge zeigen:

Anton Haug dem Älteren gebührt auf . . . . fl	25000
Gewinnung . . . . „	15375
S. Hauptgut und Gewinnung . . . . fl	40375
Von solcher Summe die zwei Jahr genommen (= Privatkonto) „	2263
Bleibt ihm noch Hauptgut in Münz zu 15 Batzen . . . . fl	38112

Hans Langnauer Hauptgut . . . . fl	13390
Fürlegung fl 11610³)	
Gewinnung . . . . „	15375
Summa fl	28665
Von solcher Summe aus dem Hauptgut (genommen)	1250
Bleibt ihm noch eigentliches Hauptgut in Münz zu 15 Batzen fl	27515

Wilhelm Beirer Hauptgut . . . . fl	100
Seine Belohnung 2 Jahre . . . . „	40
Gewinn . . . . „	61
So haben wir ihm verehrt . . . . „	40
S. macht sein Hauptgut samt der Verehrung . . . . fl	241

Auf nächst künftige Rechnung soll ihm der Handel 200 fl fürlegen laut
seines Bestandes.   usw.

Die Derteilungsposten schließen mit der Unterschrift

Laus deo semper.

Nun folgen die „zweifelhaften" Schuldner.

Nota: Hernach, was wir in dieser Generalrechnung zweifeln und böse Schuld
gemacht haben diese zwei Jahr vergangen, in unsere Hauptsumme gar nicht gesetzt, was uns daran bezahlt wird, kommt gemeinem Handel zu gut.

Aus dem Augsburger Schuldbuch . . fl	2180. —. —
Aus dem Nürnberger Schuldbuch . . „	283. 3. 4
Aus dem Antwerpner Schuldbuch . . „	1423. —. —
Aus Ulmer Rechnung	

Adi ultimo September 1532 ist Hans Bierglin mit Tod abgegangen und
als wir seine Rechnung ausgeschrieben, hat sich im Beschluß gefunden, daß ihm
an den baren Oekde, so in seinem Empfang geschrieben, gegen seine Ausgabe
ist abgegangen 1588 fl 9 s 5 h und 80 Fardel Barchent, die er von Leuten außerhalb unsres Befehls und Wissens in unserem Namen die Schuldbrieflein ausgeben
gewechselt hat, so zu Geld macht fl 7680, und seiner Hausfrau haben wir müssen
zahlen Gold 1500, tut in Münz fl 1675, dem Lande Württemberg 521 fl 7 ß 4 h
und sonst in mehreren Posten, so er schuldig ist gewest, etliche Fardel und andere
Schulden, die in Summa machen 480 fl 1 ß 11 h. S. S. macht alles zusammen
fl 11944 ß 18 h 8.

---

¹) Also die Bildung einer Reserve von fl 20000.

²) Es werden stets indische Ziffern angewendet, nur der in Prozenten ausgedrückte
Gewinn wird in römischen Ziffern bezeichnet.

³) Die „Fürlegung" war, wie oben erwähnt, zwar am Gewinn beteiligt, kam aber
nicht zum Kapital.

Dagegen ist uns all sein Hab und Güter durch die Herren von Ulm überantwortet, nämlich 3 Häuser zu Ulm, in der Stadt Gärten, Wiesen, Zins, die wir dann verkauft und aus allem bracht samt 2784 fl., die er bei uns im Handel gehabt hat, samt der Nutzung, so wir ihm auch zugeeignet haben, fl 6575 ß 10, also daß wir noch im Schaden liegen, darin uns der Lausbub (!) geführt hat, Gott der Herr vergelts der Seel,   fl 5369. 8. 8

Mer haben wir in seiner Rechnung befunden 100 roh Barchent, die er uns in seiner jüngsten Rechnung hievor all für gut und richtige Schulden angelassen hat, daraus zu bringen nichts zu verhoffen „ 2002. —. —

Summa fl 7371. 8. 8

S. S. aller ausgesetzten zweifeln und böse Schulden, in diesen zwei Jahren geendet und bös worden, die wir auch ganz für ausgesetzt und für nichts achten, samt dem Schaden, darein uns der Bub Hans Byrglin in unserm Dienst zugeführt hat, macht in Summa   fl 11257. 11. 8

Wenn die Darstellung dieser Inventur ausführlich erfolgt ist, so geschah es, weil hierdurch der Beweis erbracht wird, daß schon in der erften Hälfte des 16. Jahrhunderts Bilanzen auf Grund tatsächlicher Inventarisierungen gezogen worden sind., überblicken wir den Gang der Abschlußarbeiten, so ergibt sich folgendes: Zunächst wurden die Aktiven festgestellt, dann die Passiven aufgezählt, davon abgezogen und so das Vermögen (der „Reichtum") der einzelnen Niederlassungen ermittelt. Diese einzelnen Vermögen wurden zusammengestellt und dann die Passiven der Zentrale abgezogen, worauf sich das gesamte eigene Geschäftsvermögen ergab. Nun wurde das von den Beteiligten eingezahlte Kapital (das Anfangskapital) festgestellt, vom Endkapital abgezogen und so der Gewinn ermittelt. Da die „Fürlegungen" ebenfalls mit am Gewinn beteiligt waren, wurden nun auch sie festgestellt und dem Anfangskapital hinzugezählt, worauf der Gewinn in Prozenten ausgerechnet wurde. Hierauf folgte die Austeilung, und den Beschluß bildete die Aufzählung der zweifelhaften Außenstände.'

Dieser klare, sachgemäße Abschluß wurde auch in den späteren Jahren im allgemeinen beibehalten, doch wurde die Darstellung übersichtlicher, wozu namentlich die Anwendung der Kontoform beitrug. Dadurch erhielt z. B. die Bilanz vom 31. Dezember 1561 folgendes Aussehen:

(Links.) Unser gemeiner Handel, uns, David Haug etc. gehörig, soll adi ultimo Dezember, befinden wir bei Beschluß dieser unser Generalrechnung Nr. 44 in mehreren Posten, Fristen und unterschiedlichen Verzinsungen schuldig blieben.
                                                        wie hiervor fl 641 612
Mehr machen unser vier obgemeldete Hauptgüter, im Handel zu Gewinn und Verlust liegend, nämlich

David Haug	fl 83522
Melchior Manlich	„ 39707
Hans Langnauer	„ 55359
Melchior Link	„ 65102

Summa alle 4 Posten machen Münz . . . . fl 243691

Also befinden sich in unser General ein Jahr Rechnung Gewinnung, darum dem allmächtigen Gott Lob und Dank sagen fl 24582

Summa fl 909885.

(Rechts.) Unser gemeiner Generalhandel soll haben, befinden wir bei Beschluß unserer Rechnung in allen unsren Lagern Reichtum, wie von Posten zu Posten hernach folgt,
      an Reichtum in Augsburg, in diesem zurück, in Münz, ac 16   fl 213 466
                                                        usw.

Auch für die Austeilung in Kontoform sei ein Beispiel gegeben:

Links.) David Haug[1]) soll adi ultimo Dezember A⁰ 1561 von wegen einer Post, so er in unserm Schuldbuch an seinem Konto aparte stehen gehabt, so er noch in anderer Gestalt, wie er selbst weiß, zu verrechnen hat   ac 79 fl 4754

Mehr hat er dieses letzte Jahr zu seiner Notdurft hier und an anderen Orten oder Lagern eingenommen, laut unsers Schuldbuches fl 10732

So bleiben wir ihm p. Rest dieses Kontos auf ultimo Dezember A⁰ 62 bei Beschluß der Rechnung No. 46 eignes Hauptgut schuldig, tragen wir in diesem hervor   fl 87765

fl 103251

(Rechts.) David Haug soll haben adi ultimo Dezember A⁰ 61 p. Rest und Beschluß unserer Generalrechnung No. 45, auf eine neue Rechnung No. 46, eignes Hauptgut, davon ihm der Handel bei jeder Rechnung neben der Gewinnung 5 pc soll gut tun, laut in diesem zurück   ac 157 fl 85928

Adi ultimo Dezember A⁰62soll er haben bei Beschluß unserer Generalrechnung No. 46 Lagio 1 Jahr lang auf gemeldete Summe zu 5 pc fl 4296

Adi — ditto soll haben ¹/₄ Nutzung von fl 39081 Überschuß dieser Rechnung No. 46   fl 13027

fl 103251.

Zum Schluffe sollen aus diesem für die Geschichte der Buchhaltung so wertvollem Handlungsbuche noch die Einträge beim Ausscheiden eines Gesellschafters gezeigt werden. Melchior Manlich trat im Jahre 1562 aus der Gesellschaft aus. Die Abrechnung erfolgte für jede Niederlaffung in der Weise, wie sie hier bei der Zentrale Augsburg gezeigt wird.

Nota: Der ganze Reichtum Augsburgs, uns vieren, als David Haug, Melchior Manlich, Hans Langnauer und Melchior Link gehörig, laut an in alles wie hier entgegen   fl 163685 . 15 . 4

Davon gebührt dem Melchior Manlich für sein ¹/₄ wie hernach folgt:

An guten Schulden	fl	59372	ß 13 h 6 das ¹/₄	fl 14843	ß 3 h 4
An bösen Schulden	„	2604	1 3	„ 651	— 4
An Waren	„	30576	7 8	„ 7644	1 11
An der Behausung	„	6000	— —	„ 1500	— —
An geoberter Barschaft	„	15338	16 2	„ 3829	14 1
Unserer 4 und Diener Einnahmen, so also unabgeteilt bleibt, tut . . .	„	46843	16 9	„ —	— —
An unserem Schwazer Kupfer . . .	„	2475	— —	„ 618	15 —
An Kitzbühler	„	495	— —	„ 123	15 —
Summa: Der ganze Inhalt tut . .	fl	163685	15 4 das ¹/₄	fl 29210	9 8
Die Kreditoren hiergegen machen .	fl	22866	13 11 sein ¹/₄	fl 5716	13 6

Melchior Manlichs ¹/₄ Kreditoren von der ganzen Summe gezogen, bleiben wir noch für unsere ³/₄ zu tun schuldig fl 17150. — . 5

Mehr laufen unsere ³/₄ böse Schuldner an, dafür wir nichts setzen . . . . „ 1953. — . 11 }[2])

Noch tut Melchior Manlichs ¹/₄ außerhalb der Kreditoren hieroben . . . . „ 29210. 9. 8

Summa machen diese 3 Posten . . . . 48313. 11. —

Diese Post von obgemeldeter erster Post gezogen, bleibt uns also allhier in Augsburg für unsre drei viertel 115372. 4. 4

---

¹) Das Konto hat keine Überschrift, sondern der Anfang (David Haug) ist hervorgehoben worden.

²) Diese 3 Posten beziehen sich auf die 3 verbleibenden Gesellschafter. Von den Augsburger Aktiven wurden also ³/₄ der Kreditoren, ³/₄ zweifelhafter Außenstände und der auf Manlich entfallende Anteil der Aktiven abgezogen, und so verblieb das neue Handlungskapital.

Enthalten diese umfangreichen Bände nur Inventuren und Bilanzen der Firma Haug usw., so gewähren uns einige andere Bände auch Einblick in die laufende Buchführung dieser Firma. Im Jahre 1564 war nämlich unter der Führung der Firma David Haug, Hans Langenauer und Mitverwandte eine Gewerkschaft zum Betriebe von Bergwerken in England gegründet worden[1]). Doch überstieg dieses Unternehmen die Kräfte der Haugs, und so mußten sie im Jahre 1574 ihre Zahlungen einstellen.

Aller sieben Wochen, zu Fastnacht, Ostern, Pfingsten, Jakobi, Crucis, Allerheiligen und Weihnachten wurden Abrechnungen nach Augsburg geschickt, die im dortigen Stadtarchiv erhalten sind. Von ihnen trägt Heft 2 die Aufschrift: Englisch Perckwerkhs Rechnungen von Anno 64 biß Anno 70. Einen Einblick in die Verhältnisse gewähren Blatt 4b und 5a. Da finden wir links die Unkosten für die Jahre 1564 und 1565.

Groß Unkosten ist aufgelaufen	y	338. 5. 5
Schmiede- und Eisenkonto . .	„	60. 3. —
Unschlitt-Konto	„	3. 9. $\frac{1}{2}$
Hausrat-Konto	„	49. 12. 5
Holz- und Bretterkonto . . .	„	17. 3. 8
Unkosten zu Barrental . . .	„	749. 14. 6$\frac{1}{2}$

usw.

Diese Unkosten von y 2884. 15. 2 werden nun rechts auf die Gewerken verteilt:

Herrn David Haug, Hans Langnauer und			
Mitverwandte	11 Teile	y	1322. 3. 7$\frac{1}{2}$
Herr Willem Cecil, Sekretario	2	„	240. 7. 11
Thomas Thürland	2$\frac{1}{2}$	„	300. 9. 11$\frac{1}{2}$
Edmund Thürland	1	„	120. 3. 11$\frac{1}{2}$
Rogier Wederal	1$\frac{1}{4}$	„	150. 4. 11$\frac{1}{2}$
Willem Humfroj	1$\frac{1}{4}$	„	150. 4. 11$\frac{1}{2}$
Lord Robert Graf von Leceister	2	„	240. 7. 11
Benedet Spinola	2	„	240. 7. 11
Cornelius de Vos	1	„	120. 3. 11$\frac{1}{2}$

Summa 24 Teile y 2884. 15. 2

Von den 24 Anteilen hatten die Haugs also anfangs 11 übernommen. 1566 hatten sie nur noch 10$\frac{1}{2}$, 1568 nur noch 9$\frac{3}{4}$. Die anderen Anteile lagen in den Händen des englischen Hochadels[2]).

Auch hier finden sich eingehende Inventuren. Von ihnen greife ich die vom Jahre 1571 heraus. Sie trägt die Überschrift:

Inventar aller Keßwikschen Handlungen, durchaus auf das fleißigste zusammen getragen als uns immer möglich gewesen.

Nachdem auf 17 Seiten die Einzelposten ausführlich dargestellt worden sind, erfolgt die Zusammenstellung:

---

[1]) Über diese Gewerkschaft siehe W. R. Scott, The constitution and Finance of an English . . . Vierteljahrsschrift für Sozial- und Wirtschaftsgeschichte. Bd. V (1907) S. 525 ff. und Collingwood, Elizabethan Keswick, Kendal, Titus Wilson. Doch sind beiden Autoren die vorhandenen Handlungsbücher unbekannt geblieben.

[2]) Diese edlen Herren haben aber ihren Anteil an den Unkosten selten, später gar nicht mehr getragen, so daß sie bis 1568 schon mit 1800 Pfund oder 9500 fl im Rückstande waren. Der Londoner Faktor Loner mußte deshalb, um den Betrieb nicht einzustellen, diese Beträge verlegen, einigte sich aber mit den englischen Gewerken und ließ die Vergleichung „in das Bergwerksbuch, so gehalten, zu mehrerer Befestigung" einschreiben.

S. S. Beschluß über vorstehendes Inventar, was ein jeder Vorrat an Geld wert ist.

Kupfer, so restiert. . . . . y	3628.	10. —
„ im Erz	2411.	13. —
Bleierz	309.	16. 6
Kupfer im Kolbenbusch (? bruch)	288.	19. —
„ „ geschmelzten Zeug	1435.	—. —
Holzkohle steht an	542.	15. 8
Steinkohle	381.	13. 4
Betzwim (?)	18.	13. 3
Leim	3.	1. 8
Rostholz.	42.	5. —
Schier (= schon) gebrannt	3.	10. —
Zimmerholz	65.	—. —
Schmelzhütte mit ihren Gebäuden ist wert .	2655.	—. —
Gemeiner Vorrat bei dem Hüttenwerk[1] . .	284.	6. 8
Neulander Schmiede	48.	8. 1
Herrenschmiede.	84.	6. 8
Neulander Buch	276.	7. 6
Gnesmair Buch	117.	6. 8
Herren Feuer	119.	8. —
Der Herren Insel[2].	192.	1. —
Im Waren- oder Unschlitthaus[3]	290.	4. 10
Herrenhaus	159.	12. 7
Im Gewandhaus	76.	13. 8
Erz- und Kohlenstecken.	7.	—. —
In guten Schulden	1176.	2. 1
An Häusern und Scheidkammer	75.	10. —

Summa   y 15229. β 5. d 4¹/₂

Solche Inventuren sind fast alljährlich erfolgt. Aus den Keßwicker Büchern will ich nun noch eine Probe für den **Abschluß** und die **Eröffnung** geben. (Blatt 100 a und b.)

Laus Deo 1575 adi 24. Dez. in Keßwick.

Herr David Haug, Hans Langnauer & Co. sollen y 16794.8.11 und hernach Benannte haben, bleiben sie zu Beschluß dieser Rechnung schuldig, setzen wir für Ausgeben, werden hernach auf neue Rechnung wieder für Empfangen geschrieben, nämlich: Kasse der Barschaft

usw.

Hernach Benannte sollen y 7220.10.2 und Herr David Haug, Hans Langnauer & Co haben, soviel bleiben sie zu Beschluß dieser Rechnung Kreditor, setzen wir für Empfangen, werden auf neue Rechnung wieder für Ausgeben geschrieben, nämlich . . .

Konto aparte soll y 216.13.3 und Konto des ausgeliehenen Geldes auf allerlei Vorrat haben, soviel bleibt das Konto des ausgeliehenen Geldes Debitor, so uns von mehrerlei Bauern und anderen Personen schuldig geblieben, so den Gewerken schon alles verrechnet und auf dem Konto aparte in Kredit gesetzt, dasselbe ist allein geschehen, um per Memori zu halten bis zu Beschluß der Rechnung oder daß dieses Konto verglichen wird, dieweil wir dann die Rechnung be-

---

[1] Hier werden 4 Seiten lang alle einzelne Gerätschaften verzeichnet und bewertet, ferner die gesamte Einrichtung der Kammer (Bettstelle, Schreibtisch, Bücherkasten).

[2] Hier ist der Grund und Boden bewertet mit 60 y, Gebäude mit 75 y, Windmühle 30 y und der Hausrat „laut eines sonderen ausführlichen Inventarii" mit 27. 18. 6.

[3] Auch hier wird jede Kleinigkeit verzeichnet, für die vorhandenen Waren besteht ebenfalls ein besonderes Inventarium.

schließen, schreiben wirs hiermit per Saldo ab und auf neue Rechnung wird es dem Konto des ausgeliehenen Geldes wieder in Debito und dem Konto aparte in Kredito geschrieben, tut y 216.13.3 [1]).

Hernach folgende Konten des Vorrats sollen haben, bleibt im Beschluß des 75. Jahres im Vorrat p. Rest vorhanden laut der Hauptbücher, setzen wir für Weggeben, werden auf neue Rechnung wieder für Empfangen geschrieben, nämlich:

Am 1. Januar 1576 wurden die Bücher wieder eröffnet: Folgt sonach, was obstehendes Jahr die englischen Bergwerke belangend, ist gehandelt worden, dazu der Allmächtige Gott Segen und Gedeihen geben wolle. Amen. Und folgen, erstlich die Debitoren und Kreditoren, auch der Vorrat an Kupfern, Erzen und was denselbigen anhänget, so adi Dez. 1575 sich befunden, wird hiermit auf neue Rechnung herein getragen wie sichs gebührt.

Es folgen nun die entgegengesetzten Buchungen wie beim Abschlusse, es wird daher genügen, wenn ich nur den ersten Posten biete:

Hernach Benannte sollen y 16 794.8.11 und Herr David Haug, Hans Langnauer u. Mitverwandte haben, soviel ist man zu Beschluß der Rechnung Weihnachten 1575 schuldig blieben, sie werden für Ausgeben gesetzt und hiermit auf neue Rechnung wieder für Empfangen geschrieben, nämlich usw.

Die Abrechnungen des Keßwicker Bergwerkes waren von dem Buchhalter Ulrich Fraß angefertigt und unterschrieben worden. In London wurde die Firma von Hans Loner vertreten. Als nun die Firma 1574 ihre Zahlungen einstellen mußte, wälzte sie die Verantwortung für das Mißlingen der englischen Unternehmung auf Loner ab. Dieser antwortete in einem Gegenbericht an die Herren Pfleger, Bürgermeister und Rat der Stadt Augsburg, fügte „von aller meiner verwaltung, außgeben und Einnemen ain ausführliche Rechnung neben Abschrift meiner gehaltenen Londra Memorialbücher" zur Prüfung bei und wollte vor dem Gläubigerausschusse nähere Mitteilung geben. Die Firma Haug hatte Loner zuerst den Vorwurf gemacht, daß er keine Abrechnung gegeben habe. Dieser Vorwurf war ungerechtfertigt; denn er hatte stets Rechnung abgelegt. Auch in seinem Ausgabebuch sind verschiedene Posten darüber enthalten, so heißt es am 23. III. 1571:

3 Bücher, als ein „Jornal, schuld- und Kapusbuch" einzubinden 2 s; ebenso bezahlt er unterm 16. I. 1572 für das Einbinden von 2 „Giornalen", 2 Schuldbüchern und 2 Registern 8 s.

Das Journal enthält der Reihenfolge nach alle Einnahmen, Ausgaben, Wechselgeschäfte usw. und beginnt mit folgendem Eintrage:

$\frac{4}{1}$ Straßzehrung soll y 32 ß 1 ₰ 11¾ und Hans Loner haben, soviel verrechnet er, verzehrt und ausgeben habe von Augsburg bis gen Londra in Engelland wie folgt . — — .

Dieser Posten findet sich sodann im Schuldbuch wieder auf dem Konto Hans Loners. Dort heißt es:

Laus Deo 1570 in Londra

Hans Loner soll haben ult. Dez. p. Straßzehrung Zor. ac 1 y 32. 1. 11¾.

usw.

---

[1]) Nach Matthäus Schwarz wird das Konto aparte angewendet, „wo man irrige, strittige Handlungen hat, so richtig gemacht werden sollen, oder Geld Ausgebens oder Einnehmens, daß man noch nicht eigentlich weiß, wer Zahler oder Gelder ist." Sonst ist das Konto aparte unser heutiges Privatkonto.

Das Schuldbuch enthält eine große Zahl Sach- und Personenkonten. Daraus sei nur das Konto der Königin Elisabeth hervorgehoben:

(Links.)	Elisabeth Königin Soll adi 14. Febr. p. fein Kupfer in Londra, ist p. daß ihr verkauft worden c. 666²/₃ a ß 60¹) den c.	ac 48	2000. —. —
75 Adi 9	Nov. p. fein Kupfer in L. p c. 454 h²) 31 a ß 54 ₰ 4	77	1211. 8. 1
76 Adi 12	Okt. p. fein Kupfer in Londra.	82	500. —. —
—	Ditto für adi 28. Dec. A⁰ 71 p. fein Kupfer, ist p. so ihr geliefert worden c.1263 h 18 a ß 63 ₰ 4 p c.	22	4000. —. —
	Ditto p. Lager zu Keßwick.	87	2121. 18. 7
	Summa y 9833 ß 6 ₰ 8		

(Rechts.)	Elisabeth Königin soll haben adi 25. Jenner p. Hans Loner, zahlt uns Willem Damsol p. Rest der 666²/₃ c. Kupfer, so ihr verkauft	49	2000. —. —
74 Adi 13	März p. Keßwicker Lager, ist dem Höchstetter auf einen Kupfer Kauf zahlt	71	500. —. —
75 Adi 14	Sept. p. Gillius Hoffmann	76	1170. —. —
—	Ditto p. Peter Ansporn	66	830. —. —
76 Adi 12	Okt. p. Lager zu Keßwick	87	1333. 6. 8
	Ditto für adi 28. Dec. A⁰ 71 p. William Burdt .	22	4000. —. —
	Summa y 9833 8 6 ₰ 8		

Loner gibt dann Abrechnung in doppelter Form, zunächst mit Hilfe der Probebilanz. Diese zeigt folgende Posten:

(Links.)   Laus Deo 1576 adi 12 Okt. in Londra

Ausgaben

Straßzehrungkonto .	. 4	y 304	1	6³/₄
Hausratkonto . . .	. 7	9	11	6
Bier	. 7	19	1	1
Unschlitt	.11	85	—	11¹/₂
Schmiede und Eisen .	. 12	136	12	11
Fuhrlohn	. 14	1	17	4
Roß	. 19	4	5	3
Schmelzunkosten . . .	. 20	6	18	5
Wein	. 20	135	12	11
Venediger Lager p. Rest .	. 21	250	15	11
Gemeine Unkosten . . .	. 29	130	17	6
Unkosten über das Kupfer .	.30	248	11	6
Interessekonto	. 39	671	7	1¹/₃
Mundkosten	. 75	253	8	5¹/₃
Lager zu Keßwick	80	12209	4	1
Unkosten über die Haushaltung in London	77	62	19	9¹/₃
Hans Loner p. Saldo	80	559	13	10¹/₄
		15090	—	2

¹) Bei einem Selbstkostenpreise von 80 Schilling! Augsburg wünschte eben Verkauf um jeden Preis und wollte sogar bis 40 Sch. heruntergehen. Loner aber schreibt, er habe die Gelegenheit abwarten müssen, „denn es läßt sich am englischen Hofe nicht eilen, wann es um Geld zu begehren zu tun ist" und „man wischt einem am englischen Hof ebensowenig gleich auf wie an anderen Höfen". Auch wäre der Herr Tresorier, der ¹/₁₂ Anteil besaß, mit einem zu billigen Verkaufe nicht einverstanden gewesen.
²) h, ℏ war die Abkürzung für Pfund.

(Rechts.)   Empfangen

Augsburger Lager, David Haug ec. . . .	2	1029	9	10
Antwerpner Lager	3	2328	1	4
Empfang des verkauften feinen Silbers . .	61	708	10	—
„ „ „ geschlagenen Kupfers	79	176	—	—
„ „ „ Kupfers	81	10847	19	—
		15090	—	2

Außerdem stellt Loner sämtliche Ausgaben und Einnahmen aus dem Journal nochmals einzeln nach Gruppen zusammen und gelangt natürlich zu dem gleichen Saldo.

In einen wesentlich anderen Betrieb führt uns das Handelsbuch des „Barthlome Hartproner". Hartbrunners Geschäft war klein, auch kaufte er aus zweiter Hand. So kaufte er seine Tuche, Gewürze usw. nicht in Antwerpen oder Venedig, sondern bezog sie von den großen Augsburger Handelshäusern, wie den Bimmel, Neidhart usw., ja sogar auf den Bozener Märkten, wo er die größten Einkäufe abschloß, kaufte er von Augsburgern.

Dementsprechend weicht auch die Technik seiner Buchführung von der bisher geschilderten ab, sie ist wesentlich einfacher und erinnert an die des 15. Jahrhunderts.

Das Handlungsbuch stammt aus den Jahren 1531—1551 und befindet sich im Stadtarchiv Augsburg. Es ist ungefähr 23 cm breit, 34 cm hoch und 6 cm dick und trägt auf Blatt 1 die Aufschrift:

Im namen des Allmechtigen gottes hab ich, Barthlome Hartproner, dises anfachen Schriben off primo Jenner mir vnd gemainem nuz zu gutt got wöll mir sein gnad verleihen, das ichs mit gesundhait zu vollenden. So lang sein göttlich will ist. Amen.

Darunter steht das Handelszeichen.

Zuerst finden sich 25 unnummerierte Blätter mit dem Register, sodann folgen 179 nummerierte und zum Schluß wieder sieben unbezeichnete.

Aus dem Buche will ich zunächst einige Proben über den Einkauf geben. Hartbrunner kaufte, wie bereits erwähnt, seine Tücher von den Großhändlern in Augsburg. Das zeigt uns das folgende Konto der „Pimel gesellschaft".

(Links.)   adi 9. Oktober hab ich lündische Tuch zu fl 23$^1/_4$
           1 rotes zu lang Ellen   . .   13. 1
           1 schwarz zu lang Ellen   . 12. 3
           $^1/_2$ weiß   „   „   „   . 12. 3
           $^1/_2$ gelb   „   „   „   . 10. 3
           $^1/_2$ braun gefärbt . . . . . —
      Summe Tuch 4$^3/_4$ und 1$^1/_2$ Ellen macht fl 114 ß 11 h 4[1])
            auf $^1/_2$ Jahr   fl 114 ß 11 h 4

Adi 20. November 1533 hab ich 1$^1/_2$ grau lündisch Tuch, 1 grau
      zu lang Ellen 6$^3/_4$, $^1/_2$ grau zu lang Ellen $^3/_4$, die Tuch
      Länge zu 26, tut   fl 44 ß 1 h 8

Adi 20. Februar hab ich 3 Tuch zu fl 23$^1/_2$, hält
      1 schwarz zu lang Ellen   . 11. 3
      1   ? 10. 2
      1   ?   10
      Summe 3 Tuch Ellen 32$^1/_4$, tut   fl 91   11   —
                         Summa fl 250   4

[1]) Das Original hat hier eine andre Summe, die wohl auf einem Versehen beruht.

1534

(Rechts.) Adi 9. April bezahlt ich ihm bar, tut   fl 78. —. —

Adi im Egidimarkt hab ich ihm zu Bozen dem Schaller
    bezahlt fl 100   fl 100. —. —

Adi 10. November zahlt Matthäus den Bimmeln   fl 72. 4. —

                                   Summa fl 250. 4. —

Auch Barchent kaufte er in Augsburg ein, wie aus folgendem Konto hervorgeht:

(Links.)   1533.
               Hans Heyssen von Augsburg.
  Adi 4. Oktober hab ich von ihm wie nachsteht:
       2 Augsburger Barchent zu . . fl 2.   14[1])
       2 schwarze Ulmer zu . . . . „ 2.   20
       2 weiße Ulmer zu . . . . . „ 2.   26
       6 Futter Barchent zu . . . . „ 1.   16
               macht Summa   fl 21. kr 42   fl 21 ß 14

(Rechts.) adi 24. November habe ich ihm bezahlt   fl 21 ß 14

Der Absatz erfolgte auch im kleinen, teils in Augsburg, Nürnberg usw., besonders aber auf den Messen.

Dies können wir sehr gut an folgender Abrechnung beobachten:

            Simon Leyttlin.   Soll als nachsteht
  adi im Jenner 1553 Jahr als nachfolgt
     1 Stück Bubensamt p. fl 6 . . . . .   fl   6 kr —
     2 Far Seiden zu ß 35 tut . . . . .   „   5 „ 15
     8 Lot weiße feine Seide . . . . . .   „   1 „ 3
     8 Lot schwarze feine Seide . . . .   „   1 „ 10
     1 Pakt (?) mittel Seide ß 33 . . . .   „   2 „ 28
     4 Lot weiße feine Seide . . . . . .   „ — „ 52
  adi 27. April 1 Pakt mittel Seide . . . . .   „   2 „ 29
     8 Lot schwarze feine Seide . . . .   „   1 „ 8
                  Summe tut   fl 20 kr 45
  An dieser Summe bezahlt er mir   . . . . „ 10 „ —
                 Rest mir   fl 10 kr 45
  adi 20. August 1 Pakt mittel Seide . . . . .   „   2 „ 29
     2 Lot 1 q Nähseide zu 10 kr . . . .   „ — „ 18
     1 Pakt schwarze mittel Seide . . . .   „   2 „ 30
          Summe Rest mir noch   fl 16 kr 2
           Barthlome hartproner

In Nürnberg stand er in Verbindung mit Hans Friedemann, der sein Vertreter war, wie aus folgender Buchung hervorgeht:

                        1534.
  Adi 25. August 1533 hab ich ihm zu Nürnberg gelassen, daß er mir verkaufe
     5 Dutzend rote Barette zu . . . . . .   fl   5 ß 10
     1¹/₂ „   schwarze Barette zu . . . .   „   6 „ 10
     30¹/₂ h Schleierseide . . . . „ 312 „ 6
     1¹/₂ h Burschat (= Tuchsorte), das h p. . „   2 „ —
  Das hab ich mit ihm selbst verrechnet.

                     usw.

---

[1]) Hier hat Hartbrunner nur die Einzelpreise für je eine Elle eingesetzt, die Ausrechnung ist unterblieben.

Von Interesse ist die rechte Seite dieses Kontos. Da heißt es:

1534.

Adi 25. August bin ich ihm schuldig blieben von „brobysion"
fl 574 h 3   fl 3. —. —

Adi 11. Dezember hat er mir ein Fäßlein Schmalz gesandt, ist
lauter h63, den c. p. fl 5¹/₂ Münz, tut alles mit den Unkosten   „ 3. 4. —

Adi 2. Mai sandte ich ihm ein Schuldbrieflein von Hans Groß
von Nürnberg um fl 35, tut   „ 35. 5. —

Adi — in der Nördlinger Messe zu Nördlingen hat ihm mein
Bruder Matthäus zahlt, tut   „ 65. 3. 9

Konten waren ferner errichtet für die Mutter und den Bruder Matthäus. Hartbrunner hat seiner Mutter Tuch gesandt, Färberlöhne bezahlt, für den Bruder verlegt usw. und bemerkt dazu: Ob ichs von ihr oder anderen wieder einnehme, kann ich jetzt nicht setzen.

Sein Bruder Matthäus hat ihm 500 fl geliehen und ist 1533 bei ihm in den Dienst getreten. 1536 rechnet er mit ihm ab und ist ihm jetzt 576 fl schuldig. Er verpflichtet ihn für weitere vier Jahre für 50 fl., und es entsteht folgende Abrechnung:

fl 576. —
Dazu Zins 5⁰/₀ 4 Jahre   „ 125. 4
Summe   fl 741. 4
Davon hat er eingenommen bis auf dato, ziehe ich ab   „ 68. 12
„ 672. 12
Verehrung   „ 27. 8
fl 700. —

Es ist nicht ganz leicht, sich in der Buchführung Hartbrunners zurechtzufinden. Das mag daran liegen, daß er bei dem kleinen Umfange seines Geschäfts das Buch selbst geführt und die Einträge kurz gefaßt hat. Für ihn waren sie verständlich, für uns sind sie es nicht ohne weiteres. Wodurch unterscheidet sich nun seine Buchführung von anderen aus dieser Zeit?

Während die anderen Kaufleute Journal und Schuldbuch führten, findet sich bei ihm nur das letztere. Es ist kein Hinweis zu finden, daß er ein Journal geführt hat. Bei einer Abrechnung mit seinem Angestellten Lide im Jahre 1548 gebraucht er allerdings rechts die Bemerkung: Hat er eingenommen, „als im Register steht", aber der Ausdruck Register war vielfach gleichbedeutend mit Handelsbuch.

Das Schuldbuch enthält keine Sach-, sondern nur Personenkonten, die aber auch nicht untereinander in Beziehung gesetzt worden sind; es ist keine Berufungsspalte angebracht. Daneben enthält das Buch noch einige Einträge über Vormundschafts- und Erbschaftssachen, über Steuerzahlungen usw. Inventur und Bilanz ist nicht vorhanden. Es tritt uns also in Hartbrunners Buch die einfache Buchhaltung in der Form entgegen, wie sie 1525 von Tagliente beschrieben worden ist (vergl. oben S. 37).

Hartbrunner vollzog einen großen Teil seiner Geschäfte auf den Messen zu Nördlingen, Frankfurt, Leipzig und Bozen. Hierfür zunächst einen Beleg aus dem Handlungsbuche:

(Links.)　　　　　　　　　　　1583.

Simon von Clemen von Bruck.

Adi im Mitfastenmarkt hat mein Bruder von ihm kauft Leinwand
665 Ellen brabandisch, zu 6 Ellen p. fl 1, tut alles fl 110,
auf der Herbstmesse zu bezahlen　　　　　　　　　　　fl 110. —

(Rechts.)

Adi in der Herbstmesse ist ihm durch meinen Bruder zahlt zu
Frankfurt, tut 126 fl　　　　　　　　　　　　　　　　fl 126. —

In den Bozner Marktverkehr führt uns das noch erhaltene „Marckt
Buchlin off mit-fasten gen Bozen, waß auß zu Richtenn vnd Ein zu Bringen
ist", das Hartbrunner im Jahre 1555 nach Bozen mitgab. Es besteht aus
14 zusammengehefteten Blättern in Quartformat und enthält zunächst nur auf
der linken Seite Einträge („Soll mir"). „Volgett alle Schulden Ein zu
Bringen her nach steet." Da finden wir eine bunte Schuldnerliste. Mathe
Ainotti, „ein pfaff", soll noch fl 2.31; Liberti von Clarissa, ein Maurer,
fl 13.3.

Interessant sind die Bemerkungen über die Kunden, insbesondere die
Ratschläge, wie die Eintreibung der Außenstände erfolgen soll. „Domenige
de Marck und sein Gesell aus Volckmenigo, haben zu Bozen hinter der
Wagglocke (= auf dem Kornplatze) feil, sind gewisse Leute" schulden fl 2.30
und haben sie auch, wie die Bemerkung gegenüber zeigt, bezahlt. „Jorg
Goldschmied, Schuhmacher zu Kaltern, hab deine fleißige Nachfrage, ob er aus
dem Krieg kommen sei", soll fl 114.9. „Frag den Zimbrecht Kaltern, Gewandschneider." Die Nachfrage scheint aber vergeblich gewesen zu sein; denn
der Posten wurde nicht bezahlt. „Jacomo Gando aus dem Deltlin, frag nur
bei Martin Merlin, soll einen Rest, hab keinen Brief, fl 4.3." Acharus,
Schuster aus Meran, schuldet fl 3, „zieh an einem Feiertag hinauf". „Jan
Wanck .. darfst nicht hinaufziehen, besieh, ob du bei Simon Belfant findest
was Rat haben, wie mans einbringen möcht. Lang angestanden." Und dabei
kehrt immer die väterliche Mahnung wieder: „Sieh, mach dich bezahlt!" Ist
es nicht heute auch noch so? Haben diese Bemerkungen nicht täuschende Ähnlichkeit mit den Ratschlägen und Ermahnungen, die der Geschäftsreisende
unserer Tage von seinem Hause erhält?

Der letzte Teil des Büchleins enthält die Posten: Soll ich. Da sieht es
freilich wenig tröstlich aus: „Thomas Marcka von Bern (= Verona), dem
bin ich Rest noch zu tun fl 186. Besieh, daß du ihm einen Teil bezahlest, es
sei in fl 50 oder was du kannst, denn ich ihn bezahlen will. Simon Belfant,
dem magst du wohl sagen, ich könnte ihm jetzt nichts geben bis auf Pfingsten,
so komme ich selbst zu ihm, wenn Gott will." Es kam freilich anders. Von
den Schulden ging nicht die Hälfte ein, und so mußte er sein Roß verkaufen
und sich noch 3 fl leihen.

Einen weiteren Einblick in den Meßhandel jener Zeit gibt das „Journal
der Bozener und anderer Märkte[1])" der Augsburger Firma David Bru-
nel & Co., das sich ebenfalls im Augsburger Stadtarchiv befindet.

Die Firma handelte besonders mit Tuchen und Leder und hatte an
verschiedenen Orten Faktoren. Im Jahre 1574 ritten die Vertreter der

---

[1]) Büchling, Die Bozener Märkte bis zum dreißigjährigen Kriege. Leipzig 1907.
Hier sei auch das von Kelchner und Wülcker herausgegebene „Meß-Memorial des Frankfurter Buchhändlers Michel Harder" (Frankfurt 1873) erwähnt, das in einfachster Form
die Verkäufe dieses Buchhändlers auf der Fastenmesse 1569 verzeichnet.

Firma zu dritt nach Bozen zum Mitfastenmarkt, dann zur Lienzer Ostermesse. Zu Pfingsten war man wieder in Bozen, dann in Krems. Nun ging es nach Hause. Bald wurde aber wieder aufgebrochen und in Bozen der Egidien- und der Andreasmarkt besucht.

Die Buchungen dieser Firma waren einfach. Sie beginnen mit folgender Überschrift:

Lauß deo Semper 1574 Adi 20. Martzi Inn Augspurg wie volgt: „Dise nachsteenden mitt Namen Sollen Haben, umb das zallten sy Vnns auff Mittfasten Botzner markht wie hernach volgt."

Eine andere Rubrik verzeichnete sodann die Barverkäufe usw.

Die Abrechnungen sind nach den vier Bozener Märkten gegliedert, jedesmal wird eine Aufnahme der in Bozen restierenden Warenbestände beigefügt.

Aus den bescheidenen Meß- und Marktgeschäften heraus führt uns das nächste Handelsbuch des Augsburger Stadtarchivs mitten hinein in das Getriebe der Hochfinanz des 16. Jahrhunderts. Es ist dies das Geschäftsbuch der Sebastian Neidhartschen Erben aus den Jahren 1559—1570. Sebastian Neidhart, der Schwiegersohn von Christoph Herwart, wird schon 1530 in Verbindung mit dem kaiserlichen Finanzwesen in den Niederlanden erwähnt. In der Fuggerschen Bilanz vom Jahre 1536 finden wir ihn dann bei den großen spanischen Geldgeschäften, sowie später in Gemeinschaft mit den Fuggern und Haugs bei den dem König Ferdinand bewilligten Anleihen. Er errichtete ferner mit Hieronymus Seiler, mit dem ehemaligen Faktor der Welser, Alexius Grimel und einigen anderen Oberdeutschen, sowie dem Florentiner Simon Pecori in Lyon eine Handelsgesellschaft, deren Leitung Pecori erhielt. Diese Gesellschaft trat in Antwerpen mit Gaspar Ducci in Verbindung und betrieb eine schwunghafte Geldarbitrage zwischen Antwerpen und Lyon. Er war in der Tat ein „internationaler" Geldmann[1]. Nach seinem Tode, der in den 50er Jahren erfolgt sein muß, setzten seine Erben das Bankgeschäft in großem Maße fort, wurden aber schließlich dadurch ruiniert.

Das Buch selbst ist das Geheimbuch der Firma, wenn es auch nicht ausdrücklich als solches bezeichnet worden ist. Daneben wurden noch Journal und Hauptbuch geführt (die aber nicht erhalten geblieben sind), wie aus folgenden Einträgen hervorgeht:

Bl. 4b. Soviel sind wir schuldig dem Hans Ott aus dem Hauptbuch Nr. B von ac 85 hertragen fl 800; und Bl. 5a: Soviel uns Ulrich Link und Mitverwandte schuldig worden laut zornals N an ac 185.

Das Geheimbuch beginnt mit folgender Eröffnungsbilanz (abg. Schreibweise):

(Links.) Laus Deo adi ultimo Dezember in Augspurg. Herrn Sebastian Neidhart Seligen Erben sollen adi ultimo Dezember in Münze fl 19180.16.9 Soviel sind wir auf dato 12 Kreditoren schuldig blieben laut der Bilanz von ultimo Dezember A°59, die werden hiermit zu Anfang dieser Rechnung für Ausgaben gesetzt, wie hernach folgt.

Anton Herwart des Ältern Testament in Gold, Ziel Michaelis A° 47 verfallen   fl 955.3 —

usw.

Summa betragen diese 12 Kreditoren zusammen, so hiermit für Ausgeben gesetzt werden   fl 19180.16.9

---

[1] Vgl. Ehrenberg a. a. O. Bd. I. S. 221.

(Rechts) Herrn Sebastian Neidhard Seligen Erben sollen haben adi ultimo Dezember in Münze fl 283 412.15.5. Soviel sind 53 Debitoren auf dato schuldig
blieben laut einer Bilanz von ultimo Dezember Ao 59, die werden hiemit zu
Anfang dieser Rechnung für Empfangen gesetzt, wie hernach folgt:

Benin Delben von Bern, längst verfallen   fl 224.16.10.

usw.

Es folgen noch zahlreiche verfallene Posten, darunter:

Johann Markgraf von Brandenburg fl 10516, Christoph Neidhart und Simon
Pecori, Lyon fl 47264, Hans Fugger fl 51000 u. a.

Der Unterschied zwischen Aktiva und Passiva, also das Geschäftsvermögen,
wird nun zum Ausgleich links eingesetzt:

Adi ultimo Dezember Ao 59 fl 264231.18.8. Soviel sollen haben Herrn
Sebastian Neidharts Erben laut der vorstehenden Bilanz, um dieselbe zu vergleichen, und tragens hiervor in dieser Rechnung wieder für Einnehmen, und fürder
zu verrechnen an ac 2   fl 264231.18.8.

Nun beginnen die Einträge, von denen folgende hervorgehoben werden
sollen. Zuerst die Zusammenstellung der Unkosten für 6 (!) Jahre:

Soviel ist allerlei Unkost und Fuhrlohn gezahlt vom 19. April Ao 54 bis
4. Juni Ao 60 laut desselben Buchs ac 247   fl 812.14.4
Bl. 3b. In Hans und Marquard der Rosenberg Falliment ½ pco des Kapitals,
um den Advokaten zu unterhalten   fl 27.7.

Auf derselben Seite werden 23 böse Schuldner im Betrage von fl 10631.16.1
zusammengestellt.

Nach wenig Seiten (Blatt 10) ist der nächste Abschluß dargestellt:

Hernach folgen die Debitores, so sich zu Beschluß dieser Rechnung auf
28. Januar Ao 62 befunden haben, welche im Beschluß gemeldeter Rechnung für
Einnehmen getragen werden.

: :   :

Summe, so hiergegen und obstehende 30 Debitores schuldig bleiben, tragen
wir im Beschluß dieser Rechnung für Ausgeben an ac 11   fl 259203.3.10.
Hernach folgen die Kreditores, so sich zu Beschluß dieser Rechnung auf
28. Januar Ao 62 befunden haben, welche im Beschluß gemeldeter Rechnung für
Einnehmen und für neue Rechnung für Ausgeben getragen werden.

: : : : : :

Summe dieser obstehenden 10 Kreditores haben sollen, tragen wir im Beschluß dieser Rechnung an ac 11 fl 16983.11.6.

Beschluß dieser Rechnung:

Einnehmen.	Ausgeben.
Seb. Neidharts Sel. Erben	Ausgeben der 30 Debi-
p. ein Rest ihres Konto	toren von ac 10 . . fl 259903. 2.10
von ac 19 . . . . . fl 242919.11. 4	
Einnehmen der 10 Kre-	
ditoren 16983.11. 6	
fl 259903. 2.10	

Der letzte Abschluß stammt aus dem Jahre 1570.

Bl. 46. Hernach folgen die Debitores, so sich zu Beschluß dieser Rechnung auf
ultimo Dezember Ao 70 befunden haben, aus den Büchern N, Pflegebuch und
Rechnungen zusammengezogen.

Es sind 37 Debitoren im Gesamtbetrage von fl 494335; aber fast alle waren uneinbringliche Außenstände. Da finden sich 3. B. folgende Posten:

Karolus, König in Frankreich etc.: Kapital und Interesse bis primo
Januar A₀ 67, verfallen (!) . . . . fl 269882. 10. —
Sebastian, König in Portugal etc.: Kapital, so von primo Jenner
A₀ 65 und 66 das Interesse darauf abgerechnet soll werden „ 120132. 5. —
Leonhard Funk zu Müedlheim, längst verfallen, wenig zu verhoffen „ 200. —. —

usw.

Die Schlußbilanz bot daher folgende Zahlen (Blatt 48):

Einnehmen.	Ausgeben.
Herrn Seb. Neidharts Se-	Ausgeben der 37 Debi-
ligs Erben p. ein Rest	toren . . . . . fl 494335. 14. —
ins Konto getragen ac 45 fl 333359. 15. 11	
Einnehmen der 17 Kre-	
ditoren ac 47 . . . . „ 160975. 18. 1	
fl 494335. 14. —	

Hieran schließt sich die Antwerpner Rechnung vom 13. April 1560 bis ultimo Dezember 1567:

Folgen hernach die 56 Schuldner, so uns zu Beschluß der Rechnung adi 11. April A₀ 60 schuldig bleiben, wie im Quaderno von ac 1 in (= bis) ac 78 und hierunter ein jeder mit Namen steht.

Aber gleich die ersten Einträge sind Unglückspopsten, sie betreffen nämlich Konkurse, wie 3. B.:

Math. Bartimo Jh. Gigl ec (= et Co.), daran sind y 97. 3. 8
im Ostermarkt A₀ 56 letzt erschienen, Rest ist Verlust
an dieser „Bancharotta" . . . . y 432. 12. 8

S. S. sollen obstehende LVI (!) Debitoren . . . y 108525. 16. 17

Hierauf folgen 11 Kreditoren mit y 72448. 10. 2.

Der nächste Abschluß erfolgte am 28. III. 1562. Da heißt es:

So viel bleiben uns im Beschluß dieser Rechnung bar in der Kisten (= Kasse) samt etlichen Schulden und Gegenschulden, die setzen wir zu Beschluß dieser Rechnung für Ausgeben und morgen (!) im Anfang der neuen Rechnung wiederum für Einnehmen.

Weitere Abschlüsse finden sich noch vom 14. Dezember 1567 und Dezember 1569. Auch da gibt es faule Schuldner, und es findet sich oft die vielsagende Bemerkung „ist gestorben und verdorben".

Verschiedene Einträge der Antwerpner Rechnung sind für die Buchführung von Wichtigkeit. Da findet sich 3. B. folgender kleiner Zettel:

Alle Posten im Einnehmen und Ausgeben stimmen durchaus mit des David Langemantels vier Quaderni, zu wissen: 2 Zornal und 2 Schuldbuch, die ersten fangen an adi 4. November A₀ 53 und enden sich adi 5. April A₀ 61, die andern adi 6. April A₀ 61 und enden sich adi 20. April A₀ 63.

Daraus sehen wir, daß in Antwerpen Journal und Schuldbuch geführt wurden, die. beide als Quaderni (= Hauptbücher) bezeichnet werden, sowie, daß diese Bücher ins Hauptkontor nach Augsburg zur Vergleichung geschickt wurden, ähnlich wie bei den Fuggern[1]).

Große Schwierigkeiten waren durch die nachlässige Buchführung des Alexius Grimel entstanden. Dieser war früher Faktor der Welser in Antwerpen gewesen und dann auch mit Sebastian Neidhardt in Verbindung getreten. Er hatte jedoch „in drithalb Jahr nichts ordenlich weiß in die handelsbuecher eingeschrieben, sondern seine sach in Rechnung und Schrifften hin und wider weitleufig und unordenlich verlassen, hat man solichs nach seinem Absterben über sech und souill müglich richtig gemacht" (Blatt 21b). Dabei fand sich, daß die Welser noch y 54.15.4 schuldeten. Aber diese bestritten es, gaben auch auf alle Konten und Rechnungen, die ihnen deshalb übersandt wurden, keinen rechten Bescheid und entschuldigten sich damit, daß sie ihre Bücher nicht zur Hand, sondern sie nach Augsburg geschickt hätten. Und so blieb Neidharts Erben nur die Abschreibung übrig: „Schreiben den Herrn Bartleme Welser und Gesellschaft ab."

Aus „Alexi Grimels Registern, Rechnungen, Memorialen und Schriften" mußten sie noch manches andere klären. So hatte Thomas Gresham — der Finanzagent der englischen Krone und Erbauer der Börse — ein Stück Silber von den Haugs gekauft und sollte es an Grimel bezahlen. „Dieweil aber Alexius Grimel seine Sachen so unrichtig verlassen", mußten sie den Verlust, „so aus unlauterer Rechnung erfolgt" tragen.

Auf die Arbitragegeschäfte nimmt folgender Eintrag bezug:

Bl. 13b. . . So ihnen Alexi Grimel in 1 Summe von wegen der Wechselhandlung gen Lyon remittiert und zugewixelt hat, in mehren Summen wiederum zu Lyon bezahlt, wegen etlicher Wechsel, die von Venedig und Nürnberg auf sie gen Lyon genommen, . . deshalb in ein besonders Quaderno zusammengetragen und den Seilerschen rechtlich übergeben.

Hieran schließt sich die Lyoner Rechnung vom 18. Febr. 1562 bis ult. Dezember 1567. Sie beginnt mit dem „Corpus oder Kapital der Gesellschaft . . in 12 Jahren erobert worden", dann folgen „Konto Avanzo und Dißavanzo", sowie „Konto de Spese". Als Probe sei der Eintrag über die Schuld des Königs gegeben:

1564 in Augsburg.

Herr Sebastian Neidhart Seeligen erben Sollen haben:[2])
Adi Po. Julio P. Carlo Khunig in Frankreich auf die groß partida Torneß y 627 780.10.9 für v. 272 948.2.9 disolé zu 46 soß für die Crona gerait, Souill geburt vns an dem Jüngest aufgerichten Contract, biß auf Po. Julio Ao 64. Nemlich Cauedall v 218 151.19.3 vnd für die 7 Ferias v. 54 796 Soß 29 ₰ 6. Summa v. 272 948 Soß 2 ₰ 9. Die Sollen Ir M. vermug gemeltes Contracts bezallen, von ermelter Zeit an, in den nechsten aufeinander volgenden 8 Jaren, vnd ain yedelichs ½ Jar ain Sechzenthail von der haubtsumma: Nemlich y 39 236.5.8 sambt 2½ p co für ain halb Jar. Erstlich auf die gantz, nachmals alwegen Restierende Haubt-Summa gerait, in disen obstenden posten der v. 272 948.2.9 sind begriffen die v. 231 996.14.5 disolé, So 287 152.3.9 duc. machen. Wie in dieser Rechnung hieuorn an ac 2 für außgeben standt, dz es aber bei v. 41 000 disolé mer antrifft, kombt es zum thail her von dem gelt, so vns Iheronimus Seilers Witib vnd erben vermug aines Vertrags zu Lion Transportiert haben, auch vm etlicher Don, so noch hinzukomen sei, und des Johan Tolots post. Summa thuet wie obstat.
y 627 780.10.9.

Die bisher geschilderten Geschäftsbücher haben den Nachteil, daß sie nur Teile der Buchhaltung des betreffenden Geschäfts darstellen. Um so mehr ist es deshalb zu begrüßen, daß uns aus dem 16. Jahrhunderte wenigstens die vollständigen Bücher einer Firma zur Verfügung stehen. Es sind dies das Journal und das Hauptbuch[1]) David Gaugers, die ebenfalls im Augsburger Stadtarchiv aufbewahrt werden.

David Gaugers[2]) Hauptartikel war Wolle, die er von Halberstadt, Braun-schweig, Eisleben und Erfurt bezog und auf den Messen zu Naumburg und Leipzig bezahlte. Ein kleiner Teil der Wolle blieb in Süddeutschland (Augsburg, Füssen), der größere aber ging über die Bozener Messe nach Bergamo. Die Abnehmer in Bergamo zahlten durch Camillo Bartolli in Venedig; die Abrechnung fand auf den Messen zu Besançon statt, indem Gauger Wechsel dahin zog. Andere Handelsgegenstände waren Kupfer und Blech. Neben dem Eigenhandel trieb Gauger noch Kommissions- und Spedi-tionsgeschäfte. Wie gelangen nun diese Geschäfte in seinen Büchern zum Ausdruck?

Gauger führte Journal und Hauptbuch. Daneben erwähnt er noch sein Geheimbuch (zahlt ihm laut mein „geheimb biechl"), das Gesellenbüchlein, das Unkostenbüchlein, das Memorial und das Strazzofoglio.

Für das Wollgeschäft waren folgende Konten errichtet: 1. Schafwoll-konto, 2. Schafwoll-Unkostenkonto, 3. Schafwoll-Fuhrlohnkonto.

Das Schafwollkonto beginnt im Jahre 1588 links wie folgt:

		Jor.	
Adi ult. März p. Wechselkonto, so dato überblieben,			
9 Säcke feine Wolle mit ⫴⫴ in Bozen . . . . . h 3856	16	fl 713. 21
(Nun folgen die Empfänge.)			
(Schluß.) David Gauger um Gewinn .		84	fl 378. 10

Im Journal ist dieser Posten auf S. 84 folgendermaßen gebucht:

$\frac{70}{45}$ Schafwollkonto soll // an David Gauger, ist um daß dieses 88. Jahr in Bozen Wollen verkauft sein worden, wie hernach folgt: h 1269 dem Franc. Amadeo . . . . fl 291. 52

h 9595 verkauft und versandt . . . . fl 2153. 8
Kostet diese Wolle hineingelegt nach Bozen auf 18¹/₂ p. Zentner „ 1774. 58

Bleibt also Gewinn dies 88. Jahr fl 378. 10

1589 wurden fl 825.52 daran gewonnen.

Auf der rechten Seite des Kontos stehen die Abnehmer verzeichnet, und am 28. III. 1591 schließt das Konto mit den Worten: David Gauger zum Beschluß fl 3050.34.

Das Schafwollunkostenkonto enthält links die Unkosten (Kassa um Un-kosten), die rechts durch das Schafwollkonto ausgeglichen werden („per Schaf-wollkonto zugeschrieben").

Das Fuhrlohnkonto wird nur 1588 besonders geführt, später wird Fuhr-lohn mit zu den Unkosten gerechnet.

---

[1]) Journal: 43 cm hoch, 29 cm breit und 6 cm dick, enthält 308 beschriebene Blätter. Hauptbuch: 45 „ „ 30 „ „ „ 7 „ „ „ 312 numerierte „
[2]) Gaugers Handelsbücher sind kurz dargestellt von Sieveking in der Deutschen Handelsschul-Lehrer-Zeitung, II. Jahrgang, Nr. 38.

Die Wolleinkäufe vermittelte besonders Hans Müller. Für ihn sind drei Konten errichtet: 1. Hans Müller di Bergamo, 2. in proprio und 3. aparte. Das erste enthält nur Einträge aus dem Jahre 1588, und zwar sind es Abrechnungen mit C. Bartolli. Auf dem Konto proprio wurde ihm sein Gehalt gutgeschrieben (jährlich 250 fl, dazu noch Belohnung 50 fl), dagegen Fuhrlohn für eigene Sendungen abgezogen. Das Konto aparte ist unserm heutigen Reisekonto zu vergleichen. Er hat Fuhrlöhne ausgelegt, Lieferanten bezahlt usw., was ihm gutgeschrieben wird, dagegen wird er belastet für seine emp-fangenen Beträge und gezogenen Wechsel, z. B.:

Hans Müller aparte soll an Martin Adler, ist um er zur Naumburger Peter u. Paulsmesse ihm zu Wechsel genommen, in Nürnberg wieder zu erlegen fl 2553.9.

Über seine Einkäufe usw. legt er ausführliche Rechnung ab, die im Journal zusammenhängend dargestellt ist, z. B.:

Sächsische Rechnung von Hans Müller.
1590. Ende November.

Schafwollenkonto Soll an Bonaventura Rotta in Eisenach, ist um den 26. Juni von ihm gekauft:

72 Säcke Wolle, thüringische, gute, mit No. 1 in 72, wiegen netto
Stein 1530 a gr 66, tut . . . . fl 4808. 36

Frist	auf Michaeli Anno 1590	fl 300. 36		
	„ Neujahr „ 1591	„ 1069. —		
	„ Ostern „ 1591	„ 1400. —	Sa . . . . fl 4808. 36
	„ Peter Paul „ 1591	„ 1070. —		
	„ Michaelis „ 1591	„ 969. —		

Ähnliche Zusammenfassungen finden sich auch bei den Verkäufen, z. B.:

Bozner Andreas Marktrechnung, verricht durch David Gauger, und Berga-mosche Rechnung, von meinen Faktoren Thomas und Gabriel Zennerony Nr. F, so den zehnten dieses beschlossen.

Diese Rechnungen sind ähnlich wie die sächsische, doch seien einige be-achtenswerte Einträge hervorgehoben:

Handelsunkosten an Bergamowolle, ist auf dem Comersee im Nov. 89 ein Schiff untergegangen, darauf (Gott ersetz mir den Schaden) 10 meiner Wollballen gewest, kosten mich dieselben bis dahin gelegt   fl 420.

Ferner eine Eintragung über Schadenersatz wegen nicht gelieferter Ware:

David Gauger soll an Battista Barillo, ist um den 23. August 1589 die „Arbitry"[1] ihm gestraft haben, weil Barillo die versprochenen und zugesagten zwei Ballen, ihm zu liefern nicht gehalten worden, weil er sich darauf verlassen, dadurch Schaden gelitten, tut   fl 23.

Die Abnehmer in Bergamo zahlten durch Camillo Bartolli in Venedig, dem daher zwei Konten errichtet sind, das Konto di Tempo und das gewöhn-liche Kontokorrent. Auf dem Kontokorrent erschienen die Wechselgeschäfte, Barzahlungen usw., auf dem Konto di Tempo alles, was auf Zeit verkauft wurde. Gauger selbst machte sich bezahlt, indem er Wechsel auf die Besançoner Messen (Fiera[2]) dy Bisantzon) zog.

---

[1]) = Schiedsrichter.
[2]) Fiera = feria, Feiertag, Messe.

Deshalb ist auch das Konto „Fiera dy Bysanz" (Konto 27) eins der wichtigsten des Buches. Es beginnt links („Soll mir") mit folgendem Eintrage:

ac

Adi 28. März p. Camillo Bartolli Ritorno ▽ 1600 | 13 | fl 2461

usw.

Bis zum 7. Dez. sind insgesamt fl 25 384.36 belastet worden.

Schlagen wir den ersten Posten im Journal auf Seite 13 nach, so finden wir dort folgende Buchung:

Fiera de Besançon soll // an Camillo Bartolli p. des Ritorno der ▽ 1600
mit ¹/₂ °/₀ Provision, tut ▽ 1605¹/₂ und zu 127¹/₄ tut Duk. 2050 .₰ 16,
auf 120 °/₀ gerechnet, tut . . . . fl 2461

Die rechte Seite des Meßkontos („Soll haben") beginnt mit folgendem Eintrage:

ac

Per Wechselkonto . . . . 　　　 . . ▽ 1600 | 2 | fl 2374. 48
„ Camillo Bartolli . 　　. . 　　 . ▽ 1000 | 5 | „ 1497. —

usw.

Adi 7. Dezember p. Saldo dieses Kontos, findet
sich Verlust, trag ich hiervor an ac 123 . 　　　　　| „ 522. 33

fl 25384. 36

Schlagen wir auch hier im Journal nach, so lautet auf Seite 5 der erwähnte Posten so:

Camillo Bartolli soll // an Fiera de Besançon, trassiert er dahin
meinetwegen adi 5. Febr. ▽ 1000 à 124³/₄, tut 1247 .₰ 12 auf 120 °/₀, tut fl 1497

Auf Seite 123 findet sich die Fortsetzung des Meßkontos. Der erste Abschnitt vom 7. Dezember 1588 bis Ende Mai 1589 endet mit einem Verlust von fl 677.27. Der nächste Abschnitt bis Ende 1599 weist einen Verlust von ähnlicher Höhe auf, wobei insbesondere „faule Wechsel" mitgewirkt haben.

Das Journal enthält darüber folgenden Eintrag (Blatt 160):

123　Fiera de Besançon soll an Redi (= die Erben) de Luigo Caponi,
178　ist um sie den 6. Februar meinetwegen im 1587. Jahr dahin
　　　zu Wechsel nahmen . . . . duc 3500. —
　　　mehr am 16. Febr. 1517. . . . . 　　 „ 700. —
　　　Daran ist verloren bis 31. Dezember 1589 Duc 1290, tut Münz
　　　zu fl 126¹/₂ °/₀ . . . . 　　 „ 1632. 37

Der dritte Abschnitt enthält links die Buchungen über Ritorni aus Besançon, Bozen, Antwerpen, Neapel, Frankfurt usw. im Gesamtbetrage von fl 91 035.42. Rechts finden sich ebenfalls Retorni und der Verlust Gaugers in Höhe von fl 585.12. Auch hierfür seien zum besseren Verständnis einige Posten aus dem Journal gegeben:

(Bl. 269.)　　　　　3. Dez. 1591.

123　Fiera de Besançon Soll an Camillo Bartolli et Co., ist um einen Ritorno
250　aus Besançon auf 29. Nov. zu zahlen der entnommen ▽ 5322. 16. 6 und aber
　　　mit der Provision in ▽ 5340. 10. 8 a 131¹/₄ °/₀, tut in Korrent duc 7009. 11 und
　　　in Münze a 120 °/₀ fl 8411. 24.

(268 rechts.)

　　　Camillo Bartolli et Co. sollen an Fiera de Besançon, ist um trassierten
　　　sie den 21. Sept. dahin in die Messe p. mein Konto auf die Ihrigen ▽ 2390. 19
　　　a 129¹/₂ °/₀ duc 3096. 7 und in Münze 120 °/₀ fl 3715. 33.

Auf dem „Lagio= und Interes"=konto mußten deshalb viele Verluste gebucht werden. So heißt es auf diesem Konto (Blatt 171 und anderen) auf der linken Seite:

    p. Camillo Bartolli, um Verlust an welschem Gelde fl 1084. 26
    p. Fiera de Besançon um Verlust an diesem Konto „ 644. 24
    p. Philipp Revial p. Saldo. . . . . „ 155. 21
              usw.

Diese Verluste wurden sodann auf das Kapitalkonto übertragen. Die Ausgleichsbuchung des Journals hat folgenden Wortlaut (Blatt 161):

178 David Gauger soll an Lagio- und Interessekonto, ist um in mehreren Malen
171 von Anno 1588 und 89 aus Bergamo welsches Geld p. Venedig gewechselt, auch sonst den Debitoren, so vor der Zeit gezahlt[1]) nachgelassen und das Geld gegen welsche Währung nur zu 120 rh fl. p. duc. cor. gerechnet, so ich hiermit p. Saldo abschreibe   fl 1087.38.

So kam es, daß die Rückwechsel aus Antwerpen, sowie das Agio und Interesse an welschem Gelde den ganzen Gewinn verschlangen.

Wenden wir uns nun den Eröffnungs= und den Abschluß buchungen zu. Das Journal beginnt mit folgender Eintragung:

          Laus deo 1558 adi primo Jenner in Augsburg.

Nachbenannte Debitoren sollen // an Wechselkonto, ist um sie mir dato p. Resto bleiben, so ich aus den alten Büchern vom 87. Jahr hiermit an diese neue Rechnung trage, als nämlich:
Zuan Andrea Zulini . . .   fl 23. kr 5
           usw.
    (Italienische Schulden, Lodweber und auch Kassenbestand.)

Wechselkonto soll // an nachbenannte Kreditoren, ist um daß ich aus den alten Büchern auf neu Konto in diese trage, als nämlich:

19
17 Konrad Zeller, ein Bozner Wechsel, so auf ult. Febr. verfällt . . fl 494. 51

29 Georg Eckholn von Ordruf auf Neujahr . . . . . fl 974. —
21   auf Ostern in Leipzig . . . . „ 742. 12 „ 2458. 25
            auf Peter und Paul in Naumburg . . . „ 742. 13

Dieses Konto als Wechselkonto zu bezeichnen, ist mindestens auffällig, denn es ist unser heutiges Bilanzkonto; die Bezeichnung[2]) wird aber noch merk= würdiger dadurch, daß später ein wirkliches Wechselkonto auftritt.

Nachdem dann eine Reihe gewöhnliche Eintragungen gemacht worden sind (Botenlohn, Haushaltung usw.), tritt Ende März auf Blatt 15 das Wechsel= konto wiederum auf:

Nachstehende Debitoren sollen // an Wechselkonto usw., wobei Färbhaus, Wohnhaus, Roßkonto u. a. übertragen werden.

Der erste Abschluß findet Ende 1588 statt. Zunächst werden drei Gewinn= konten (Boten=, Condutta=[3]) und Packkonto) auf Provisionskonto übertragen:

Botenkonto soll // an Provisionskonto, ist um daß sich an diesem Konto dies 88. Jahr Überschuß befindet, nämlich   fl 55.7
           usw.

---

[1]) Dieser Diskont betrug $9^{1}/_{2}$ und 10 %.
[2]) Möglich ist auch die Annahme, daß hier wechseln im ursprünglichen Sinne des Wortes gemeint ist.
[3]) Condutta = S

Das Provifionskonto wird fodann über Kapitalkonto[1]) abgefchloffen:

Provisionskonto soll // an David Gauger, ist um befindet sich dato an diesem Konto Eroberung, welche hiermit ich mir an meinem Konto gutschreibe
fl 642.2

Dann erfcheint wiederum das Wechfelkonto:

Nachbenannte sollen // an Wechselkonto, ist um daß sie mir nach laut der alten Bücher, so ich dato beschließe, p. Rest bleiben, das trag ich hiermit ihnen auf ein neues ins Debito . . . .
tun diese Schuldner fl 16354.20.

Nun folgt die Umkehrung: Wechfelkonto foll ufw., woran fich das Kapital fchließt: David Gauger foll haben laut der alten Bücher: fl 37975.41.

Von den Abfchlußkonten feien folgende hervorgehoben. Zunächft das Haushaltungskonto, oder wie es dort heißt: Haushabenkonto. Hier finden wir meift eine genaue Aufzeichnung auch der kleinften Ausgaben. Davon eine kurze Probe:

(Bl. 140.)   16. Okt. 1589.

Hausunkosten sollen an Kasse, ist um dato der Frau
   Gaugerin zur Haushaltung geben . . . . fl 7. —
Mehr ihr um 300 Krautköpfe samt Schneidlohn. . . „ 4. —
Um 1 Salzscheibe . . . . „ 1. 52
p. 2 Fuder Holz samt Meßgeld . . . . „ 4. —
Den 23. dieses der Frau Gaugerin ins Haus . . . . „ 6. —
um ³/₄ Holz samt Meßgeld . . . . „ 2. 8
Adi 6. November der Frau Gaugerin zur Haushaltung „ 6. —
              usw.

Vielfach erhielt Frau Gauger ihr Wirtfchaftsgeld — wie die Hausfrau unfrer Tage — monatlich, und fo findet fich fehr häufig der Eintrag: Kaffe in vier Wochen in das Haus. Mitunter erftreckt fich der fummarifche Eintrag aber auch auf einen längeren Zeitraum, fo einmal vom 7. I. 1588 bis 24. III.

Abgefchloffen wurde dies Konto über Kapitalkonto. Diefer übertrag gefchah z. B. Ende Oktober 1589 durch folgende Journalbuchung:

178 Herr David Gauger soll an Hausunkosten, ist um in diesem 1589. Jahre zur
166 Haushaltung ausgegeben, so ich ihm hiermit p. Saldo schreib   fl 825.4.

In gleicher Weife wurde das Handlungs-Unkoftenkonto abgefchloffen:

241 Herr David Gauger soll an Handelsunkosten, ist um in diesem Jahre Dienst-
221 geld, Zehrung zu Reisen und Zinsung, auch der Faktoren Provision, auch
mehrerlei Unkosten, so dem Handel zu gut geschehen, aufgenommen, so ich hiermit zum Beschluß der Jahresrechnung abschreibe   fl 2787.49.

Dabei erfolgte die Aufzeichnung der Handelsunkoften ganz gewiffenhaft und umftändlich, wie folgende Probe zeigt:

Handelsunkosten sollen an Hans Christoph Fleckhammer in Konto aparte[2]), ist um verreist er ob der Post den 13. dieses zur Nacht von hier gen Mantua, verzehrt er, die Postillione, samt den Postillionen Trinkgeld und Postgeld an 28 Posten, auch ein eigen Rinnschifflein von Trient bis gen Valerna, in allem,

---

[1]) Für Gauger waren zwei Konten eröffnet: 1. David Gauger, das auch einmal direkt als „Cabittal"konto bezeichnet wird, und 2. David Gauger aparte, das Privatkonto.

[2]) Das Reifekonto des Handlungsdieners Fleckhammer.

so er bei Tag und Nacht in 3 Tagen oder 72 Stunden verricht, fl 63.46. Verloren an 16 gold ▽, so in Augsburg laut Strazzofoglio den 13. dieses a kr 94 eingenommen und nur an den Posten a kr 90 ausgegeben, tut   fl 1.4.

Den 21. ditto verreist er wieder zu abend ob der Post von Mantua p. Augsburg, in 3 Tagen 3½ Nacht hier angekommen, Gott lob. Verzehrte, zahlte Trinkgeld den Postillionen und Postgeld an 33 Posten samt Verehrung zu Innsbruck Ihr. Durchl. Postmeister Diener, um in der Nacht ohne Ihr. Durchl. Wissen Postroß zu lizenzieren und Postkissen zu erneuern, in allem an etlichen Orten nur die halben Posten bezahlt   fl 50.20

Summe fl 115.10

Beim Abschlusse des Hauptbuches wurde Konto für Konto der Reihe nach abgeschlossen, worauf im Journal (von Blatt 305 ab) die Zusammenstellung erfolgte. Diese sei in ihren Grundzügen hier dargestellt:

28. III. 1591.

312. Herr David Gauger im Konto aparte soll an Nachbenannte, ist um bleiben sie mir bis auf dato zum Beschluß dieser Rechnung, darum ich sie hiermit p. Saldo ab und in [den] neuen Hauptbüchern wieder zu Debitoren schreibe tue, als nämlich . . . .

Die Aufzählung erstreckt sich über sechs Seiten, am Schlusse heißt es dann:

Endung aller meiner Debitoren, welche zum Beschluß und p. Saldo meiner Bücher und Kreditoren und auf neue Rechnung wieder p. Debitoren gehalten werden.

Sodann folgt die Aufzählung der Kreditoren:

Nachbenannte sollen an Herrn David Gauger, ist um bleib ich ihnen zum Beschluß meiner Rechnung schuldig, so ich hiermit p. Saldo dieser meiner Bücher p. Ausgeben und in neuen Büchern wieder p. Empfangen schreibe tue.

Unter diesen Posten findet sich auch das Schlußvermögen: David Gauger als hierin im Kapitalkonto fl 19 104.21.

Die Aufzählung endet mit der Formel:

Endung aller meiner Kreditoren, welche zum Beschluß p. Saldo meiner Bücher p. Debitoren und auf neue Rechnung wieder p. Kreditoren gehalten werden.

Diese Posten sind nun ins Hauptbuch auf das Konto Gaugers übertragen worden (Blatt 312):

Herr David Gauger soll mir				Herr David Gauger soll haben			
			ac				
p. 24 Kreditoren zum Beschluß dieser Rechnung gehalten . . .	305	6206	18	p. 33 Debitoren zum Beschluß der Rechnung gehalten .	309	41320	18
„ 26 „ „	305	19075	21	„ 12 „	309	38659	41
„ 34 „ „	306	6124	54				
„ 35 „ „	306	3146	57				
„ 28 „ „	307	14112	40				
„ 29 „ „	307	21770	46				
„ 29 „ „	308	9543	3				
Summa fl 79979. 59				Summa fl 79979. 59			

Die linke Seite des Kontos enthält die Aktiven und die Verluste, die rechte die Passiven, das Schlußkapital und die Gewinne.

Als eigentliches Kapitalkonto ist das Konto auf Blatt 283 anzusehen, das auch durch einen Hinweis auf Blatt 309 ausdrücklich als solches bezeichnet wird. Es ist ebenfalls mit „Herr David Gauger" überschrieben und enthält folgende Posten:

28. III. 1591.

Kasse dem Schneider und Kürschner	56	44	Adi ult. Dez., bleibt ihm bei beschlossner Jahrrechnung, trag ich ferner auf neue Rechnung	18884	33
Kondutta von der Fastenspeise	11	48			
[An] Buratti, in Florenz verloren	135	42	Kasse wegen Westermaier	90	—
p. Chr. Fleckhammer ein Ührlein	6	8	p. Chr. Fleckhammer ein Kettlein	275	52
Ihm selbst zum Beschluß der Rechnung	19104	21	p. Interesse	3	3
			p. Chr. Fleckhammer in Mantua gegeben	61	15
Summa fl 19314. 43			Summa 19314. 43		

Aus den Kapitalkonten ergibt sich deutlich der Rückgang des Gaugerschen Geschäfts; denn da finden wir folgende Reinvermögen:

Beginn 1588: fl 37975. 41
Ende 1588: „ 33741. 10
„ 1589: „ 26090. 45
„ 1590: „ 18884. 33
28. III. 1591: „ 19104. 21

Die Gründe hierfür können ohne weiteres aus den Büchern ersehen werden: Zu den Verlusten an Agio kommen noch alte Verbindlichkeiten, die David Gauger hatte übernehmen müssen, wie die Auszahlung des Erbteils an seinen Bruder Hans Gauger und anderes, außerdem lagen die Handelsverhältnisse Augsburgs um diese Zeit gänzlich darnieder.

Schließlich bewahrt das Augsburger Stadtarchiv noch das Handelsbuch des Hans Elsasser vom Jahre 1525 auf. Wenn es trotzdem zuletzt genannt wird, so geschieht es, weil seine Bedeutung gering ist; denn die hier angewendete Buchhaltung ist äußerst einfach.

Das Buch beginnt mit folgenden Einträgen[1]):

Ich hab an pfangen am frey tag nach sante claß tag fun jörg clebiler 10 fl.

Ich hab ein balm[2]) pfangen fun paltas. ceyran am frey tag for dem haligen tag newen jar dar inst hudert fl vnd 10 fl mer 3 rot adler mach 13 fl in sum hundert fl 23 mer den furman geben 11 kr fuergelt.

Ich hab an den 3 alter gewunen 1 fl 5 ß

usw.

Später treten Geschäfte einer Handelsgesellschaft auf:

Ich hanß Elsasser vnd petter aran habe wider anfangen zu handeln mit einander vnd hab iedlich gelz 100.060 fl[3]) mach zusamen 2120 fl gleych gewin od forlust. Da man zalt 1526 Jar.

Die Abrechnungen der einzelnen Jahre sind zusammengeheftet, fast alle haben den gleichförmigen Anfang: „Ich hab empfangen". Im Laufe der Zeit — die Bücher gehen bis 1540 — werden die Buchungen etwas besser, aber an die bisher geschilderten Augsburger Bücher reicht das Elsassersche Buch nicht im geringsten.

---

[1]) Schriftgetreue Wiedergabe.
[2]) Ballen? oder Palm, 4 Palm = 11 Ellen.
[3]) 1060; aber wie bei römischen Zahlen geschrieben.

Die Augsburger Stadtbibliothek bewahrt keine Geſchäftsbücher auf, wohl aber fand ich dort „Mein Leonhart Strawſſen Raittungen von wegen des Buntſchen Kriegsvolckh Im Stift Salzburg. Anno 1526". Das Buch iſt ſehr ſchön geſchrieben und enthält in überſichtlicher Form die Rechnungen des Schwäbiſchen Bundes.

Neben Augsburg ſpielte im 16. Jahrhundert im ſüddeutſchen Handel auch Nürnberg eine wichtige Rolle. Für die Erforſchung der Handelsbücher liegen hier jedoch die Verhältniſſe nicht ſo günſtig wie in Augsburg, da in Nürnberg verſchiedene Handlungsbücher in Privatarchiven liegen, die faſt unzugänglich ſind, wie die Archive der Familien Ebner, Imhoff, Kreß u. a. So finden ſich z. B. im Freiherr von Kreßſchen Familienarchiv u. a. eine „Rechnung, gehalten von Jorg Kreß in Mailand in Form einer Bilanz ſeines Kontos", ein „Numerabüchlein" von Jörg Kreß von 1507—1511, das alle Warenſendungen der Firma von Nürnberg nach Mailand enthält, ein „Briefbüchlein" der Firma Kofer, Kreß und Saronno und ein „Manuale", geführt als Journal von Jörg Kreß 1507—1511[1]).

Aus den Verträgen dieſer Firma geht hervor, daß ſie jährlich Abrechnung hielt.

Das Stadtarchiv in Nürnberg hat nicht ein einziges älteres Handlungsbuch in ſeinem Beſitz, wohl aber fand ich ſolche im Germaniſchen Nationalmuſeum, und zwar ſowohl im Archiv als auch in der Bibliothek.

Im Archiv kam vor allem das hier aufbewahrte Behaimſche Familienarchiv in Betracht, das für die Handelsgeſchichte jener Zeit ja überhaupt eine reiche Fundgrube bildet. Für unſere Zwecke ſind zunächſt das Handlungsbuch und die Bilanzen von Paulus Behaim aus den Jahren 1556—1567 von Bedeutung[2]).

Paulus Behaim (1519—1568) war nach ſeiner Lehrzeit, die er in Krakau durchgemacht hatte, in den Dienſt ſeiner Verwandten, der Imhofs, getreten, die ihn beſonders in Antwerpen verwendeten. Aus den noch vorhandenen Abrechnungen können wir deutlich erſehen, wie er ſich durch Sparſamkeit in die Höhe arbeitete. Die erſte Abrechnung vom Jahre 1540 hatte folgende Form (abg. Schreibweiſe):

Laus deo 1540.

Paulus Behaim hat zu unsrer Rechnung, im 1538. Jahre beschlossen, bei uns gehabt nach laut des Verzeichnisses, ihm dazumal überantwortet, nämlich	fl 112 ß 14
Daran hat man ihm geben laut des Schuldbuches	„ 18 „ 5
Also bleibt ihm noch im Handel	fl 94 ß 9
Und als wir jetzt auf 16. August im 1540. Jahr Rechnung haben getan, hat sich aus allerlei Vorfall nur drei aufs Hundert[3]) die 2 Jahre befunden, das macht	„ 2 „ 16
So schreibt man ihm jetzt zu für 2 Jahr Belohnung bis adi 3. April 1540, tut	„ 60 „ —
So hat man ihm zu dieser Rechnung verehrt mit	„ 80 „ —
Summa, daß er bei uns hat adi 16. August 1540. Jahr	fl 237 ß 5

Die Rechnung vom Jahre 1542 iſt einfach, die von 1544 iſt nicht erhalten; die von 1546 erſcheint in Kontoform:

---

[1]) Dieſe Bücher werden erwähnt von Schulte in ſeiner „Geſchichte des mittelalterlichen Handels und Verkehrs zwiſchen Deutſchland und Italien mit Ausſchluß von Venedig" Leipzig 1900. Bd. I, S. 587.

[2]) Abteilung N. VII. Pehaim, Paulus I.

[3]) Alſo deutſche Bezeichnung!

Laus Deo 1546.		
Paulus Behaim soll adi 28. August, daß er bar empfangen hat auf mehrmals, wie im Schuldbuch steht	fl 421.	18
Adi dito, schreibt man ihm den Rest auf eine neue Rechnung, daß er im Handel hat, zu, tut	„ 3408.	12
	fl 3830.	10

Laus Deo 1546.		
Paulus Behaim soll haben adi 9. August 1544. Jahr, ist um hat er zu der nächsten Rechnung des 1544. Jahres zu Gewinn und Verlust in der Gesellschaft liegen gehabt, tut	fl 574.	10
Adi 28. August 1546 (?) schreibt man ihm zu, daß er adi 9. August 1544 bar erlegt hat	„ 1200.	—
Adi dito, als wir Rechnung getan, hat man ihm auf fl 1724 Gewinn 20 pco, Gott hab Lob, gerechnet, tut .	„ 354.	16
Adi dito schreibt man ihm mehr zu, so er adi 28. Januar 1545 erlegt hat	„ 1000.	—
Adi dito schreibt man ihm Gewinn auf fl 678 für 1 1/2 Jahr zu 15 pco, denn den anderen Zins auf die 1000 fl hat er empfangen, tut	„ 101.	74
Adi dito schreibt man ihm zu die vergangenen 2 Jahre für Belohnung und Verehrung, auch alle Ding . . 250 fl zu, tut	„ 500.	—
Adi dito schreibt man ihm zu, daß er bar hat gegeben .	„ 99.	10
	fl 3830 ß 10	

Im Jahre 1548 hatte seine „Bestallung" geendet, sie wurde aber auf weitere vier Jahre verlängert. Der darüber abgeschlossene Vertrag liegt vor. Danach sollte Behaim „alhie In Nurmberg das Zornal vnd das Schuldpuch, vnd was dem selben an hengig Ist, mit festem flais vnnd erdenlich wie Siech gepurt, halten". Auch sollte er sich „des marks vnd des verkauffen, auch mit Wechseln, vnd was dem selben zu gehorig vnd also von Notten Ist" annehmen, sowie sich gen Frankfurt und Antwerpen gebrauchen lassen. Dafür sollte er jährlich 200 fl erhalten, würde er aber ein oder mehr Jahre nach Antwerpen geschickt werden, dann solle er außerdem noch 90 fl bekommen. Deshalb soll ihm zu einer „Itlichen haubt Rechnung, Das ist all mal vber 2 Jahr", 400 fl gegeben werden. Was er in dieser Zeit entnimmt, soll abgezogen und mit 5% berechnet werden. Von den 4686 fl 19 ß, die er im Handel hat, sollen 3500 fl am Gewinn und Verlust beteiligt sein und der Rest von 1136 fl 19 ß mit 5 % verzinst werden. Die zwei Jahre bis 1550 brachten ihm 37%, bis 1552 33%. 1552 wurde der Vertrag wieder erneuert. Er wurde wiederum zur Führung des Journals und des Schuldbuchs verpflichtet, außerdem sollte er „den Conto der Cassa" führen. Von 1554—1556 erhielt er 45% zugeschrieben, am 4. September 1556 schied er aus dem Dienste und machte selbständig kleinere Geldgeschäfte. Zu diesem Zwecke legte er Buchführung an, nämlich Journal und Schuldbuch, wovon aber nur das letztere vorhanden ist. Dieses Schuldbuch ist nach zwei Richtungen hin interessant: sachlich, indem es uns zeigt, wie an den von den Fürsten aufgenommenen Anleihen auch der kleine Kapitalist beteiligt war; formell, indem es eine bewundernswürdige und vorbildliche Darstellung zeigt. Wer freilich den Bildungsgang Behaims kennt, den nimmt dies nicht Wunder.

Behaim war Schüler des berühmtesten Schreib- und Rechenmeisters des 16. Jahrhunderts, des Johann Neudörfer[1]) gewesen, und so zeigt sein Hauptbuch eine
Sauberkeit und Schönheit, wie ich sie nie wieder angetroffen habe. Zum Be-
weise dafür diene das Konto, das Behaim Herrn Anton Fugger und Gebrüder
Sohn eröffnet hat.

Als Behaim aus den Diensten der Firma Imhof schied, hatte er laut
Abrechnung 7434 fl 16 ß im Handel liegen. Diese Summe erscheint auch in
seiner am 1. August 1556 angefertigten Eröffnungsbilanz. Diese enthält
folgende Posten:

(Links.)

Paulus Behaim S o l l adi – ditto von
   wegen Christof Tetzel Jor. ac. 1   fl 400
Adi ditto von wegen Christof Tetzel   „ 11
   „   „   Katharina Be-
         haim . . . .   „ 500
         Katharina Be-
         haim . . . .   „ 30
         Magd.   Pauli
         Behaim . . .   „ 100
         Magd.   Pauli
         Behaim . . .   „ 10
   „   „ Agnetta Eberlein   „ 300
   „   „   „   „   „ 18

(Rechts.)

Paulus Behaim B i n i c h adi —
   ditto von wegen Nürnberg
   einem Ehrbarn Rat Jor. ac 1   fl 125. —
von wegen N. einem Ehrbarn
   Rat . . . .   „ 2000. —
von wegen N. einem Ehrbarn
   Rat . . . .   „ 200. —
   „   „   Endres Imhof und
           Gebrüder . . . .   „ 7434. 16
           Paulus Dither . .   „ 400. —
   „   „   „ . . .   „ 40. —

Das Konto selbst ist nicht abgeschlossen, wie Behaim seine Konten überhaupt nicht jährlich abgeschlossen hat, sondern erst am Ende, also manche
erst 1566/67. Wohl aber hat er jährlich auf besonderen Zetteln Bilanzen
gezogen, von denen die aus den Jahren 1557, 58, 61, 64, 66 und 67 erhalten sind. Die erste Bilanz trägt die Aufschrift: Nr. 1. Ballanz Meiner
Pucher, adi 18. October 1557 gestellt. Die Bilanz ist links mit: „Sol man
mir", rechts mit „Bin ich" überschrieben und ergibt auf beiden Seiten die
Summe von fl 13283. 15. 8. Während nach der Eröffnungsbilanz sein Kapital
8827 fl 16 ß betrug, weist hier rechts das Konto: Paulus Behaim

---

[1]) Vgl. später S. 163.

fl 9888. 14. 8 auf. Aus den Posten der linken Seite können wir erkennen, wie Behaim sein nun von den Imhofs ausgezahltes Kapital angelegt hat, denn es erscheinen neu: Die Stadt Nürnberg mit 4000 fl, die Stadt Antwerpen mit fl 1733.6.8 und „Kong. M. von Frankreich" mit fl 2088.1.—.

Behaim war also ein Gläubiger der französischen Krone geworden, wenn auch im bescheidenen Maße; denn als der König im Jahre 1573 50000 Franken auf die ganze Summe „verehren" wollte, treffen auf ihn nur 95 Franken, sein Anteil war also kaum 2 ⁰/₀₀. Im Handlungsbuch belastet er den König wie folgt:

Laus Deo 1556 adi 25. Dezember.

Königl. Maj. von Frankreich soll adi — ditto der Allerheiligen
Messe 1556 ☩ 1418³/₄ a 98³/₄ p. ☩, Ziel Parisionnermesse
in Lyon¹) adi 25 März 1557 . . . ac 4 fl 2164.18.9

Zinsen (don) hat Behaim freilich nicht bekommen, wie aus seinem Eintrag vom Jahre 1559 hervorgeht (vergl. Abbildung).

---

¹) Lyon hatte 4 Messen, die Foire d'Apparition (des Rois) im Januar, die Foire des Pâques im April, die Foire d'Août im August und die Foire des Toussaints im November.

In seinen Bilanzen gab Behaim seine Forderungen 1561 auf fl 2899.10; 1564 auf fl 2899.10, 1566 auf fl 2820.5 und 1567 auf fl 2378.2 an, setzte sie aber die beiden letzten Jahre nicht mehr mit in die Bilanz, sondern als Fußnote darunter, schrieb also die Forderung ganz ab (vergl. Abbildung).

Ein anderes Handlungsbuch[1]) des Behaimschen Archivs betrifft eine Berg-werksgesellschaft, die sich auf sieben Anteile erstreckte, woran ⁴/₇ der Firma Lukas Sitzingers[2]) Seligen Erben in Nürnberg und ²/₇ dem Herzog Wilhelm von Bayern gehörten, während das letzte Siebentel je zur Hälfte auf Heinrich und Andreas Theme Sel. Erben in Salzburg entfielen.

Das Buch trägt die Aufschrift: „Der Herren Kessentalerischer[3]) Perg- und Schmelzwerks zu Kitzpülh Haupt Buch Anno 1587." Auf der ersten Seite stehen die Worte: „Adi 1. Jener a.º 1587. Jar hab ich Paulus Behaim dis der Herren Cössentalerischen haubtbuch aus denen heraußgesandten Zornal Zetteln, auch allhie zu Buch zutragen und zu scontrieren angefangen. Gott verleihe mir heil und segen. Amen." Nach dem genau geführten Register folgen 180 beschriebene Blätter.

Einen Überblick über den Betrieb gibt uns am besten das Konto: Beschluß über die Bergwerke aller Orten, was sie das 87. Jahr für Nutz oder Schaden tragen. Auf der linken Seite steht folgender „Überschuß" (abg. Schreibweise):

Luech im Pillersee hat dieses Jahr Nutz und Überschuß laut dies.	ac	33	fl	28:50:1¹/₃
Ringewechsel unter Ziller hat Nutz und Überschuß	„	63	„	3516: 7:4¹
Summe . .			fl	3544:58: ³/₄[4])

[1]) XV. Nürnberg, Behaim, Paulus II.
[2]) Lukas Sitzinger war 1514 Mitglied des größeren Rats und starb 1560.
[3]) Die Hütten lagen zu Kössen und Kitzbühl.
[4]) 1 fl hatte 60 Kreuzer, 1 Kreuzer 5 Heller.

Unter der überschrift: „Derbaut" stehen auf der rechten Seite folgende Posten:

Rhererbühl hat dieses Jahr verbaut, laut dies	ac	26 fl	13572 : 56 : 2¹
Hochburg hat verbaut.	„	29 „	1 : 43 : 2¹
Ringewechsel ob Ziller hat verbaut . . .	„	61 „	1730 : 23 : 2³/₄
Schneeberg und Gossensaß hat verbaut . .	„	67 „	42 : 38 : —
Lafatscher Berg	„	73 „	12 : 50 : —
Summe . .		fl	14360 : 31 : 2³/₄

Der Ausgleich auf der linken Seite hat folgenden Wortlaut: Befindet sich also, daß noch verbaut ist worden dieses Jahr, wird tragen per gemeine Ausgaben des Handels ac 180 fl 10815 : 33 : 2.

Jedem dieser Bergwerke wurden nun drei Konten eröffnet: 1. dem Bergwerke selbst, 2. den daraus gewonnenen Erzen und 3. der Erzfuhre. Ich wähle davon die Bergwerke zu Gossensaß und am Schneeberg. Im Soll dieses Kontos befinden sich folgende Posten:

L.¹) Zor.	Adi 6. Mai, bewilligte Ehrung dem		
ac 29, 118	Paul Pacher, Einfahrer daselbst .	ac 19 fl	25 : — : —
	Adi ult. Dez. für Samkost²) und Löhne		
	dieses Jahr an beiden aufgegangen	„ 66 „	4266 : 53 : 1
	Mehr an allerlei Zehrung, Botenlohn,		
	Almosen, Besoldung dies Jahr auf-		
	gegangen	„ 66 „	364 : 55 : —
	Summe . .	fl	4656 : 48 : 1

Die rechte Seite trägt unter dem „Soll haben" folgende Posten:

L. Zor.	Adi ult. Dez., ist dies Jahr über an		
119	beiden diesen an Erz gefallen: . .		
	242 c (= Zentner) 81 h (= ℔) Gan-		
	sörer, hält der c. 3¹/₂ Lot, den c.		
	geschätzt mit Silber und Blei p 3 fl		
	mehr 493 c 40 h Gossensaßer, den		
	c p 2 Lot geschätzt um 2 fl . .		
	mehr 1449 c 47 h, den c 2 Lot		
	Schneeberger Erz, den c geschätzt		
	p. 2 fl	ac 68 fl	4614 : 10 : 1
	Summe . .	fl	4614 : 10 : 1
	Rest verbaut . .	„	42 : 38

Das „Verbauen" dieses Berges wurde getragen auf ac 11.

Diese Summe findet sich auf dem folgenden Konto „Schneeberger und Gossensaßer Erz" im Soll wieder, dazu kommt noch der alte Vorrat von fl 8407 : 33 sowie ein Betrag für gekaufte Freierze in Höhe von fl 1266 : 1 : 2½, so daß im ganzen für fl 14 287 : 44 : 3 ½ in die Hütten abgeliefert worden sind. Auf der rechten Seite ist der noch vorhandene Bestand zu Geld „inventiert" worden mit fl 8548 : 45 : 3, so daß dieses Jahr „ist verschmelzt worden, so in die Hütten per Ausgabe kommt" für fl 5738 : 59 : ½. Das Konto

---

¹) Seite der zu einem Buche zusammengehefteten, von Tirol nach Nürnberg geschickten Journalzettel.
²) Gesamtkosten.

„Schneeberger und Gossensaßer Erzfuhr" ist belastet mit den Ausgaben für Fuhrlohn für dieses Erz, anderen Unkosten und Besoldung in Höhe von fl 1659:32:2½, und wird rechts ausgeglichen mit der Bemerkung: diese Erzfuhr kommt den Hütten gleichfalls per Ausgabe und wird getragen ac 14.

Wurde das Bergwerkskonto „Schneeberg und Gossensaß" übertragen auf das Sammelkonto: „Was die Bergwerke für Nuß oder Schaden getragen haben", so die beiden Konten: „Schneeberger und Gossensaßer Erz", und „Erzfuhr" auf das Sammelkonto: „Beschluß über beide Hütten zu Kißbühl und Kössen, was dieselben dies Jahr Nuß oder Schaden getragen haben".

Dort finden sich links im „Empfang" alle Silber, die in diesem Jahre gemacht und gebrannt worden sind (Mark 4475:7:3 zu fl 12³/₈) sowie das Kupfer samt dem Dorrat, beide Posten zusammen fl 101576—:¼.

Die rechte Seite ist mit „Ausgabe" überschrieben und hat folgenden Wortlaut:

Erstlich kommen in die Ausgabe der Hütten die Rhererbühler Erze, so verschmolzen worden sind	ac	27	fl	24208	24	4¹/₈
Und derselben Fuhre	"	28	"	1577	26	2¹/₄
Mehr die Hochburger Erze an	"	31	"	26	23	I
Und derselben Fuhre	"	32	"	3	24	—
Mehr die Ringewechsler Erze ob Zillers . .	"	62	"	3072	30	3
Mehr die Ringewechsler Erze unter Zillers .	"	64	"	15940	38	4
Und derselben Fuhre	"	65	"	4075	17	3³/₄
Mehr Schneeberger und Gossenasser Erz .	"	68	"	5738	59	¹/₈
Und derselben Fuhre	"	69	"	1659	32	2¹/₂
Mehr an Lüchner Bleierz	"	34	"	1176	37	¹/₂
Und derselben Fuhre	"	35	"	56	33	³/₄
Mehr an Davenser Erz	"	79	"	161	24	—
Mehr an geschmelztem Zeug	"	81	"	3621	4	1¹/₂
Mehr an Frischblei	"	78	"	143	33	—
Mehr an Leoganger Bleierz	"	35	"	26	—	—
Mehr an Bleiberger Frischwerk	"	75	"	2288	21	3
Und derselben Fuhre	"	77	"	156	—	—
Mehr an Holz und Kohlen	"	83	"	10172	48	3
Mehr an Secht und Gailasche	"	85	"	355	47	1
Mehr an Felsen und derselben Fuhre . .	"	84	"	57	53	4
Mehr an Letten und Leim	"	86	"	132	38	2¹/₂
Mehr auf die Hüttfuhre und Reitroß aufgegangen	"	87	"	560	58	—
Mehr die Schmelzkosten	"	87	"	5348	29	4¹/₈
Mehr die Unterhaltung der Hüttengebäude .	"	88	"	1021	38	1¹/₂
Mehr die gemeinen Unkosten der Hütten .	"	89	"	481	38	—
Mehr die Wechsel[1]) der gemachten Silber .	"	147	"	2412	48	3³/₄
Summe . .			fl	84476	51	2¹/₂
Also befindet sich, daß beide Hütten dies 87. Jahr Nutz und Überschuß gegeben haben, so per gemeine Einnahmen des Handels getragen wird	ac	180	fl	17099	8	2³/₄
Summe . .			fl	101576	—	¹/₄

---

[1]) Unter Wechsel ist hier die für jeden Zentner Kupfer oder jede Mark Silber festgesetzte Abgabe an den Landesherrn zu verstehen. Das erste Konto des Hauptbuches ist deshalb dem Erzherzog Ferdinand eröffnet worden, das neben dieser Summe noch 3826 fl für Kupferzoll enthält.

Die Betriebsunkosten der Bergwerke in Höhe von rund fl 55 500 sind in dem Konto: „Samkost an allen Orten" gebucht worden. Die Handels- unkosten erscheinen in dem Konto „Gemeine Unkost des Handels". Dieses ist belastet mit den Ausgaben für Reisen, Verehrungen, Ausgaben für Papier, Tinte usw. sowie mit ⅓ der allgemeinen Unkosten der „geheimen Schreib- stube", also des Hauptkontors zu Nürnberg.

Selbstverständlich haben auch die beiden Haupterzeugnisse Silber und Kupfer eigene Konten. Im Soll des Silberkontos stehen die einzelnen „Werke" (Kitzbühl allein hat im Jahre 33 gemacht) nach Gewicht, im Soll Haben der dafür in der Münze zu Hall erzielte Erlös (rund 55500 fl). Aus dem Soll des Kupferkontos ergibt sich, daß die Jahresproduktion 3684 Zentner betragen hat, die zum Preise von 12 fl per Zentner verkauft worden sind.

Da die Bergwerke und Hütten fern von größeren Orten lagen, übernahm die Firma selbst den Ein- und Verkauf der notwendigsten Lebensmittel und Haushaltungswaren oder, wie man damals sagte, den Pfennwert (= Pfennig- wert)handel und erzielte dabei sogar einen ansehnlichen Gewinn, wie sich aus dem „Beschluß über alle Pfennwerthändel, was dieselben im 87. Jahr für Nutz und Schaden getragen", ergibt. Dort finden sich links folgende Gewinne:

Getreidehandel zu Kitzbühl hat Gewinn dies Jahr, wie laut dies steht	ac	37	fl	508	44	4¹⁄₄
Schmalzhandel daselbst	„	38	„	831	11	1³⁄₄
Pfennwerthandel zu Kössen	„	49	„	3455	53	3
„ „ Rattenberg	„	58	„	683	48	2
„ „ Störzingen	„	71	„	121	36	3
Herrenhämmer zu Kitzbühl	„	13	„	14	—	—
„ „ Kössen	„	50	„	31	12	—
Unschlitt- und Eisenhandel zu Rattenberg .	„	60	„	261	18	2¹⁄₄
„ „ „ Störzingen .	„	72	„	58	46	¹⁄₄
Tuchhandel zu Kössen	„	50	„	48	2	4
Tuchhandel zu Kitzbühl	„	40	„	231	16	1¹⁄₈
Summe . .			fl	6247	50	2

Nach Abzug der auf einem besonderen Konto verzeichneten Unkosten aller Pfennwerthandel im Betrage von fl 242:45:1½ und der Kosten des Mühl- und Backwerkes von fl 831:34:4¾, verbleibt sonach ein Reingewinn von fl 5173:30:⅜, der auf „gemeine Einnahme des Handels" getragen wird. Jeder dieser „Händel" hat ein eigenes Konto, aus denen die ziemlich bedeutenden Umsätze zu ersehen sind. So hatte der Pfennwerthandel zu Kössen zu Anfang des Jahres 1587 aus dem vorigen Abschlusse an Roggen, Weizen, Brot, Schmalz, Schmer, Käse, Unschlitt, Kerzen und Garn insgesamt für rund fl 10500 übernommen und im Laufe des Jahres für ungefähr fl 16700 verkauft. Außerdem war jedem Pfennwertschreiber ein Konto eröffnet worden, auch ein Konto: „Verlorene Schulden" mußte eingerichtet werden, das mit fl 314:56:1 belastet erscheint. Da ein unbedeutender Betrag von fl 1:2:4 dann doch noch eingebracht wird, sind nur fl 313:53:2 „für verloren abzuschreiben". Für Besoldung und Kostgeld erhielt der Kössener Pfennwertschreiber fl. 46:12. Dies lenkt unser Augenmerk auf die An- gestellten der Firma. Diese treten uns in verschiedenen Konten und unter

verschiedener Bezeichnung entgegen. Sebaſtian Pfenning (der eine Jahresbeſoldung von 250 fl erhält) hat drei Konten, eins für die Verwahrung
(= Verwaltung), eins für den Getreidehandel und eins für den Tuchhandel.
Für Matthes Stelzer (200 fl Gehalt) ſind ebenfalls drei Konten eröffnet,
für die Reiſen, für den Tuchhandel und „a conto des Bergbuches". Ferner
begegnen uns noch Konten für Peter Abele, Faktor zu Kitzbühl, der für
Jahresbeſoldung und Unterhaltung zweier Kühe 200 fl erhält, für Hans
Lackner (200 fl Gehalt), für den Verweſer in Rattenberg, den Bergbuch-
halters Gegenſchreiber (100 fl Gehalt), für die Boten (25 fl Gehalt) uſw.
Außerdem iſt ein beſonderes Konto: „Beſoldung der Diener" eingerichtet, deſſen
Sollbetrag auf die „handelsausgaben" übertragen wird. Schließlich dient
das hauptbuch gleichzeitig als Kontokorrentbuch, wodurch die Zahl der Per-
ſonenkonten ſehr groß wird.

Von Sachkonten ſeien ſchließlich noch erwähnt: die für häuſer und
Gründe, für haushaltung, für „Gewinn an Geld" (= Agio), für Intereſſe,
für „unerſuchte" Schulden (= Lohnſchuldenkonto), für Almoſen, für Wechſel-
geld, Kaſſe uſw.

Dieſe Kontierung war völlig dem Betriebe angepaßt und entſprach ſo
den wichtigſten Anforderungen an eine Buchführung. Außerdem hatte bereits
eine Sammlung der Poſten ſtattgefunden. So heißt es auf dem Konto: Pfennwerthandel zu Köſſen im Soll: Adi ult. Dez. hat S. Pfenning das ganze
87. Jahr eingekauft wie folgt, und der Wert des Einkaufs wird in einer
einzigen Summe angegeben, wobei die Berufung auf Seite 103 des Journals
erfolgt. Im Soll haben finden wir die ähnliche Buchung: „Adi ult. Dez. von
C. Ortner, Pfennwertſchreiber, der hat dies Jahr daraus gegeben, wie nach
der Länge im Journal zu ſehen iſt", wobei ebenfalls auf Seite 103 des Journals
verwieſen wird. Die Buchung: In mehreren im Journal „ſpezifizierten" Poſten
aufgegangen, findet ſich öfters, wodurch die Konten des hauptbuches weſent-
lich überſichtlicher werden.

Wenden wir uns nun dem A b ſ ch l u ſ ſ e zu. Den erſten Schritt hierzu bildete
die Aufſtellung der Probebilanz. Sie liegt dem hauptbuche bei, umfaßt acht
Blätter in Quartformat, trägt die Aufſchrift: 1587. Bilanz über das hauptbuch von primo Januar bis ultimo Dezember obenſtehenden Jahres und
ſchließt auf beiden Seiten mit fl 206 179:58:4 ¼.

Aus den verſchiedenſten Stellen[1] unſeres hauptbuches vom Jahre 1587
geht hervor, daß tatſächliche Inventuraufnahmen ſtattgefunden haben, und
im Konto der gemeinen handelsunkoſten findet ſich unter dem 2. Februar
die Ausgabe von fl 10:22 für „Zehrung des Stelzers (= Verweſer in Kitzbühl) beim Inventieren zu Rattemberg und Störzing". Im Konto: „Getreidehandel zu Kitzbühl" finden ſich links fl 22619:¾, rechts fl 21 493:43—,
es ergibt ſich alſo ein Reſt von fl 1125:17:¾. „So iſt aber adi ditto im
gemeldeten Getreidehandel inventiert worden an Waren fl 1634:2—, erſcheint alſo daß über den Reſt der fl 1125:17:¾ dies Jahr hat tragen
fl 508:44:4¼. Solcher Nutzen wird tragen an ac 12, und der Vorrat an
ac 180."

Dieſe Inventur bildet die Grundlage zur Bilanz, und zwar finden wir
Eröffnungs- und Schlußbilanz, wenn auch unter anderem Namen.

---

[1] So heißt es z. B. im Soll der Kontos Geſchmelztes Zeug: „war zu Beſchluß . . . .
vorhanden, jedes in ſeinen beſonderen Wert geſchätzt.

Die Eröffnungsbilanz enthält links unter der Überschrift: Gemeine Ausgaben[1]) die Passiva im Betrage von fl 20943:3:4¾; rechts die Aktiva (= Vorräte) im Betrage von fl 113.534:38:3½. Die Schlußbilanz findet sich unter der Bezeichnung: „Gemeiner Beschluß dieses Hauptbuchs und der daraus gestellten Jahresrechnung dieses 87. Jahres". Die linke Seite trägt die Überschrift: „Empfang" und enthält folgende Posten:

Erstlich kommt dieser Rechnung p. Empfang aller der Vorrat des 86. Jahres an Erzen, geschmelztem und ungeschmelztem Zeug, Pfennwerten, Schulden, wie von Post zu Post hierin zu finden	ac	1	fl	113534	38	3½
Mehr hat man an bezahltem Interesse dieses Jahr empfangen	„	92	„	28	51	—
Mehr haben beide Hütten Nutzen getragen dieses Jahr	„	14	„	17099	8	2¾
Mehr haben alle die Pfennwerthändel dies Jahr getragen	„	12	„	5173	30	¾
Mehr hat man Gewinn an allerlei Geld empfangen	„	93	„	713	41	—
Mehr haben die Häuser und Gründe Nutz getragen	„	110	„	118	26	1¼
Mehr sind wir zu Beschluß dies Jahres aus dem Handel hinaus schuldig geblieben, wie ac 4 : 5 : 42 : 43 : 51 : 56 : 73 : 80 : 96 : 104 : 105 : 107 : 134 : 157 : 157, hierin zu sehen, tun in einer Post			„	7729	15	3¼
Summa Summarum aller Empfang dies ganzen Jahres, tut in einer ganzen Summe	ac		fl	144397	31	1½

Rechts finden sich unter „Ausgabe" folgende Posten:

Erstlich kommen in Ausgabe alle die Kreditoren, denen die Herren zu Beschluß anno 86. Jahres zu tun geblieben, wie zu sehen laut dies . .	ac	1	fl	6943	3	4¾
Mehr haben die Herren Verwandten (= et Comp.) in 2 Posten aus dem Handel selbst genommen, wie gleichfalls hierin steht (= die Ausbeute).	„	1	„	14000	—	—
Mehr hat man an allen Orten der Bergwerke dies Jahr verbaut, laut dies	„	11	„	10815	33	2
Mehr ist auf gemeinen Unkosten des Handels dies Jahr aufgelaufen.	„	90	„	425	20	—
Mehr ist auf Haushaltung dies Jahr gegangen .	„	109	„	521	48	—
Mehr auf Diener Besoldung	„	95	„	633	29	1
Mehr auf Almosen	„	178	„	287	28	—
Mehr an verlornen Schulden dies Jahr abgeschrieben	„	146	„	313	53	2
Mehr haben die Silber weniger zu Hall denn zu Kitzbühl getroffen	„	9	„	12	47	¼
Mehr ist bar in der Kasse	„	179	„	4789	11	4
Mehr kommt in Ausgabe der neue Vorrat dies 87. Jahres, wie steht ac 27 : 62 usw., tun in einer Summe	„	—	„	83545	57	2¼
Mehr kommen in Ausgabe die Schulden im Handel zu Beschluß dies Jahres von Personen und Konten, wie steht ac 21 : 46 usw., tun in einer Post	„	—	„	22108	59	¼
Summa Summarum an Ausgaben in diesem Jahr, tut alles in einer ganzen Summe		—	fl	144397	31	1½

[1]) Auch die Fuggerinventur vom Jahre 1527 setzt die Passivenwerte unter „Ausgeben" und die Aktiven unter „Ainnemen".

Auf den erſten Blick hin ſcheint dieſer Abſchluß uns etwas unverſtänd-
lich. Prüfen wir ihn näher, ſo ergibt ſich folgendes Bild:

Empfang		Ausgabe	
Aktiva zu Beginn fl 113534:38:3¹/₄		Passiva zu Beginn fl 20943: 3:4³	
Gewinne: 28:51: —		Verluste: 10815:33: 2	
17099: 8:2²/₄		425:20:—	
5173:30: ³/₄		521:48:—	
713:41: —		633:29: 1	
118:26:1¹/₄	23133:36:4³/₄	287:28:—	
Passiva beim Beschluß:	7729:15:3¹/₄	313:53: 2	
		12:47: ¹/₄	13.001:19: ¹/₄
		Aktiva	
		beim	
		Beschluß: 4789:11:4	
		83545:57:2¹/₄	
		22108:59: ¹/₄	110444: 8:1¹
	144397:31:1¹/₂		144397:31:1¹/₂

Noch klarer wird aber die Darſtellung, wenn wir ſie in unſere heutige
Form umwandeln. Die Firma begann mit fl 113534:38:3¹/₂ Aktiven und
fl 20 943:3:4³/₄ Paſſiven, alſo mit einem Anfangskapital von fl 92 591:34:3¾,
das wir auf Kapitalkonto ſetzen:

Soll	Kapitalkonto	Haben
An Bilanzkonto . fl 102714:52:3¹/₄	Von Bilanzkonto . fl 92591:34:3³/₄	
	Von Gewinn- und	
	Verlustkonto . „ 10123:17:4¹/₂	
fl 102714:52:3¹/₄	fl 102714:52:3¹/₄	

Die bei der Inventur vorgefundenen Aktiven und Paſſiven bringen wir
auf das Schlußbilanzkonto, das dann folgende Form erhält:

Aktiva	Bilanzkonto	Passiva
An Kassenkonto . fl 4789:11:4	Von Kreditoren-	
An verschiedene	konten . . . . fl 7729:15:3¹/₄	
Konten(Bestände) „ 83545:57:2¹/₄	Von Kapitalkonto . „ 102714:52:3¹/₄	
An Debitorenkonten „ 22108:59: ¹/₄		
fl 110444: 8:1¹/₂	fl 110444: 8:1¹/₂	

Bei den Gewinnen und Verluſten iſt zu beachten, daß ſchon eine Reihe
von Übertragungen ſtattgefunden haben, ſo ſind die Betriebsunkoſten der einzelnen Hütten ſchon auf den „Beſchluß über beide Hütten" und die Erfolge
der einzelnen Bergwerkskonten auf den „Beſchluß über die Bergwerke" übertragen worden. Das Gewinn- und Verluſtkonto weiſt daher nur folgende
ſummariſche Poſten auf:

Soll	Gewinn- und Verlustkonto		Haben
An Bergwerkskonto fl 10815:33:2	Von Interessenkonto fl	28 51: —	
An Handelsun-	Von Hüttenkonto .	„ 17099: 8:2³/₄	
kostenkonto . . „ 425:20: —	Von Pfennwerthan-		
An Haushaltungs-	delkonto	„ 5173:30: ⁸/₄	
konto . . . . „ 521:48: —	Von Gewinn auf Geld		
An Besoldungskonto „ 633:29:1	(Agiokonto) . . .	„ 713:41: —	
An Almosenkonto . „ 287:28: —	Von Häuser und		
An Konto der ver-	Gründen (Grund-		
lorenen Schulden	stücksertragskonto)	„ 118:26:1¹/₄	
(Konto dubioso) . „ 313:53:2—			
An Silberkonto . . „ 12:47: ¹/₄			
An Kapitalkonto. . „ 10123:17:4¹/₂			
fl 23133:36:4³/₄		fl 23133:36:4³/₄	

In derselben Weise sind auch die Hauptbücher und Bilanzen über das Berg-
und Schmelzwerk zu Öblern an der Enns in Steiermark aus den Jahren
1587—1593 gehalten. Die Übereinstimmung erklärt sich daraus, daß der
Öbler Handel ebenfalls den „Herrn Lucas und Wilhelm Sitzinger" gehörte.

b) Norddeutschland.

Wesentlich geringer ist der Bestand an erhalten gebliebenen Handlungsbüchern dieses Jahrhunderts in Norddeutschland.

Im Stadtarchiv zu Danzig befindet sich ein einziges, das Bernd von
Eyten gehörte, wie aus der Aufschrift hervorgeht:

Dyt boekh hort to bernth van eyten de vt der stadt leep anno 1526, nargeleuert
(= eingeliefert) in de khemerye hend eggert van khempen khemerer anno 1532.

Es besteht aus 53 beschriebenen und einer Reihe von unbeschriebenen
Blättern, ist in Schweinsleder gebunden und gegen 20 cm breit und 25 cm
hoch. Vorgeheftet ist ein Bericht, wonach Bernd von Eytens Güter in den
Räumen an der langen Brücke auf Befehl des ehrsamen Rates durch den
Bürgermeister Philipp Bischof besichtigt worden sind. Es folgt die Aufzählung des Vorgefundenen, darunter befindet sich auch ein „rekenbogh, de
meiste schrift ouerstreken". Gemeint ist damit unser Handlungsbuch, das auf
diese Weise der Nachwelt erhalten geblieben ist.

Über die Persönlichkeit des Bernd von Eyten habe ich nichts erfahren
können, wahrscheinlich ist er infolge Zahlungsschwierigkeiten aus der Stadt
geflohen.

Jede Seite des Buches ist überschrieben: + Jhf. (= Jesus). Die Eintragungen sind nicht gerade vorbildlich, die meisten Posten sind, wie schon
der Bericht erwähnt, durchgestrichen. Die erste große Eintragung hat folgenden
Wortlaut[1]):

(Bl. 3a.) anno XVᶜXVJ doe ich entfang von tomaß Connyge XIIII
decker (= decas, 10) bück felle, de cost erstes Coppes
decker II₁ m. de somme doet in alle   XXXV m.
lt. anno XVᶜXVJ den VI dach in meygen hebbe ich entfang
vth schypper Hans Coeken (= Kogge, Schiff) XIIII decker
buckfellen dan von to fracht   V ß X ₰

---

¹) Schriftgetreue Wiedergabe.

ter fer in den tollen   III ₰
myt des schütten ant lant bringt vor de benke   IIII ₰
lt. hüß hure (= Hausmiete)   IIII ₰
lt. vor for gelt int pack hüs   III ₰
primgelt   II ₰
lt. alle vngelt gerecknet is   VII ß U ₰
lt. vorkofft de süluen XIIII dec. bucken den decker vor VIII
   ß flamsche, de somme doet   V ₫ XII ß
lt. alle vngelt aff ghetogen, so is gereckent biholden gelt
   die somma   V ₫ IIII ß X ₰
lt. des XIIII decker buckfellen behort my de halffen winst to wat se dure
(= teurer) vorkofft syt den (= als) XXXV m. prüß. want ich dat halffen effent
ture (= Risiko) darvon hebbe ghestan went in ze lant ter fer anno XVᶜXVJ.

Die weiteren ähnlichen Einträge betreffen Geschäfte in Wachs, Butter
von Vlissingen, Garn, Mehl, Federn usw. Seine Geschäftsverbindungen weisen
nach dem Westen (Antwerpen, Amsterdam, Rissel), aber auch nach dem Norden
(Bergen).

Mehrmals rechnet er mit Effert ab, so z. B. auf Blatt 5 a:

Item anno XVᶜXVJ den XVJsten dach in marths hebbe ich myt
Hans effert gerechent also hie na volget int erste hebbe
Ich Hans efferde auer noysset de suma jᶜxxi m. preuß, die
Hans effert entfangen heft van Clawes garbestory   jᶜxxi m.
lt. noch hebbe Ich süllen von Hans efferdes weghen betalt
Torgen van schefferen mit   viii m.

        usw.

Item dyt is Hans effert my schuldich die soma   jᶜxliii m. vi ß ii.

Auch Lübeck ist arm an Handlungsbüchern des 16. Jahrhunderts. Erst
kürzlich ist unter den ungeordneten Gerichtsakten des Staatsarchivs das Buch
des Hans Munter über zur See nach Riga, Danzig und Spanien versandte und
daher empfangene Waren vom Jahre 1591 ff. aufgefunden worden.

Etwas reichlicher ist der Hamburger Bestand. Hier bewahrt die Kommerzbibliothek sieben Handlungsbücher auf, die vorher im Archiv des St. Johannis-
klosters gelegen hatten.

Die sieben Bücher haben dem Hamburger Bürger Matthias Hoep gehört;
eins von ihnen hatte ursprünglich dem Schwager Hoeps, Jakob Schröder,
gedient, der es in den Jahren 1553 und 1554 benutzte, es aber dann hatte
liegen lassen. Hoeps Eintragungen selbst beginnen im Jahre 1563 und
hören im Jahre 1593 auf. Sämtliche Zweige der damaligen Hamburger
Handels- und Gewerbstätigkeit werden in den Büchern vorgeführt, so der
Tuchhandel und die damit zusammenhängenden Gewerbe, der Handel mit
Getreide, Pferden, Ochsen, Vögeln usw. Hoep hat sich einige Jahre lang in
London als Faktor aufgehalten, und so enthält ein Buch die Kopien der
Briefe, die er dort sowie in Hamburg geschrieben hat. Aber auch Originalbriefe,
Rechnungen und andere Papiere finden sich zwischen den Blättern. Die Bücher
sind ferner angefüllt mit Mitteilungen über private und allgemeine Dinge,
wie Arbeitslöhne im Handwerkerstande, tierärztliche Rezepte, Klagen über
schlechten Geschäftsgang, Wortspiele usw., kurz, „der Inhalt ist ein Konglo-
merat der mannigfachsten kommerziellen und kulturhistorischen Informationen".

Aus dem mit A bezeichneten Buche gibt Ehrenberg[1]) Auszüge von den
Buchungen Jakob Schröders, die aus den Jahren 1553 und 1554 stammen. In

---

[1]) Zeitschrift des Vereins für hamburgische Geschichte. Bd. VIII, S. 139 f.

dieſer Zeit war Schröder in Antwerpen als Faktor tätig geweſen und hat die dort abgeſchloſſenen Geſchäfte auf den erſten 25 Blättern des im Ganzen 138 Blatt ſtarken, in Schweinsleder gebundenen Kleinfolio=Bandes eingetragen. Den Reſt hat dann Matthias Hoep mit Buchungen aus der Zeit von 1572 bis 1593 ausgefüllt.

Das Buch ſelbſt iſt ein Memorialbuch; die Geſchäfte ſind darin in chrono-logiſcher Ordnung ſofort nach dem Abſchluſſe eingetragen worden. Hinter jeder Buchung iſt etwas freier Raum für ſpätere Eintragungen über die Ab-wicklung des Geſchäfts, Zahlung des Kaufpreiſes uſw. gelaſſen.

Es beginnt mit folgendem Eintrag:

Anno 1553 denn 7 im Marty schedede Ick vann Hamborch: So heffte my hinrick poeck Inn synen gedechtenisse beuollen wo datt Ick vann demne Ersamen Clauß bolfenn Enntfangen Schalde, weß fry geldeß gekomen were vonn 7 last roggen vonn wegenn myneß vaderß, so kasernn worde na geschepet vnnde ann ome vorschreuen hefft. Den 13 ln Marty Entfengk Ick vonn Clawß bolfenn so vonn bouengeschreuen 7 last roggen fry geldeß gekommen 375 gulden 12 ß corr. nae flemsch geld dutt 62 ₰ 12 ß.

Auf dem 26. Blatte ſetzt ſodann Matthias Hoep ein:

Ditt na folgende is wes lk matteys hoep den faruers Sy schuldig vnd was ich Inn darup hebb Bezallt.

Es folgen eine Reihe Rechnungen und Abrechnungen im wirren Durch-einander. Manchmal iſt die Kontenform gebraucht, vielfach wird aber erſt die Leiſtung gebucht und gleich darunter die Bezahlung. Von Blatt 85 ab verzeichnet er ſodann die empfangenen Güter.

Buch B beginnt im Jahre 1563. Es enthält in der Hauptſache links Verkäufe, rechts Bezahlungen, z. B.:

(Links.) Aᵒ 63 den 19. August vor kofft ick Jan Meff   29. 9. 4
(Rechts.) Åᵒ 63 den 20. August entffangk ek ditte neffen geschreuen gelt
    von Jan Meff   29. 9. 0

Ab und zu werden auch einzelnen Perſonen Konten errichtet, im großen und ganzen iſt es ein Verkaufsbuch.

Buch C iſt ein Briefbuch aus den Jahren 1566—1577.

Buch D beginnt 1568. Es enthält zunächſt links Einkäufe, rechts die Bezahlungen, dann folgen Eintragungen über Schiffe, und zuletzt finden ſich Buchungen über Verkäufe.

Buch E beginnt mit Wechſelgeſchäften:

Aᵒ 74 adi 10. Aprils accept tho niclaye von den mouxel 10 dag na Sicht 500 Dal. tho 31 ß.

Nach einigen Seiten werden Einkäufe verzeichnet, auch werden Per-ſonenkonten eröffnet. Den Schluß bildet ein kurzes Inventar: Inkomen Aͦo. 1576.

Buch F iſt ein Kaſſenbuch und beginnt im Jahre 1573. Es verzeichnet links die Einnahmen, rechts die Ausgaben, aber nur bis zum Jahre 1575, dann folgen ein Regiſter und Konten. Auf den letzten Seiten ſind Lieferungs-geſchäfte eingetragen.

Buch G beginnt im Jahre 1590 mit Kommiſſionsgeſchäften, enthält ſodann Angaben über die Unkoſten der Pferde, den Bau einer Brücke, Aus-gaben der Haushaltung uſw.

Diese kurze Inhaltsangabe genügt wohl, um zu zeigen, daß hier von einer ordnungsgemäßen Buchhaltung nicht die Rede sein kann. Manchmal sind die Bücher Hoeps in der Art der einfachen Buchhaltung jener Zeit geführt, aber meist herrscht Regellosigkeit. So beruht denn auch der Wert dieser sieben Bücher wohl mehr in ihrer Bedeutung für die Handelsgeschichte als für die Buchhaltung.

Im Bremer Staatsarchiv befinden sich vier Handlungsbücher aus dem 16. Jahrhundert, die ebenfalls nicht auf der Höhe der süddeutschen Bücher dieser Zeit stehen.

Das älteste von ihnen beginnt im Jahre 1557 mit folgendem Eintrag:

In godes namen amen. Int Jar da me schriff 1557 hebbe wy my fader vnde yck alse Klawes ficken disse halue nafolgende schulth affgekofth vnde hebben se ent gutlik vnde wol betalt. goth geve vns syne gnade vnde synen segen. Darmede wunne Christi Jesus synes geleuenden sones wyllen Amen.

Darauf folgen in der Hauptsache Zusammenstellungen von Außenständen, wie:

In godes namen, amen. Int Jar 1558 habbe Ick ditt tho borge gedan, got geuve vns syne gnade: Noch is my schuldig bremeke nagel iij wete fisch vor iij t. beers usw.

Auf der letzten Seite sind die wichtigsten Tage der Familienchronik verzeichnet.

Im nächsten Buche, das sich über die Jahre 1575—1578 erstreckt, lassen sich deutlich drei Abschnitte unterscheiden. Der erste Abschnitt enthält auf 15 Seiten Empfänge, z. B.:

Anno 1575 Entfangen vth hermen liebermann syn schip der Ersten reise

5	stuck molt 19 Dal. 39 gr.
151	punth geuppen synth 20 stuck dat punth 7 gr.
4	to molt synth 6 scheppel de scheppel 40 gr.
	usw.

Dann folgen über 10 Seiten die Versendungen, z. B.:

Anno 75 den 6 Junys gescheppeth na bremen In foeb broch sin schip de Ersten reisse 6 c. rotscher usw.

Die dritte Abteilung enthält das Verzeichnis der Schuldner:

69) Blifft Vilack sinossen schuldig   42½

usw.

Das dritte Buch zeigt auf dem Einbande die Worte: Kyrie eleison und auf dem ersten Blatte Namen und Handelsmarke des Besitzers Johann Jenel. Bei den Eintragungen werden hier Leistung und Gegenleistung gegenübergestellt. So lautet z. B. der erste Posten:

Anno 1558 denn 6 Majy vorkofft Johann sylenn 10 par gottingesche laken jeder par vor 9 daler macket

Summa 90 daler

Gegenüber ist zu lesen:

Denn 7 May Empfangen vnp Jegengeschreuen Rechnung 6 packen rundfisch de wegen wie folgett

| 601 | 551 | 657 |
| 608 | 642 | 628 |

Summa 3683 Punndt jtt hundertt vor 2½ thaler makett in geldt
Summa 92 daler 3½ groten
Rest Johan silen 2 dal. 3½ gr.
is betalnt.

Der ganze Poften ift, da er bezahlt worden ift, durchgeftrichen worden. Oft wird auch die Bezahlung durch die Bemerkung: folvit gekennzeichnet. Vielfach wurde fofort der Gewinn feftgeftellt, wie folgendes Beifpiel zeigt[1]):

Bl. 7b. Anno 1588 den 2. Sept. gekauft und empfangen von Winken aus Friesland ⁸⁄₈ Butter, kostet ersten Kaufes Summa 40 Taler und 12 gr und 8 gr. zu binden.

Bl. 8a. Von Gegenübergeschriebenem verkauft unserm Volke (= Dienstboten) zur Kost ¹⁄₈, wiegt 14 Pfund, macht 5 Taler 2 gr. Von dieser Butter ist gekommen (= erlöst) 46 Taler 40 gr, Gewinn hierauf 6 Tal. 20 gr.

Mitunter endete das Gefchäft freilich auch mit Verluft:

Anno 1592 Adi den 19. Jan. gekauft für mich und für Johann Stenncken von Heinrich Würzen 36 Tonnen Hering, jede Tonne für 6 Taler 10 gr., auf zukünftige Ostern zu zahlen, tut zu Gelde Summa 223 Taler u. 17 Gr. nach laut meiner gegebenen Handschrift. Diese Heringe habe ich geschiffet auf Münden in Schiff Heinrich Bedenes und sie gegeben (?) zu Münden an H. Christoff Holtscher, um da zu verkaufen; Gott gebe uns Glück und Segen dazu. Von diesen Heringen zu Wiegegeld 5 gr, den Eckenschiebern zu Bier, Akzise: Summa 2 Tal. 28 gr. Fracht bis Münden jede Tonne 24 gr, tut Summa 24 Tal., jeden Taler zu 54 gr, zu Bremer Geld 26 Tal. 22 gr., kosten die Heringe zu Minden 252 Tal. 25 gr. Nun folgt der Verkauf in Münden: Summa tut dies vorerwähnte Geld zu Bremer Gelde 238 Taler und 45½ Groten, ist hieran verwunnen — Gotte bessere es — 14 Taler 28 Grot.²)

Das letzte Bremer Gefchäftsbuch des 16. Jahrhunderts ift von einem Färber geführt worden und ftammt aus den Jahren 1583—1590. Auf den erften Blättern find die Einkäufe verzeichnet, wie z. B.:

Den 31 Julius entfangen von Erwin Gumbrecht eyn sack gallen, wicht 188 pundt.
Den 7 augusty entfangen von Erwin Gumprecht ein vadt a!lun wecht 765 tare 37 ℔ dat hundert 6 daler.

Von Blatt 4 ab find die einzelnen Tagesleiftungen verzeichnet, z. B.: „Den 18. man gefärwet duffe lakens" ufw.

Ein Bremer Rechnungsbuch des 16. Jahrhunderts findet fich auch im Staatsarchiv zu Hannover (B. 130). Nach dem Familienchronik, die diefes Buch enthält, fcheint es Ernft Küle gehört zu haben, der 1551 verftorben ift. Der Inhalt ift faft durchgängig privater Natur, weshalb es für unfere Zwecke nicht in Frage kommt. Hervorzuheben ift höchftens, daß durchgehends römifche Zahlen verwendet wurden.

Das hiftorifche Archiv der Stadt Cöln verwahrt 12 Rechnungsbücher aus dem 16. Jahrhundert (Nr. 1392—1403)³). Diefe werden zurzeit von Dr. Thimme zu einem Werk: Quellen zur Gefchichte des Cölner Handels und Verkehrs von 1500—1650 bearbeitet. Von ihnen find nicht alle reine Gefchäftsbücher, fo ift Nr. 1392 (Fürftenberg) ein Handbuch verfchiedenen Inhalts, Nr. 1396 (Weinsberg) ift fowohl Gefchäfts= als auch Haushaltungsbuch. Auch diejenigen

---

¹) Abgeänderte Schreibweife.
²) Richtiger 13 Taler 28½ Groten.
³) Im Domarchiv Cöln befindet fich ein Rechnungsbuch des Buchdruckers Heinrich Quentel, vgl. dazu Annalen des Hiftorifchen Vereins für den Niederrhein. 93. Heft. 1912.

Bücher, die ich eingehender untersuchte, ergaben keine große Ausbeute. Nr. 1400 wird ausdrücklich als Geschäftsbuch des Wilhelm Lohn vom Jahre 1581 bezeichnet. Es entpuppte sich jedoch auf den ersten Blick als die Abschrift eines gedruckten Buchhaltungswerkes, die Wilhelm Lohn zur Erlernung der Buchhaltung angefertigt hatte[1]). Ein anderes (Nr. 1401) behandelt nur Partizipationsgeschäfte, und zwar in französischer Sprache. Es trägt die überschrift: Conto de Participation entre Jean Resteau e Jean Kellermann; die Geschäfte haben sich von 1589—1598 abgespielt.

Nr. 1397 ist das Handlungsbuch des Schneiders Hermann Bielfeld. Es beginnt mit folgendem Eintrag:

1562 fastelauvet

It. vor mynen gefadder eschen kamer knecht gemacket 1 langenn rock mit Damast gefoudert vnd mit für wellen belecht vnd dat für well iiij mall gesticket

	X mark
dar tho vor lecht ij loit syden j lot ix alb. f	xiiij alb.
noch 1 loit sarte sydenn vor.	x alb.
noch 1 elle broit lynendoek vor	vij alb.
noch 1 langen rock gemacket mit für welle belecht dat für	
well iiij mall gesticket	j Daller
dar tho vor lecht ij loit syden vor j loit ix alb f	xiiij alb.
noch 1 elle broit lynendock vor	vij alb.
noch vor hifftlint in ij rocke	ij alb.
noch 1 mantell gemacket iiij mall mit spirgilligen belecht vnd	
dorcher gefoudert nit bougenn	vj mark

usw.

Die Posten sind durchgestrichen und mit der Bemerkung versehen: bezahlt. Als weitere Probe gebe ich eine kleine abgeschlossene Rechnung (siehe Bild).

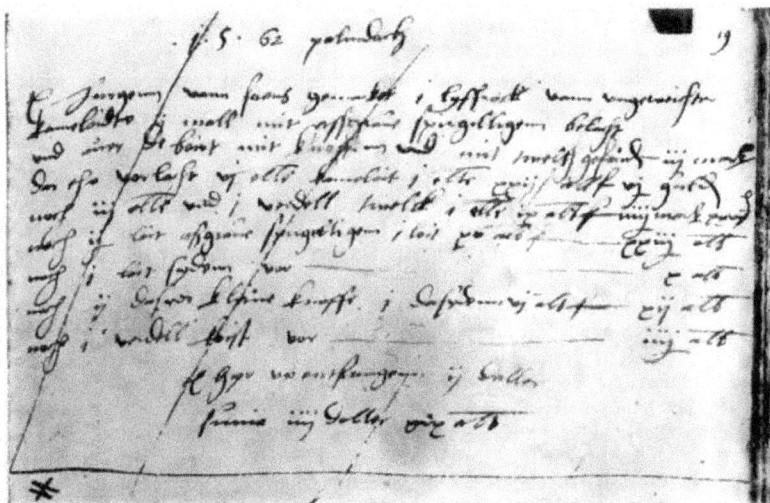

Meister Hermann scheint im Jahre 1565 verstorben zu sein; bei der Ordnung des Nachlasses zeigt sich so recht der Nutzen einer geordneten Buch-

---

[1]) Vgl. unten S. 139.

führung. An der Hand des Buches konnten die Außenstände genau ermittelt werden. So heißt es an einer Stelle: Summe dieser Rechnung gegeneinander verglichen nach Inhalt dieses Rechenbuches und beiliegender Missiven. Rest noch zu bezahlen usw. Die Schuldner trugen, wenn sie bezahlt hatten, dies selbst in das Buch ein, quittierten also selbst, z. B.:

Diese Summe der obengeschriebenen 35½ fl habe ich, Philipp König, den Treuhändern Meister Hermanns von Bielenfeld nachgelassenen Kindern bezahlt am Sonntag den 16. Sept. 1565, oder: Anno 1565 am 15. Sept. in Cöln habe ich, Heinrich Hermann, mich verglichen mit den Vormündern . . . und bezahlt mit 5 Talern. Bei Urkund dies meiner Hand[1]).

Ein anderes Buch eines norddeutschen Handwerkers befindet sich im Großherzoglichen Archiv zu Schwerin und in Abschrift im Germanischen Nationalmuseum zu Nürnberg[2]). Es ist dies das Rechnungsbuch des Güstrowschen Goldschmieds Matz Kreisen genannt Unger aus den Jahren 1574—1591. Das Buch zählt 100 Blätter und enthält Aufzeichnungen über kreditierte Arbeiten, die nach erfolgter Bezahlung durchstrichen worden sind.

Ein bemerkenswertes niederdeutsches Handelsbuch dieser Zeit fand ich schließlich im Königl. Staatsarchiv Wetzlar.

Es trägt die Aufschrift: In Sachen Schamps contra Grütters Wittib. Secundae Appelationis, 26. März 1585, stammt also aus einem Prozesse.

Das Kapitalkonto enthält links und rechts die Summe von L. 2500 ohne jede weitere Bemerkung, nur die Seite des Journals wird genannt. Das Gewinn- und Verlustkonto weist ebenfalls nur Zahlen ohne Text auf, so daß, da das Journal nicht mit überliefert worden ist, daraus nichts Näheres ersehen werden kann. Außerdem finden sich zahlreiche Personen- und Sachkonten, wie Rigischer Handel, Frankfurter Messe, Kasse, Wachs usw. Von ihnen will ich als Probe das Roßkonto· geben:

Rosskonto Debit						Rosskonto Credit					
1569	März	ac	93	L	7.14.6	1567	Februar	ac	13	L	11.15.—
1571	Juni	„	206	„	10. —		März	„	15	„	11.13. 4
1572	April	„	252	„	11. —	1569	Juli	„	112	„	11.10. —
1572	Juli.	„	334	„	23. 7.6	1570	April	„	149	„	8.— —
		„	459	„	57. 1.9		September	„	172	„	11.11. 3
					109. 3.9	1571	Oktober	„	228	„	11.— —
								„	286	„	20. 6. 8
								„	451	„	23. 7. 6
											109. 3. 9

Diese Art der Buchführung, sowie Schrift und Tinte machten mich stutzig, denn danach mußten die Einträge im Hauptbuch gleichzeitig erfolgt sein. Da ferner eine von Wolf Walter unterzeichnete „Bilanntzi aller Debitoren und Creditoren dieser Bücher" vom Jahre 1578 eingeheftet und damit eine interessante Pergamenturkunde in holländischer Sprache verbunden war, erschien mir die Sache wichtig genug, um mir auch die Prozeßakten genauer anzusehen. Leicht war es allerdings nicht, sich durch diesen umfangreichen Band von 570 Blättern hindurchzuarbeiten. Die Akten beginnen im Jahre 1578, werden 1591 vorläufig geschlossen und erhalten 1622 (!) den Schlußeintrag, daß

---

[1]) Abgeänderte Schreibweise.
[2]) Vgl. Jahrbuch LXIII des Vereins für Mecklbg. Geschichte und Altertümer. 1898.

wenn sich niemand, wie sich gebührt, legitimiert, alsdann Submission ergehen soll, „was recht". Aus ihnen ergibt sich folgender Sachverhalt:

Johann Grüter, Ratsverwandter in Münster, hatte mit Roland Marin und Paulus Deschamps 1566 in Antwerpen eine Handelsgesellschaft gegründet. Der Verwalter und Buchhalter war Roland Marin. Als nun Grüter starb, verlangte die Witwe „richtige Rechnungen und Bescheid". Aber die Liquidation zog sich lange hin. Das lag zum Teil daran, daß Roland Marin zwei Jahre lang in Litauen war. Während dieser Zeit versuchte man die Liquidation nach Kräften zu fördern, erkannte aber, daß es ohne die Gegenwart Marins nicht möglich sei. Da die Witwe von ihren Gläubigern „molestiert" wurde, reiste sie mit zwei Sachverständigen von Münster nach Antwerpen. Diese, sowie auch andere Kaufleute mußten erkennen, daß die Bücher unrichtig geführt seien, es wäre ihnen dies niemals bei rechten und aufrechten Kauf-leuten begegnet. Deshalb wurde Anfang 1573 der Buchhalter Heinrich Kelten-hofer „verordnet und deputiert", die Handlung und Rechnung in „behördliche" Ordnung zu bringen und zu dirigieren. Keltenhofer schrieb das Journal, und zum Übertrag ins Schuldbuch und zur Aufstellung der Bilanz wurde der Buchhalter Wolf Walter herangezogen. Es ergab sich danach, daß Roland Marin noch L. 2671. 7. 2 und Johann Grüter L. 1894. 17. 6 schuldeten. Dies wird nochmals nachgewiesen durch einen „Auszug und Spezifikation, was Johann Grüter Selig der Kompagnie und Sozietät schuldig und was Johann Grüter dagegen erstattet und vergnügt hat". Dabei sind die Buchhalter, wie sie vor Gericht bezeugen, verfahren „wie Buchhaltern gemäß sich geziemt".

Dieses Ergebnis war natürlich nicht im Sinne Marins und der Witwe Grüter. Es wurden daher von Roland Marin einige Posten in Zweifel ge-zogen, „ob sie creditor oder debitor sollten geschrieben werden". Ferner wurden fünf ehrliche Männer „solcher zwistiger Posten halber compromittiert, welche auch dies compromittlich erörtert und darlegten, wie sie in Rechnung gebracht werden sollten und dies am 8. April 1578 mit Unterschrift und Siegel bekräftigten". Darauf brachten die beiden Buchhalter die Bücher in Ordnung und bekräftigten dies eidlich, worauf der Rat im Mai 1578 das Siegel der Stadt anhängte. Die betreffende Urkunde, die mit dem Buche fest verbunden ist, hat in Übersetzung folgenden Inhalt:

„Allen denjenigen, die diesen Brief sehen, hören oder lesen werden, ent-bieten Bürgermeister, Schöffen und Rat der Stadt Antwerpen Gruß. Wir tun zu wissen und bescheinigen hierdurch die gerechte Wahrheit, daß auf heutigem Datum auf Ersuchen von Paul Deschamps, Kaufmann, vor uns gekommen und amtlich erschienen ist in eigner Person Wolf Walter, gegen 30 Jahre alt, Buchhalter, wohnhaft in dieser Stadt und hat bei gestabtem Eide leiblichen zu den Heiligen gehalten, geschworen und versichert, wahr-haftig und ihm wissentlich zu sein: Daß der Zeuge aus dem Journal, begründet durch Heinrich Keltenhoffer, auch Buchhalter, betreffend die Kompagnie von Johann Grüter, Roland Marin und Paul Deschamps, das Schuldbuch gemacht habe, dem dieser unser Brief angeheftet ist, und daß der Zeuge darinnen in gutem Glauben gehandelt habe und in allen Fällen nach seinem besten Wissen und Vermögen getan habe. Weiter, daß der Zeuge daraus gezogen und gemacht habe die Bilanz, die in gleicher Weise angeheftet ist, welche Bilanz auch also wahrhaftig und konform[1]) dem erwähnten Schuld-

---

[1]) Wörtlich so im Original.

buche ist. Weiterhin versichert der Zeuge, daß der vorerwähnte Paul Deschamps, um zum Ende der erwähnten Rechnung zu kommen, allen seinen äußersten Fleiß und Eifer angewendet habe, soweit es möglich ist. Alles sonder Arglist.

Dies zur Urkunde haben wir unser Siegel zum Zeichen der vorgemeldeten Stadt Antwerpen diesem Brief angehängt. Datum den 13. Mai im Jahre unseres Herrn 1578."

Aber trotzdem machte Roland Marin die Buchhaltung durch Briefe an die Witwe Grüter wieder strittig und wollte sie nicht „laudieren". Darüber entstand ein „ganz gefährlicher und weitläufiger" Rechtsstreit, der bis an das Kaiserliche Kammergericht Speyer ging. In diesem Prozeß spielten das Zeugnis der beiden Buchhalter und die von ihnen angefertigten Bücher eine große Rolle. (Die Originalbücher lagen bei einem Advokaten in Antwerpen.) Im Jahre 1584 wurde der Prozeß an die Richter voriger Instanz zurückgewiesen. Nach einigen Jahren reiste dann Deschamps, um die Sache schneller zu erledigen, zu Roland Marin nach Litauen. Durch Vermittlung eines gemeinsamen Freundes erklärte Marin, durch Frau Grüter und ihre Genossen aufgereizt worden zu sein und erkannte die durch die dazu „deputierten Buchhalter ausgezogene und beschworene Rechnung" als richtig an. Dabei erfahren wir, daß beide Buchhalter nach Deutschland zurückgekehrt sind, Keltenhofer wohnte jetzt in Hamburg, Walter in Nürnberg.

Im Osten Deutschlands finden sich keine alten Handlungsbücher dieser Zeit mehr vor. Nur das Stadtarchiv B r e s l a u bewahrt zwei Bruchstücke auf: 1. Rechnungen Georg Hornigs, Mitte des 16. Jahrhunderts (handschr. 129). 2. „Register auf das Vorkoffen von Langhansen, Hans Kyrin genannt" 1519 (Lose Akten, Handel).

III. Die Lehrbücher der Buchhaltung im 16. Jahrhundert.

Eine ganz erfreuliche Zahl von Geschäftsbüchern hat sich, wie soeben gezeigt worden ist, aus dem 16. Jahrhundert erhalten und uns einen Einblick in den Stand der Buchhaltung ermöglicht. Aber wir brauchen uns dabei nicht auf diese Zeugen der Vergangenheit allein zu beschränken, denn ungefähr vom Jahre 1500 ab erschließt sich uns eine weitere Quelle für unsere Forschung in den L e h r b ü c h e r n der Buchhaltung.

Als erste gedruckte Darstellung der Lehre von der Buchhaltung war bekanntlich im Jahre 1494 Paciolis „Summa" in Italien erschienen. In Deutschland dauerte es noch ein Vierteljahrhundert, ehe die erste Abhandlung über Buchhaltung gedruckt wurde; denn das „Künstliche Rechenbüchlein" von Grammateus, das auch einen Abschnitt über Buchhaltung enthält, erschien erst 1518.

G r a m m a t e u s , oder wie er zunächst zu nennen ist, Henricus Scriptoris (= Heinrich Schreiber), war spätestens 1496, wahrscheinlich aber einige Jahre früher, in Erfurt geboren, studierte in Wien, wo er 1507 in die Matrikel der Artistenfakultät eingetragen wurde, sodann in Krakau, das damals viel von Humanisten aufgesucht wurde. Spätestens Ende des Jahres 1517 war er wieder in Wien, und zwar mit dem nach Humanistenart gräzisierten Namen Grammateus und erschien in der Fakultätssitzung vom 3. Mai 1518 als Magister Grammateus. Von den Mitgliedern seiner Nation war er für das Sommersemester 1518 als Prokurator gewählt worden.

Veranlaßt durch die sehr heftig auftretende Pest und die damit in Verbindung stehende Schließung der Universität, verließ Grammateus im Jahre 1518 Wien abermals und ging nach Nürnberg. Hier gab er das Werk in Druck und zog dann nach seiner Vaterstadt Erfurt. Auch hier war er literarisch tätig; er verfaßte ein Rechenbuch in deutscher sowie eins in lateinischer Sprache.

Im Sommer 1525 wird Grammateus wieder in Wien als Examinator der Baccalaurianden genannt und im folgenden Wintersemester zum zweitenmal als Prokurator seiner Nation gewählt, er scheint aber bald darauf gestorben zu sein[1]).

Das Buch beginnt mit einem vom Jahre 1518 datierten Vorwort, das Johann Tscherte, bürgerlichem Ratsherrn in Wien, gewidmet ist. Daß Grammateus dieses Werk, das in erster Linie für den Kaufmann und Handelsstand bestimmt war, diesem zur Durchsicht vorlegt und von ihm aufgefordert wird, es in Druck zu geben, läßt darauf schließen, daß er durch seinen Gönner mit den Bedürfnissen dieser Kreise bekannt geworden und von ihm, wenn nicht veranlaßt, so doch in dem Bestreben bestärkt worden ist, sein Wissen diesem Kreise dienstbar zu machen. Der Titel des Werkes ist bemerkenswert, bietet er doch zugleich eine vollständige Inhaltsangabe[2]). Er lautet:

„Ayn new kunstlich Buech welches gar gewiß vnd behend lernet nach der gemainen regel Detre / welschen practic / regeln falsi vnn etliche regeln Cosse mancherlay schöne vn zuwissen nottürftig rechnung auff kauffmanschafft. Auch nach den proportion der kunst des gesanngs jm diatonischen geschlecht auss zutayln monochordnn / orgelpfeyffe vnn ander jnstrument auß der erfindung Pythagore. Weytter ist hierjnnen begriffen buechhalten durch das Zornal / Kaps / vnd schuldbuch. Visier zumachen durch den quadrat vnnd triangel mit viel andern lustigen stücken der Geometrey. Gemacht auff der löblichen hoen schul zu Wien in Osterreich durch Henricu Grammateum / oder schreyber von Erffurdt der siebe freyen künsten Maister."

Am Ende steht: „Gedruckt zu Nurmberg durch Johannem Stüchs Für Lucas Atlansee Buchfurer vnd Bürger zu Wien."

Das Buch zerfällt in vier Teile, der erste in drei Unterteile, jeder Teil trägt auf dem Titelblatte ein auf den Inhalt bezügliches Bild.

Später folgten zahlreiche Nachdrucke, so in den Jahren 1531, 1538, 1544 und 1572[3]).

Das „Buechalte durch Zornal Kaps / vnd Schuldtbuch" auff alle kauffmanschafft" beginnt auf Blatt M 6 a. Der darauf bezügliche Holzschnitt stellt ein Tuchgewölbe dar, links mißt der Handelsdiener Tuch, rechts führt der Handelsherr Buch, vor ihm bezahlt ein Kunde.

Grammateus beginnt mit folgender Anweisung:

„Zu ainem yetzlichen buech halten sein nutzlich drey buecher / als zornal / do mann teglich ayn schreibt die Kauffmanschafft von wort zu wortt aller sach halben / wie es sich ergeben had Item kaps dar ayn mann vormerckt auff zwo seytten auff die ayne gegen der rechte handt ain yetzlich war wan sie kaufft ist Auff die ander seytten zusetzen die Post so sie ist vorkaufft. Zum letzten ist das

<hr/>

[1]) Vgl. Müller, Henricus Grammateus und sein Algorithmus de integris. Zwickau 1896.
[2]) Von diesem Originaldruck finden sich Abdrücke in München, Nürnberg (Germ. Museum), Maihingen und Berlin (Deutsche Lehrer-Bücherei)
[3]) Abdrücke in München, Nürnberg, Dresden, Hamburg (Kommerzbibl.), Freiburg i. Br., Frankfurt a. M. Auch das „newgestellt kunstlich Rechenbuchlein" von Jakob Kaltenbrunner, Nürnberg 1565, enthält einen solchen Nachdruck, ohne daß der Name Grammateus genannt wird.

schuldtbuch in jm beschliessen Conto außgeben ein neme. Nym vor dich etlich bletter vor das was du schuldig bist / schreib auff die rechte seytten ich sal / vn auff die lincke seytten / ich hab zalt / erwelle dir auch etlich folia oder bletter zu d' schuldt die man dir sal / vor zaiche aber gege der rechten handt sal mir / vnd zu der lincken Handt hat zalt. Zum letzten verorden etlich bletter zum Contt außgeben / vn einnemen / schreyb wie vor Conto außgeben zu der rechten hant vn conto einnemen zu der lincken hant / Vorzaichen vnder de dreye ain itzlich buch mit zal / als du dann wirst sehen / zeuch auff ain yeder folin etlich linie obe hernider vor die muntz. Auch vermerck vor ainem yeden buch anfanng die jarzal. Gehend hernach etlich regel auß welchen ist zu mercken was sich mag gemainiglich begebe in handel mit kauffen vnd verkauffen / mit verstechen / vn am stich entpfahen.

Die erste Regel[1]).

Wenn du haft etwas kauft und bar oder bereit bezahlst, so schreib die Post in das Journal, aus welchem gehe in das Kaps auf die Seite: Habe kauft, setze, wo man es im Journal findet, gehe wieder in das Journal, schreib auf die Seiten K. mit der Zahl der Karte oder des Blatts. Weiter wandere in das Konto Ausgeben, vermerk auch die Post und darnach, wo man es im Journal findet, komme wieder in das Journal, schreib auf die Seite C (des Kaps) und seine Zahl daneben, wo es im Konto steht.

Mit wenig Worten viel zu merken.

Wenn Du aus dem Journal gehst in das Kapskonto oder Schuldbuch, so schreib allemal, wo es im Journal steht, darnach gehe in das Journal, schreib auf die Seite die Ordnung, wo es im Kapskonto oder Schuldbuch gefunden wird.

Die andre Regel.

Wenn Du haft kauft und nicht zahlt, so gehe in das Kaps, darnach in das Schuldbuch: soll ich.

Die dritte Regel.

Wenn Du haft kauft und einen Teil zahlt, so gehe in das Kaps, Konto Ausgeben und Schuldbuch: soll ich.

Die vierte Regel.

Wenn Du haft verstochen gleich gegen gleich, so schreib in das Kaps: hab verkauft.

Die fünfte Regel.

Und so Du haft nun am Stich empfangen ein Ware, so wende Dich an das Kaps: hab kauft.

Die sechste Regel.

So die zwei verstochenen Dinge sind ungleich an dem Wert, und man soll Dir über eine Zeit noch herauszugeben bezahlen, so mußt Du Achtung haben auf das Schuldbuch: soll mir.

Die siebente Regel.

Im Stich, so Du einen Teil bist bezahlt, und das andre ist noch zu zahlen, so ist zu gehen in das Konto Einnehmen, und darnach in das Schuldbuch: soll mir.

Die achte Regel.

Wenn Du im Stich schuldig bleibst, so gehe in das Schuldbuch: soll ich.

---

[1]) Abgeänderte Schreibweise.

Die neunte Regel.

Wenn Du im Stich bist schuldig blieben einen Teil und hast das andere zahlt, so ziehe die Post nach dem Kaps in das Konto Ausgeben, darnach das Schuldbuch: soll ich.

Die zehnte Regel.

Was mit Unkost, Zoll oder ander Sache gehet auf eine Ware, schreib in das Kaps und Konto Ausgeben, als dann klärlich hernach wird gesehen. Auch ist Not, daß Du habest ein Register auf die Güter, die Du kauft hast, in welchem Blatt man's im Kaps findet. Jedem ein besonder Register auf die Namen der Personen, denen Du schuldig bist, auch welche Dir schuldig sind.

Einzuschreiben die Post in das Journal Adi primo (am Tage zuerst) was Du hast kauft. Item von wem, so es not tut, wie teuer und ob Du es hast zahlt, einen Teil oder alles, auch zu Zeiten, wo, und wer dabei ist gewesen. Auch ob Du aus hast geben einen Schuldzettel, und viel andere Sachen dergleichen sind zu merken. Also ist auch zu verstehen im Verkaufen, ob man Dich hat bezahlt, einen Teil oder Alles usw. und also im Stechen. Etliche fangen die Post an lateinisch, etliche welsch, es gibt Nichts und nimmt Nichts, schreibe Einer seine Sach auf das beste nach der einen Sprach, die er gelernt hat, denn ich bin der welschen Sprach nicht unterrichtet, im Latein aber hält man selten Buch, jedoch ist es kommen, daß da noch sein blieben etliche welsche Wort, als Adi, das ist am Tag, Konto, das ist Rechnung. Also viel sein gesagt in diesem Büchlein."

Nach dieser theoretischen Einleitung folgt das Journal, das mit nachstehenden Einträgen beginnt:

		fl	ß	d
K 1 C 3	Adi am erstenn des Jennere hab ich kaufft 9 dreyling österreichisch wein / ye 1 dreyling vmb 20 fl, / hab die par zalt. Facit	180[1])	—	—
K 1 C 3 S 1	Adi / am siebendē des hornungs / hab ich kaufft vonn dem hannsen schmydt 8 tonnen hering / ye ein tonnē vmb 6 fl / hab das viertail zalt vnd sal das and' zalē auff pfingsten künnfftig / das hadt her mein handtschryfft. Facit	48	—	—
K 1	Adi am 20 des hornungs hab ich vorstochen 6 tonnē hering / ye ein tonnen vmb 7 fl. Facit	42	—	—
K 1	Adi dito hab ich entpfangen 1 c. 68 ℔ wachs / ye 1 ℔ vmb 15 cr. Facit <center>usw.</center>	42	—	—
K 2 C 3	Adi 6. des brachmonats ist gangen mit fuerlon auff die sayffen vonn Wien gen Preßburg 1 fl / als dann anzaygt das haderbüchlein am ersten blat. Facit	1	—	—

Am Schlusse des Journals stellt Grammateus Gewinn und Verlust zusammen, und zwar in folgender Weise:

----

¹) 1 fl = 8 ℔ 12 ₰.

Adi 18 des Christmonats habe ich beschlossen meine Rechnung und finde Gewinn und Verlust wie hernach folgt:

	fl	℔	₰
An Wein Gewinn . . .	—	—	—
„ Hering „ . . :	6	—	—
„ Wachs „ . . :	5	—	—
„ Pfeffer „ . . :	1	4	—
„ Leinwand Verlust . .	—	2	—
„ Messern Gewinn . .	1	—	—
„ Seife Verlust . . .	1	4	—
Facit Gewinn	11	6	—

Dazu gibt er folgende Anleitung: „Zu suchen Gewinn und Verlust einer jeden Ware schau zum ersten, ob die Ware sei verkauft oder verstochen, alle oder ein Teil. Ist sie alle verkauft oder verstochen, so setze das Geld, das dafür ist geschrieben im Verkaufen oder im Stich, und so aber noch etwas geblieben derselbigen Ware, so schätze es auf seinen Wert im Kaufen[1]), tue sein Geld zu dem anderen. Gehe darnach in das Kaufen, vermerk das Geld, also hast du zwei Zahlen, als eine aus dem Verkaufen, die andere aus dem Kaufen, ziehe eine von der anderen, so bleibt Verlust oder Gewinn. Ist es Sache, daß du subtrahierst das Geld des Kaufes von dem Geld des Verkaufens, so hast du gewonnen. Subtrahierst du aber die Zahl des Verkaufens von der Zahl des Kaufens, so hast du verloren."

Hierauf folgt das „Kaps":

Weyn verkaufft[2])				Weyn kaufft Adi / 1 des Jenner 9 drey-ling. Im zor. K. 1. Facit	180	—	—
Hering verkaufft Adi / 20 des hor: vorstochen 6 tonnen. Im zor. K. 1. Facit	42	—	—	Hering kaufft Adi 17 des hornungs 8 tonen / Im zor. K. 1. Facit	48	—	—
Wachs verkaufft Adi / 1 des mertzē vor-stochen 1 c. Im zor. K. 1. Facit	30	—	—	Wachs kaufft Adi / 20 des hornungs / am stich 1 c. 68 ℔. Im zor. K. 1. Facit	42	—	—

usw.

Am Schlusse dieses Buches findet eine Art Inventur statt, indem die noch vorhandenen Waren verzeichnet werden:

Die bleibendt güter			
Weyn 9 dreyling . . / Facit	180	—	—
Hering 2 tonnen . . / Facit	12	—	—
Wachs 68 ℔ . . . . / Facit	17	—	—
Piper 12 ℔ . . . . / Facit	7	4	—
Messer 60 par . . . / Facit	3	—	—
Saiffen 100 ℔ . . . / Facit	17	4	—
Summa Facit	237	—	—

[1]) Also Einkaufspreis!

[2]) Im Gegensatz zu heute setzt also Grammateus den Einkauf rechts, den Verkauf links.

Diente das „Kaps" dem Warenkonto, so fanden die Personenkonten ihren Platz im Schuldbuch, das hier ganz zum Ausdruck gelangen soll:

Schuldt Buech 1521			Schuldt Buech 1521		
Hab zalt			**Ich soll**		
Adi / 27 des herbstmonats hansen schmidt jm zor. K. 4. Facit	18	— —	Adi / 7 des hor. hansenn schmidt. Im zor. K.1. Facit	36	— —
			Adi / 6 des May Jorg pfeil. Im zor. K. 2	1	— —
Restat zu zalen. Facit	25	— —	Adi / am letzten des malen Hans schmidt / Im zor. K.3. Facit	6	— —
Hat zalt			**Sol mir**		
Adi / 6 des Wintermonats peter weckauff / Im zor. K. 4. Facit	2	— —	Adi / 7 des Aprils Hannß kesler / Im zor. K. 2. Facit	3	— —
			Adi /7 des heumonats Peter weckauff im zor. K.3. Facit	2	— .
Restat zu zalen Facit	3	3 —	Adi / 1 des augst. Sigmud wiener. Im zor. K. 4. Facit	—	3
Contto Einnemen			**Contto Außgeben**		
Adi / 1 des mertzē / In zor. K. 2. Facit	15	— —	Adi am ersten des jenners Im zor. K. 1. Facit	180	— —
Adi / 1 des Augst / Im zor. K. 4. Facit	—	3	Adi / am sieben: des horn: Im zor. K. 1. Facit	12	— —
			Adi am letzten des mayen Im zor. K. 3. Facit	10	— —
Adi 6 / des Wintermonats, Im zor. K. 4. Facit	2	— —	Adi / 6 des brachmonats / Im zor. K. 3. Facit	1	— —
			Adi / 17 des herbstmonats / Im zor K. 4. Facit	18	— —
Summa Facit	17	3 —	Summa Facit	221	— —

Hierbei muß noch ein Wort zu den Kontenüberschriften gesagt werden. Zuerst wendet Grammateus die Überschriften: „Hab zahlt — Ich soll" an. Da darunter die Kreditoren verzeichnet stehen, ist dies verständlich, die Fugger schriebens übrigens ebenfalls: „Ich habe zahlt — Ich soll zahlen." Unter der Überschrift: „Hat zahlt — Soll mir" bucht Grammateus sodann die Debitoren. Hierbei aber vertauscht er wieder, wie im Kaps, rechts und links und belastet rechts und entlastet links.

Den Schluß seiner Abhandlung bildet die „Probe des Buchhaltens". Da sagt er: „Addiere zusammen das Einnehmen, (und) was man dir schuldig ist, danach die bleibenden Güter. Und von der ganzen Summe subtrahiere das Ausgeben, was du noch schuldig bist, und sodann bleibt die Zahl des Gewinnes, so ist es gerecht."

Diese Vorschrift beachten wir auch heute noch bei der „Probe des Buchhaltens", bei unsrer Bilanz. Aber was „sodann bleibt", ist nicht Gewinn, sondern Schlußkapital; Gewinn würde es nur unter der Voraussetzung sein, wenn das Geschäft mit nichts begonnen worden wäre.

Grammateus ist, soweit es sich bis jetzt ermitteln ließ, der erste, der über Buchhaltung in deutscher Sprache geschrieben hat. Darin besteht aber auch sein einziges Verdienst für die Geschichte der Buchhaltung, das allerdings vielfach zu sehr gewürdigt worden ist. Seine Buchhaltung ist weder einfach noch doppelt, er hat Paciolis Werk gekannt, aber nicht verstanden. Darum wird man wohl das Lob, das Grammateus bisher gezollt worden ist, auf das rechte Maß zurückführen müssen, wie es auch bereits J. Row. Sogo getan hat [1]).

Bei Grammateus bildete, wie wir gesehen haben, die Buchhaltung nur einen kleinen Teil des Gesamtwerkes [2]), und so ist es auch zu erklären, daß es lange Zeit für die Geschichte der Buchhaltung unbeachtet blieb. Als erstes in deutscher Sprache erschienenes Werk hat vielmehr bis in die neuere Zeit herein Gottliebs „Teutsch verstendig Buchhalten" vom Jahre 1531 gegolten. Kann diese Behauptung heute auch nicht mehr aufrecht erhalten werden, so ist doch dieses Buch immerhin noch das bis jetzt bekannte früheste s e l b s t ä n d i g e Buchhaltungswerk in deutscher Sprache.

Über die Persönlichkeit Gottliebs konnte ich folgendes feststellen. Nach Roth, Geschichte und Beschreibung der Nürnberger Karthause (1790) S. 141 war der Assessor vom Handelsstand Johann Gottlieb von 1533—1538 Beisitzer des Almosenamtes. In seinem zweiten Buchhaltungswerke vom Jahre 1546 sagt Gottlieb, daß ihn seine „gehabten Dienste" bisher an der Ausarbeitung eines größeren Buchhaltungswerkes gehindert hätten, aber nun sei er derselben Dienste „gelediget", so daß dieser Johann Gottlieb wahrscheinlich mit dem Verfasser identisch ist. Das Buch ist äußerst selten geworden [3]), gewährt aber insbesondere in den Buchhaltungsunterricht des 16. Jahrhunderts einen hervorragend wertvollen Einblick. Es trägt folgenden Titel:

„Ein Teutsch verstendig Buchhalten für Herren oder Geselschaffter inhalt wellischem proceß / des gleichen vorhin nie der jugent ist fürgetragen worden / noch in druck kummen ' durch Joann Gotlieb begriffen vnd gestelt.

Darzu etlich vnterricht für die jugend vnd andere / wie die Posten so auß teglicher Handlung fliessen vnd furfallen / sollen im Jornal nach künstlicher vnd Buchhaltischer art gemacht / eingeschrieben / vnd nach malß zu Buch gepracht werden."

Cum Gratia et Priuilegio.

Laus deo 1531 Jarn.

Schon aus dem Titel („darzu etlich vnterricht für die jugend") geht hervor, daß es vorzugsweise für die Jugend bestimmt gewesen ist, und so

---

[1]) R. Brown, A History of Accounting and Accountants. Edinburgh 1905. S. 123: The part dealing with book-keeping is very brief, and so confused and bad that it proves the arithmetic-master's knowledge to have been very perfunctory . . . It seems better, on the whole, not to trouble to find out the arithmetic-master's intentions, for it is extremely improbable that he himself knew much about what he was professing to teach.

[2]) Ebenso wie bei Pacioli.

[3]) Es befindet sich in Göttingen (aber nach Jäger ist es dort nicht zu finden), in Leipzig (U.-B.) und in Frankfurt a. M.

erklären sich auch die zahlreichen methodischen Hinweise und Gedanken. Wollen wir heute denkende, nicht mechanisch arbeitende Buchhalter heranbilden, so müssen wir sie überzeugen, daß es nicht ein einziges, alleinseligmachendes Schema gibt, das für alle Betriebe gilt, sondern daß jedes Unternehmen die Buchhaltung seinen besonderen Verhältnissen anpassen muß. Diesen Gedanken spricht bereits Gottlieb vor 400 Jahren aus. „Diewenl nu die hendel nit ennerlen sind, so sind auch mancherlen Puchhalten (der ich selbs ben viert-zigerlen manier ben einander habe) nedoch alle nur mit einem grundt dreŋer hauptstück versast. Kan einer des Puchhaltens rechten grundt, so versteht er nicht allein alle Puchhalten, sunder vermag auch das Puchhalten nach eines neglichen handels art vnd gelegenheŋt ziehen vnd brauchen, glench als ein wachs, so sich hin vnd her biegen lest." Freilich scheint dies im Unterricht nicht immer berücksichtigt worden zu sein, denn Gottlieb fährt fort: „Es ist wol war, so einer den rechten grundt nicht wenß vnd nur sovil gelernt, so man in schulen bißher fürgetragen hat, so versteht er kein anderes, denn so er gelernt hat. Das henst aber nicht recht gründtlich Puchhalten können, sunder henst zum schmidle gangen vnd nicht zum schmide." Er zieht hierbei einen Vergleich zwischen Buchhalten und Latein: „Puchhalten können ist gleich so einer latein kann, so versteht er ŋe die lateinischen pücher, ob er schon darin nie studiert hat." Das Buchhalten ist seiner Meinung nach überhaupt nicht schwer zu erlernen, „so man es der jugent nach seŋnem rechten grundt vnd hauptpunkten geschicklich, trewlich vnd auffs kürtzte fürtregt. So man aber one grundt vnd vorteŋl im tieffen Meere umbwandelt, so weiß man vom anfang noch vom mittel vnd endt zu sagen. So geschichts denn, das man zu jarn daran lernen muß vnd weŋß doch endtlich nicht, wie sich ein rechnung recht schließen soll." Sein Unterricht macht natürlich davon eine Ausnahme: „Die jhenigen, so ich gelert hab vnd doch zuvor von andern auch gelernt haben, werden sagen, was für vorteŋl vnd geschicklichkeit sie von mir gesehen. Das etliche durch solchen vorteŋl in vierzehn tagen, etliche inn dreŋ biß vier wochen, darnach die ingenia oder gaben gottes gewesen, gelernt haben." Gott-lieb zeigt nun an zahlreichen Beispielen, wie die Posten im Journal gebildet werden sollen, z. B.:

So ich vmb pargelt kauff.

Wachs hab ich kaufft // vmb pargelt von H. F. 2 stück, wegen lauter 1184 ₰, den centner p. 14 fl, thut   fl 165 ß 15

So ich kauff auff zeyt.

Wax hab ich kaufft // Von Hans Fridman[1]) 3 stück, wegen Nr. 1. ₰ 527, Nr. 2. 518, Nr. 3. 490 thara für 6 reyff 15½ ₰, tut lauter 1519½ ₰, den cent. p. 15 fl 7½ ß, zalen auff ½ Jahr mit grober münze   fl 233 ß 12

    „Solche yetzt gesetzte rechte vnd wohlgeschickte Puchhalterische Posten vnd dergleichen sind in rechen oder schreyb schulen yedoch durch vnverstand mit blinder pewrischer (= bäurischer) vnd verkerter weyß, wider eins yeglichen Puchhalten rechte vnd natürliche ordnung vnd art, so wir solchs bißher nit pesser gewißt haben, der massen wie hernach volgt, gestelt worden."

---

[1]) Ein Hans Fridmann wird um dieselbe Zeit in Nürnberg als Vertreter des Augs-burgers Hartbrunner genannt, vgl. oben S. 74.

Von dem erſten oben angegebenen Barkauf gibt nun Gottlieb drei Beiſpiele falſcher Buchungen:

1. Kauffen umb pargelt.

Ditto hab ich außgeben, kaufft ich von H. Fridman 2 ſtück wax, die haben lauter gewegen 1184 ℔, koſt der cent. 14 fl, macht fl 165 ß 15 ¹).

2.

Ditto Hans Fridman zalt ich par, vmb das ich von jm kaufft 2 ſtück wax, wegen usw.

3.

Ditto hab ich außgeben, zalt ich H. Fridman 165 fl 15 ß für 2 ſtück wax, die wegen usw.

Zur Dermeidung ſolcher Fehler weiſt Gottlieb auf den „natürlichen proceß" hin, wonach der Gläubiger im Schuldbuch auf die rechte Seite kommen muß, „diewenl trew und glauben durch die rechte handt bedeut wirdt", und die Ware daher auf der erſten oder linken Seite des Güterbuches erſcheinen muß.

Gottliebs Unterricht beſchränkt ſich auf die Bildung der Journalpoſten und ihre Übertragung ins Schuld- und Güterbuch, um die wichtigen Kapitel des Abſchluſſes drückt er ſich mit der Begründung, daß hierzu mündliche Anweiſung notwendig ſei. „So wil ſich ſolchs weder ben der jugent noch ben andern one augenſcheinliche zeygung vnd werkung nicht wol bilden noch pflanzen laſſen. Und ob ſchon ein gros und weitlenfftig geſchwetz, ſo nur zu umbfürung dient, daruon gehalten würde, ſo mag es doch die jugent on lebendichs zeygen oder weyſen nicht wol annemen, faſſen noch verſtehen. Dorab in dieſer kunſt bildet das weyſen in einer ſtundt mehr denn ſunſt ein gros geſchwetz in vil tagen. Hierumb wil ich die jugent mit ſolchem blinden unterricht in der geſtalt unbeſchwert laſſen. Mündlich aber wil ich einem neden durch des puchs proceß und ſichtige weyſung nit allein gemelter beſchlüß halber, ſunder auch anderer verporgner geſchicklikeyt vnd hauptpunkten guten und kurtzen unterricht geben."

Zum Schluſſe kommt Gottlieb wieder auf ſeinen einleitenden Gedanken zurück, daß „ein neder handel auff mererlen art oder wege des Puchhaltens mag gehalten werden". Die Hauptſache iſt, daß „die hauptpunkt unverruckt blenben. Das muß ein getrewer leermeyſter der jugent auch anzeygen. Denn eine oder zwo manier ſind zum grunde des Puchhaltens, denſelben zu erlangen, nicht gnug, jr müſſen engentlich mer ſein ſampt den dreyen hauptpunkten uſw.

Das haben die jhenigen bißher nicht gewiſt, ſo ein Puchhalten einer oder zweyer manier überkummen oder auff einem welliſchen miſt gefunden, haben ſie ſich für künſtliche leerer des Puchhaltens öffentlich außgeſchrieren und der jugent den mundt auffgeſpert und loröl (= Lorbeeröl) darin geben, ſo man doch ſolchs mit guttem gewiſſen nicht wol verantworten mag. So haben denn die hendler, ſo ſolche ſchuler zum Puchhalten jrer hendel haben geprauchen wöllen, genugſam zu thun gehabt, ſolche ungeſchicklikeyt auß jnen wiederumb abzubilden. Er were ne fürtreglicher und beſſer, einer lernet etwas

---

¹) So buchte Grammateus; es war nur eine einfache Aufzählung oder Beſchreibung des Dorfalls, und es bedeutete demnach einen Fortſchritt, wenn Gottlieb zuerſt den Debitor und unmittelbar darauf den Kreditor nannte.

recht synnigs denn ein blohen husten, vnd erkauffte jm ein tügliche vnd gute wahr, denn ein verpöffelte. Die zeyt unnüßlich verzeren ist ein übel Ding, vil mer die jugent zu verfaumen vnd belonung darumb einzunemen."

So zeigen auch diese Säße, daß schon in der ersten Zeit des deutschen Buchhaltungsunterrichts methodische Grundfäße ausgesprochen worden sind, die heute noch ihre Geltung haben.

Nach diesen methodischen Bemerkungen geht nun Gottlieb an die Darstellung eines Beispiels:

Nun wöllen wir einen haubtpunkt des Buchhaltens für vnns nemen / vnn denselben durch einen handel auff Geselschaffter art nach künstlicher geschickligkeyt zum teyl für vns malen damit ein yeder greyffen mag / das diser grundt / so ich für die jugendt wil angezeygt haben / nit ein wind / sunder ein kunst sey vnd wöllen disen Geselschaffter handel erstlich in Jornal also stellen vnd beschreyben / wie hernach volgt.

	Jornal oder teglich buch. Laus deo 1531 Jarn.			
	Ich Joann Gotlieb hab für mich vnnd mein mituerwandten disen volgenden handel im namen vnsers herrn vnd seligmachers erstlich angefangen.			
	Adi 17 Junij.			
$\frac{1}{2}$	Pargelt hab / Ich Hans Gotlieb Burger zu Nürenberg inn disen handel / so ich adi ditto angefangen für mein haubtgut gelegt an mererley grober müntz .	fl 300	ß —	
$\frac{1}{2}$	Pargelt hab ich empfangen // Vö Andreas Gotlieb meinem brüdern zur kindheyde so er zu mir auff gewinn vnnd verlust inn disen handel / halb grob halb klein müntz erlegt hat	„ 400	„ —	hk —
$\frac{1}{2}$	Pargelt hab ich empfangen // Vö Mißer Peter Pürisell burger zu Maylandt / so er zu mir vnnd meinem brüdern inn disen handel auff gewinn vnd verlust gelegt hat 375 krona zu 101 ß wellisch thut . . .	„ 541	„ —	„ —
	Adi 18 ditto.			
6	Ein Kisten hab ich empfangen // Von Mißer Peter pürisell so er mit jm adi 12 ditto herbracht hat / darinn ist gewesen			
$\frac{7}{3}$	41 vntz 22 ₰ mettel vntz golt die vntz p. 74¹/₈ ß wellisch tut — fl 44 ß 12 h k 2 95ª/₄ vntz mettel vntz golt die vntz p. 76¹/₂ ß well. tut — fl 104 ß 12 h k 7 kosten jn 13 ₰ auff zu machen fl 1 ß 9 h k 9 4 Duc Seyde porten das stück p. 19 ß well. tut — fl 13 ß. — h k 6			
	tut alles zusammen	„ 163	„ 15	„ —

Hierauf zeigt Gottlieb das

(Links.) „Schuldbuch sampt seinem Gütterbuch."

			Pargelt hab ich empfangen adi 17. Junij //								
			Von mir Hans Gotlib . . . . . . a cartha	2	fl 300	ß	—	hk	—	
1	Adi	17	Junij // Von Andreas Gotlieb . . . „ „	2	„ 400	„	—	„	—	
—			Ditto // Mißer Peter purisel . . . „ „	2	„ 541	„	—	„	—	
4	„	5	Julij // Für Seyde porten . . . . „ „	7	„ 63	„	15	„	—	
6	„	6	Augusti // Für Samet . . . . . . „ „	9	„ 385	„	—	r	—	

(Rechts.)

			Pargelt hab ich außgeben adi 18. Junij für								
			wax . . . . a cartha	7	„ 283	„	13	„	1	
2	Adi	20	Juny // Für kupfer vnkost . . . . . „ „	8	„ 46	„	3	„	—	
2	„	—	ditto // „ wax „ . . . . . „ „	7	„ 30	„	11	„	4	
3	„	21	ditto // „ Messing „ . . . . „ „	8	„ 85	„	17	„	10	
3	„	29	ditto // Dem Mißer Peter purisel . „ „	3	„ 75	„	18	„	6	
6	„	20	Augusti // Für Sylber. . . . . . „ „	9	„ 517	„	15	„	—	

(Links.)

		Casper Haber, sol mir adi 22 Augusti // für							
		54½ marck Sylber / die vntz pro 85½ ß							
6		Zalen auff ¼ Jar tut . . . . . . a ca	9	„ 532	„	10	„	1	
		Darfür ist Hans zeuleyß pürg.							

(Rechts.)

	Ich Hans Gotlieb sol haben adi 17 Juny //							
	Pargelt . . . . a cartha	1	„ 300	„	—	„	—	

	Andreas Gotlieb sol haben adi 17 Juny //							
	Pargelt . . . . a ca.	1	„ 400	„	—	„	—	

	Mißer Peter purisel sol haben adi 17 Juny //							
	Pargelt . . . . a ca.	1	„ 541	„	—	„	—	

usw.

Den Schluß bildet

„Das wahr oder Gütterbuch."

Vntzgolt hab ich empfangen adi 18 Junij //
von Mißer Peter purisel — —
41 vntz 22 ₰ mettel golt / die vntz —
p. 74½ ß. w. tut — fl 44 ß 12 hk 2
95¾ vntz mettel golt — —
zu 76½ ß tut — fl 104 ß 12 hk 7
Daruon auff zumachen fl 1 ß 9 hk 9
Macht alles zusammen — a ca.   3 fl 150 ß 14 hk 6

6 Adi 18 Augusti hab ich empfangen // vom Purisell
5 vntz 9 ₰ mettel golt zu 75 ß. w. —
21½ ₰ Behemisch golt p 4 ß vnd
auf zumachen 1 ß 1 ₰ tut alles — a. ca.   3 fl 6 ß 19 hk 1

Vntzgolt hab ich verkaufft adi 21 Julij //
dem Andres Gotlieb — —
13 ℔ mettel golt zu 12½ fl tut — a ca.   4 fl 162 ß 10 hk
usw.

Gottlieb fand bald einen Nachfolger in dem Danziger Rechenmeister Erhart von Ellenbogen. Dieser hatte vorher in Wien, Prag, Liegnitz, Thorn, Nürnberg, Passau und anderen Orten Schule gehalten und war nun „gemeiner Rechenmeister" der Stadt Danzig. Im Jahre 1537 gab er ein

„Buchhalten auff Preuffifche münhe vnd gewicht ..."[1]) heraus, verbunden mit einem Rechenbuche. Das Buch war in Wittenberg durch Joseph Klug gedruckt worden und behandelt die Buchhaltung auf 25 Seiten. Vor 34 Jahren hätte er einen Gulden darum gegeben, wenn er „ein Buchhalten het können zu gesichte kriegen", aber nun hat er gleich wie Gottlieb, den er besonders nennt, auch viele Buchhalten zusammengebracht und zum Zeichen, daß er „aller Hochberümbten Rechenmeister manier, art und weise" kennt, hat er aus ihren Werken die Namen der Kaufleute und der Fuhrleute genommen[2]).

Erharts Buch beginnt mit dem „Teglich Buch, oder von den Italiener Jornal oder Zornal genannt", und zwar mit 1. März 1537:

1 1 7	Adi 3 ditto hab ich gekauft von Hans Schwarzewolt, B. zu Dantzigk 9 schiffpfund wachs / kost j schiffp 64 mark 3 schil. Habe jm daran gegeben 300 mark, die rest sol auff Michaelis fallen, thut	576 M 27 Schil.
1 1	Adi 5 ditto / hab ich gekaufft von Andreas Stoltenberg Bürger zu Warschau 20 last weitzen, kost j last 32 mark 3 schil. Sol jms bezalen auff den Domnick[3]) / des hat er meine handschrifft thut	644 M 20 schill.
2 0 7	Adi 16 ditto heb ich gekaufft von Thomas Colmer[4]) Rechenmeister zu Thorn 17 last korn / zu 18 mark / ist bar bezalt dabey sind gesessen Mister Peter Purisel[5]) B. zu Meyland / und Jörg Linger vnd Michel Hübner / thut	306 M 0 schill.

usw.

Daran schließt sich das „Güterbuch oder Capisbuch genannt":

Laus deo Gekaufft 1537			wachs verkaufft		
Adi 3 Mertzen von Hans Schwartzewolt 9 schiffpf a cartha 1	576	27	Adi 10 Herbstmon. / dem Jorgen Peyer 7 schiffpf a cartha 4	511	—
Find ich gewinn im verkauffen	62	39	Find ich Güter vnverkaufft 2 schiffpf	128	6
Kaufft			weitzen Verkaufft		
Adi 5. Mertzen von Andreas Stoltenberg 20 last a carth 1	644	20	Adi 10 Herbstmonats dem Merten Roden 18 last a cartha 4	720	—
Find ich gewinn im verkauffen	140	6	Find ich vnverkaufft Güter 2 last	64	26

usw.

Nun folgt die Zusammenstellung der Gewinne und Verluste:

Der Gewinn betrug an Wachs M. 62 Schill. 39

	Weizen	„	140	„	6
	Ingwer	„	75	„	—
	Korn	„	2042	„	—
	Blei	„	180	„	—
	Safran	„	150	„	—
	Samt	„	36	„	—

M. 2685 Schill. 45

---

[1]) Abdruck in der Universitätsbibliothek Königsberg.
[2]) So aus Grammateus 2, aus Gottlieb 3 Namen.
[3]) Der bekannte Danziger Jahrmarkt.
[4]) Ihm ist das Buch gewidmet.
[5]) Aus Gottliebs Buchhalten.

Der Verlust betrug an Laken M. 74 Sch. 42
Zinn „ 29 „ 52

M. 104 Sch. 34

„Nim den verlust vom ge-
winn / So bleibt lauter gewinn M. 2581 Sch. 11"

Bei dem Schuldbuch gibt er auch keine lange Erklärung, sondern nur den Hinweis: „Zalet ich, setz auf Sol mir, Zalet mir auff sol ich."

Laus Deo. Sol mir			Sol ich		
1537			Adi 3. Mertzen dem Hans		
Adi 2 Weinmonat.			Schwarzewolt auff Michaelis		
Hans Schwartzewolt p. rest			für wachs a cart. 1 . . .	276	27
a cartha 5	276	27	Adi 5. Mertzen dem Andres		
Adi vit. Merzen Andres Stolten-			Stoltenberg auff Domnick		
berg p. rest ac 2	100	18	für Weitzen a cart. 1 . .	644	20
Adi 4 Brachmonat Andres Stol-					
tenberg p. rest ac 3 . . .	333	2			
Adi 5 Augstmon. Andres Stol-					
tenberg p. rest a ca. 4 . .	211	—			
Conto de Cassa			Conto de Cassa		
Das bereit gelt eingenommen			Das bereit gelt ausgegeben		
Adi 9 Herbstmon. von Valten			Adi 3 Mertzen dem Hans		
Nagel für bley a cartha 4 .	20	—	Schwarzewolt für wachs a		
usw.			cartha 1	300	—
			usw.		
Summa summarium a carth 8	7836	8	Summa summarium a cartha 8	5586	44

Ellenbogen versetzt nun Gottlieb einen scharfen Hieb, indem er sagt: „Habe nicht gethan / wie denn jr viel / die auch Buchhalten haben aus- gehen lassen ... vnd nicht zum ende beschlossen vnd volnbracht, sondern schreiben / man sol zu jnen komen." Er gibt deshalb folgende „Probe des Buchhaltens":

Summir das Conto der Cassa des einnemens / vnd die rest Sol
mir vnd die vnverkaufften Güter . . . . . . Summa M. 8747. 55
Von dieser zal subtrahier das Conto der Cassa des ausgebens
vnd die rest Ich sol . . . . Summa „ 6166. 44
So bleibt lauter gewinn . . . . „ 2581. 11

Daran schließt sich das Verzeichnis der „Vnverkaufft güter".

In diesem Abschlusse hatte ja Ellenbogen ein Vorbild in der Darstellung des Grammateus. Ellenbogen hat demnach aus beiden Werken (Grammateus und Gottlieb) ein drittes geschaffen, das die Vorteile der beiden verbindet.

Dann folgt noch ein „Beschluß des Buchhaltens", der einige neue Ge- sichtspunkte enthält. Ellenbogen sagt hierin[1]): „In diesem Buchhalten kann man das erste ohne das letzte, und das letzte ohne das erste nicht verstehen.

---

[1]) Abgeänderte Schreibweise.

Darum, wer da will das oder ein ander Buchhalten ohne eine lebendige
Stimme selber leslichen lernen, darum ichs denn so gar offenbar klärlichen
gesetzt hab, muß es oftmals durchlesen. Auch halten etliche Buchhalten auf
2 Bücher, auf welche Weise ich ihr auch etlich ausgesetzt habe; etliche halten
3 Bücher, etliche 4 und etliche 5 Bücher. Ich will keinem seine Manier strafen,
hält ers recht, ists ihm so viel besser. Es mag einer wohl ein besonderes
Büchlein machen, und zumal der da dienet, darin er schreibt alle Unkost,
die da nicht zu einer sonderlichen Ware gehört, und wird von etlichen das
haberbüchlein geheißen, und halten es für das 5. Buch, welches (= dessen)
Summe in der Probe wird auch von dem Gewinn subtrahiert.

Auch ist zu wissen, daß etliche halten ein Register auf das tägliche Buch
allein, und auf das Güterbuch, und auf das Schuldbuch zwei, nach Inhalt
der zwei Punkte: ist alles gut, denn dem Reinen ist alles rein. Und so
jemand überredet würde, daß dieser oder der ein besseres Buchhalten hält oder
lernet, so könnt ihr aus diesem alle anderen verstehen, so sie anders auf
die rechten hauptpunkte gegründet sind. Damit sei unser Gott gebenedeiet
ohn Ende. Amen."

Aber auch Gottlieb war nicht auf seinen Lorbeeren eingeschlafen und
gab im Jahre 1546 ein neues Werk unter folgendem Titel heraus: „Buchhalten, Zwey Künstliche vnd verstendige Buchhalten usw." Am Ende steht

Cum gratia & Privilegio
Zu Nürnberg truckts Johan Petreius. Anno 1546[1]).

In der Vorrede an den Leser weist er darauf hin, daß sein 1531 erschienenes Werk viel Wohlgefallen gefunden hat, obwohl es ohne Beschluß
war. Seitdem sei er oft von guten Freunden gebeten worden, ein Buchhalten „mit seinen Beschlüssen, Proben vnd Außzügen" herauszugeben, welchem Wunsche er auch aus christlicher Neigung und Wohlmeinung nun nach-
gekommen sei.

Die Einführung hat viel Ähnlichkeit mit der des Werkes von 1531,
aber die methodischen Bemerkungen fallen weg, und die Ausdrucksweise ist
bescheidener und sachlicher.

Schon in seinem ersten Buche hatte er ein Schuldbuch samt dem Güterbuch
verlangt, darein alles das, was im Journal ausführlich entworfen ist, aufs
kürzeste getragen und gezogen wird. Auch 1546 verlangt er ein Buch, „vorn
darein das Bargelt, Schulden vnd Gläubiger setzt. Diesen ersten theil heißt
man das Schuldbuch vnd hinten nach in mittel desselben Buchs
die Güter oder die Wahr, diesen hindersten halben theil heißt
man das Gütterbuch." Aber wenn man vom Buch sagt / so versteet man
sie beide."

Nun zeigt er, ähnlich wie in seinem ersten Werke, die Buchung einzelner
Geschäftsvorfälle, wie z. B. Barkauf, Zielkauf, Barverkauf usw. Dann folgen
die Bücher des ersten Buchhaltens (= ersten Geschäftsgangs). Das „Jornal
oder Teglich Buch" beginnt mit folgenden Einträgen:

---

[1]) Exemplare in Frankfurt a. M., Königsberg, Nürnberg (G. M.) und München.
Von einer späteren Auflage, gedruckt 1592 in Eisleben, finden sich Exemplare in Frankfurt a. M. und München.

Laus Deo 1545 Jar

Adi 7 Martij.

Bargelt /, hab ich Joan Gotlib für mich selbst in diesen meinen
folgenden handel / den ich im namen vnsers lieben Herrn vnd
Seligmachers auff dato angefangen / für mein hauptgut gelegt

An ganzen patzen	800 fl
An Zwelffern	650 fl

$\frac{1}{2}$

An allerley kleiner müntz 550 fl, tut alles zusamen in summa fl 2000. —. —

Adi 8 ditto

Silber hab ich kaufft // vmb Bargelt von Veit Gutteter 8 m. 14 lot
2 qu. 0 ♄, die m. vmb 8 fl. 16 ß 8 h grob müntz, thut . . fl 78. 13. 5

usw.

Finis dises Diurnals.

Daran schließt sich das „Schuldbuch sampt seinem Gütterbuch (für ein
buch in zwey theil getheilt) des ersten Buchhaltens aus desselben Jornal hierein
getragen".

Es beginnt mit dem Kassenkonto und trägt links die Überschrift „Einnam
Par gelt" und rechts „Außgab Par gelt".

Der Kassenbestand ist mit den Worten vorgetragen:

Adi 16 Julii hinhinter getragen das Bargelt so noch vorhanden ist an . . .
cart. 10. fl 2229 ß. 10. h. 3.

Hierauf folgen die persönlichen Konten, und zwar zuerst Johan Gotlib,
dessen Konto hier das Kapitalkonto ersetzt, das aber schließlich unverändert
mit fl 2000 „hinhinter" getragen wird.

1[1]) Joan Gotlib getragen Adi 16 Julii hinhinter cart. 10 fl 2000. —	Ich Joann Gotlib sol haben Adi 7 Martii // Bargelt so ich in diesen meinen handel gelegt cart. 1 fl 2000. —
3 Dem Wolffen Schweicker hab ich zalt Adi 9. Junii // Bargelt an grober müntz für die Wolln cart. 1. fl 200. —. — Adi 16 hinhinter getragen so Er noch haben sol cart. 10 fl 44. 16. —	2 Wolff Schweicker sol haben Adi 8 April // für 20 Ctr. Wollen zu 10 fl Auf 1 Monat thut cart. 7. fl 200. —. — 4 Adi 7 Julii sol Er haben // für 28 Eln Thabin zu 32 ß. Auff ¹/₂ Jar thut cart. 8. fl 44. 16. —
fl 244. 16. — usw.	fl 244. 16. — usw.

Von Beispielen aus dem Güterbuch nehme ich hier folgendes heraus:

Anfang 1545 Jar diß Gütterbuchs.

1 Silber hab ich kauft Adi 8 Martii // vmb Bargelt 8 marck 14 lot 2 quent zu 8 fl 16 ß 8 h g. cart. 1. fl 78 ß 13 h 5 Thut der gewin . 8 . 3 . 3 Summa fl 86 ß 16 h 8	Silber hab ich verkaufft Adi 15 Martii // vmb Bargelt 8 mark 14 lot 2 quent zu 9 fl 15 ß g. gelt (= gut Geld). tt. (= thut) cart. 1. fl 86 ß 16 h 8

[1]) Die vordere Zahl bedeutet die Seite des Journals, die carta die Seite des
Hauptbuches.

Am Schlusse des Güterbuchs steht:

Endtlich nach dem Beschluß vnd nach seiner probation trag vnd setz ich diesen Gewin, sofern ich weiter handeln wil an mein Post cart. 10

fl 220 B 14 h 3

Vmb souil bin ich durch diesen handel reicher worden, Got sey lob vnd danck.

Gewin aussem Gütterbuch von allen verkaufften Wahren.
Adi 16 Julii hieher getragen von 6 blat bißher macht zusamen

fl 220 B 14 h 3

Nun kommt eine Art Bilanzkonto, das hier folgendermaßen eingeführt wird:

„Aus dem folgendem Außzug oder vberkehrich, so aus dem Schuldtbuch vnd Gütterbuch an das folgende 10 blat getragen vnd in die Wag gestelt ist, nemlich das Bargelt, Schuldt vnd Wahr, so noch vorhanden sein, ligen in der lincken schalen der Wag, das Hauptgut aber vnd die gegen Schuldt ligen in der rechten schalen, welche vmb 220 fl 14 B. 3 h. zu leicht ist, gehört noch in die rechte schalen zu legen. Das ist der Gewin so in der lincken schalen außschlegt. Den sol und muß man in des handels Rechnung und Beschlus machen, vnd die Wag mit jhren beiden schalen vergleichen, wie im Beschlus folgen wirdt."

Dieser Beschluß hat folgende Form:

Laus Deo 1545 Jahr				Laus Deo 1545 Jár			
Bargelt hieher getragen Adi 16 Julii so in diesem meinem handel vorhanden ist, thut von cart. 1	fl 2229	10	3	Joan Gotlib hieher getragen Adi 16 Julii mit meinem hauptgut so ich erlegt hab, tt. cart. 2	fl 2000	—	—
Pangratz Motschebach hieher getragen Adi 16 Julii so Er sol für 10 ein Thabin auff 15 Octobris cart. 3	„	20	—	Wolffen Schweicker hieher getragen so Er noch haben sol auff 7 Jenner 46 Jar für 28 eln Thabin Golt vnd Silber in schwartz cart. 2			
Thabin hieher getragen Adi 16 Julii so noch vorhanden sein 10 eln Golt vnnd Silber in schwartz zu 32 B tt. cart. 8	„	16	—		„	44	16 —

Eine Addition erfolgt aber hier nicht, sondern der Beschluß wird noch einmal, und zwar in der Form des heutigen Bilanzkontos dargestellt.

Laus Deo 1545 Jar

Diesen Handel oder Rechnung zu beschliessen Adi 17 Julii findt sich für alles das so noch vorhanden ist. Nemlich

An Bargeld . . . . 2229 fl 10. 3
An Schulden . . . 20 „
An Wahr . . . . . 16 „

Macht dieser Reichtumb vnd vberkerich zusammen in
Summa summarum fl 2265. 10. 3

Laus Deo 1545 Jar

Diesen Handel oder Rechnung zu beschliessen Adi 17 Julii findet sich für alles so ich in diesem Handel zu bezalen schuldig bin. Als nemlich

Mir Gotlib mein hauptgut fl 2000. —. —
Merk (!) Andern Gläubigern . 44. 16. —
Thut beides zusammen fl 2044. 16. —

Die schalen gegen der lincken auffgezogen findt sich / so vberscheust
Lauter Gewin hierin gelegt   220 fl 14 B 3 h

Macht zusammen mit der vergleichung des gemelten Gewins in
Summa summarum fl 2265. 10.   3

Worin besteht nun der Unterschied zwischen dieser Abschlußmethode und der heutigen? Heute würde dieser Abschluß folgende Gestalt annehmen:

Soll	Kapitalkonto	Haben
An Bilanzkonto (=Schluß- kapital . . . . . . fl 2220. 14. 3	Von Bilanzkonto (= An- fangskapital) . . . . fl 2000. —. — Von Gewinn- und Verlust- konto . . . . . . „ 220. 14. 3	
fl 2220. 14. 3	fl 2220. 14. 3	

Aktiva	Bilanzkonto	Passiva
An Kassenkonto . . . fl 2229. 10. 3 An Debitorenkonto . „ 20. —. — An Warenkonto . . „ 16. —. —	Von Kreditorenkonto . . fl 44. 16. — Von Kapitalkonto . . . „ 2220. 14. 3	
fl 2265. 10. 3	fl 2265. 10. 3	

Soll	Gewinn- und Verlustkonto	Haben
An Kapitalkonto (= Rein- gewinn . . . . . fl 220. 14. 3	Von Silberkonto . . . fl 8. 3. 3 „ Worsatkonto . . . „ 14. 2. — „ Samtkonto . . . „ 81. —. — „ Kupferkonto . . . „ 12. —. — „ Safrankonto . . . „ 58. 5. — „ Wollkonto . . . . „ 40. —. — „ Thabinkonto . . . „ 7. 4. —	
fl 220. 14. 3	fl 220. 14. 3	

Der Unterschied besteht zunächst darin, daß kein eigentliches Gewinn- und Verlustkonto im Hauptbuch vorhanden ist. Grammateus, Ellenbogen und Gottlieb kennen nur eine Zusammenstellung der Gewinne und Verluste am Schlusse des Güterbuches. Aber bei Gottlieb zeigt sich doch insofern ein Fort- schritt, als der so ermittelte Gewinn in Beziehung gebracht wird zum Bilanz- konto. Am Anhange zu seiner Bilanz sagt nämlich Gottlieb: „Diesen wohl- gestellten Beschluß zu probieren, suche am Ende des Güterbuches hiervorn am 8. Blatt auf der rechten Seite, findet sich daselbst gleichförmiger oder auch soviel Gewinn von allen verkauften Waren, [so] aus dem Güterbuch dahin zusammengetragen ist, so ist dieser Beschluß recht und wohl probiert."

Im Vergleich zur heutigen Abschlußmethode fällt sodann noch das Fehlen des Kapitalkontos auf.

Im zweiten Geschäftsgange will Gottlieb „das ander Buchhalten fur Factoren" usw. darstellen. Das Journal beginnt hier mit folgenden Einträgen:

Jornal des andern Buchhaltens

Laus deo. 1545 Jahr.

Adi 3 Augusti.

Bargelt hab ich Gotlib als ein Factor vnd Buchhalter empfangē // von Hans Goltreich Bürger auff Sanct Annaberg meinem Herrn / so Er mir zu diesem seinem Handel vberantwort vnd zugestelt hat.

12/13	Nemlich an Zwelffern	1600 fl		
	An gantzen vnd halben Patzen .	1300 „		
	An allerley kleiner müntz . . .	1100 „		
	Machen diese drey Posten zusamen	fl 4000	s —	h —

Adi 4 ditto.

18/12	Silber hab ich kaufft / vmb Bargelt von Cuntzn Hewer 100 m. 8 lot / 0 qu. helt die m. 15 lot / 1 qu. 1 ₰. thut fein 96 marck / 2 lot / 3 qu. 2 ₰. zu 8 fl 16 s. 5 h muentz / thut	„ 848	„ 7	„ 8

18/14	Saffran hab ich kaufft / von Herr Andres im Hof 100 ₰ catalonisch ort zu 3 fl grob muentz thut . . . . In 3 Wochen zu bezahlen.	„ 300	„ —	„ —

Adi 9 ditto.

12/18	Bargelt hab ich empfang. fur Saffran kauft Se: Mauser 100 ₰ cata: ort / zu 4 fl g. muentz , thut . . .	„ 400	„ —	„ —

14/18	Paulus Schmidt mein Schwager sol // fur Silber 96 marck / 2 lot / 3 qu. 2 ₰. fein zu 8 fl 11 s Golt / thut 822 fl 6 s 8 h Golt zu 65 + thut zu 15 Patzen / in 8 tagen zu zalen	„ 890	„ 17	„ —

usw.

„Schuldbuch und Gütterbuch des anderen Buchhaltens" bieten nichts Neues. Am Schlusse des Güterbuches wird folgender Derlust und Gewinnausweis aufgestellt:

Vnkost hab ich außgeben Adi 17 September // Bargelt vom anfang dihs handels bißher thut in Summa . . cart. 12 fl 22. 18. 8
Verlust aussem Gütterbuch hieher getragen so am Sammat ist verlorn vnd eingebüßt worden / tt. . . . . . . cart. 19 „ 2. 18. —
Thut vnkost vnnd verlust zusamen fl 25. 16. 8
Adi 20 September die Vnkost vnd den Verlust vom Gewin gezogen so bleibt lauter Gewin . . „ 161. 15. 8
fl 187. 12. 4

Nun „Folgen die vberbleibing / so aus dem Schuldbuch vnd Gütterbuch hieher an das folgendt blat zusamen getragen sein / Daraus dieses Handels Beschlus sol vnd muß gemacht werden."

Die einzelnen Aktiva und Paſſiva werden dabei aufgezählt und dann in einer Vermögensbilanz zuſammengezogen. Dieſe lautet im Auszuge:

Zu beschließen diesen meins Herrn handel vnd Rechnung Adi 20 Septembris

findt sich lauter und klar alles das so noch vorhanden ist, als nemlich		Dem Hans Goltreich meinem Herrn an seinem erlegten Hauptgut pro Resto . . fl 1910. 7. 9	
An Barngelt . . . fl 2073. —. 5		Den andern Gleubigern oder	
An Schulden . . . „ 400. —. —		Gegenschuldner . . . . . „ 443. 3. —	
An Wahren . . . . „ 42. 6. —		Also erscheind das dieser handel vber alle vnkosten	
Macht das vorhanden sein, zusamen in		vnd verlust geben hat lauter Gewin . . . . . „ 161.15. 8	
Summa summarum fl 2515. 6. 5		fl 2515. 6. 5	

Seinem erſten Werke vom Jahre 1531 gegenüber bedeutet das „andere Buchhalten" vom Jahre 1546 entſchieden einen großen Fortſchritt, der ſich beſonders in der Auffaſſung des Gegenſtandes und in der praktiſchen Durchführung des Geſchäftsplanes zeigt. „Briefly stadet, it is a perfect system of double-entry, adapted, it is true, tho the very simplest requirements" lautet das Urteil Sogos[1] darüber. Freilich ſcheint J. Row. Sogo dabei von ſeiner Annahme, daß Gottlieb „a merchant of Nurnberg" geweſen ſei, der the advantage of practical knowledge of bis subject hatte, beeinfluſt worden zu ſein[2]).

Standen die bisherigen Werke nur wenig oder faſt gar nicht unter dem Einfluſſe der Italiener, ſo erſchien in den nächſten Jahren — 1549 — ein Werk, das ſich völlig an den Traktat Paciolis anlehnt. Gemeint iſt damit das „Zwifach Buchhalten, ſampt ſeinen Giornal / desſelben Beſchlus / auch Rechnung zuthun ꝛc. Durch Wolffgang Schweicker, Senior / von Nürnberg / ꝛetzt in Venedig wonend / mit allem fleis gemacht vnd zuſamen bracht[3])". Am Ende des Werkes ſtehen die Worte: „Getruckt zu Nürnberg durch Johann Petreium." Es iſt ein Folioband von 31 cm Höhe und 20 cm Breite und zählt 64 Blätter.

Karl Peter Kheil hat dieſes Werk ausführlich beſprochen und ſeine Abhängigkeit von den Italienern nachgewieſen[4]). Paciolis Traktat war im Jahre 1534 von Domenico Manzoni nachgeahmt worden, und Schweicker hat ſich wiederum völlig an Manzonis Werk gehalten. Aus dieſem Grunde ſoll hier nicht weiter auf den theoretiſchen Teil eingegangen, ſondern gleich mit Beiſpielen aus dem praktiſchen Teile begonnen werden. Das Journal trägt die Aufſchrift:

Zwyfacher Giornal bezeichent mit dem †
Anno usw. 1548.

[1]) Brown, a. a. O. S. 123.

[2]) Ich muß nämlich gegen Sogo den Vorwurf erheben, daß er in auffälliger Weiſe ſtets ein Lehrbuch verurteilt, ſobald es von einem „school-master" verfaßt worden iſt, die er auf gleiche Stufe mit „quacks" ſtellt, vgl. Brown S. 140. Nun war aber gerade Gottlieb wahrſcheinlich kein Kaufmann.

[3]) Exemplare in Nürnberg (G. M.), München, Cöln.

[4]) Kheil: Über einige ältere Bearbeitungen des Buchhaltungs-Tractates von Luca Pacioli. Prag 1896, S. 75 ff. Über Schweicker ſelbſt hat auch Kheil nichts erfahren können, von Gottlieb 1546, S. 13 wird ein Wolff Schweicker als Schwager bezeichnet, vgl. oben S. 121.

Der erste Posten lautet:

1') $\frac{1}{2}$ 1 Für Cassa   An Cauedal oder Haubtgut mein Tito
Grunßweit das ich auff dato parschafft hab in Golt
vnd Müntz   fl reinisch vᵐ iijᶜ B — h   fl 5300   B —   h —

Aus den übrigen Posten seien nur einige ausgewählt:

14$\frac{5}{1}$	Für Ingwer geferbt // An Cassa parschafft dem Lucas Sitzinger²) für 1200 *tl* / den cent. vmb fl 24 macht fl ijᶜ lxxxviij B — h —	fl 288. —. —
166 $\frac{8}{5}$	Fur Hanß Glympff An Ingwer 4 seck wegen *tl* 1213¹⁄₂ / tara von secken *fl* 13¹⁄₂ / lauter *tl* 1200 / den cent p. fl 24¹⁄₂ macht fl ijᶜ lxxxxiiij B — h —	„ 294. —. —
167$\frac{5}{9}$	Fur Ingwer // An nutz vnd schaden für nutz vnd gewin ich an dem Ingwer gehabt fl vj B — h —	„ 6. —. —
132 $\frac{5}{18}$	Für Lenhard Hoffmann // An Wexel für das ich jm ein Wexelbrieflen gemacht vmb fl jm viiijᶜ xlj B xi h — soll jm mein Factor Sebastian Zill dem Christoff Mügling in Venedig von meint wegen bezalen 8 tag nach vberant-wortung desselben zudanck außrichten	„ 1941. 11. —

Nun folgt der „Vnterricht vnd Erklerung des Haubtpuchs", der acht Kapitel umfaßt und ziemlich weitschweifig ist, wobei vieles aus früheren Abschnitten wiederholt wird. Daher sei nur einiges hervorgehoben: Schweicker fordert hier alle Wochen oder halbe Monat „das Haubtpuch mit oder gegen dem Giornal zu schonttrieren / vnn vleissig zu vbersehen / all posten auch punctieren". Ferner gibt er Anweisung über die Verbesserung von Fehlern. Ist Debet und Kredit vertauscht, „so solt du entgegen auff der andern seiten des blats / vnter die post Crebitrice / die haben sol / souil du in seel debitricem schuldner gemacht hast / zuschreiben / also / Adi etc. für sich selber da entgegen für schuldner gesetzt / welche post alhie solt als Crebitrice die haben solt / geschrieben sein fl. — s — h — a carta desselben blats Nr. daran solcher seel beschehen / vnn würff gleich dieselbig summa hinauß / vnnd vor solcher post mach ein ⊥ oder / o / wann du die partida summierest die selbig summa außlassest / vnd mit darein setzest."

Das Hauptbuch selbst beginnt mit folgendem feierlichen Eintrage:

Jhesus   1548   Laus deo

Ich Jorg Feigenbaum thue hiemit kund vnd offenbar / das ich dem wolgeachten vnn weisen Herrn Tito Grunßweit Bürger zu Nürnberg meinē Herrn diß sein zwifach Haubtpuch sampt dem Giornal / fleissig / (wie ich jm dann angelobt vnd versprochen) / mit Gottes hilff getrewlich halten / auff dato all sein handlungen anfahn einzuschreiben / auch yeder zeit rechnung thun / vnd geben / wie offt / vnd wann erst haben will / Vrkundt vnnd in gezeugnuß diß mein eigen Handtschrifft.

Das erste Konto des Hauptbuches ist das Kassenkonto, das auf der Soll-seite wie folgt beginnt:

---

¹) Die vordersten Zahlen geben die Nummer des Journalpostens an.
²) Vgl. oben S. 92.

	Haubtpuch	1548		Laus Deo
1	Cassa parschafft soll Adi primo Marzo. An Cauedal Haubt-gut meines Herrn Tito Grunßweit er auff dato par in Golt vnd Müntz hat fl vᵐ iijᶜ ß — h — . . . . . . ac		2	fl 5300. —. —

	(Rechts.) Haubtpuch	1548		Laus Deo
14	Cassa parschafft entgegen soll haben Adi 4 Marzo. Für geferbt Ingwer fl ijᶜ lxxxviij ß — h — . . . . ac		5	fl 288. —. —

Besonders hervorzuheben ist aus dem Hauptbuche Schweickers das Wech-felkonto. Es beginnt mit folgender Buchung:

18	Wexel soln Adi 24 April. An sich selber hinfür getragen, so ich in meren Wexelbriffl gemacht vnd außgericht als hie entgegen fl ijᵐ viiijᶜ liiij ß 1 h —		fl 2954. 1. —
137	Wexel soll Adi 26 April. An Hanß Galupo zalt er Jorg Knöpffel zu Rengspurg von meint wegen für fl 871 ß 8 h — ye fl 98 perc. fl gerechnet laut des Wexelbrieff, macht fl vliijᶜ liiij ß xvliij h —		„ 853. 19. —

Die Habenseite beginnt mit folgenden Einträgen:

132	Wexel soln haben Adi 24 April. Für Leonhardt Hoffman ein Wexelbrieff auff Venedig mein Factor Sebastian zyl 8 tag nach der vberantwortung sol außrichten vnd bezalen fl jᵐ vliijᶜxlj ß xi h —		fl 1941. 11. —
133	— Ditto. Für Caspar Ganser, Wexelbrieff auf Antorff sol Cunrad Eßlinger seinen Factor Peter Schilling nach vber-antwortung desselben vber 14 tag von meinetwegen zu-danck außrichten fl jᵐ xij ß x h —		„ 1012. 10. —

Kheil[1]) untersucht die Wechselgeschäfte Schweickers genauer und kommt zu dem Ergebnis, daß Schweicker wohl den Unterschied zwischen Besitz- und Schuldwechseln ziemlich klar begriffen hat, „aber daß nichts destoweniger dieser begriffswesentliche Unterschied in der Form des Wechselkontos keineswegs zum Ausbruck kam. Sowohl der aktive, als auch der passive Wechsel des Geschäftsunternehmens fand lediglich auf einem Konto, dem generellen Wechsel-konto, seine Verrechnung. Die passiven Wechselverbindlichkeiten erscheinen auf diesem Konto durch die aktiven Wechselforderungen, soweit der Geld-betrag des letzteren eben ausreicht, kompensiert, und das Plus der passiven Wechselschulden wird durch das Kassenkonto (als Barausgabe nach erfolgter Einlösung) ausgeglichen. Im umgekehrten Falle, wenn die aktiven Wechsel-forderungen größer gewesen wären als die passiven Wechselverbindlichkeiten, so wäre das Wechselkonto mittels des Kassenkontos (als Barempfang nach erfolgter Einkassierung) saldiert worden."

Verschiedene Lehrbücher kannten überhaupt kein Wechselkonto, so gibt z. B. Passchier Goessens 45 Buchungsfälle über den Wechsel, diese werden aber auf den Konten der betr. Personen verbucht[2]). Auch die Praxis verfuhr so.

Das nächste Konto des Schweickerschen Hauptbuches ist das Kapital-konto, das ich hier vollständig folgen lasse:

---

[1]) Über einige ältere Bearbeitungen des Buchhaltungs-Tractats von Luca Pacioli. S. 112.
[2]) Bei den Wechselbuchungen dieser Zeit ist zu beachten, daß der Wechsel noch nicht giriert wurde; verbieten doch noch die Frankfurter Verordnungen vom 4. April 1620 und 9. April 1635 girierte Wechsel, und erst die Nürnberger Wechselordnung von 1654 ge-stattete wenigstens das einmalige Girieren.

(Haben-Seite)

Haubtpuch. 1548.   Laus Deo.

Fol.	Posten	fl	ß	h
1	Cauedal Haubtgut meins Herrn Trito Grunßweit / soll haben Adi primo Marzo. Für Cassa das er auff dato par in Golt vn Müntz hat fl vmiijc ß — h — ac	fl 5300	ß —	h —
2	Adi — Ditto. Für Wexclbanck fl jmxxv ß — h — ac	fl 1025	ß —	h —
3	— Ditto. Für Edelgestein mehr Stück fl jmviijc lxiij ß — h — ac	fl 1963	ß —	h —
3	— Ditto. Für Sylbergeschir fl jclxxxx ß — h — ac	fl 290	ß —	h —
3	— Do. Für Hawßrad fl jm vjcxxx ß-h-ac	fl 1630	ß	h —
4	— Ditto. Für die Stat Weissenburg fl viijc ß — h — ac	fl 800	ß	h —
4	— Ditto. Für Pfeffer fl jmijc xx ß—h—ac	fl 1220	ß	h —
4	— Ditto. Für Christoff von Sibenicho fl lxxiiij ß xviij h — ac	fl 74	ß 18	h —
4	— Ditto. Für Possession bey Lauff fl jm iijc xlviij ß — h — ac	fl 2248	ß	h —
4	— Ditto. Für Caspar Holtzapffel fl xxx ß — h — ac	fl 30	ß	h —
4	— Ditto. Für Hewser zuuerzynsen fl viiijc l ß — h — ac	fl 950	ß j	h —
1	6 Ditto. Für Cassa fl xl ß — h — ac	fl 40	ß j	h —
13	Adi 5 April. Für Hanß Gutgesel fl vjc ß—h—ac	fl 600	ß	h —
15	16 Ditto. Für Possession bey Megeldorff fl jmiiijc lxvj ß — h — ac	fl 1466	ß	h —
13	19 Ditto. Für Zinß fl xliij ß — h — ac	fl 42	ß j	h —
16	20 Do. Für Hector Zorn fl lxxxxv ß-h—ac	fl 95	ß j	h —
17	Adi 4 May. Für Heyratgut fl vm ß — h — ac	fl 5000	ß	h —
17	— Ditto. Für Heyratgut fl jm ß — h — ac	fl 1000	ß	h —
24	— Ditto. Für nutz vnd schaden die zeit vergangen nutz geschafft per fl ijmvc lxxxxij ß j h — ac	fl 2592	ß 1	h —

26365. 19. —

(Soll-Seite)

Haubtpuch. 1548.   Laus deo.

Fol.	Posten	fl	ß	h
12	Cauedal Haubtgut soll Adi primo Marzo. An Herr Andres im Hoff der haben soll inhalt meiner Handschrifft fl ijc ß — h — ac	5 fl 200	ß —	h —
13	— Ditto. An Dienstuolck jren rest fl xxv ß — h — ac	5 fl 25	ß —	h —
23	— Ditto. An Cassa fl 100 per fl lxxxx ß — h — ac	1 fl 90	ß —	h —
55	17 Ditto. An Hanß Glympff fl c. lxx ß — h — ac	8 fl 170	ß —	h —
84	Adi 5 April. An Hanß Aychel dem ein Handtschrifft von fl 600 vmb fl vc lxx ß — h — geben	7 fl 570	ß —	h —
119	22 Ditto. An Cunrat Wendel mein Schwager dem geben fl iiijm Heyratgut zu meiner Schwester fl iiijm ß — h — ac	16 fl 4000	ß	h —
126	23 Ditto. An Heyratgut fl jm ß — h — ac	17 fl 1000	ß	h —
154	28 Ditto. An das Kloster zu sanct Klarn fl vc ß — h — ac	11 fl 500	ß	h —
155	— Ditto. Angescheff des Testaments fl l ß — h — ac	11 fl 50	ß —	h —
174	Adi 2 May. An Philip Wadsack ich dem meines vorigen WeibsKleider vnn Edelgestein widergab die geschetzt wurden per fl iiijmjclxj ß — h — ac	12 fl 4161	ß	h —
5	Ditto. An sich selber hinfür getragen zu beschliessen diß Buch den rest Haubtgut verhanden per fl xvmvc lxxxxviiij ß xviiij h — ac	26 fl 15599	ß 19	h —

26365. 19. —

Das Gewinn- und Verlustkonto im Hauptbuche Schweickers hat folgenden Wortlaut:

(Soll-Seite)

Haubtpuch. 1548. Laus deo.

	Nutz vnd schaden soll / Adi 11 Marzo.				
35	An gespunner woil verlorn fl x ß xiij h lx — ac	8 fl	10	ß 13	h 9
63	20 Ditto. An Cassa fl vj ß xviij h — ac	1 fl	6	ß 18	h —
99	Adi 15 April. An Cassa fl xj ß — h — ac	1 fl	11	ß —	h —
101	— Ditto. An Cassa fl x ß — h — ac	15 fl	10	ß —	h —
103	— Ditto. An Cassa fl x ß — h — ac	15 fl	10	ß —	h —
156	30 Ditto. An das Ambthauß / für zoll fl c ix ß xiij h vj — ac	12 fl	109	ß 14	h 6
186	Adi 3 May. An gemein Hafen zu Franckfort / ich darin gewunnen³) fl ijc lxxxxij ß — h — ac	16 fl	292	ß —	h —
	4 Ditto. An sich selber hinfür getragen für nutz vnd gewin fl jm vjc xlix ß iiij h — ac	24	fl 1649	ß 3	h —

2099. 9. 3.

(Haben-Seite)

Haubtpuch. 1548. Laus deo.

	Nutz vnd schaden enigegen soll haben / Adi 15 Marzo.				
47	Für Cassa fl xv ß — h — ac	1 fl	15	ß —	h —
100	Adi 15 April. Für Cassa fl ix ß — h — ac	1 fl	9	ß —	h —
102	— Ditto. Für Vlrich Saurzapff fl xxx ß — h — ac	9 fl	30	ß —	h —
117	21 Ditto. Für gemein Hafen zu Gendt fl iiijc	16 fl	400	ß —	h —
130	24 Do. Für Inwer beteidin fl xlij ß xvh — ac	17 fl	42	ß 15	h —
131	— Ditto. Für lang Zymatrörn fl clx ß vij h iiij	6 fl	160	ß 7	h 3
141	27 Ditto. Für Cariseertuch / nutz fl iiijc lj ß vj h iiij — ac	7 fl	451	ß 6	h 3
142	— Ditto. Für Zucker / daran gewunnen fl xlj ß ij h ix— ac	8 fl	61	ß 2	h 9
145	— Ditto. Für Zinß fl vj ß — h — ac	13 fl	6	ß 6	h —
146	— Ditto. Für Getrayd / daran verlorn²) fl ijc xcj ß xiij h x — ac	7 fl	291	ß 13	h 10
150	— Ditto. Für Conrad Ygel fl xxvij ß vj h x —	10 fl	27	ß 6	h 10
167	Adi primo May. Für Inwer / daran gewunnen fl vj ß — h — ac	5 fl	6	ß —	h —
169	— Ditto. Für Zamaloth / nutzung fl lxiij ß viij h — ac	6 fl	63	ß 8	h —
177	2 Ditto. Für Hawmessing / nutz fl j ß lx h iiij —	12 fl	1	ß 9	h 4
185	3 Ditto. Für Schänckung meyner Herrn fl iiijc xv ß — h — ac	15 fl	415	ß —	h —
193	4 Ditto. Für Heuser verkaufft / gewin fl cxx ß — h — ac	4 fl	120	ß —	h —

Summa 2099 ß 9 h 3

¹) Da laut Journal nur 10 fl in die Lotterie eingelegt worden sind, gehört der Posten, wie ja auch der Text besagt ("gewunnen"), auf die rechte Seite. ²) Statt "verlorn" soll es richtig "gewunnen" heißen.

(Soll-Seite.)

24

Haubtpuch.   1548.   Laus deo.

			fl	ß	h
203	Nutz vnd schaden soll Adi 4 May. An Cauedal für das ich die zeit vergangen gewunnen vnd nutz gehabt fl ijm vc lxxxxij ß 1 h — ac	2	fl 2592	ß 1	h —

(Haben-Seite.)

24

Haubtpuch.   1548.   Laus deo.

			fl	ß	h
	Nutz vnd schaden soll Adi 4 Marzo. Für sich selber herfür getragen für nutzung fl ijm vjc xxxx ß iij — h — ac	9	fl 1649	ß 3	h —
195	Ditto. Für Seldengewant fl lxxxxvij ß — h — ac	10	fl 97	ß —	h —
201	Ditto. Für Jorg Vttinger Ich an aller war Jm gen Venedig zugesand nutz gehabt / darumb ich Jm vber sein prouision ein vber gult Sylbren Schewernschenckt kostet fl 38 / rest fl vije lxvj ß — h — ac	22	fl 766	ß —	h —
202	Ditto. Für Samat den nutz fl lxxviij ß xviij h — ac	23	fl 79	ß 18	h —
	Summa	fl 2592	ß 1	h —

Nun stellte Schweicker sämtliche Salden der Personenkonten auf einem Sammelkonto, dem Schuldnerkonto zusammen. Dies begann links mit der Überschrift: „Schuldner sollen geben Adi 5 Marz. An sie selber herfür getragen vnd ein peder in sonder / das er schuldig ist als hernach." Die Gesamtsumme wurde sodann auf das Abschlußkonto übertragen, ebenso die der Kreditoren. Dies war eine Vorbereitung zum Abschlusse, dadurch wurde das Bilanzkonto überflüssiger.[1])

Das letzte Konto im Hauptbuche ist das „Abschlußkonto" bzw. das Bilanzkonto, auf welches alle aktiven und passiven Salden des Hauptbuches übertragen werden. Schweicker hat dieses Konto überschrieben „Zubeschließen diß Buch". Es enthält auf der Sollseite alle Aktiven und auf der Habenseite alle Passiven und den Saldo des Kapitalkontos des Tito Grunf- weit. Den Wortlaut dieses Kontos lasse ich auf der nächsten Seite folgen.

[1]) Dieser Vorgang findet sich weder vorher (bei Pacioli, Manzoni) noch, mit Ausnahme Gammersfelders, der sich hier an Schweicker anlehnt, nachher. Diese Bildung dieses Sammelkontos ist insofern von Bedeutung, als es im gewissen Sinne ein Vorläufer unsres heutigen Kontokorrentkontos, das erst im Verlaufe des 19. Jahrhunderts entstand, ist.

(Haben-Seite)

Zubeschliessen dieses Buch oder rechnung entgegen soll haben Adi 5 May. Für sich selber herfür getragen mein Haubtgut vnd was ich auff dato zuthun vnd schuldig bin / alß volgt
— Ditto. Für Cauedal verhanden
      ac 2 fl 15599 ß 19 —
— Ditto. Für Schuldner auff dato schuldig bin   ac 25 fl 2253 ß 14 4

Macht alles zusammen
      fl xvijm viijc liij ß xiij h iiij

fl 17853 | ß 13 | h 4

(Soll-Seite)

Haubtpuch.   1548.   Laus deo.

Zubeschliessen diß Buch oder dise rechnung soll Adi 5 May. An sich selbst herfür getragen / das auff dato verhanden / vn schuldner die zuthun vnd geben sollen / mehr vnkost mein außgeben vnd zu letze nutz gewin / alß hernach volgt
— Ditto. An Sylbergeschirr verhanden
      ac 3 fl 419 ß —
— Ditto. An Haußrat verhanden
      ac 3 fl 1714 ß 10 —
— Ditto. An Pfeffer ℔ 1585
      ac 4 fl 1002 ß 16 —
— Ditto An Seidengewandt c. ein Damaschkleberfarb ac 10 fl 100 ß —
— Ditto. An Schonwerck 1 Matz zobel   ac 20 fl 150 ß —
— Ditto. An 40 eln S. Samad
      ac 23 fl 110 ß 3 —
— Ditto. An Schuldner verhanden
      ac 24 fl 4260 ß 11 —
— Do. An pfenwert ac 21 fl 181 ß 2 —
— Ditto. An Possession
      ac 25 fl 3714 ß —
— Ditto. An Vnkost ac 23 fl 287 ß 18 5
— Ditto. An Cassa ac 18 fl 2894 ß 8 11
— Ditto. An nutz gewyn / vberschuß des vergangen Jars zubeschliessen diß Buch vnd in ein ander Buch mit A bezeichent / oder auff new rechnung dem Cauedal zuschreib wie   ac 28 fl 3019 ß 4 —

Macht alles zusammen fl xviijm viijc liij ß xiij h iiij

fl 17853 | ß 13 | h 4

Schweicker hat sich dadurch, daß er den Deutschen durch sein Werk die Lehren Paciolis und Manzonis vermittelte, entschieden ein Verdienst erworben. Hätte er statt einer sklavenhaften Nachahmung eine freie Bearbeitung geschaffen, so wäre sein Werk natürlich wesentlich wertvoller geworden. Leider hat er aber die deutsche Gewissenhaftigkeit bei seiner Arbeit vermissen lassen, denn seine Übertragungen sind vielfach fehlerhaft, so daß Kheil, der seine Beispiele nachgerechnet hat, zu einem ganz anderen Ergebnis bei der Schlußabrechnung gelangt. Aber es sei nochmals betont, daß Schweicker ein Werk geschaffen hatte, auf dem seine Nachfolger nun weiterbauen konnten.

Bei dem nächsten deutschen Werke über Buchhaltung zeigt sich der Einfluß Schweickers noch nicht, denn der ungenannte Verfasser geht völlig andere Bahnen. Das Werk trägt den Titel: „Ondterricht eines gantzen Handelbuchs, darinnen mit Trewhertzigen gemüth die art eines rechten ordentlichen Buchhaltens angzeigt wird … Gedruckt zu Franckfurdt am Mayn durch Weygandt han. MDLIX[1]).“

Das Werk besteht aus fünf Abteilungen oder Büchern:

I. „Das Erst wirdt genant Güterbuch, darinnen zusehen, was ein Faktor für Güter empfahen, vnd ein zuschreiben, vonn wegen seines Herrn." 5 Faktoren schreiben hier ihre Empfänge ein. Die erste Eintragung hat folgenden Wortlaut:
Laus Deo semper. Anno 1556 Adi primo Januar in Nürnberg. Hernach folgt, was Hans Aigenmann für Güter empfangen hat wegen seines Herrn Johann Woldran von Genua.
Adi 2. Januar empfing ich aus Lindau mit Hans Kellner, Fuhrmann, 2 Kisten Samt Nr. 1. 2; darinnen habe ich gefunden 28 Stück schwarzen gemeinen Samt, halten Palm 80. 81. 82. 83. . . . 106½. Summa Palm dieser 28 Stck. tun 2585½. Noch 2 Stück schwarzen Samt von 2 Haaren, halten Palm 117½, 131½, Summa Palm 249. Und 6 Stck. schwarzen Samt Reforzenda, halten Palm 110½, 98½, 88, 99, 100½. Summa dieser 6 Stck. Palm 595.

II. Journal. „Das Ander ist der Jornal genant, In welches ordentlich nach ein ander verzeichnet wirdt, was ein jeder Faktor vonn wegen seines Herrn zu verhandeln oder zu verkauffen hat." Dieses Buch enthält also die Verkäufe.
Adi 3. Januar soll Christoph Waldburger dem Hans Aigenmann von wegen seines Herrn Hans Woldran von Genua wie folgt: 10 Stck. schwarzen gemeinen Samt halten Palm 80. 81 . . . 89½, Summa Palm 846, tun Nürnberger Ellen[2]) 307⅔ zu 34 B bar, facit .... fl 527.0.8.

III. „Das Dritte, nent man Entpfahen, darein sollen gantz ordenlich gesetzt sein, allerhandt posten, auß dem Jornal gezogen, vnd an des Herrn Conto getragen worden." In diesem Abschnitte werden die Verkäufe geordnet zusammengestellt.

IV. „Das Vierdte genant die Außgab, darein wirdt dasjhenig geschrieben, was ein Faktor oder Diener von wegen sein oder seines Herrn außgibt, es sey mit Güter einkauffen, Wechsel, Bezalung oder mehr, wie das namen haben mag." Das sind die Abrechnungen, z. B.:
Folget hernach, was ich Hans Aigenmann ausgegeben und ausgerichtet habe von wegen meines Herrn Johann Woldran von Genua:
Adi 2. Januar empfing ich aus Lindau mit Hans Kellner, Fuhrmann 2 Kisten Samt Nr. 1. 2, haben gewogen 3½ c. ist der Lohn um 1 fl. Davon habe ich ihm den ganzen Lohn gezahlt, nach Ruprecht Kurzens Schreiben, macht fl 3.10. —

V. „Als letzt vnd Fünffte wird genand das Schuldbuch mit sampt seinem volkomnen Register, darin ein jeder Factor den Kauffer, Verkauffer, Creditor oder Debitor verzeichnet."

---

[1]) Abdrücke davon befinden sich in Augsburg, Köln (Stadtbibl.), Göttingen, Leipzig (Handelskammer), Nürnberg (Germ. Mus.) und Rostock.
[2]) 11 Palm = 4 Nürnberger Ellen.

Hier sind Konten errichtet, von denen ich eins darstellen will.

(Links.) 9. Januar. Hans Aigenmann soll dem Christoph Waldburger, zahlt er ihm zu Naumburg durch einen Wechsel 550 Sonnenkronen, eine per 93 kr., machen zu 60 kr.   fl 852.10.—

Ditto noch zahlt Christoph Waldburger dem Hansen Aigenmann an halben Batzen 142 fl 10 ß 3 hlr.   fl 142.10.3.

Summa p. Saldo 995 fl 0 ß 3 hlr.

(Rechts.) 3. Januar soll Christoph Waldburger dem Hans Aigenmann von wegen seines Herrn Johann Woldran p. Samt. Journal   ac 1   fl 995.0.3.

Summa p. Saldo 995 fl 0 ß 3 hlr.

Dieser letzte Teil entspricht demnach dem Hauptbuch unsrer heutigen sogenannten einfachen Buchhaltung. Da diese in der Buchhaltungsliteratur des 16. Jahrhunderts sonst nie dargestellt wird, so gewinnt damit das Buch des unbekannten Verfassers für die Geschichte der Buchhaltung eine erhöhte Bedeutung. Daß es auch seinerzeit viel im Gebrauch gewesen ist, ergibt sich aus seiner weiten Verbreitung.

In seiner Schrift: „Valentin Mennher und Antich Rocha, Prag 1898", hat der verdienstvolle Forscher auf dem Gebiete der Geschichte der Buchhaltung, der verstorbene Karl Peter Kheil, drei von Mennher herrührende Werke aufgeführt. In einem von ihnen, und zwar der Pratique von 1565, weist Mennher auf eine Praktik hin, die er im Jahre 1563 herausgegeben haben will. Dieses Buch muß sehr selten sein, denn es ist Kheil nicht gelungen, ein Exemplar festzustellen. Um so mehr freute es mich, als ich das Buch in der Augsburger Staats=, Kreis= und Stadtbibliothek fand. Dieser Fund ist um so wertvoller, als das Werk in deutscher Sprache verfaßt ist. Mennher stammte aus Kempten (Bayrisch=Schwaben), wohnte aber dann in Antwerpen (damals Antorff) und hatte hier „die Jugent, deßgleichen andere Liebhaber der freyen Kunst des Rechnens vnd Buechhaltens, auch in der Mathematica … geinstruiert vnd gefurdert." Daher erschienen auch seine Werke in französischer Sprache, und nur dieses eine vom Jahre 1563 scheint eine Ausnahme zu sein[1]. Aber gerade durch seine Abfassung in deutscher Sprache erlangt es für uns besondere Bedeutung.

Das Buch führt folgenden Titel: „Buech halten, kurz begriffen durch zway Buecher, per Valentin Mennher. MDLXIII. Gedruckt zu Anttorf durch Aegidius Copenius von Diest. Mit kuniglicher M. Privilegi auff vier Jaer."

Es ist ein Quartband von 31½ cm Höhe und 20½ cm Breite und zählt 24 Blätter, die mit Buchstaben gezeichnet sind. Auf der Rückseite des Titelblattes befindet sich die Widmung, worauf fünf Seiten „Vnderrichtung dises Buechhaltens" folgen. Dann schließt sich das Journal mit der Überschrift Anno 1563 und einem Kreise, in den die Buchstaben V M eingezeichnet sind.

Das Buch ist gewidmet dem „Ersamen, fursichtigen, vnd weisen Herrn Jergen Zimmermann von Dantzgen (= Danzig). Mennher hat beobachtet, „das die frey vnd nutzlich kunst deß Buechhaltens alhie in der hochloblichen Stadt Antorff von vielen gesuechet vnd zu lernen begert wirt, hab ich deßhalben nit vnderlassen kunden, sunderlich von ewerer hochgeachten Nation

---

[1] Die Bibl. Plantin in Antwerpen besitzt folgendes Buch: Buechhalten. Dorch Mich. Valentin Mennher. Diser Zeit Rechenmeister Alhie zu Antorf vorordnet (Anvers, Christoffel Plantin. 1560). Ob das folgende Werk von 1563 ein Abdruck dieses Werkes oder eine neue Arbeit ist, konnte ich leider nicht feststellen.

der Ofterling (vergl. damit Eafterling = das Geld der Ofterlinge) wegen, weil mir dieselbig sprach gar nachet angebore, Inen iber mein erste (gemeint ist die Pratique brifue von 1550) noch ain andere manier in Druck mit zu theilen, dann dem ainen ain solche, dem andern ain andere manier zu seinem handel dienlich."

Georg Zimmermann ist entweder einst in Antwerpen Mennhers Schüler gewesen oder beide haben sonst in Verbindung miteinander gestanden, denn die Geschäftsfälle beziehen sich vielfach auf Danzig. Bewogen ist Mennher zur Ab= fassung besonders durch seine Unterrichtstätigkeit worden, denn er sagt: „Hab auch angesehen meinen lieben Schuelern die mhue deß Coppierens zu ersparen vnd inen dieselbig zeit zu gwinen, daß sie von stund an darauß selber mugen Partiden (= Posten) proponieren, dieselbigen aus dem Jornal in das Schuld= buech ibertrage, den Balantza auß ziechen, rechnung beschließen, vnd wieder auff ain news furtrage." Er hatte es also eigens als Lehrbuch für seinen Unter= richt abgefaßt. Am Schlusse der Widmung weist Mennher darauf hin, „bald nach disem noch ain andere manier in druck außgehen" zu lassen, und tat= sächlich folgte auch zwei Jahre später (1565) seine „Practique pour brieve= ment" etc.

Die sich über fünf Seiten erstreckende „Vnderrichtung dieses Buechhaltens" hat viel Ähnlichkeit mit den Vorreden der Werke von 1550 und 1565, ist aber durch ihre Abfassung in deutscher Sprache für uns wertvoller. Mennher weist zunächst auf die Notwendigkeit eines Inventars hin, „wieuil pargellt das du habest, wer dir schuldig sey, wem du schuldig seyest, wann, vnd wieuil, vnd was wharn du habst, wievil sie reichlich werth seyen." Dies sowie alle „deglithe handlungen" soll in das Journal getragen werden. Damit es aber mit allem Fleiß hineinkomme, soll es zuvor ins Memorial geschrieben werden und von da aus bei gelegener „weil vnd mueß" in das Journal, „mit kainem iberfluß, auch nit zu kurtz". Dabei soll man sich nach den Beispielen richten, die er im Journal gegeben hat. Von da aus sollen Debitoren und Kreditoren in das Schuldbuch übertragen werden, wobei Mennher genaue Anleitung über Einrichtung der Konten gibt.

Von Interesse sind Mennhers Anleitungen über die B i l a n z. Nachdem man sich zunächst überzeugt hat, ob alle Posten des Journals in das Schuld= buch übertragen worden sind, summiere man Debitor und Kreditor, ziehe die kleinere Summe von der größeren ab und setze den Rest in die Bilanz auf die Seite „da die Summa im Schuldbuch groeser ist". Ist nun die Bilanz fertig, „so soll die Summa aller Debitoren gleich soviel machen alß die Summa aller Creditoren, so anders dein buechhalten recht ist". Aber man soll sich nun überzeugen, ob auch in der Kasse soviel Geld vorhanden ist, wie in der Bilanz eingesetzt worden ist. „Dergleichen besich auch in deinem Packhaus, oder wo du deine gueter hast, das du dieselben wharen wie sie in der Balantza ver= merkt sein, auch alle also befindest. Vnd so du alles recht befindest, magst du dein buechhalten aller ding schaldieren, vnd den Balantza wider auf neue Rechnung einschreiben, hast also mit zwan Buechern ain schone, kurtze, vnd wol gegrundte manier deß Buechhaltens." Die in diesem Buche von Mennher gegebene Darstellung ist für einen Diener oder Faktor bestimmt, sie kann aber auch vom herrn selbst gebraucht werden, indem er an Stelle des herrn Namen „den namen Capital" setzt.

Neben den zwei „principal Buechern" führt er noch das Unkostenbuch, das Kassenbüchlein für kleinere Beträge und das Briefbuch.

Zum Schluſſe zeigt er an einigen Beiſpielen, wie dieſelbe Sache ver-
ſchieden gebucht werden kann.

So lautet im Journal der 24. Poſten:

Wharen verstechen an wharen, sunder gellt zu geben noch zu nemen.
⸖ | Zucker soll a dj p. waitzen L 240.—. dem Hansen Lam verstochen 20 last
waitzen, zu L 12 den last, tuet L 240. darfur hat er mir glybert ℔ 2880 Zucker,
zu ₰ 20 das ℔. tuet auch L 240, sein also verglichen.

In der theoretiſchen Einführung gibt er noch folgende mögliche Buchung:

Hanß Lam sol a dj 6 dito p. Waltzen L 240.— ime verstochen vnd glybert
20 last Waitzen zu L 12 den Last, Tuet L 240.

Zucker soll a dj — ditto p. Hansen Lam L 240. — von ime fur Waitzen hie
oben empfangen, ℔ 2880 Zucker, zu ₰ 20 das ℔. tuet auch L 240. vnd sein also
verglichen.

Die zweite Form iſt die ausführlichere, während die erſte eine verkürzte
iſt. Hans Lam erhält deshalb auch von Mennher kein beſonderes Konto
eröffnet.

Schon Ympyn zeigte 1543 in ſeinem Journal beide Formen, und zwar
ebenfalls beim Stich- oder Tauſchgeſchäft.

Von den zahlreichen Einträgen ſeien nur einige der wichtigſten genannt.
Der erſte behandelt die Eintragung des Bargelds, das ein Diener von ſeinem
Herrn empfangen hat. Die Buchung ſelbſt beſagt:

Laus deo. Anno 1563 a dj p⁰ Jenner, in Antorff.

Caßa soll a dj — dito p. Hansen Welsch L 3000.— auff Datum hab ich N.
von meinem Herrn Hansen Welsch an parm gellt empfangen L 3000.—.—. Die soll
ich in seinem Handel gebrauchen vnd nach seinem beuelch anlegen. Der Allmech-
tige Gott verleiche mir sein Göttliche gnad, das ich alles regier zu seinem lob,
vnd vnser selen heil. Amen.   L 3000.

Schon eine oberflächliche Betrachtung zeigt, daß ſich Mennher hier an
Gottlieb (1546) anlehnt[1].

Die einzelnen Geſchäftsvorfälle ſind ziemlich mannigfach und berühren
die verſchiedenſten Seiten des kaufmänniſchen Lebens. Derſicherung und Wechſel-
verkehr ſpielen eine große Rolle. Kheil hat (S. 22) darauf hingewieſen, daß
hierbei wahrſcheinlich der Derſicherer vorgab, vom Derſender ein Darlehen
empfangen zu haben, doch ſo, daß die Rückzahlungspflicht im Falle der glücklichen Ankunft der Ware am Beſtimmungsorte erliſcht. Dies geht aus den
Beiſpielen 42 und 46 hervor. Dieſe Buchungen lauten:

Gwin vnd verlust soll a dj 20 Junij p. Cassa L 15.—. dem Jergen Mair
parzalt L 15.— zu wißen, das die vnsern in Dantzgen a dj primo dise auff her
versant hetten in Hansen Klasen schiff 50 last waitzen, welche mir durch Jergen
Mair versichert sein, zu L 10 den last, tuet L 500 dar fur ime assurantz zalt 3 p.
cento, Tuet L 15.—.—.

Jerg Mair soll a dj — dito p. Hansen Welsch L 500.—.— ist fur 50 last
waitzen so er mir von Dantzgen her versichert hat.   L 500.

---

[1] Dgl. oben S. 121.

Am 15. Juli findet sich folgender Eintrag:

Empfangen guet so verassurirt ist, abschreiben.

Hans Welsch (= Prinzipal) soll a dj — ditto p. Jergen Mair L 500. — auff Datum von Dantzgen her empfangen in Hansen Klasen schiff 50 last waitzen zu L 10 den last angeschlagen, tuet L 500. — welche vnß Jerg Mair versichert gehabt, die schreib ich ime hiemit wider ab.   L 500.

Ging das Gut verloren, so mußte natürlich der Versicherer zahlen, daher lautet die 15. Überschrift: „Ain verassuriert guet so verloren ist, bezalt nemen." Auf den Wechselverkehr beziehen sich folgende Überschriften: 19. „Ain wizelbrieff acceptiern." 20. „Ain wizel bezaln." 21. „Ain wizel zu geben zu sagen." 22. „Ain zugesagten wizel bezaln."

Die Buchung eines Skontos finden wir im folgenden Falle: Jörg Fischer hat L. 400. — zu zahlen, braucht aber nur L 399 zu zahlen, denn 1 L wird „ime nachgelassen an seiner schuldt vmb vnverzogene (= sofortige) bezalung zu haben". Es wird auf Gewinn- und Verlustkonto gebucht.

Aus den zahlreichen interessanten Buchungen sei nur noch die folgende genannt:

Wham verehrn vmb ainiger Dienst willen

Gewinn vnd verlust soll a dj — ditto p. zucker L —.10. — vnserm Advocaten Hansen Gelltlieb verehrt ß 10 zucker, der vnß selber kost ₰ 12 das ß tuet ß 10. — deß soll er vnser recht sachen dester vleißiger solicitiern.

Hoffentlich hat die Gabe auf Herrn „Geldlieb" die rechte Wirkung ausgeübt.

Ich möchte nun zu den Abschlußbuchungen übergehen. Diese beginnen am 31. Dezember mit Eintragung der Geschäftsunkosten, und zwar wird damit der Herr des Handels, Hans Welsch, direkt belastet. Doch führt Mennher in seiner Einführung auch die Übertragung auf Gewinn und Verlust für richtig an, wie er es auch in der Ausgabe von 1565 bucht.

Den nächsten Posten bildet der „leibliche Caßa abgang", der durch falsche und minderwertige Geldstücke und durch die Auf- und Absteigung des Geldes verursacht worden ist und auf Gewinn und Verlust übertragen wird.

Dann folgt der Abschluß der Lager zu Danzig und London. Hierauf wird der Abgang an Pfeffer „welche vrsach das drucken wetter mag schult sein oder der vnfleiß des abwegens" auf Gewinn- und Verlustkonto übertragen, ebenso der Zugang auf Safran . . . „die vrsach mag kumen durch feichtes Wetter oder durch das abwegen" . . . als Gewinn.

Nun werden die Debitoren und Kreditoren abgeschlossen.

Die vorhandenen Waren werden zu dem Preise eingesetzt „wie er dann diser zeit gern gillt", das Grundstück zum Anschaffungswerte „welchs vnß selber kost". Übertragen werden diese Posten auf das Konto des Eigentümers Hans Welsch.

Schließlich werden noch das Gewinn- und Verlustkonto, sowie des „hern vnd der Caßa conto" saldiert, womit dann die „buecher gantz verglichen, Gott dem allmechtigen sey lob, ehr, preiß vnd dank in ewigkeit, Amen."

Sämtliche Salden sind, wie schon erwähnt, auf das Konto des Eigentümers übertragen worden. Das Konto des Hans Welsch stellt demnach nicht nur das Kapitalkonto, sondern auch das Bilanzkonto dar. Es ist anfänglich für die erste Vermögenseinlage, sowie die durch die Inventur übergebenen Warenvorräte erkannt und für die eingebrachten Schulden belastet worden.

Beim Abschlusse wurde ihm der sich aus dem Gewinn- und Verlustkonto ergebende Gewinn von L 685. 12. 4 gutgeschrieben. Die Warenvorräte, die außenstehenden Forderungen und der Kassenbestand kamen auf das Soll des Eigentümerkontos, die noch zu zahlende Schuld an Hans Mair auf das Haben. Dies geschah, um bei Eröffnung der Konten in den neuen Büchern diese Beträge wieder auf den entsprechenden Konten eintragen zu können. So erhielt dann das Eigentümerkonto im Schuldbuche folgende Darstellung:

(Linke Seite.)

† Laus Deo. Anno 1563 a dj primo Jenner in Antorff.

J. S.[1])

Hans Welsch mein Herr soll a dj — ditto p. Jergen Mair ac	1	3	L. 200	—	—
— ditto p. Jergen Fischer . . . . ac	1	3	50	—	—
a dj 15. Juli p. Jergen Mair	6	3	500	—	—
20. dito p. H. Koch vmb glybert guet so versichert ist	6	3	100	—	—
a dj 29. November p. V. M.[2]) mich selber zu meiner noturff	11	7	25	—	—
a dj 31. Dezember vmb vnkost für den handel	11	7	12)	—	—
— dito p. Dantzgen vnser Gliger	11	5	763	10	—
— dito p. Lundren vnser Gliger	11	7	103	—	—
— dito p. Philips Kolb fur newe Rechnung . . .	12	6	13	—	—
— dito p. Hansen Keller fur newe Re.	12	7	2975	—	—
— dito p. Hansen Koch fur newe Re. . . . . '	12	7	327	6	8'
dito p. Roggen fur newe Re.	12	4	100	—	—
dito p. Samat fur newe Re.	12	7	382	10	—
dito p. ain hauß fur newe Re.	12	6	500	—	—
dito p. Zucker fur newe Re.	12	4	350	8	—
dito p. Kassa fur newe Re.	12	7	2779	9	8

Summa L 9289. 4. 4.

(Rechte Seite.)

† Laus Deo. Anno 1563 a dj primo Jenner in Antorff.

J. S.

Hans Welsch meinem Herrn bin ich a dj — dito.					
p. Cassa durch die Ibergebung empfangen . . . ac	1	1	L 3000	—	—
— dito p. Hansen Mair durch die ibergebung . . .	1	2	200	—	—
— dito p. Hanß Koch	1	3	100	—	—
— dito p. wachs	1	4	183	12	—
— . . waitzen	1	4	3600	—	—
— . . Pech	1	4	120	—	—
— . . Zucker	2	4	66	13	4
— . . Roggen	2	4	450	—	—
a dj 20. Junij p. Jergen Mair	5	3	500	—	—
30. dito p. Hansen Koch vmb versichert guet . .	6	3	100	—	—
a dj 29. October p. Hansen Keller vmb versichert gut	10	5	200	—	—
a dj 31. Dec;ember p. Hansen Mair fur new Re. . . .	12	2	83	6	8
— dito fur gewin diser Re.	12	6	685	12	4

Summa L 9289. 4. 4.

---

[1]) = Journal und Schuldbuch.
[2]) = Valentin Mennher als Faktor.

(Gewinn- und Verlustkonto links.)

† Laus Deo. Anno 1563 a dj primo 17. Febrer, in Antorff.

J. S.

				L		
Gwin vnd verlust soll a dj — ditto p. Jergen Schmalz ac	3	5	L	4	10	—
a dj 10. Appril durch gellt verwixlen . . . . . ac	4	1		1	13	4
12. dito p. Jergen Mair . . . . „	4	1		5	—	—
a dj 20. Junij fur assurantz p. Jergen Mair	5	1		15	—	—
30. dito fur assurantz p. Hansen Koch	5	1		4	—	—
a dj 23. Julij p. Jergen Mair	6	3		1	—	—
31. dito p. Jacoben Mell von Lundern her . . .	6	6		2	—	—
a dj 1. Augst p. Jergen Fischer	6	3		1	16	—
31. dito p. Zucker dem H. Geltlieb verehrt . . .	7	4		—	10	—
a dj 15. September p. Jergen Fischer	8	3		1	—	—
a dj 5. October p. Hansen Keller	9	5		—	10	—
9. dito fur assurantz p. Hansen Keller	9	1		10	—	—
a dj 28. December p. Vincent Ferler	11	6		40	—	—
31. dito p. Cassa abgang	11	7		5	—	—
dito p. Pipper	11	4		—	6	8
dito p. Lindisch tuech von	—	7		116	—	—
ditto p. Hansen Welsch fur gwin diser Re. . .	12	2		685	12	4

Summa L 893. 18. 4.

(Rechte Seite.)

† Laus Deo. Anno 1563 a dj 16. Febrer, in Antorff.

J. S.

				L		
Gwin vnd verlust bin ich a dj — dito p. J. Schmalz ac	2	5	L	4	—	—
a dj 8. Appril durch gellt verwixlen . . . . . ac	4	1		—	8	4
22. dito p. Hansen Mair	4	2		1	—	—
a dj 10. May p. Hansen Koch	4	3		20	—	—
10. Juny p. Hansen Koch	5	3		15	—	—
15. dito p. Philips Kolb	5	6		26	—	—
a dj 12. Augst p. Jergen Mair	7	3		—	10	—
14. dito p. Jergen Fischer	7	3		—	10	—
20. dito p. Hansen Mair	7	2		20	—	—
a dj 2. October p. Conrat Vogel zu Amsterdam .	9	6		6	—	—
a dj 6. November p. Hansen Keller	10	7		60	—	—
21. dito p. Cassa	11	7		10	—	—
a dj 31. December p Saffran zugang	11	4		—	5	—
dito fur gewin an saffran hieuor . .	—	4		8	1	—
dito fur gewin an waitzen hieuor . .	—	4		400	—	—
dito fur Pech hieuor	—	4		60	—	—
dito fur Zucker hieuor	—	4		1	14	—
dito fur Roggen hieuor	—	4		75	—	—
dito fur Samat hieuor	—	7		185	10	—

Summa L 893. 18. 4.

Mennhers Werke haben, wie schon Kheil hervorhob, nicht jene historische Bedeutung und jenen wissenschaftlichen Wert wie die Werke von Pacioli, Manzoni, Ympyn oder Schweicker, aber dies besprochene deutsche Werk zeichnet sich besonders aus durch genaue Berücksichtigung der Fälle des praktischen Lebens. Sobann zeigt uns die Abfassung dieses Werkes in deutscher Sprache, daß neben Denedig später Antwerpen in großem Maße die hohe Schule der Kaufmannschaft für die deutsche Jugend gewesen ist.

Aber auch in Deutschland hat Mennhers Werk als Unterrichtsmittel gedient. Wie oben auf Seite 104 erwähnt worden ist, wird das im Cölner Historischen Archiv mit Nr. 1400 bezeichnete Rechnungsbuch als (Geschäftsbuch [1]) des Wilhelm Lohn bezeichnet. Schon die erste Seite dieses Buches machte mich stutzig, denn sie war mit lateinischen Sprüchen aller Art beschrieben. Zweimal fand ich die Bemerkung „Guilielmus Lohn me emit". Das konnte nur von einem Schüler stammen. Ich blätterte um und fand den Namen Hans Welsch. Sofort entpuppte sich nun dies Buch als eine wörtliche Abschrift des eben beschriebenen Mennherschen Werkes, auch die L — 10.—, die „onserm Advocaten Hansen Gelltlieb verehrt, deß soll er onser rechts sachen bester vleißiger solicittern" fehlen nicht. Auch der Abschluß enthält die gleichen Posten und Zahlen, aber es ist ein Fortschritt festzustellen.

Zunächst fällt das Konto: „Überschießende Güter" auf. Es enthält folgende Posten (abg. Schreibweise):

(Links.) Überschießende Güter sollen adi ultimo Dezember an

Zucker ₰ 4672 . . . . ac	6	350	8
an Roggen Last 10 . . . . . „	7	100	—
an Samt Stück 7 Ellen 285 . „	14	382	10

(Rechts.) Überschießende Güter bin ich adi ultimo Dezember an Bilanz, um dies Buch zu beschließen, trag ich den Rest ac 16 L 832. 18.

Schon bei den ältesten deutschen Buchhaltungswerken findet sich eine Zusammenstellung der noch unverkauften Waren. Kontenmäßig finden wir dies zuerst bei dem Niederländer Jan Ympyn 1543 dargestellt, der es demourance de biens oder remanance de biens nennt. Nach ihm wird dieses Sammelkonto in Italien Robbe in monte genannt, aber weder Pacioli, noch Tagliente (1525), Manzoni (1534) und Cardano (1539) erwähnen es. In den uns bekannten Werken Mennhers fehlt es ebenfalls.

Sodann ist das auf Seite 137 dargestellte Eigentümerkonto wesentlich verändert worden. Es sind nämlich die Warenvorräte herausgenommen und auf das Warenrestkonto („Überschießende Güter") übertragen worden; ferner fehlen die Aktiva und Passiva, für die das folgende Bilanzkonto gebildet worden ist:

(Links.)

Bilanz soll adi ultimo Dezember an Hans Koch für neue				
Rechnung hierher getragen . . . . ac	3	327	6	8
Ditto an Hans Keller an Rechnung	7	2975	—	—
Ditto an Danzig unser Lager	10	763	10	—
Ditto für ein Haus, in der Langenstraße gelegen, für	11	500	—	—
neue Rechnung hierher getragen				
Ditto an Philipp Kolb per neue Rechnung.	11	13	—	—
Ditto an London unser Lager, für neue Rechnung . . .	13	103	—	—
Ultimo ditto an Kasse für neue Rechnung hierher getragen	14	2779	9	8
Ditto an überschießende Güter für neue Rechnung hierher				
getragen	15	832	18	—
Summa L 8294. 4. 4.				

---

[1]) Der Irrtum ist erklärlich, da dieses Buch auch eine Abschrift des Testamentes des 1578 verstorbenen Vaters enthält.

Da sich auch in Augsburg (vgl. S. 154) ein ähnlicher Fall ereignete, ist bei Benutzung der Handlungsbücher zu wirtschaftsgeschichtlichen Zwecken darauf zu achten.

(Rechts.)

Bilanz bin ich adi ultimo»Dezember an Hans Mair, um
~dies Buch zu beschließen · . . . . .ac   3│   83│ 6│ 8
Ditto an Hans Welsch, um dies Buch zu beschließen,
trag ich hierher von . . . . .ac   2│ 8210│ 17│ 8

Summa L 8294. 4. 4

Das Eigentümerkonto wird auf diese Weise zum reinen Kapitalkonto. Es enthält links nur die ersten sechs Posten, sodann den Schlußsatz: „An Bilanz hier fortgetragen, diese Rechnung zu beschließen L 8210.17.8," so daß der Gesamtbetrag nur L 9205.17.8 ist. Rechts enthält das Kapitalkonto allerdings alle Posten des früheren Eigentümerkontos mit Ausnahme des einzigen Passivums von L 83.6.8.

In den verschiedenen Werken Mennhers läßt sich entschieden ein Fortschritt in der Abschlußtechnik verfolgen. In dem ersten Werke vom Jahre 1550 kennt Mennher nur ein Eigentümerkonto, das Bilanz-, Kapital- und Gewinn- und Verlustkonto in sich vereinigt. Im zweiten Werke von 1563 ist das Gewinn- und Verlustkonto selbständig geworden, so daß im Eigentümerkonto nur noch Bilanz- und Kapitalkonto stecken. In der Darstellung von 1581 schließlich ist auch ein besonderes Bilanzkonto errichtet worden, wodurch das Eigentümerkonto reines Kapitalkonto wird.

Da die Lohnsche Abschrift vom Jahre 1581 stammt, Mennher aber vor dem Jahre 1572 verstorben ist, so liegen zwei Möglichkeiten nahe, welche diesen Fortschritt erklären: Entweder ist von dem deutschen Werke von 1563 eine zweite Auflage erfolgt, die diese Veränderung enthält, oder der Lehrer, bei dem Wilhelm Lohn Unterricht erhielt, hat diesen Schritt selbst vollzogen.

Mennhers Buch weist in Einleitung und Inhalt vielfach auf Danzig hin, vielleicht, weil er von hier aus viele Schüler erhielt. Aber auch in Danzig selbst erschien bald ein Buchhaltungswerk, das als die beste deutsche Darstellung der Buchhaltung im 16. Jahrhundert bezeichnet werden muß, nämlich das

„Buchhalten Durch zwey Bücher nach Italienischer Art vnd weise gestellt Durch Sebastian Gamersfelder von Passaw / Bürger vnd Deudscher Schulmeister zu Dantzigk. Mit Königlicher Mayestat in Polen freyheiten / Diß Buch in Sechs Jaren nicht nachzudrucken bei Peen vierhundert floren Vngerisch / vnd verlierung der Bücher. MDLXX."[1]

Gammersfelder hatte im gleichen Jahre ein Rechenbuch[2] geschrieben und es dem Rate gewidmet. Jetzt hat er auch „den mangel des Buchhaltens/bey dieser Löblichen Stadt gespüret" und deshalb ein „Buchhalten nach Italianischer weise" in Druck gegeben, das er ebenfalls dem Rate zueignet.

Don diesem Werke sind nur zwei Exemplare bekannt, das eine befindet sich in Reval, das andere in Danzig. Beide Exemplare stimmen überein, aber das Schlußwort „Zum Leser" weicht in beiden erheblich voneinander ab. Nachdem in beiden gleichmäßig hervorgehoben wird, daß dieses Buchhalten für die Jugend bestimmt ist, wendet sich Gammersfelder, wie besonders in den Vorreden der Rechenbücher damals üblich war, an die Kritiker:

---

[1] Gammersfelders Buch ist eingehend beschrieben worden von Balg in der „Zeitschrift für Buchhaltung". 9. Jahrgang.

[2] Ein anderes Rechenbuch erschien von ihm im Jahre 1581. In der Vorrede zu diesem sagt er, daß er seit 23 Jahren Lehrer in Danzig ist und vorher in „Hochdeutsch und niederlendischen Städten bei den fürnembsten Rechenmeistern gewesen" ist.

„Wiewol ich von etlichen meinen Widersachern, die das Buchhalten nicht anders ansehen können / Dann wie ein Küe ein new Thor ansiehet / doch anderer Arbeit vnn fleiß verachten wölle / wenig dancks habe / allein das sie mich bey vnwissenden des Buchhaltens verkleinern Vnd sagen / Wie das mein Buchhalten ein altes Buchhalten sey / deßgleichen Simon Schweicker auch beschriebe habe / ich solte etwas newes gemacht haben etc." Darauf antwortet er, „das nicht allein Simon Schweicker / welcher sich in Venedig (wie in der Vorrede seines Buchhaltens zu ersehen) für einen guten Buchhalter wil gerühmet haben / sondern auch Jan Ympyn [1]) Christoffels, der etwan ein Kauffman inn Andorff gewesen / hat 12 Jahr zuvor / die Art des Jtalianischen Buchhaltens in Niderlendischer sprach sehr fein beschriben / Ich kan aber darum nicht sagen / das derselben einer / diese Art erstlich erfunden habe / vnd zuuor nicht auch gewesen sey / sondern das viel Hundert Jar bey den Italianern für ein gemeine Weise ist gehalten vnnd gebraucht worden / auch niemandt zugebrauchen oder dauon zuschreiben verbotten / es were dann das sich deß meine vnuerstendigen Widersacher zuthun vnterstehen wolten. Wie ich nun Art vnd weise aus jren Büchern gelernet, also haben sie es von jhren Meistern auch lernen müssen / Vnd darff keiner gedenken / das je einer solte herfür kommen / der ein newe Art des Jtalianischen Buchhaltens zuschreiben erfünden köndte / sondern ein jeder muß es bey dem alten geprauch vnd den darzu gehörigen Regeln bleiben . . ."

Jm Revaler Exemplar ist diese Stelle, die ich ihrer Wichtigkeit halber ausführlich gegeben habe, nicht enthalten. Dort verwahrt er sich nur gegen den Einwand, wie er, „als ein Deutscher Schulmeister, der den Kauffhandel nicht gelernet, ein gut Buchhalten schreiben solte?"

Gammersfelder beginnt mit einem „Eingang in diß Buchhalten", wobei er Anweisung zur Einrichtung der Bücher gibt, wie sie sich bei Pacioli und seinen Nachfolgern finden. Er verlangt darin die Führung von Journal und Hauptbuch, als Nebenbücher bezeichnet er das Memorial (zur „erstlichen" eiligen Aufzeichnung), das Briefbuch und das Unkostenbuch (zur Entlastung der „glaubwirdigen bücher des Jornals vnd Hauptbuchs").

Damit beim Übertrag aus dem Memorial ins Journal kein falscher Gläubiger oder Schuldner eingetragen wird, gibt Gammersfelder drei Regeln zur leichteren Unterscheidung dieser beiden:

1. Wer empfangen hat, ist Schuldner,   Wer außgegeben hat / ist Glaubiger.
2. Alles was einsperre, das ist kauff,   Woher es fleusst / oder dem
empfahe oder an mich bringe, ist Schuldner,[2])   ichs zalen sol / Glaubiger.
Alles was aussperre, das ist verkauff,   Wohin es fleusst / oder das jenige
verhandel / wegksende vnd verthue / ist   dafur / Schuldner.
Glaubiger.
3. Item an wem ich gewin / es sey an einer   Gewin vnd Verlust / Glaubiger.
Wahre / Person / Wechsel / Boddemerey
etc. ist Schuldner,
An wem ich verliere / es sey an Wahr /   Gewin vnd Verlust / Schuldner.
Person, Wechsel, Boddemerey
etc. ist Glaubiger /

Diese Regeln werden nun auf die verschiedenen Fälle angewendet und erklärt. Sind trotzdem Schuldner und Gläubiger vertauscht worden, so ratet er zur Bildung eines Gegenpostens im Journal:

„Duplir die Summa des gelts / vnd setz rechtschuldigen in das Jornal / darumb Schuldner / den Rechtglaubiger aber Glaubig."

---

[1]) Über Ympyn vgl. Kheil, über einige ältere Bearbeitungen des Buchhaltungs-Traktates von Luca Pacioli. Prag 1896. S. 4 ff.
[2]) Dieser Dergleich findet sich bereits 1548 bei Johann Neudörfer. Siehe unten S. 173.

Bei Eintragung ins Journal sind Gläubiger und Schuldner auch hier durch die bekannten zwei Striche (//) zu trennen; der Schuldner wird mit „Für" und dem nachgesetzten „Sol" bezeichnet; der Gläubiger mit „An" und „Sol haben".

Das Journal ist außen nach altem Brauche mit dem Kreuzeszeichen versehen und enthält 145 fortlaufend numerierte Geschäftsvorfälle, die im ganzen 232 Buchungen ergeben. Im Hauptbuche ist aber diese Numerierung nicht beibehalten worden. Die ersten zehn Posten beziehen sich auf die Eröffnung; sie beginnen:

1) $\frac{1}{2}$ Cassa barschafft sol // an Capital oder heuptgut mein Christoff Vnuerdorbens / das ich auff dato meines handels anfang bar habe fl. Polnisch   fl 3360 g —g—

usw.

Von den weiteren Geschäftsvorfällen, die sorgsam ausgewählt sind und wohl alle Zweige des Danziger Handels betreffen, will ich nur folgende als Beispiele aufführen (abg. Schreibweise).

(Wareneinkauf.)

11) $\frac{2}{5}$ Roggen soll an Anton Lerch 18 Last, die Last a fl 23. Frist 14 Tage, liegt im Engel, tut   fl 414. —.—

(Unkosten bei Wareneinkauf.)

61) $\frac{2}{1}$ Roggen soll an Kasse, Ungeld zahlt auf 40 Last wie folgt:

Pfundzoll	von der Last 5 gr	tut fl 6	gr 20	g —
Traglohn ab	„ „ „ 4	„ „	„ 5	„ 10	„ —
Messerlohn ab „	„ „ 1	„ „	„ 1	„ 10	„ —
Burdingsgeld „	„ „ 4	„ „	„ 5	„ 10	„ —
Primgeld „	„ „ 1	„ „	„ 1	„ 10	„ —
Für Matten 2 Dtzd a gr 29		„ „	„ 1	„ 28	„ —

tut alles fl   21. 28. —

(Lieferungsgeschäft.)

33) $\frac{2}{8}$ Lieferung soll an Stefan Schmid von Bromberg, von ihm gekauft 40 Last Roggen a fl 24^3/$_4$, soll mir es liefern in 4 Wochen[1]), des soll ich ihm nach geschehener Lieferung zahlen ^{1}/$_2$ / den anderen halben Teil 14 Tag darnach, tut   fl 990. —. —

(Stichgeschäft.)

69) $\frac{2}{5}$ Roggen soll an Hering, hab ich mit Andreas Klur von Thorn einen Stich getroffen und ihm geliefert 7 Last 6 Tonnen Hering Zirkel, die Last a fl 63, tut fl 472 gr. 15. Entgegen hat er mir geliefert 20 Last 15 Scheffel Roggen a fl 23^1/$_2$, tut auch fl 472 gr 15, und ist der Stich also gleich.   fl 472. 15. —

(Kommissionsgeschäft.)

62) $\frac{10}{2}$ Reise gen Antwerpen soll an Roggen, habe ich im Namen Gottes geschifft an Hans Sommermarkt in Peter Jansen Segelmachers Schiff 40 Last, kosten mit allem Ungeld bis ins Schiff fl 1011. 28. — Der Schiffer soll Fracht haben von der Last 4 Gulden Kurant.

---

[1]) Schmidt liefert aber schon nach einer Woche, wobei die Buchung lautet: Roggen soll an Lieferung.

243)   (Abrechnung darüber.)

$\frac{10}{6}$ Hans Sommermarkt soll an Gewinn und Verlust, er mir eine
Rechenschaft zugeschickt, die in sich schließt die Kaufmanns-
güter, so er von mir aus Danzig empfangen, welche er in Antwerpen verkauft und daraus gelöst hat 545 ₰ 15 ß Flämisch.

                                tut a gr 132 fl 2401. 9. —
Welche Güter mich kosten Inhalt meines Buchs . . . . . „ 1905. 20. 9
Unkosten in Antwerpen darauf gegangen 31 ₰ 16 ß 8 ₰ . . „ 137. 26. —
Des Faktors Provision 12 ₰ 10 ß tut . . . . „   55. —. —
Diese Kosten abgezogen, bleibt Gewinn . . . . „ 302. 22. 9
welche er mir zur Rechenschaft einbringt, mache ihn derwegen
    dafür Schuldner . . . . „ 302. 22. 9

78)   (Seeversicherung.)

$\frac{12}{11}$ Franzikus Banauer Bürger in Antwerpen soll an Weizen, hab
Ich in Gottes Namen geschifft gen Lissabon an Zacharias
Stellradt in Melius Jansen Schiff 26 Last, mehr in Franz Härlings Schiff 22 Last, kosten mit allem Ungeld fl 1616, solches
Gut hat mir obgedachter Franzikus Banauer gen Lissabon verassuriert und vergewissert, davon ich ihm geben soll fl 7$^1/_2$ $^0/_0$
für Assekuranz   fl 1616. —. —

    Der Schiffer soll Fracht haben von jeder Last 7 Dukaten.

89)

$\frac{12}{12}$ Achatius Stellradt in Lissabon soll an Franzikus Banauer, daß
er aus Melius Jansen Schiff wohl empfangen hat 26 Last
Weizen, aber Franz Härlings ist (Gott bessers) mit 22 Last
Weizen, so ich ihm eingeschifft hatte, zur See hinter Norwegen
geblieben, welcher Weizen mich zusammen gekost hat fl 1616,
den hat mir gedachter Franzikus Banauer gen Lissabon verassuriert, davon an fl 7$^1/_2$ $^0/_0$ für Assekuranz, tut der behaltene
Weizen   fl 875. 10. —

$\frac{6}{12}$ Gewinn und Verlust soll an Franziskus Banauer, daß ich ihm
wegen behaltenen Weizen, so 875 fl 10 gekostet, fl 7$^1/_2$ $^0/_0$ für
Assekuranz zuschreibe, tut   fl   65. 19. 9

91)   (Glück und Unglück.) [2]

$\frac{14}{14}$ Marder sollen an Glück und Unglück, derwegen daß ich von
Friedrich Rahn gekauft habe 3 Zimmer Marder, gilt das
Zimmer bar fl 60, die habe ich angenommen um fl 80 der-
gestalt, wenn Hans Buschken mit behaltenem Schiff und Gut
von der russischen Narva, dahin er jetzt befrachtet, wieder
zu Danzig ins Bollwerk einkommet, soll ich ihm alsdann und
nicht eher zahlen für gemeldete 3 Zimmer fl 240 Inhalt meiner
Handschrift, tun die Marder   fl 180. —. —

---

    [1] Die Prämie ist auffälliger Weise hier nicht vom Gesamtbetrage (fl 1616), sondern
von dem Betrage des richtig angekommenen Weizens berechnet. Die weiteren damit
zusammenhängenden Buchungen lasse ich weg.

    [2] W. Schweicker hatte das Gewinn- und Verlustkonto mit dem Glück- und Unglück-
konto zusammengezogen in das Konto „Nutz und Schaden", die feinere Unterscheidung
zwischen kaufmännischem Gewinn und Verlust und den damals üblichen Arten eines reinen
Glücksspieles waren ihm, wie Balg richtig hervorhebt, ganz entgangen. Dieses Marder-
geschäft ist das reinste Hasardspiel. Da der Schiffer von den königlichen Ausliegern an-
gegriffen wird und dabei Schiff und Ladung verliert, werden die fl 180 als Gewinn gebucht.

93) Glück und Unglück soll an Kasse, hab ich in den Glückstopf
14 zu N. eingelegt 68 Zettel auf meinen Namen, für jeden Zettel
1   fl $\frac{1}{2}$, tut   fl 34. —. —

59)   (Hauskauf.) [1])
9   Behausung soll an Hans Hofer, von ihm gekauft ein Haus, in
2   der Heiligen Geistgasse zwischen N. und N. beiden Häusern
gelegen, um fl 1640. Soll ihm jetzt bar geben fl 820, auf Bartho-
lomei fl 400, Michaeli fl 300, den Rest auf Martini   fl 1640. —. —

3   Hans Hofer soll an Kasse, habe ich ihm gezahlt auf das er-
1   kaufte Haus   fl 820. —. —
61)
10 Ruprecht Strauß soll an Hauszins, ihm meine Behausung, in der
10 Heiligen Geistgasse gelegen, bis auf künftige Ostern vermietet
1   habe um fl 62, des soll er mir selben Hauszins voraus geben fl 62. —. —
10 Kasse soll an Ruprecht Strauß, zahlt er mir selben Zins   fl 31. —. —

29)   (Geld auf Rente ausgeliehen.)
5   Erhard Lang soll an Kasse, ihm auf Rente ausgetan und ge-
1   liehen fl 600, jedes Hundert mit fl 8 gr 10 alle Jahre auf den
Tag Philippi Jakobi zu verzinsen und anzufangen Anno 70.
Des hat er mir ein Haus und Garten, in der Vorstadt gelegen,
zum Unterpfand verschreiben lassen   fl 600. —. —

44)   (Nachlaß.)
4   Lukas Strobel soll an Kassa fl 300, habe ich ihm auf sein
1   Begehren bezahlt für fl 315 gr 25, welche ich ihm auf Johanni zu
entrichten schuldig wäre gewesen, den Rest läßt er mir nach   fl 300. —. —

4   Lukas Strobel soll an Gewinn und Verlust   fl   15. 25. —
6

80)   (Bodmerei)[*)
13 Bodmerei soll an Kassa, daß ich dem Schiffer Johann Klein von
1   Bremen auf Abenteuer der See ausgetan habe Taler 200,
welche er in Amsterdam dem Dieterich Kolberg entrichten soll
à Stüver 33, wenn er mit seinem Schiff, das er jetzt aus Danzig
führet, daselbst ankommen, oder sonst seinen Stapel brechen
wird, tut meine Ausgabe   fl 220. —. —

83)
12 Dietrich Kolberg soll an Bodmerei, er von Schiffer Johann Klein
13 empfangen hat, Inhalt seines Schreibens Taler 200 a Stüver 33,
je 30 Stüver für 33 gr, tut   fl 242. —. —

86)
13 Bodmerei soll an Gewinn und Verlust, daß ich an 200 Taler
6   gewonnen habe   fl   22. -. —

---

[1]) Wie G. einen Geschäftsfall nach verschiedenen Seiten hin verfolgt, zeigt er in
folgendem: Der Inhaber des Geschäfts hat einen Garten geerbt. Diese Erbschaft bucht
er auf Kapitalkonto. Dann verkauft er den Garten, wofür er einen Wechsel auf Lübeck
in Zahlung erhält. Da der Wechsel den Kaufpreis übersteigt, muß er den Rest herauszahlen.
[*]) Schon im Anfangsstadium des Seeverkehrs begegnet man Rechtsgeschäften, die
den Endzweck verfolgen, dem Reeder oder Kaufmann die zur Ausführung der Seereisen
nötigen Mittel zu beschaffen, jedoch mit der besonderen Bedingung, daß die Rückzahlung
dieser Darlehn nur bei glücklicher Ankunft des Schiffes im Heimatshafen oder bei Rückkehr im Ausfahrtshafen erfolgen solle.

98) | (Wechselgeschäfte.)

$\frac{1}{15}$ | Kasse soll an Wechsel, habe ich von Hans Möller auf Wechsel genommen 50 ₰ Flemisch a gr 128, welche Dietrich Kolberg dem Bartholomeo Kern in Amsterdam zahlen soll 14 Tage nach Sicht meines Wechselbriefs, tut mein Empfang .... fl 213. —. 10

103)

$\frac{16}{15}$ | Leonhard Berckham soll an Wechsel, ihm einen Wechselbrief gen Amsterdam an Dietrich Kolberg gemacht, in Bezahlung des Mehls um 52 ₰ 10 ß Flemisch, er an Bernhard von Köln zu entrichten 14 Tag nach Sicht meines Wechselbriefs / tut a gr 132 .... fl 231. —. —

105)

$\frac{15}{12}$ | Wechsel soll an Dietrich Kolberg, er dem Bartholomeo Kern in Amsterdam entricht hat angehend Hans Möller, vermöge meines Wechselbriefes 50 ₰. Flämisch, mehr dem Bernhard von Köln von wegen Leonhard Berckham 52 ₰ 10 ß Flemisch tut fl 451. —. —

Die hier erwähnten Wechsel sind beide Tratten, die Unverdorben auf seinen Geschäftsfreund oder Faktor Dietrich Kolberg in Amsterdam zieht. Im ersten Wechsel ist Hans Möller der Wechselnehmer, B. Kern der Präsentant, im zweiten Wechsel ist L. Berckham Wechselnehmer und B. von Köln Präsentant. Den Gegenwert des ersten Wechsels erhält Unverdorben in bar, den des zweiten belastet er L. Berckham, von dem er Mehl gekauft hat. Den Betrag der von ihm eingelösten Wechsel erhält Kolberger mit fl. 451 gutgeschrieben, während das Wechselkonto dafür belastet wird, wodurch ein Verlust von fl. 7.10 entsteht.

Im nächsten Beispiele behandelt Gammersfelder einen ähnlichen, aber erweiterten Fall; dann verbucht er die Akzeptation des Wechsels, wobei Unverdorben erst Trassat, dann Präsentant ist. Hierauf zeigt er, welche Buchungen ein Protest zur Folge hat, sowie die Buchungen, die durch den Tod eines Bezogenen und den damit verbundenen Rückweg notwendig werden.

So geht Gammersfelder vom Einfachen zum Zusammengesetzten und zeigt gerade hier bei Behandlung des Wechsels die Vorzüge seines Werkes im hellsten Lichte. „Aus jeder Buchung schaut immer der ruhig und klar denkende, didaktisch vorzüglich befähigte Pädagog hervor, dem es durchaus nicht daran gelegen ist, aufs geratewohl ein paar geschäftliche Vorfälle herauszugreifen, sie buchhalterisch darzustellen und so tief wie möglich in das buntscheckige Gewand welscher Kunstausdrücke hineinzustecken. Jede Operation stellt er ihrem Wesen und ihrer buchhalterischen Bedeutung nach einmal klar und lichtvoll, dann vielseitig und in den verschiedenartigsten Kombinationen lehrend und erläuternd dar. Vor der natürlichen und ungezwungenen Art und Weise, in der er durch das Studium seiner Buchungen ein interessantes Stück des geschäftlichen Lebens jener Zeit vor uns entrollt, vergißt man ganz, daß der Verfasser nur zum Zwecke der Belehrung alle diese Gruppen geschäftlicher Ereignisse vor uns aufbaut, entwickelt und in gegenseitige Beziehung bringt. Nie wiederholt er sich, trotz scheinbarer Gleichheit der Posten sind doch immer wieder in seiner Überlegung kleine Veränderungen, neue Nuancen durch oft kaum wahrnehmbare, neu hinzugetretene geschäftliche Momente eingeschoben." In dieses hohe Lob, das Balg dem Gammersfelderschen Werke spendet, kann ich nach gründlicher Durcharbeitung des Buches nur einstimmen; auch nach meiner Überzeugung ist es das älteste brauchbare deutsche Buchhaltungswerk.

Das Hauptbuch Gammersfelders enthält 78 Konten, und zwar 46 Per-
sonen-, 19 Waren- und 13 sonstige Sachkonten (Behausung, Bodmerei, Garten,
Gewinn und Verlust, Glück und Unglück, Hauszins, Kapital, Kasse, Reise
gen Antwerpen, Unkosten, Wechsel und Wechselbank zu Lübeck). Ihre Einrichtung unterscheidet sich nicht wesentlich von denen früherer Werke.

Wenden wir uns nun dem Abschlusse zu! Hier hat sich Gammersfelder
völlig seinen Vorgängern Schweicker und Nmpyn angeschlossen. Er erledigt
dabei der Reihe nach Konto für Konto. Die Salden der Personenkonten stellt
er am Schlusse besonders zusammen mit der Überschrift:

„Schuldner sollen Adi 30. Dezember" an sich selber herfür getragen zu beschließen dies Buch ein jeder in Sonderheit, wie viel er schuldig ist" und „Schuldner
sollen haben ... dem ich schuldig bin". Bei Warenkonten soll man erst nach-
sehen, „ob dieselbe Ware auch all verkauft sei / oder nicht / und wie viel
noch unverkauft ist. Item wie viel sie kostet."

Die Aufstellung einer Inventur ist bei Gammersfelder demnach nicht erfolgt. So lautet der Abschluß des Roggenkontos wie folgt:

(Links.) Adi 2. November An Gewinn und Verlust. Daran gewonnen fl 213.10. 9
(Rechts.) Für sich selber hierfür getragen unverkauft 22 Last 15 Scheffel,
kosten fl 543. 18. —

Die Gewinne und Verluste werden direkt auf das Gewinn- und Verlustkonto übertragen. Dieses hat folgende Gestalt:

(Links) Gewinn und Verlust soll Adi 6. April an Kasse . . . ac 1 fl 24. 15. —
26 Ditto an Anthonium Lerch . . . . „ 4 „ 30. —. —
. . . . .
30. Dez. An Kapital, befinde ich, daß ich mit meinem
Handel die Zeit her gewonnen habe. . . . . . . „ 2 „ 1644. 21. 15
An Unkost, mehrerlei Ungeld ausgegeben vermöge meines
Ungeld Büchleins, ist die Summa . . . . „ 18 „ 399. 6. 3

(Rechts) Gewinn und Verlust soll haben Adi 6. April für Kasse „ 1 „ 40. —. —
19. Ditto für Hans Hofer . . . . „ 3 „ 14. 4. —
usw.

Die Bestände überträgt er von den Warenkonten auf das Soll des Bilanzkontos, das bei ihm links folgende Überschrift hat:

Zu beschliessen dies Buch soll Adi 30. Dezember. An sich selber herfür
getragen, daß ich auf dato vorhanden habe, als da ist an Waren, liegenden
Gründen, Schulden und barem Geld als folgt.

Nun zählt er die Bestände der Warenkonten der Reihe nach auf, die Außenstände, da er sie schon vorher gesammelt hat, in einer einzigen Summe.

Rechts enthält das Bilanzkonto nur das Schlußkapital und die Kreditoren.

Das Schlußkapital und der Reingewinn werden nun auf das Kapitalkonto übertragen:

---

¹) Bei Behandlung der Gewinn- und Verlustposten ist G. inkonsequent. Manchmal
schließt er einen Posten gleich nach seiner Erledigung ab und überträgt den Gewinn oder
Verlust sofort auf das Gewinn- und Verlustkonto, manchmal ermittelt er den Erfolg erst
am Schlusse des Geschäftsganges.

Laus Deo. 1569 in Danzig.			
Kapital oder Hauptgut mein Christoph Unverdorbens soll Adi 1. April			
An Heinrich Sommer ac	4	fl	419. —. —
— Ditto Nikolaus Streyl . . .	„ 4	„	400. —. —
— Ditto An Lukas Strobel . . .	„ 4	„	315. 25. —
Adi 30. Dezember. An sich selber hier- für getragen zu beschliessen dies Buch, Hauptgut vorhanden . . .	„ 19	„	7917. 19. 6
Summa 9052. 14. 6			

Laus Deo. 1569 in Danzig.			
Kapital oder Hauptgut mein Christoph Unverdorbens soll haben Adi 1. April			
Für Kasse . . . . ac	1	fl	3360. —. —
— Ditto Für Lündisch Tuch. . . .	„ 2	„	1072. 15. —
— „ Für Roggen .	„ 2	„	594. —. —
— „ Für Salz . .	„ 3	„	544. —. —
— „ FürHansHofer	„ 3	„	498. 15. —
— „ Für Christoph Schönauer . .	„ 3	„	388. —. —
— „ Für Heinrich Luft . . .	„ 3	„	370. 22. 9
— 19. Juni Für Rudolf Thomas Erben	„ 9	„	560. —. —
Adi 30. December Für Gewinn und Verlust, daß ich die Zeit über gewonnen hab	„ 6	„	1644. 21. 15
Summa 9052. 14. 6.			

Gammersfelders Werk wurde nachgeahmt von einem anderen Danziger Rechenmeister. Im Jahre 1592 erschien das „Buchhalten / mit zwey Büchern, nach Preußischer Münße / Maß vnd Gewichte. Durch Wolffgangum Sarto‑ rium, Notarien vnd Rechenmeister in Danßigk, jeßt wonend in der Beutler Gasse / mit fleiß gründlich beschrieben vnd in Druck verfertigt[1]."

In dem Vorwort zu seinem im gleichen Jahre erschienenem Rechenbuche erzählt Sartorius, daß er seinen ersten Unterricht bei seinem Onkel Martin Heinße, Schloßprediger des Herrn Caspar von Schönbergks, Erbherr von Saba[2]) und Borstenstein genossen habe, er heißt also in Wirklichkeit Wolfgang Schneider. Auch erfahren wir dort, daß er seit dem Jahre 1573 in Danzig als Lehrer wirkt.

Das Buchhaltungswerk ist drei Danziger Kaufleuten gewidmet. In der Vorrede an den günstigen Leser erklärt er, daß er sein Buch „auffs kürßte in deutsche Reime vnd Rythmus gleichsam in ein kurßes Compendium be‑ griffen / vnd verfasset / auf das die Jugent / vnd andere so diese Kunst zulernen lust haben / solchs desto leichter begreiffen vnd lenger in Gedächtniß behalten mögen". Für solche aber, die dies Buchhalten ohne mündlichen Bericht nicht verstehen könnten, empfiehlt er sich, „ihnen vmb billiche Be‑ lohnung gründlichen Unterricht mitzuteilen", wie er „denn bißher etliche auf Italienische und andere Manier Buchhalten gelernt hat".

Das Buch beginnt mit einem „Nüßlich recht gegründet Fundament vnd Vnderricht / diß Buchhaltens Reimweise kürßlich in zehen Regeln verfasset", wovon nur eine kurze Probe folgen soll:

Den Schuldner lern erkennen wohl
An den Wörtlein / Für / vnd / sol /
Den Creditor man kennen kan
An den Wörtlein / sol haben / vnd an.
Setz zur Lincken Hand den Schuldner
Vnd zur Rechten den Gleubiger,
Unterscheid sie mit zwey strichlein
welche also // gezeichnet sein usw.

[1]) Abdruck in Danzig.
[2]) Sayda und Purschenstein im sächsischen Erzgebirge.

Es wird genügen, wenn ich nur die Abschlußbuchungen zeige. Aus ihnen geht zunächst hervor, daß Sartorius Inventur verlangt. So hat z. B. das Konto „Wagenschoß" folgende Form (schriftgetreu):

Wagenschoß sol / Adi 24 Juni / An Lieferung liefert mir St. Mißlowsky Diener $\frac{6}{c}$ Wagenschoß zur Brake¹), ist daraus geworden

H. R.²)

4 0 Gut, das H.	. a fl 24 thut	96
1 6 Brak das H.	. a „ 12 thut	18
0 6 Braksbrak d. H.	a „ 6 thut	3

Thut zusammen fl 117   fl 117

Vltimo Dec. an Gewinn und Verlust „ 36

Summa $\frac{6}{c}$ a fl 153

Wagenschoß sol haben / Adi 26 Juny / Für Salz verstochen

H. R.

| 4 0 Gut das H. a fl 30 tut | fl 120 |
| 1 6 Brak das H. a „ 20 | - „ 30 |

Thut fl 150   fl 150

Vlt. Dec. Für Bilanza zubeschliessen diß Buch ist dato vnverkaufft —

H. 6 R daxiert . . . . . „ 3

Summa $\frac{6}{c}$ fl 153

Von den Abschlußkonten ist das erste das Kapitalkonto.

Capital sol Adi 4 Jan. // an C. Salle . . . . fl 200. —. — Vlt. Dec. // an Bilantza zu beschliessen diß Buch / befindet sichs, das ich (mein Herr) Haubtgut vnn Gewinn haben sol . . „ 5536. 3. —

Summa fl 5736. 3

Capital sol haben / Adi 4 Jan.

Für Cassa	fl 300. —. —
Dito Für Lündisch tuch .	„ 720. —. —
„ Für Hering	„ 810. —. —
„ Für Jacob Morgenrot	„ 300. —. —

Vlt. Dec. Für Gewinn vnn Verlust, das mit dem handel dies Jahr Gottlob verdient . . . . ' . . „ 3606. 3. —

Summa fl 5736. 3

Dann folgen Gewinn- und Verlustkonto und das Bilanzkonto.

Gewin vnd verlust sol ' Adi 22 Sept. / an Lisabona / wegen des Weitzens so Seewärts geblieben . . fl 367. —. —

28 Dito An Amsterdam .	„ 108. 15. —
Vlt. Dec. An Hering . .	„ 53. —. —
Dito An Glück vn Vnglück	„ 24. —. —
„ An Osemund	„ 5. 22. 9
„ An Bodmerey . . .	„ 3. 21. —
„ An Vnkosten . .	„ 129. 25. —

„ An Capital / den Ver-lust an dem Gewin ab-gezogen / befindet sichs / daß diß Jahr mit dem Handel gewonnen . . . „ 3606. 3. —

Summa fl 4297. 26. 9

Gewinn vnd verlust sol haben / Adi 20 Sept. / Für Hans von Weh an Asche gewonnen . . . . . fl 520. 2. — 22. Sept. Für S. Altermann Gewinn an Weitzen . . „ 282. —. — 2. Oct. Für Hans v. Weh, thut „ 128. 25. — Vlt. Dec. Für Lündischen Laken „ 1316. 15. —

Dito Für Flachs . . .	„ 80. —. —
„ Für Weitzen . . .	„ 36. —. —
„ Für Salz	„ 813. —. —
„ Für Roggen . . .	„ 294. —. —
„ Für Asche. . . .	„ 92. —. —
„ Für Klapholz . .	„ 45. 22. 9
„ Für Wagenschoß .	„ 36. —. —
„ Für Stangeisen . .	„ 522. 15. —
„ Für Wechsel . . .	„ 56. 7. —

Summa fl 4297. 26. 9

¹) Brak ist Ausschuß, bracken also aussondern, wurde damals besonders bei Holz, Asche, Teer angewendet und war bis in die neuere Zeit noch in Rußland üblich.
²) Das Hundert Klapholz hatte 12 Rinken. 1 fl = 30 gr., 1 gr. = 18 ₰.

Bilanza diß Buchs sol / Adi 30 Dec. /
An sich selber herfürgetragen / dz
auf dato an Wahren / Schulden vnd
bahrem Gelde vorhanden als folgt:

Dito / An Lündisch tuch
      22 stück . . . fl 1515. —. —
   „ „ Hering 1 last . „ 48. 15. —
   „ „ Flachs 1 Sch. . „ 80. —. —
   „ „ Weitzen 6 last . „ 216. —. —
   „ „ Roggen 28 last . „ 840. —. —
   „ „ Wagenschoß 6 R. „ 3. —. —
   „ „ Wax 12 Sch. . „ 384. —. —
   „ „ Stangeisen
      106 Sch. „ 989. 10. —
   „ „ Hans Stod . . „ 139. 15. —
   „ „ Hans Behm . . „ 100. —. —
   „ „ Vrban schneider „ 38. 20. —
   „ „ Jörg Hörsel . . „ 720. —. —
   „ „ Hans v. Weh . „ 175. 17. —
   „ „ Cassabahrschaft „ 1717. 28. 9

Summa Summarum / in alles fl 6967. 15. 9

Bilanza diß Buchs sol haben / Adi vltimo Dec., für sich selber hierher getragen, einen jeden / dem ich schuldig
wie folget:

Dito für Capital . . . . fl 5536. 3. —
    Zach. Lunkwitz . „ 350. —. —
    Jorge behem . . „ 180. 20. —
    Andreas Schore-
      dowsky „ 149. —. —
    Melch. Mockraw . „ 94. 26. 9
    Salomon Alter-
      mann „ 196. 14. —
    Wolff Graz . . . „ 350. —. —
    Reinhold Plamann „ 110. 12. —

Summa Summarum / in alles fl 6967. 15. 9

Vnd mit diesem Beschluß wird die
Rechnung certificiret vnd approbiret /
daß sie recht vnd perfect ist.

Am Schlusse des 16. Jahrhunderts erschien auch im Nordwesten Deutschlands ein Buchhaltungswerk, bei dem wir den niederländischen Einfluß noch
deutlicher erkennen können als bei Gammersfelder. Es ist dies:

> Buchhalten fein kurtz zusammen gefasst vnd begriffen / nach arth vnd weise
> der Italianer mit allerhandt verständlichen guten Exemplen von Factoryen / auch
> Geselschaft handlungen / durch Passchier Goessens von Brüssel / der Frantzö-
> sischen Sprach Schulmeister / vnd jetziger zeit in der Keyserlichen freyen Reichß-
> stadt Hamburgk residierende zusammen colligiert. Gedruckt zu Hamburgk bey
> Henrich Binder / Anno Domini MDXCIIII [1]).

Goessens hatte, wie er in der Widmung des Buches an den Rat sagt,
sein Vaterland um der „Bekentnuß reiner Warheit Göttliches Worts willen"
verlassen müssen und seit sechs Jahren in Hamburg „die Jugent mit Schreiben /
Rechnen / vnd Buchhalten so wol auch in dero Frantzöschen Sprache . . . insti-
tuirt vnd vnterrichtet"[2]). (Siehe Abbildung S. 151.)

Das Buch selbst ist 31 cm hoch, 21 cm breit und zählt 83 Blätter. Das Titelbild (vgl. Abbildung) zeigt einen Kaufmann, der in ein Buch schreibt. Nach der
Widmung folgt die Vorrede an den „Gutwilligen Leser", dann das sog. Register.
Hierbei hat er die 317 Posten gruppiert, wie: „Von dem Inventario, Kauffen
auff mancherley weise, von Liberung, von mancherley Bezahlungen" usw., ähnlich wie es Manzoni, Schweicker und Gammersfelder schon hatten.

Nach dem „Bericht des Buchhaltens" werden drei Bücher verlangt:
Memorial, Journal und Schuldbuch. Die Erklärung des Memorials („darein
schreibt / Herr / Fraw / Knecht / Magt oder Jung) usw.) erinnert an Man-
zoni-Schweicker; das Memorial selbst aber führt Goessens nicht mit vor.

---

   [1]) Abbrüche in Augsburg, Göttingen, Nürnberg und in meinem Besitz.
   [2]) Von 1568—1600 finden sich unter 14 bekannten Hamburger Schulmeistern nicht
weniger als 5 Niederländer. Sie und die portugiesischen Juden haben unzweifelhaft die
doppelte Buchführung in Hamburg eingeführt, vgl. Rüdiger, Geschichte des Hamburger
Unterrichtswesens. Hamburg 1896. S. 19.

Dann folgt die Darstellung des Inventars:

> Folget im Namen Gotts das Inventarium von aller meiner Reichtumb / Schuldt / vnd Gegenschuldt mir N. N. zugehörig / Dargegen alles was ich schuldig bin / biß auff diesen heutigen Tag / darmit den Kauffhandel anzufangen / wölfe mir der getrewe Gott seinen zeitlichen vnd ewigen Segen verleihen / Amen.

Die Aktiven bestehen aus Bargeld, „mehrerley Kleinöther", einem Pacht- oder Gilthofe, einer Handschrift (über Darlehn) und aus einem Rentbriefe der Stadt Antwerpen. Die Passiva bestehen aus einem Darlehn und einem Rentbriefe auf den Pachthof (Hypothek). Dann folgt die Unterschrift:

> Zum Zeugniß das alles was hieoben im Inventario geschrieben / wahrhafftig sey / habs mit eigener Hand vnterschrieben / vnd mit meinem Pitzier bekrefftigt, geschehen wie oben / usw.

Sofern man nun die Bücher nicht selbst führt, soll man das Inventarium wörtlich in das Journal schreiben lassen. „Sunst aber so behelt der Herr das geheimnuß bey sich."

Ehe das Journal eröffnet wird, gibt Goessens eine kurze „Unterrichtung des Jornals" und einen Bericht, „wie man die Wörter Debitor vnd Kreditor verstehen / vnd ins Jornal einschreiben sol". Dabei stellte er folgende Musterregeln auf:

> Wer etwas empfanget / vnd was man empfanget / dasselb ist Debitor.
> Alles was man bekommt / zu sich nimpt / kaufft vnd empfangt ist auch Debitor.
> Was man verkaufft / verschicket / verhandelt / oder versetzt / das ist Creditor.
> Wohin solches geschicket / oder versetzt wirdt / an wen / oder was man darfür annimmt / ist Debitor.
> War an / vnd was man gewinnet ' Es sey an Personen ' Wahren / Gelt / oder Wixel / oder wie es kompt / ist Debitor.
> Dargegen Gewin vnd verlust Creditor.
> War an Man verleurt / Es sey an Personen / Wahren ' oder Wixlen / das ist Creditor.
> Dargegen Gewin vnd verlust Debitor.
> usw.

Das Journal beginnt mit den aus dem Inventar herübergenommenen Posten:

No. 1. $\frac{1}{2}$	Casse Sol m. 11437. — L 1525. — Per Capital. So viel befind ich bey dem Inventario an bahrschafft so ich Dato zum glücklichen anfang dieser Handlung in Cassa leg	Lübisch			Flamisch		
		m	ß	₰	L	ß	₰
		11437	8	—	1525	—	—

Was ist an dieser Formierung des Journalpostens eigentümlich?[1]) Zunächst sind die einzelnen Posten numeriert. Das hatten frühere Schriftsteller auch; Goessens behält diese Zahl aber auch im Hauptbuche bei. Sodann ist die Form: „Cassa Sol per Capital" auffällig. Hierin folgt Goessens dem

---

[1]) Jäger (Beiträge zur Geschichte der Doppelbuchhaltung S. 257) meint, daß Goessens sein Journal wie das heutige Memorial der doppelten Buchhaltung führe, und erklärt diese französische Journalisierung dadurch, daß G. als Hugenott nach Hamburg gekommen sei. Aber auch in Deutschland führte man das Journal in dieser Zeit so, wie die von mir angeführten Geschäftsbücher zeigen, und das Memorial wurde praktisch gar nicht oder selten verwendet.

Buchhalten

fein kurtz zusamen gefasst und

begriffen/nach arth und weise der Italianer/mit allerhandt verständ-
lichen guten Exemplen von Factoryen/auch Geselschafft handlungen/
Durch
PASSCHIER GOESSENS von Brüssel/ der Frantzösischen Sprach Schulmeister/ und
jetziger zeit in der Keyserlichen freyen Reichsstadt Hamburgk reisdierende zusaminen colligiert.

fide sed ante vide

Gedruckt zu Hamburgk bey Henrich Binder/
ANNO Domini M D. XCIIII

Beiſpiele Gottliebs und Mennhers[1]). Gottlieb buchte bekanntlich: Bargeld habe ich empfangen von Hans Goldreich, und bei Mennher heißt es in der franzöſiſchen Ausgabe: Cassa est Debiteur par Jan Paul, und in der deutſchen: Caſſa ſoll per Hans Welſch. Goeſſens ſtellt ferner den Betrag zwiſchen Debitor und Kreditor, während er ſonſt nach beiden folgt. Dabei führt er die Beträge in zweifacher Währung an, Lübiſch und Flämiſch.

Mit der Reimerei:

> „Das Wordt sol / halt für Debitor /
> Verbum per / vor dem Creditor /
> Ein jede Post solt numeriren
> Aller falschheit darmit zu wehrn /
> Die oberst Zahl auffs Spatium
> Zeigt im Haubtbuch den Debitorum
> Die vnterste Zahl auch zur stundt,
> Weiset den Creditorum rundt.“

wiederholt Goeſſens ſeine Vorſchrift, denn auch er hat ſeinem Werke zahlreiche Gedichte eingeſtreut, in denen er ſeine Anweiſungen umſchreibt. Aber dieſe Gedichte ſind völlig wertlos. Goeſſens ſagt ſelbſt in ſeinem Schlußworte, daß er „auß mangel gnugſamer erfahrenheit / Hochdeutſcher Sprach“ nicht alles ſo getroffen habe wie er es gewünſcht hätte. Dann hätte er die Poeſie aber erſt recht aus dem Spiele laſſen ſollen.

Betrachtet man ſeine Geſchäftsvorfälle, ſo findet man eine überreiche und auch geſchickte Auswahl, aber ſie erreichen aus dem eben erwähnten Grunde nicht die lichtvolle, klare und verſtändliche Darſtellung Gammersfelders. Hierfür ein kurzes Beiſpiel: Im Regiſter lautet die Überſchrift eines Abſchnittes „Entſchuldigung der Faktoren“, und zwar ſoll ſich in Nr. 125—127 ein Faktor entſchuldigen, „das er von den Debitoren / wegen der verkaufften Wahren / ihm von mir für einen andern auß befelch geſchickt nichts empfangen hab“. Und wie lautet der betreffende Eintrag?

125.)

$\frac{25}{8}$ Peter Stoupart Sol m. 2850 ß 4 ₰ 10½ L 380.— ₰ 33⁄₄
Per Johan von der Flassche Conto Ferdenando Rodriges /
Für seine Handschrifft p. fl 1842 Kr. 30   Zahlen in der zu-
künfftigen Herbstmeß / Thut   m. 2850.4.10½

Poſten 126 und 127 lauten ähnlich.

Zu erklären iſt dieſe unverſtändliche Ausdrucksweiſe vielleicht auch dadurch mit, daß Goeſſens das Memorial zu dieſem Geſchäftsgange bereits ausgearbeitet hatte. So bringt er an einigen Stellen tatſächlich Hinweiſe auf das nicht mit gedruckte Memorial, z. B. bei Poſten Nr. 205:

Memoria. Ditto Johan Welsser schreibt mir weiter / Das er für sein Conto Per Ditto via nach Franckfurt / an Ditto von der Flassche gleiche 2. Balln Seide Nr. 14. 15 / von derselbigen Gattung vnd Preiß geschickt hat / Ist zufrieden so es mir geselt, dieselbige 4. Balln zugleich auff halben Gewin vnd verlust verkaufft werden. Hab ihm dasselbige durch mein Antwort auff hüdt abgefertiget / Consentieret / Alhie pro   Mem.

Aus der großen Zahl der Geſchäftsvorfälle des Journals will ich nur einige charakteriſtiſche hervorheben, und zwar zunächſt die Buchungen über Schiffsparten (abg. Schreibweiſe):

---

[1]) Mmphn bucht dagegen: Par Casse a Capital.

249.)

$\frac{32}{32}$ Schiff, genannt der wilde Mann, jetzund gelegen in dem Hafen von Lübeck soll m. 3500.—.—. L 466 ß 13 ♃ 4, per Johannes Conrad. Für ¹/₅ in gedacht Schiff, so ich von ihm kauft hab; zahlen m. 1920. L 256 Per 40 Stück Bubensamt von 10 und 9 Schnur, zu m. 48.—.—. L 6. ß 8 das Stück; mehr m. 1520.—.— L 202 ß 13 ♃ 4 per 20 Schiffspfund ungarisch Kupfer, den Rest zahlt ich ihm bar. Mit dieser Kondition, daß ich mein ¹/₅ Unkosten dieser Reidung auf Livorno, neben den andern Mitreedern selbst bezahlen soll, tut 3500.—.—

289.)

$\frac{15}{32}$ Schiffsreidung soll m. 451 ß 2. L 60 ß 3.— per Kasse, zahle ich bar an N. N., meine Mitreeder vom Schiff, genannt der wilde Mann, haben sie mir bei Rechnung übergeben, daß solches auf die Reise nach Livorno auszurüsten köst hat, m. 2255 ß 10. L 300 ß 15, davon gebührt mir ¹/₅, tut wie oben   m. 451.2.—

Gemeldes Schiff ist den 20. ditto von Lübeck abgefahren mit Weizen und anderm Stückgut geladen, nach Inhalt der Rechnung. Gott der Herr behüts vor Leid.   Mem.

Einen breiten Raum nehmen die Partizipationsgeschäfte ein. Von ihnen sei ein Beispiel völlig durchgeführt:

173.) Kasse soll m. 2250.— Per Nikolaus u. Hans Bunne, haben mir dieselben vermöge der Konvention, mit ihnen vor dem Notar von der Weiligen gemacht, bar zahlt in Kompagnie à ¹/₂ wegen der 40 Last holsteinischen Weizen, so ich auf meinem Boden hab liegen; dieselben auf halbes Risiko nach Lissabon zu verschicken, haben mich gekostet m. 3440. Gott verleihe uns Gewinn, Amen. Tut mein Empfang   m. 2250.

182.) Viago de Lissabon à ¹/₂ mit Nikolaus u. Hans Bunne soll m. 3440 per holsteinischen Weizen de mio Konto, dato im Namen Gottes per Lissabon geladen in 4 Schiffen 40 Last holsteinischen Weizen, rekommandiert an Ferdinando Rodriges meinen Herrn, dieselbe für Kompagnie à ¹/₂ mit ditto Bunne allda zu verkaufen. Gott laß ihm dieselben mit Lieb empfangen, nämlich

In ⎰ David Lombecke Last 10 ⎱ Summa 40 Last, haben mich
   ⎱ Daniel Brandt   — 10 ⎰ gekostet   m 3430
    Jan Winnepfenningk — 10
    Peter Krause   — 10

183.) Viagio ditto soll m. 172 p. Kasse, zahlt ich dem Johann Motten für die „Assiguransa" wegen der 40 Last Weizen in 4 Schiffen per Lissabon für Kompagnie à ¹/₂ mit den Bunnes geladen, laut derselben „Poliza", so hierüber aufgerichtet, gegen 5 per Cento, tut   m. 172.

212.) Johann Motte soll m. 860. p. Viago de Lissabon de Konto à ¹/₂ mit Nikolaus u. Hans Bunne, ist für 10 Last Weizen, so in Schiffer Peter Krause untergegangen sind, welche 10 Last mir ditto Motte versichert hat, die Last gegen 43 Taler, tut   m. 860

222.) Ferdinand Rodriges p. Konto à ¹/₂ mit Nikolaus und Hans Bunne soll m. 5610. p. Viago de Lissabon p. Konto ditto, hat ditto Rodriges allda für bar verkauft die 30 Last Weizen wegen der Kompagnie p. 897600 Reis, nämlich dem Alkair Lisboner Maß, deren 370 tun eine Last, à 88 Reis, tut Alkair 10200; beläuft laut seiner Rechnung zu m. 6 ß 4 p. ein Tausend Reis — Reis 897600   m. 5610.

223.) Viagio de Lissabon a ½ mit Nikolaus u. Hans Bunne soll
m. 690 ß 10. p. Ferdinando Rodriges de Konto ditto p. 110500
Reis, so ditto Rodriges in Lissabon ausgelegt hat für mehrerlei
Unkosten samt seiner Provision von dem Verkaufe der 30 Last
Weizen und von dem Einkaufe und Verschicken von 30 Sack Pfeffer
à 1½ p. Cento, zusammen laut seiner Rechnung Reis 110500.
Rechne m. 6 ß 4 Lüb. p. Mille Reis, tut Hamburger   m. 690.10.—

282.) Viagio de Lissabon de Konto a ½ mit Johann u. Nikolaus Bunne
soll m. 230. p. Kasse, zahlte ich allhier in Hamburg für mehrerlei
Unkosten von 40 Last Weizen bis ins Schiff und 30 Säcke Pfeffer
von dannen empfangen, zusammen laut der Rechnung im Unkostenbuch a cart. 10.   230.—.6

283.) Viagio ditto soll m. 1835 ß 12. ₰ 6 wie folgt:
Per Nikolaus u. Hans Bunne für ihren halben Teil
von obgemelder Summe, so zu 40 Last Weizen per
„Retracto Notto" gewonnen   m. 917.14.3.
Per Gewinn und Verlust, ist p. mein ½ von ditto
Gewinn   m. 917.14.3.
                                       Tut zusammen m. 1835.12.6.

294.) Viagio de Lissabon a ½ mit Nikolaus u. Hans Bunne soll
m. 3609.6.— p. holsteinischen Weizen, dato im Namen Gottes
mit Schiffer Fryte Bomer dahin geschickt Last 35, rekommandiert
an Ferdinando Rodriges meinen Herrn, Gott laß ihm dieselben
mit Lieb empfangen, haben gekostet laut der „Factura" zusammen Reichstaler 1750, tut à 33 ß Lübisch p. Taler wie oben
Last 35.   m. 3609.6.

295.) Per Kasse, zahlt für mehrerlei Unkosten von Last 35 holsteinischen Weizen bis ins Schiff, laut der Rechnung im Unkostenbuch
a cart. 11.   m. 140.10.—

Im Hauptbuch findet sich über dieses Geschäft folgendes Konto (schriftgetreu):

(Links.)

Viagio de Lisbonna A ½ mit Nicolaus vnn Hans Bunne soll

	Adi			Ch	m.	ß	₰
182	4	Julij	Per Holsteinischen Weitzen / Recommandiert				
			an Ferd. Rodrigeß	19	3440	—	—
183	—		Per Cassa / Aßiguranza von 40 Last Weitzen	1	172	—	—
223	Vlo	Septeb.	Per Ferdin. Rodrigeß Conto Ditto / Vncosten				
			d. 40 Last in Lißbon	30	690	10	—
224	—		Per Ditto Rodrigeß / Vncosten von 30 Seck				
			Pfeffer hieher schickt	—	101	9	—
282	19	Novebr.	Per Cassa / Vncosten der 40 Last Weitzen				
			in Hamburg	32	230	—	6
283	—		Per Gewin vnd Verlust / Meinen halben				
			Gewin von 40 Last	14	917	14	3
—	—		Per Nicolaus vnd Hans Bunne / jhren haben				
			Gewin	26	917	14	3
294	Pro	Deceb.	Per Holsteinischen Weitzen / Last 35. Dahin				
			verschickt	19	3609	6	—
295	—		Per Cassa / Vncosten von obgemelten				
			35 Last Weitzen	32	140	10	—
			Summa m 10220. —. — L 1362 ß 13 ₰ 4	—	10220	—	—

(Rechts.)

212	15	Septeb.	Per Johan Motte / Für Last 10 Weitzen vntergegangen	30	860	—	—
222	VIo		Per Ferdinando Rodrigeß / Für das verkaufften von Last 30 Weitzen	—	5610	—	—
317	VIo	Deceb.	Per Bilantzo dieser Bücher A	36	3750	—	—
			Summa m 10220. —. — L 1362 ß 13 ₰ 4	—	10220	—	—

Betrachten wir nun den Abſchiuß. Da fehlt auch hier die Aufſtellung eines Schlußinventars. Doch ſagt Goeſſens in ſeinem „Onterricht des Haubtbuchs":

„Was für Wahrn noch vnuerkaufft Restieren / dieselben was sie werth sein aestimieren / vnd in Bilantz setzen / wann eines vom andern abgezogen / den Rest auf die Rechnung von vom Gewin vnd Verlust / deßgleichen mit dem Viagios vnd Haußhalten Conto / Saldiere alßdann Ditto Conto vom Gewin vnd Verlust / vnd trage den Rest an Capital Conto / den Capital Conto auff den Bilantz."

Das Gewinn- und Derluſtkonto enthält daher auch als letzte Poſten im Soll die Unkoſten für Hausholten, die Unkoſten für den eigenen Kaufhandel und den Reingewinn.

Das Bilanzkonto trägt links die Überſchrift: „Bilantzo Sol" und darunter folgenden Text:

Nachfolgende 19. Debitores denen mir Dato Vltimo Decembris Per Saldo der Bücher Nr. A schuldig blieben / werden alhie zu Creditores / Vnd auff den Newen Rechnung Nr. B Wiederumb zu Debitores gemacht / wie folgt. (Per Kleinnöter usw.)

(Rechts.) Nachfolgende 6. Creditores denen ich Dato Vltimo Decembris Anno 93. Per Saldo der alten Bücher Nr. A schuldig blieben / Die werden alhie zu Debitores / vnd auff der newen Rechnung Nr. B Wiederumb zu Creditores gemacht / Wie folgt / Per Capital usw. /

Der Reingewinn wird regelrecht auf das Kapitalkonto übertragen, das folgende Poſten aufweiſt:

			Capital Sol							Capital Sol haben			
8	Pr.	Jan.	Per Peter Nicolaus Zallen /	262	8	—	1	Pr.	Jan.	Per Cassa . .	11437	8	—
9			Per Rentbrief .	750	—	—	2			Per Kleinöther .	1200	—	—
10			Per Berendt von dem Pitte	45	—	—	4			Per Marten Clausen	225	—	—
316	VI.	Dec.	Per Bilantzo dieser Bücher Nr. A . .	32597	10	4¹/₈	3			Per Pachthoff zu Buggenholdt	8250	—	—
							5			Per Johan Jacobs	1130	—	—
				33655	2	4¹/₈	6			Per Rentbrieff auff die Stadt Anthorff .	1500	—	—
							7			Per Stadt Anthorff	90	—	—
							315			Per Gewin vnd Verlust biß auff Dato Gewunnen	9822	10	4¹/₈
											33655	2	4¹/₈

Die Eröffnung der neuen Bücher ſoll mit dem Eintrag der Bilanz geſchehen, es ſoll zuerſt Kaſſenkonto, dann Kapitalkonto uſw. eingetragen werden, wie es die Bilanz mit sich bringt. „Spezifiziere darben im Capital-Conto was für Wahren noch übrig / Wie viel Stück / was Farben es sein / oder das Gewicht" usw.

Wie vorher durch die „Astimation" der Bestände, so suchte Goessens auch hierdurch den Mangel einer Schlußinventur zu mildern.

IV. Handschriftliche Anleitungen zur Erlernung der Buchhaltung.

Zu diesen gedruckten Werken über Buchhaltung kommen nun noch verschiedene geschriebene. Schon oben ist hierfür als Beispiel die Handschrift des Fuggerbuchhalters Matthäus Schwarz erwähnt worden. Schwarz hatte ja die Handschrift „der nachkommenden Jugent auch zu lieb und tail lassen werden" und dabei bestimmt, daß sie „nie niemands versagt" werde. Und daß die Handschrift weit verbreitet worden ist, geht daraus hervor, daß die drei bis jetzt bekannten Exemplare weit von Augsburg weg aufgefunden worden sind, in Danzig, Elbing und Wien.

In Augsburg selbst hat sie sich nicht erhalten, wohl aber fand ich dort eine andere. Als mir auf der dortigen Stadtbibliothek die älteren Handlungsbücher vorgelegt wurden, fiel mir eins davon auf den ersten Blick auf; die Posten waren nicht durchgestrichen und die Schrift war sehr schön. Schon aus der ersten Zeile ergab es sich, daß es sich um kein wirkliches Geschäftsbuch, sondern einen zu Übungszwecken ausgearbeiteten praktischen „Fall" handelte. Möglicherweise ist dieses Buch die Abschrift eines unbekannten gedruckten Werkes.

Im Journal werden zuerst die Inventurposten journalisiert[1]):

Kasse soll mir 16. Juni Anno 1552, hab ich von meinem Herrn auf neue Rechnung allerlei Gold und Münze empfangen wie hernach folgt:

Erstlich Rheinisch Gold fl 715 zu 72 kr tut . . . . . fl 858
              Kronen 885 zu 91   „   . . . . „ 1342.5
    allerlei Münz . . . . „ 2154

Summe / soll ich dem Hauptgut fl 4354.5 fl 4354 ß 5

usw.

Das 1. Konto des Schuldbuches ist das Kassenkonto.

Kasse Soll mir	Kasse Soll ich
1552 Adi 16 Juni hab ich von meinem Herrn auf neue Rechnung bar empfangen Zor. ac. 1 . . fl 4354. 5. — Adi 20 p. 3 Säcke Wolle . „ 150. 2. 4 usw.	1552 Adi 17.Juni p. Barchent fl 2513. —. — usw. Adi 5. Dez. schreib ich ab p. Saldo ac 39 (= Kassenbestand) . . . . . . „ 11939. 9. 2

---

[1]) Abgeänderte Schreibweise.

Das 2. Konto ist das Kapitalkonto.

Hauptgut Soll mir	Hauptgut Soll ich

1552 Adi 16. Juni Schulden, so mir mein Herr bei jüngster Rechnung hinterstellig geblieben u. ich für ihn verrechnen soll		
Hans Stierlin . fl 100		
Endris Rem . . „ 300		
Hans Heysser . . „ 150		
Matthäus Mülich „ 160		
Anton Bimmel . „ 200		
Ullrich Weise . „ 250	fl 1160. —. —	
Schreib ich den Rest in diesem Buch an ac 7	„ 20286. 2. 5	
	fl 21446. 2. 5	

1552 Adi 16. Juni ward mir auf neue Rechnung von meinem Herrn überant-		
wortet . . . . . . fl	4354. 5. —	
Adi ditto p. 5 Säcke Wolle „	273. 17. 6	
„ „ p. 12 Stück gebr. Silber . . . „	5808. —. 8	
usw.		
„ „ „ allerlei Barchent[1]) „	238. 10. —	
„ „ „ Leinwand[1]) „	56. 10. —	
„ „ „ Pelzwerk[1]) „	491. —. 8	
usw.		
„ „ Schuldner . „	1400. —. —	
	fl 21446. 2. 5	

Ist auch dieses Konto als Hauptgutkonto bezeichnet, so stellt es doch eine regelrechte Eröffnungsbilanz dar. Auf Blatt 7, auf das diese Bilanz links hinweist, ist daher das eigentliche Kapitalkonto zu finden:

Hauptgut Soll mir	.	Hauptgut Soll ich

1552 Adi .4. Dez. habe ich Unkosten ausgegeben von Anfang dieser Rech- nung, wie steht im Journal 39 fl 270. —. —	1552 Adi 16. Juni an meinen Rest, mir an Waren und Geld auf neue Rechnung übergeben, dies an ac 6 fl 20286. 2. 5
Ditto schreib ich den Rest p. Saldo ab, steht in diesem ac 39 . . . . „ 20016. 2. 5	
fl 20286. 2. 5	

Das Kapitalkonto enthält also rechts das Anfangskapital, links die Un-kosten und das Schlußkapital, es entspricht daher unserem heutigen Gebrauche, denn augenscheinlich ist mit Verlust gearbeitet worden. Aber während wir heute dieses Endkapital der Schlußbilanz entnehmen, ist es hier rein rechnerisch gefunden worden, nämlich durch Abzug der Unkosten von dem Anfangskapital. Dieses Endkapital erscheint nun — genau wie heute — in der Bilanz, ist aber dort nicht entstanden als Überschuß, sondern durch Übertragung vom Kapitalkonto. Daher muß das Bilanzkonto natürlich auf beiden Seiten ver-schiedene Summen aufweisen, was auch tatsächlich der Fall ist, wie aus folgendem hervorgeht:

(Links.) Hernach folgen die restierenden Schulden und Bargeld, so man mir adi 5. Dezember 1552 bei Beschluß der Rechnung hinterstellig blieben ist, welche ferner auf neue Rechnung wieder für Ausgeben gesetzt werden sollen.

---

[1]) Im Original genau spezifiziert.

[2]) Genannt sind Jakob Herbrod, Sebastian Neumeier, Hieronymus Krafter, Ulrich Tiefstetter, Pangratz Böcklin, außerdem kommen im Buche alle bekannten Augsburger Kaufleute jener Zeit vor, wie Georg Herwart, Barth. Welser, Anton Fugger, Lukas Rem, Marx Ulstädt, Leonhardt Stöckel usw.

Es erscheinen die Kasse mit dem Bestande von fl. 11 939.15, die Schuldner, sowie die einzelnen Lager (Nürnberg mit fl. 1003.14.7, Venedig und Frankfurt), insgesamt betragen die Aktiven fl. 16 492.5.8.

(Rechts.) Hernach folgen die Restschulden und Kapital oder Hauptgut, so ich adi 5. Dez. 1552 bei Beschluß dieser Rechnung hinterstellig blieben bin, welche ferner auf neue Rechnung wieder für Ausgaben gesetzt werden sollen.

Hier findet sich die Buchung: Dem Hauptgutkonto soll ich einen Rest der ac 7 fl. 20 016.2.5, ferner erscheinen die Kreditoren und das Antwerpner Lager, so daß sich eine Endsumme von fl. 21 062.16.11 ergibt, mithin ein Überschuß der Passiven von rund 4500 fl.

Enthält dieses Buchhalten, dessen Verfasser ich nicht ermitteln konnte, keinerlei theoretische Erklärungen, so bietet uns solche eine Nürnberger Handschrift[1]) in reichem Maße. Sie führt die aus neuerer Zeit stammende Aufschrift: „Unterricht über die Buchhaltung und die Handlungswissenschaften mit einem Nürnberger Handlungsbuche von 1548—1570" und ist 31 cm hoch, 21 cm breit und 5 cm dick.

Die Handschrift enthält zunächst eine theoretische Darstellung der Buchhaltung, der als praktisches Beispiel die ausgeführte Buchführung eines Faktors aus den Jahren 1548—1549 folgt, die aber erst 1570 eingeschrieben worden ist.

Darauf folgen bürgerliche Rechtsstreitigkeiten, von denen besonders die Akten eines Prozesses von 1617—1619 interessant sind, da sie von einem Zinnvertrag in Schlackenwald handeln, der auch wörtlich enthalten ist.

1625 ist das Buch im Besitze von Andreas Funk in Nürnberg. Er benutzt es zu seinen Schreibübungen, und zwar sind die Beispiele dem Buche des bekannten Nürnberger Rechenmeisters und Schulvisitators Augustin Wildsau (1616) entnommen. Es werden Briefanfänge geübt, sodann Belehnungen, Heiratsbriefe, Hausbriefe, Hochzeitsladungen, schließlich etliche alte Historien, die vom 9. III. 1626 ab der Schul- und Rechenmeister Johann Beyer diktiert hat.

Als dann 1635 Andreas Funk die Buchhaltung erlernt, benutzt er als praktischer Mann die nur wenig beschriebenen Seiten des Registers des Buchhaltungsganges von 1548, um die erste theoretische Abhandlung mit einigen Abänderungen abzuschreiben, die also beinahe ein volles Jahrhundert in den Nürnberger Schulen in Gebrauch gewesen ist.

Der theoretische Teil beginnt mit einer kurzen Vorrede, die religiösen Charakter trägt. Sie weist hin auf das hohe Alter der Buchhaltung, denn schon Paulus spricht im 2. Kolosserbrief von einer Handschrift und an einer anderen Stelle vom Austun unsrer Schulden. „Derhalben so du willst ein Buchhalter werden und viel Irrtum in deinem Handel verhüten, auch viel Schreibens und Merkens entladen sein, also daß deine Handlung oder Kaufschlag . . . jeder Zeit lauter und fester, sollst du erstlich Gott den Allmächtigen in allen deinen Handelsgeschäften ansehen, fürchten und vor Augen haben und dein ganzes Leben und ganzen Handel dahin richten, daß solches allein zu göttlichem Lob und zur Liebe, auch Förderung des Nächsten Nutzen sei. Dabei sollst Du auch herzlich betrachten den Spruch Christi: Mit was Maß Ihr messet, werdet Ihr gemessen, und: Was Ihr wollt, das Euch die Leute tun sollen, das tut Ihr ihnen auch. So Du das jederzeit zu Herzen führest, wird er dich wohl erhalten, daß Du nichts Nachteiliges, Unrechtes, Zweifelhaftiges in Deine Bücher schreibst noch zum Betrug radierst. Du sollst alle Zeit mit gutem

---

[1]) H. 2586 der Bibliothek des Germanischen Museums.

Gewissen und rechter Nüchternheit ganz fleißig und vernünftig in Deine Bücher schreiben und sie in großer Achtung rein und sauber wie Deinen zeitlichen Schatz halten, auf daß, so es zu Schulden komme und Du sie vor Gericht tragen und zeigen müßtest, daß sie desto mehr Glauben bringen. Denn ohne das werden die Buchhalten vor Gericht oftmals verworfen."

Der zweite Abschnitt trägt die überschrift: „Was Buchhalten sei." Hier wird zunächst die Erklärung von Gottlieb (1531) gegeben, wonach sie „ein künstliches Verzeichnis oder Beschreibung des Kaufmannshandels und desselbigen Anhängen, als Haushalten, Rentmeister, Kastnereien, Vormundschaft, Faktoreien und dergleichen Verwaltungen, welches alles durch gegründete Regeln und schöne subtile künstliche Ordnung und Geschicklichkeit zu Werk gezogen und ohne Irrung oder Nachteil zu guter beschließlicher Rechnung, gleich als ein Bilanza oder Wag gelegt wird. Es mag auch mit der Kürze gesagt werden: Buchhalten ist nichts anders als eine gewichtige und gleichmäßige Zusammenhaltung eines Debitors gegen seinen Kreditor, welche mit beschließlicher Ordnung gleich als eine Wage zusammengehalten verglichen werden, welches daher die Italiener auch „per Bilantzen" demonstrieren." Dieses Bild von der Wage wird dann weiter ausgeführt: „Wie ein Wag zwei Schalen und einen Kloben samt dem Zünglein hat, also soll gleichfalls ein jeder Debitor oder Schuldner der linken Hand des Blatts mit allen Dingen in Rechten gleichen Mittel gegen seinen Kreditor oder Gläubiger der rechten Hand des Blattes oder der bedeutlichen Schalen verglichen werden. Und dieweil denn solche Ordnung mit mancherlei Zubereitung und Anhängen in das Werk gebracht wird, will ich derselben, soviel den Anfahenden dieser Kunst (= Anfängern) dienstlich und nützlich sein mag, einesteils anzeigen."

Von den Büchern des Handels verlangt der Verfasser ein Journal, ein Kaps oder Güterbuch und ein Schuldbuch, sowie von Nebenbüchern ein Unkostund ein Fuhrlohnbüchlein, ein Sekret- oder Geheimbuch, ein Kopierbuch, ein Kontrakt- oder Paktbuch, ein Kursbuch der Waren und ein Memorial.

In das Journal werden „alle Handlungen eine nach der andern gesetzt und geschrieben und darnach zu gelegener Zeit eins nach dem andern pro Debito und Kredito in das Schuldbuch und Güterbuch getragen und fein unterschiedlich gesetzt, also daß dies Buch gleich ein Wegleiter in das Schuldbuch und Güterbuch ist." In ausführlicher und anschaulicher Weise suchte der Lehrer des 16. Jahrhunderts dem Anfänger die Bedeutung des Journals darzulegen. Er bezeichnet es als „den Quell und den Brunnen, daraus die anderen Bücher ihren Ursprung und Abfluß nehmen" und fordert den Schüler auf, sich zum Vergleich „einen großen Haufen Geld, den man dir zu zählen auf einen Tisch schüttet, fürbilden, dabei deine erste Arbeit sein muß, daß du eine jede Sorte, es sei Gold oder Münz, sonderlich auf einen Ort ausklaubest (klauben = aussuchen, sammeln). Und so solches geschehen ist, magst du dann und eher nicht den fürgelegten Haufen Gelds ordentlich zählen und in Summa zusammenzutragen. Also ist auch jedes Journal zusammengetragen und zusammengesetzt von barem Geld, von Schulden, von Gegenschulden, von Waren und dergleichen."

„Das Schuldbuch ist ein Auszug vom Journal und wird nichts anders darein geschrieben denn was von Schuld und Gegenschulden handelt."

Das Kaps (caput = Haupt) oder Güterbuch „ist auch ein sonderlicher Auszug aus dem Journal" und betrifft die Waren.

Zu diesen drei wesentlichen Büchern kommen noch eine Reihe Neben-bücher. Das Unkost- oder Haderbuch (Hader = sinnbildlich für ein geringes Ding) wird wie folgt begründet: „Auf daß aber nicht einem jeden Botenlohn, Traglohn, Zoll, Weggeld und was solche kleine Unkosten sind, ein sonderer Posten im Journal gehalten muß werden, so hält man solchen Unkosten ein sonders Buch."

Eine uns jetzt ungewöhnliche Verwendung[1]) hat das Memorial. Es wird „zu der Zeit des Beschließens als ein Journal gebraucht, denn dieweil sich mancher Beschluß auf einen Monat oder zwei verlängert, desgleichen wo zuweilen ein Buchhalter schwach oder verritten ist, mag man alle Handlung Empfangens, Wegsendens, Kaufen und Verkaufen darin schreiben und nach behaltenem Beschluß oder des Buchhalters Wiederkunft trägt mans ordentlich in das Journal". „Das Briefbuch ist in den Schreibstuben hoch von Nöten, denn darin werden erstlich eingeschrieben alle Handelsbriefe, daran etwas gelegen ist. Doch sollen die Geheimnisse des Handels, dieweil allein die Jungen darein schreiben und ihnen dies Buch täglich vor Augen liegt, nicht darein kopiert werden." Die Niederschrift von 1635 fügt noch hinzu: „Und ist sonderlich für das schändliche Müßiggehen der Jungen ein fein köstlich und nützlich Buch."

Das Sekret- oder Geheimbuch führt der Herr des Handels allein und schreibt darein „all sein Vermögen an barem Geld, an Schulden, an Zinsen und Renten, an Bergwerk und dergleichen an liegenden und fahrenden Stücken in Form eines Inventariums".

Äußerst umständlich wird sodann der „Fürtrag" (Vortrag) behandelt, an den sich ein Bericht über den Monatsauszug anschließt. „Auszug heißt erstlich das, so ich einem aus seinem Konto oder Partito, was er schuldig ist und was ich ihm schuldig bin oder er daran bezahlt hat, einen Zettel zustelle, dadurch man alle Mal zu dem Rest kommen mag, was er noch hinterstellig schuldig bleibt." Die Anfertigung des Auszugs wird nun aus-führlich beschrieben. Daran schließt sich die Verdeutschung etlicher welscher Wörter.

In methodischer Hinsicht ist das folgende Kapitel: „Von den Circum-standis" bedeutsam. „Circumstandis heißen Umstände und sind Wörter oder Stellungen, dabei man ein Ding zu Gedächtnis führen und merken mag, der werden im Buchhalten beim Einschreiben ins Journal oft gebraucht, denn ohne Wissen und Vorbetrachtung dieser acht Wörtlein mag keine Post ordentlich in das Journal geschrieben werden, und sind dies acht Wörter:

Das erste heißt Wann?	Das fünfte heißt Wie?
„ ander „ Wer?	„ sechste „ Wo?
„ dritte „ Wem?	„ siebente „ Womit?
„ vierte „ Was?	„ achte „ Wieviel?

Wann: So du einen Posten ganz ordentlich und fleißig in dein Journal schreiben willst, mußt du diese acht Wörtlein sein vor Augen haben. Wann zeigt dir an den Tag, an welchem solche deine Handlung beschieht, der soll und muß alle Mal zuförderst gesetzt werden.

---

[1]) Allerdings lehrte auch Pacioli im 33. Kapitel, daß während der Anfertigung der Bilanz die Geschäfte in eine Strazze geschrieben werden sollen.

Wem: Nach dem Debitor muß alle Mal sein Kreditor folgen, der wird dir durch das dritte Wörtlein fein angezeigt.

Wer: Als du den Tag deiner Handlung oben auf dem Posten vermeldet hast, soll nun zuförderst und im Eingang der Post allemal der Debitor folgen und gesetzt werden. Dies zeigt dir das obgemeldete Wörtlein „Wer" und soll alle Mal der Debitor nach den gesetzten Tagen folgen.

In jedem Posten sieht man zwei Virgulen, Rutlein oder Stäblein, welche den Debitor und Kreditor unterschiedlich abteilen, also was vor der einen Virgula zuförderst steht, ist Debitor, und was nach der anderen Virgula steht, ist Kreditor.

Was: Bei dem vierten Wörtlein in der Ordnung sollst du alle Mal eingedenk sein zu setzen das, darum dieselbe Post entstanden ist, als die Ware, die man kaufet oder verkaufet oder den Wechsel, welche dann alle Mal nach dem Kreditor folgen und durch das Wörtlein „Was" verstanden werden.

Wie: Dies Wörtlein bringt die Erinnerung zu setzen, wie teuer solche Ware gekauft oder verkauft worden sei.

Wo: Wiewohl dies Wörtlein selten gebraucht wird, darnach hab ichs Ordnung halber zu setzen nicht wollen auslassen, das ist seine Bedeutung und Nutz, daß es mich allemal an das Zeugnis oder Kundschaft mahnt, denn es mögen solche große Käufe und wichtige Handlungen vorfallen, auch die Personen, damit man handelt, leicht nötig sein, daß die Not erfordert, daß ein Buchhalter mit Fleiß setze, wo der Kauf oder durch welchen Unter-käufer (= Makler) beschlossen oder durch wen und wie die Bezahlung ge-schehen sei, damit allenthalben Irrung und Zank vermieden sei.

Womit: Zu diesen Zeiten ist hoch von Nöten dies Wörtlein in acht zu haben, daß der Buchhalter nicht außen lasse, womit die Bezahlung, nämlich durch Gold oder durch Münz, geschehe, sodann, obwohl ein jeder Kaufmann weiß, daß eine jede Mark Silber zu 66 Heller und jede Spezerei zu 65 Heller bedinglich verkauft und kauft werden, so trägt es sich doch zu, dieweil die Taler sehr eingerissen sind, also daß sie fallen und steigen, und mehrenteils durch sie die Bezahlung geschehe, daß ein Buchhalter setz und melde den Preis solcher Bezahlung.

Wieviel: Dies letzte Wörtlein bringt schließlich das Fazit mit sich, welche Summe alle Mal soll herausgeworfen werden. Und wiewohl etliche Käufe, wie gemeldet ist, höher denn der fl. zu 15 Batzen oder 20 ß bedingt werden, so sollst du doch alle Summen auf grobe Münz zu 15 Batzen oder 21 Groschen, das ist beides zu 20 ß herauswerfen. Auf daß du solche acht Wörtlein fein in Ordnung behalten und fassen mögest, will ich sie dir noch einmal aufs kürzste in ein Figurlein stellen:

Wann	den Tag
Wer	den Debitor
Wem	den Kreditor
Was	die Ware
Wie	wie teuer
Wo	die Gezeuchung
Womit	Gold oder Münze
Wieviel	die ganze Summa.

Damit du aber die nützliche Regel der acht Wörter oder Umstände mit gutem Grund verstehen und beachten magst, will ichs dir durch ein Exempel fein lauter machen und anzeigen. Es ist der Gebrauch in den Schreibstuben, so man etwas kauft oder verkauft, daß man dasselbig vorhin in eine Schreibtafel trägt und aller erst zu gelegener Zeit im Journal mit Fleiß und Mühe einschreibt. Als (= also) ich setz: dem Gotthard König hab ich verkauft ein Stück Silber, wiegt 100 Mark zu 12 Lot, die fein Mark um 8 fl. zu 66 Heller und Frist auf 1 Monat. Solches wird nun in eine Schreibtafel mit folgenden Worten aufs kürzeste getragen usw."

Der nächste Abschnitt handelt von den Fällen des Handels, und wie diese pro Debito und Kredito aus dem Journal in das Güterbuch, Schuldbuch und die Kassa gezogen und getragen werden sollen.

· „Wiewohl die Fälle, so sich in den Händeln zutragen, viel und mancherlei Art, also daß sie unmöglich alle zu erzählen und zu (be)schreiben sind, nichts desto weniger will ich dir hernach, soviel einem Anfahenden dieser Kunst von Nöten sei, einen gründlichen Bericht geben und dieselbigen Posten aus dem Journal nehmen." Hierauf folgen 25 einzelne Vorfälle, deren Buchung anschaulich erklärt wird, wie: Ich empfange Bargeld, oder Waren, ich verkaufe Waren auf Zeit, die verschiedenen Arten der Bezahlung, Bank- und Wechselverkehr usw.

Der sehr gut durchgeführte lange „Fall" behandelt ein „Journal welscher Manier, ist gestellt auf Faktoria oder auf einen Diener, den sein Herr in ein Lager verordnet und überantwortet ihm Güter ohne einigten (= irgend einen) Anschlag, sondern nach den Läufen (= Kursen) zu verkaufen".

Daß dieser Fall in der Schule behandelt wurde, geht aus folgender Bemerkung hervor: „Und acht es unnötig, dieweil hierin mündlicher Bericht gegeben wird, daß man alle Dinge nach Längst (= ausführlich) beschreibt."

Es liegt also ein ähnlicher Fall wie in dem Augsburger Muster und wie bei Gottliebs „anderem" Buchhalten vor. Aber doch bestehen gewisse Unterschiede, die auch eine verschiedene Buchung bedingen. Der Augsburger Faktor beginnt mit einem umfangreichen Warenlager, das genau spezifiziert ist. Aus der Bilanz ergibt sich, daß er mit großem Verlust gearbeitet hat. In Gottliebs „anderem" Buchhalten beginnt der Faktor nur mit Bargeld, kauft dann Waren ein und verkauft sie wieder, wobei er nach Ausweis der Bücher gewinnt. Der Faktor der vorliegenden Handschrift bekommt neben Bargeld Güter, die ihm sein Herr ohne „einigten" Anschlag zusendet, deren Selbstkostenpreis wir also gar nicht kennen. Daher kann es sich in dieser Buchhaltung auch nicht um die Feststellung des Gewinnes handeln, sondern nur um den Nachweis, was und wie teuer verkauft worden ist und welche Unkosten dabei entstanden sind. Das kommt auch deutlich in der Handschrift zum Ausdruck:

„Vnnd wirt in diesem buch halten die Frag darauff steen, wie ein Diener oder Faktor in solchem Vall sein Rechnung machen und beschließlich stellen soll, damit er Vmb all sein empfahen Vnd einnemen des Baren gelts, der schulden vnd gutter, darumb er debitor worden ist / Widerumb mit seinen Ausgeben auch vorhanden der Waren, schulden und Baren gelts Creditor worden Vnd ein Bilantza oder Vergleichung machen mag."

Die Einträge beginnen mit folgender Einleitung:

In des Herren Namen der heiligen und ewigen Dreifaltigkeit, Gott des Vaters, Gott des Sohnes und Gott des heiligen Geistes. Amen.

Als mein Herr Lienhard Stöckel, Bürger in Augsburg, aus Nürnberg gen Venedig geritten ist, hat er mir in seinem Abwesen allen seinen Handel des baren

Geldes, der Schulden und Waren zum getreulichsten zu verwalten befohlen. Darnach bitte ich Gott den allmächtigen Vater durch Jesum Christum unsern lieben Herrn und Seligmacher, daß er mir solches mit Gnaden helfe vollbringen. Amen.

Nach dieser Einleitung, die ganz dem frommen Geiste der Vorrede entspricht, beginnen die Eröffnungsbuchungen (schriftgetreu):

Laus deo Adi 3 August A° 1548. In Nürnberg.

Deb. 1 Cred. 3	Cassa hat empfangen // Von meinem Herrn Lienhardt Stöckel Bürger in Augspurg Vberantwurt er mir Im Anfang dieser meiner Handlung an grober müntz ye 20 ß od. 15 Batzen für ein guldin zu Rechnung fl 700. —. —
5 3	Georg ketzler bleibt // meinem Herrn an negster Rechnung für ein Rest zu bezalen auf 10 October schuldig. Vberantwurt er mir einzubringen fl 300. —. —
	Hermann krafft bleibt // meinem Herrn an beschlus nechster Rechnung hinderstellig schuldig die soll er mir auff 10 October zallen fl 250. 6. —
1 21	Adi 4 August Bar empfangen // für kupfer Verkauft ich Georg kramer c. 20 den c. Vmb 4 fl 7 ß 6 h thut fl 87. 10. —
9 23	Adi 19 ditto Sebold Stauber sol // für Wax Verkaufft ich Im 1 schelben Wigt lauter 517 h den c. Vmb 14 fl 5 ß zalt er halb Bar des andern uff Leipziger michels markh thut In Suma fl 73. 13. 5
10 9	Adi Primo Nouember Schaw hat empfangen // Von Sebold Stauber Vmb das er mir ein thail seiner schuldt dareinlegt fl 60. 6. 4

usw.

Das Schuldbuch zeigt keine Abweichungen, ich gebe daher eine Probe aus dem Kapis oder Guter Buoch:[1]

Kupfer 1548

Kupfer soll adi 3. Aug. meinem Herrn 50 c., überantwortet er mir in seinem Gewölbe.

11. Sept. meinem Herrn, sandte er mir bei Hans Ullrich, Fuhrmann, von der Hütte Breuental 2 Wagen, auf dem ersten 120 Stck. u. 3 zerbrochene, auf dem andern 124 Stck. u. 6 zerbrochene, wiegen 24 c. 20 h u. 27 c. 30 h, tut 51½ c.

usw.

Tut der Empfang c. 143 h 25

             134

Rest unverkauft c. 9 h 25

Kupfer soll haben adi 4. Aug.

von der Kiste, verkaufte ich Georg Kramer 20 c., den c. um 4 fl 7 ß 6 h ac 2   fl 87. 10. —

24 ditto Von Nikolaus Kon, verkauft ich ihm 10 c., den c. umb 4 fl 12 ß 6, zahlt er halb bar, den anderen halben Teil auf 1. Nov. ac 3 „ 46. 5. —

usw.

Tut der Verkauf c. 134

Rest unverkauft . c. 9 h 25

Daraus ist gelöst fl 609. 5. —

In gleicher Weise erfolgt die Abrechnung über Pfeffer, Tuch, Wachs, Hering, Muskatnus usw.

---

[1] Abgeänderte Schreibweise.

Wichtig für die Abrechnung war der Nachweis über die gezahlten Fuhrlöhne. Obwohl nach den Worten des Verfaffers der Fuhrlohn einer jeden
Ware gewöhnlich in das Kapus zu der betreffenden Ware gefchrieben und
der Kaffe ins Kredit gefeßt wird, fo hat er doch davon abgefehen, er hat
vielmehr im Fuhrlohnbüchel einer jeden Ware ein befonderes Blatt eröffnet
und am Ende die Gefamtfumme ins Journal übertragen „und dem herrn,
welchem der Gewinn zu buchen befohlen ift, vom Gewinn famt den gemeinen
Unkoften zu ziehen übergeben."[1]

So ift z. B. im Fuhrlohnbuch dem Kupfer ein befonderes Blatt beftimmt,
wo es heißt: „Kupfer Fuhrlohn zahl ich bar einen Reft von 2 Wagen, bracht
Hans Ullrich von der Hütte bei Breuental . fl. 4.—.

Am Ende des Buches find alle gezahlten Fuhrlöhne zufammengezählt,
fie ergeben einen Betrag von fl. 49.2.6 und bilden den leßten Poften des
Journals: „der Kifte, daß ich für alles Fuhrlohn von Waren laut des Fuhr-
lohnbüchleins hab ausgegeben fl. 49.2.6."

Auch ein befonderes Unkoftenbuch wird geführt. Da heißt es z. B.:
Unkoften zahlt ich bar Meifter Johann Michel Widtmann, Buchbinder, für
die Bücher des Handels von neuem zu binden fl. —.—.8."

Von Intereffe ift von den Nebenbüchern noch das „Rechenbüchlein". Es
ift halb gebrochen und enthält die einzelnen Ausrechnungen fowie die Ermittlung der Salden.

Im Abfchluffe ftellt der Faktor zunächft zufammen, was er von feinem
Herrn empfangen hat, den Erlös aus Waren und die Kreditoren:

Zum erften habe ich empfangen von meinem Herrn im Anfang des Handels
an barem Geld und an Wechfeln, wie im Schuldbuch am 3. und 4. Blatt längs
und eigentlich verzeichnet ift fl 4572.—.—

Zum andern setz ich für empfangen aus dem Güterbuch wie folgt:

Aus Pfeffer   gelöst ac 22 fl 592. 3. 10
„ Kupfer   „   22 „ 609. 5. —
   Tuch   „   26 „ 1401. 15. —
„ Wachs   „   23 „ 384. 7. 9
„ Ingwer   „   24 „ 329. 6. 6
„ Hering   „   25 „ 261. 1. 10
„ Muskatnuß   „   25 „ 317. 18. —

Zum dritten setz ich für Empfangen alles, was ich schuldig bin, nämlich
soll ich

Hans Rosenberger   ac 15 fl 200. —. —
Konradt von Werdt   „ 16 „ 100. —. —
Jakob Mayer   „ 18 „ 234. —. —

Summa Summarum all meines Einnehmens samt dem, was ich schuldig bin
und mir zu verrechnen gebührt, tut   fl 9003.6.—

Nun folgt das Ausgeben:

Zum erften setze ich dagegen, daß ich für meinen Herrn habe ausgegeben,
nämlich an Schulden bezahlt und Wechsel verrichtet, wie im Schuldbuch am 3. und
4. Blatt nach längs geschrieben ist, tut in Summa fl 7357.13.7.

---

[1] Die Gewinnermittlung erfolgte alfo in den Büchern des herrn, hier handelte es
fich bloß um eine Abrechnung.

Zum andern setze ich für Ausgeben für Handschulden, die man mir schuldig ist zu bezahlen, und nämlich:

Hermann Kraft soll	ac	15	fl	132.	2. 6
Niklas Kon	„	16	„	120.	—. —
Sebold Stauber	„	17	„	271.	19. 7
Hans Tegler	„	17	„	72.	—. —
Kunz Preis „	„	17	„	113.	—. —
Zum dritten setz ich für vorhanden					
die Barschaft der Kasse . . .			„	936.	6. 5

Summa Summarum all meines Ausgebens, auch der vorhandenen Schulden und des baren Geldes zur Vergleichung   fl 9003.6.1.

Der Verfasser dieser Handschrift ist nicht genannt. Es könnte dafür Johann Gottlieb in Frage kommen, denn die theoretischen Erklärungen als auch der praktische Teil erinnern in vielen Punkten an dessen Werke. Mit größerer Wahrscheinlichkeit ist jedoch der berühmte Nürnberger Rechenmeister Johann Neudörfer als Verfasser anzusehen.

Neudörfer[1] war 1497 in Nürnberg als Sohn eines Kürschners geboren und ursprünglich auch zum Handwerk bestimmt worden. Dann aber widmete er sich dem Lehrfach. 1519 erschien sein erstes Werk: „Fundament Durch Johann Neudorffer, Rechenmeisters vnd Modist zu Nürnberg, seinen schülern zu einer vnterweisung gemacht." ·1520 wurde bereits eine große Medaille auf den erst 23 jährigen „Arithmeticus" geprägt. Im Jahre 1543 wurde er von Ferdinand I. zum kaiserlichen Pfalzgrafen ernannt, womit der Adel verbunden war, und zwar hieß er nun Newdorffer von Newdegg. Er starb im Jahre 1563. Sein Verdienst bestand darin, daß er die Schreibkunst in ein System brachte, ähnlich wie es Albrecht Dürer getan hatte. Sein Unterricht muß vorzüglich gewesen sein, seine Methode finden wir im „Gesprächbüchlein" vom Jahre 1549 vortrefflich dargestellt; er stand in Nürnberg bei den Eltern seiner Schüler und beim Rate in hohem Ansehen, und seine Schüler gingen als Rechenlehrer hinaus in alle Teile Deutschlands, wie nach Augsburg, Schweinfurt, Frankfurt, Lübeck, Erfurt usw. Für den Unterricht im Schreiben hat er zahlreiche bedeutsame Werke geschaffen, seine Methode im Rechenunterrichte können wir aus dem Hefte seines Schülers Paulus Behaim und aus seinem 1586 von Kaspar Schleupner in Breslau herausgegebenen Manuskripte ersehen. Wie steht es aber mit der Buchhaltung?

· Ein im Nürnberger Städtischen Museum befindliches Ölgemälde aus dem Jahre 1520 stellt den Betrieb in Neudörfers Schule dar. Da sehen wir u. a. an einem Tische, an dem ein Schüler arbeitet, die Aufschrift: Buchhalten. Sodann muß aber Neudörfer auch selbst ein Werk über Buchhaltung geschrieben haben, wovon sich aber bis jetzt trotz meiner eifrigen Nachforschungen kein Exemplar gefunden hat. Schultz sagt in seinem Rechenbuche: „Von allen Buchhalten, soviel ich derselben zu Händen bekommen, ist die Art, welche weiland Johann Neudörfer, Rechenmeister zu Nürnberg gebraucht, am wohlgefälligsten gewesen[2]." Und Otto Wesselow[3] gab 1619 ein „Buch halten ad Imitationem Neudorffianam" heraus und sagt in der Einleitung: „Nachdem ich etliche verschiedene

---

[1] Vgl. Allgemeine Deutsche Biographie. Bd. 23, S. 481 ff.; sowie Hampe: Johann Neudorfer d. Ä., Bayrische Gewerbezeitung. 1898. S. 2 ff.

[2] Arithmetica oder Rechenbuch . . ., neben einer Anleitung zum ordentlichen Buchhalten von Anthonium Schultz. Liegnitz 1600. Siehe unten S. 211.

[3] Bremen 1619.

Bücher, so von Buchhalten geschrieben, in Druck verfertigt sind, durchgeblättert habe und unter anderen mir des Herrn Neudörfers Arbeit, was er darin prästieret und geleistet, zu Händen gekommen ist" usw. Beide Bücher stimmen in ihrem theoretischen Teile fast wörtlich mit der Nürnberger Handschrift überein, so daß für diese wohl Neudörfer als Verfasser in Frage kommt.

Dazu kommt ferner, daß noch eine der Nürnberger fast gleiche Handschrift existiert, in welcher der Name Neudörfers ausdrücklich erwähnt wird.

Die betreffende Handschrift wurde angezeigt von dem Frankfurter Antiquariat Jos. Bär & Co.[1]) und trägt die Aufschrift:

„Ein Huepsch Püech / Erstlichen wie die genng in dem gepurg Streichen mit Jern / clufften hanngennts vnd ligennts, zum anndern von / dem Püechhalten, wie man das gegen ainem Credittor, und Debittor halten soll" usw.

Das Manuskript stammt aus dem Jahre 1552, zählt 172 Blätter, wovon der Abschnitt: „vom Buechhalten" 26 engbeschriebene Seiten einnimmt. Die theoretische Abhandlung stimmt fast wörtlich mit der Nürnberger Handschrift überein, der praktische Fall fehlt jedoch.

Die theoretischen Ausführungen beider Handschriften finden sich aber schließlich auch in gebundener Rede wieder in der Amman[2])-Neudörferschen „Allegorie von dem Handel[3])" (1585 und 1622), aus der die Bilder der Zierleisten sowie des folgenden Abschnitts stammen.

V. Zusammenfassende Darstellung.

a) Die Bedeutung der Buchhaltung.

Pacioli legte im ersten Kapitel seines Buchhaltungstraktats dem wahren Kaufmann hauptsächlich drei Punkte zur Beachtung nahe: 1. bares Geld, 2. die Kenntnis des Rechnens und 3. Ordnung in der Aufzeichnung aller Geschäftsfälle. „Die dritte und letzte notwendige Sache ist, daß man in schönster Ordnung alle Geschäfte ausführt, wie es sich gebührt, damit man gleich von allen Sachen Nachricht haben kann, sowohl in bezug auf die Schulden als auch die Guthaben, denn auf anderes erstreckt sich der Handel nicht. Dieser Teil ist unter den anderen Teilen ihnen sehr nützlich, denn sie könnten ihre Geschäfte nicht anders anlegen, wenn sie gebührende Ordnung in ihren Schriften haben wollen, auch wäre ihr Geist ohne irgend eine Ruhe in großen Sorgen[4])." Wolfgang Schweicker, der sich an Pacioli anlehnt, sagt ähnlich.

„Das ander, das er mit guter ordnung was er handelt, vleißig thu, schulden vnd widerschulden, alles wie es sich zutregt, mit kurtz begriffen werd, vnn erkantnuß hab, sonst nit müglich, ein recht ordnung schrifft oder posten zumachen."

---

¹) Katalog 561, Nr. 2708.
²) Jost Amman (1539—1591) war Maler, Kupferstecher und Formschneider.
³) Im Abdrücken von den in der Fürstl. Wallersteinschen Bibliothek in Maihingen aufbewahrten Original-Holzstöcken neu herausgegeben von M. Huttler. München 1878. Ebenso veranstaltete Georg Hirth 1889 eine Neuausgabe von der Auflage vom Jahre 1622.
⁴) Ich zitiere dabei nach der Jägerschen Übersetzung (Lucas Pacioli und Simon Stevin. Stuttgart 1876).

Der Fuggerbuchhalter Matthäus Schwarz vergleicht 1518 das Buchhalten mit einem Sparhafen und bezeichnet es als eine „artige, ordentliche, richtige, kurzweilige, schöne und kurzerdichtete Kunst für die Hantierungsleute". Er beklagt aber, daß diese reichmachende Kunst bei uns Deutschen gar wenig beliebt ist und wettert gegen diejenigen trägen Kaufleute, die alles im Kopfe tragen wollen, ihre Handlungen in schlechte Rekordanzen und auf Zetteln aufzeichnen, an die Wände kleben und Rechnung am Fensterbrett halten. Welche Nachteile durch eine solche nachlässige Buchhaltung entstehen können, zeigt ja vorn (S. 80) das Beispiel des Alexius Grimel.

Zu diesem allgemeinen Nutzen der Buchhaltung kam nun der besondere hinzu, daß die Handelsbücher im Prozesse erhöhte Beweiskraft hatten.

Über die Lehre von der „Beweiskraft der Handelsbücher" liegt eine ungeheure Literatur vor, insbesondere wird in einer. großen Anzahl von älteren Dissertationen dieser Gegenstand behandelt. Eine der besten Abhandlungen darüber gibt Endemann[1]. Für unsern Zweck kann die Frage, die rein juristischer Natur ist, nur kurz gestreift werden.

Die hervorgehobene Stellung, welche die Handelsbücher unter den Beweismitteln einnehmen, besteht besonders darin, daß sie zu den Ausnahmen von der Regel: scriptura privata pro scribente non probat gehören, daß also unter bestimmten Umständen selbst diejenigen Posten des Handelsbuches entweder für voll oder für halb bewiesen gelten, welche der Kaufmann zu seinen Gunsten eingetragen hat. Daß die Handelsbücher ihren Inhalt gegen den Geschäftsherrn beweisen, daß also Posten, die der Kaufmann zu seinen Lasten in das Handelsbuch eingetragen hatte, unter allen Umständen für bewiesen galten, hielt man dagegen für selbstverständlich und nicht besonders beachtenswert.

Bei der Darstellung der Beweiskraft der Handelsbücher ging man regelmäßig von den rationes domesticae der Römer sowie den Büchern der Argentarien und Mensularien aus, in denen die accepta und expensa zweier in Geschäftsverbindung stehender Personen eingetragen wurden. Nach Endemann lag jedoch die Eigentümlichkeit dieser Bücher nicht in der Besonderheit ihrer Beweiskraft, sondern in dem Umstande, daß der Eintrag in solche Bücher den Vollzug eines Literalkontraktes darstellte.

„Auch in Deutschland forderte alsbald das Kaufmannsbuch eine von der Lehre des Urkundenbeweises abweichende Geltung. Sie wurde ihm in größerem oder geringerem Maße gewährt; denn weder über die Ursachen, noch die Tragweite der Ausnahmestellung war man einig. Im ganzen schien nach dem Vorgange der Romanisten so viel annehmbar, daß, während die scriptura privata, sofern nicht Zeugen der Errichtung danebenstehen, nur ein qualequale indicium liefere, also höchstens die Auflage des Reinigungseides herbeiführe, das Handelsbuch gegen den Aussteller wenigstens halben, wo nicht ganzen Beweis zu erbringen imstande sei. Die Bücher der Kaufleute auch für den Aussteller etwas beweisen zu lassen, war wenigstens ein Teil der Rechtslehrer wenig geneigt ... Ein Reichskammergerichtskonklusum, von dem Gaill berichtet, sanktionierte jedoch unter gewissen Voraussetzungen die semiplena probatio der Handelsbücher auch pro scribente als Regel." Durch Gewohnheit und Statuten konnte den Handelsbüchern sogar volle Beweiskraft zugeschrieben werden.

---

[1] Zeitschrift für das gesamte Handelsrecht. 2. Band S. 329 ff.

Da nun allgemein die Entscheidung über die Beweiskraft des Handlungsbuches in das Ermessen des Richters gestellt wurde, so suchten die juristischen
Schriftsteller Regeln darüber aufzustellen, auf welche Personen, auf welche
Geschäfte, auf welche Bücher, auf welchen Umfang und auf welche Erfordernisse
der Form und des Inhalts sich diese Beweiskraft beziehe. Aus dem 16. Jahrhundert gehören hierher:

> Stracca, mercator jurisperitus. Lugd. 1556.
> Molinäus, tractatus commerciorum usurarum et monetarum. Lugd. 1561, ins-
> besondere aber
> Menochius, De Arbitrariis Judicum Quaestionibus et causis. Frankfurt 1576.
> S. 123 ff. [1])

Wichtiger ist für uns die gesetzliche Regelung der Frage. In Betracht
kommen hierbei für Deutschland Stadtrechte, Landrechte und Reichsgesetze.
Während in verschiedenen anderen Ländern in dieser Zeit gesetzliche Dorschriften über die Buchhaltung bestanden, finden sich in Deutschland im 16. Jahrhundert nur wenig solche Anordnungen. Da diese unter italienischem Einflusse standen, ist es erklärlich, daß wir sie besonders in Süddeutschland an-
treffen.

Das Freiburger Stadtrecht vom Jahre 1520 handelt davon im Abschnitt A,
Titel IX. Dort heißt es:

(I. Traktat, Titel IX, fol. XXI.)

Wie koufflüt vnd handtwercker ir schulden mit im büchern künstlich machen
vnd bewisen mögen.

Item schuldbücher so zu zyten durch vnser koufflüt vnd handtwercker gegen
den ihenen gemacht werden, die war von inen kouffen, oder arbeit nemen, wo
die on argwönig vnd ordenlich gemacht, ouch die schultherren ir gewerb vnd
handtwerck offrecht vnd erblich füren, vnd eins guten lümbdes vnd wesens sind,
die mögen nach vnserm Stattrechten ouch bewysung thun, doch nach vnser oder
eins gerichts muttmassen vnd erkantnuß, sunst nit.

Wie der koufflüt vnd handtwercker bücher sin sollen. Vnd sollent der
koufflüt bücher ordenlich ingepunden, mit guten starcken cooperten uberzogen,
von den schuldtherren so viel möglich ist durch ire hand selbs, oder durch ire
gedingten diener, die darzu geordnet sind, vnderschydlich geschriben, nit geradiert,
noch durchstrichen, ouch die Summa nit mit zyffern sonder langenzal oder mit
gantzen worten anzögt sin, mit bestimmung iar vnd tag, ouch wohar die schuld
reyche, vnd wer die war empfangen hab. Aber der handtwercker register be-
dorffend von einer hand nit geschriben, sy sollent aber sunst ordenlich wie obstatt
gemacht sin, dann wo sich dise wesenlicheit an den Schuldbüchern nit erfünde,
so werden dieselben desterminder glouben offt inen tragen. Es ist ouch den
koufflüten vnd handtwerckern rätenlich vnd fürstendig, das sy zu dem andern on-
gerechnet anstan lassen, damit desterweniger irrung entstand, vnd eins yeden buch
desterme bewysung thun mög, vnd sol solichs alles zu allen zyten zu vnser oder
eins gerichts erkanntnuß stan.

Die Nürnberger Reformation besagt in Tit. 8 leg. 7 folgendes: „Der
Kaufleute Schuld- und andere Handelsbücher, so dieselben ordentlich nach
ehrbarer Kaufleute Gebrauch geschrieben sind, sollen in Sachen, ihre Hantie-

---

[1]) Endemann, a. a. O. S. 340.
[2]) Menochius hebt besonders 2 Punkte hervor: 1. Die Bedeutung über die Beweiskraft des Rechnungsbuches steht dem Richter zu. 2. Das Rechnungsbuch hat keine Beweiskraft, wenn zwischen verschiedenen Personen über verschiedene Fälle gestritten wird.

rung belangend, für dieselben Kaufleute zur Beweisung ihrer daselbst eingeschriebenen Schulden und Handlung dermaßen angenommen werden, da dieselben Kaufleute sonst in ihren Gewerben aufrecht und ehrbar befunden
und eines guten Leumunds sein, und der Gegenteil solche Bücher durch keine
Gegenbeweisung kann ablegen[1]).

Die Frankfurter Reformation von 1509 enthielt keine Vorschriften über
Handelsbücher, wohl aber die vom Jahre 1578 (1611 verbesserte und ver-
mehrte Ausgabe). Dort heißt es im Teil 1, Titel 31, § 12: „Etliche sind Schuldbücher und Schuldregister, so die Kaufleute, Gewandschneider und Kramer,
auch Handwerker, halten und machen, und darin, was sie verhandeln, verkaufen oder ihren Kunden arbeiten, verzeichnen. So denn diese Schuldbücher
ordentlich und förmlich, das ist mit Benennung der Personen, so die Waren
ausgenommen oder ausnehmen lassen, und durch wen, auch um was Geld,
mit Vermeldung des Jahres, Monats und Tages, unterschiedlich, leserlich
und verständlich geschrieben sind, auch sie, die Kaufleute, sonst in ihren Gewerben aufrecht und redlich befunden und eines guten Leumunds und Glau-
bens sind und der Gegenteil wider solche Bücher keine Gegenbeweisung noch
rechtmäßige Vermutung vorzuwenden hat: So tun sie zur Beweisung so viel,
daß auf vermeldete Bücher und gute Umstände der Eid in Supplementum
zu völliger Beweisung mag erteilt werden. Im Mangel aber überzählter
Umstände und Adminicula solle den vorgebrachten Schuldbüchern oder Registern kein Glauben zugestellt noch jetzt darauf erkannt werden[1]).“

In den Stadtrechten aus dem Norden Deutschlands finden sich um diese
Zeit keine ähnlichen Bestimmungen. Nur in den Lübecker Statuten (ver-
mehrte Ausgabe 1608) heißt es: „Gewandschneider und Krambücher sind
zur Schuld zu beweisen genugsam bis auf 30 Mark.“

Untersuchen wir nun die Landrechte daraufhin, so bietet zunächst
die Württembergische Landordnung vom Jahre 1554 im 1. Teil unter dem
Abschnitte: Die Kaufleute usw. folgende Stelle:

„Schuldbücher, so zu Zeiten durch unsers Fürstentums Kaufleute gegen
diejenigen gemacht werden, die Waren von ihnen kaufen; wo die ohne
Argwohn und ordentlich gemacht, auch die Schuldherrn ihr Gewerbe und
Hantierung aufrecht und ehrbarlich führen und eines guten Leumunds und
Wesens sind, die sollen und mögen auch nach unserer Gerichte Mutmaßen
und Erkenntnis ihre Beweisung tun, also, daß unser Gericht, wo die vor-
erzählten Ursachen und Umstände sämtlich vorhanden, dem Schuldherrn zu
den vorgebrachten Schuldbüchern oder Registern den Eid in Supplementum
zuerteilen. Wo aber zu den angeregten Umständen andere wahre Adminicula
oder Behelfe kommen, möchte den bemeldeten Schuldbüchern mit soviel Umständen, Ursachen und Behelfen gestärkt, ohne Erteilung des Eides geglaubt
und erkannt werden.“

Dieselbe Bestimmung enthält gleichlautend das Badische Landrecht vom
Jahre 1588 in Titel 33: Von Beweis durch Schriften.

In den Reichstagsabschieden konnte ich dagegen keine Vorschriften über
Buchhaltung finden.

Es ergibt sich also, daß gesetzliche Bestimmungen über Buchhaltung im
16. Jahrhundert nur in geringem Maße bestanden.

---

[1]) Die folgenden §§ sprechen von der Beweiskraft der Kerbzettel und Kerbhölzer,
„die auf dem Lande und vom gemeinen Manne gebraucht werden.“

Weitere Bedeutung erlangten die Handelsbücher im Konkurse. Leider gibt es bis jetzt keine zusammenhängende Darstellung über das alte Konkursverfahren in Deutschland. Die einzige Vorarbeit hierzu von Hermann über das Konkursrecht der Reichsstadt Augsburg enthält keine Angaben über die Stellung der Handlungsbücher. Wohl aber gibt ein Aufsatz Westermeiers[1]) über die Zahlungseinstellung der Gebr. Zangenmeister in Memmingen 1560 einigen Einblick.

Das Konkursverfahren begann damit, daß sich der Gemeinschuldner in die „Freiung" begab und die Frau die Schlüssel an den Rat ablieferte. In der Freiung teilten alle drei Brüder ein Zimmer. Ihr Hauptbestreben ging dahin, selbst einen genaueren Einblick in ihre finanzielle Lage zu erhalten. Bei den ausgebreiteten Handelsbeziehungen und bei der großen Entfernung ihrer beiden Hauptfaktoreien Venedig und Lyon war es ihnen unmöglich, eine genaue Bilanz aufzustellen, besonders auch weil sie „in etlichen Jahren Krankheit unsers Leibs, Kriegsläuf' und anderer Ursachen halber zu keiner Jahres Hauptrechnung gekommen" waren. Sie wurden daher bei ihren Oberen vorstellig, ihnen ihre Bücher zur Verfügung zu stellen und, damit die tägliche Hin und Hertragerei zwischen ihrem Kontor und der Freiung vermieden werde, ihnen freies Geleit in ihre Wohnung während der Dauer der Abrechnung zu geben. Desgleichen baten sie, bei dem Augsburger Rat zu erwirken, daß entweder ihr Diener Schreglin dort unter obrigkeitlicher Aufsicht einen Auszug aus den dortigen Geschäftsbüchern anfertigen dürfe, oder aber, was ihnen lieber sei, daß die Bücher zu ihrer Benutzung nach Memmingen gesandt werden möchten.

Der Memminger Rat wandte sich deshalb an den Augsburger Rat. Die Abgesandten erhielten hier folgende Antwort: Der Augsburger Rat sähe keinen Grund, warum man den Zangmeistern die Aufstellung einer Bilanz verweigern solle; hierzu — so fügte man etwas ironisch hinzu — seien aber die Bücher nötig. Man möge sie doch, wie es in Augsburg der Brauch sei, in die Freiung schicken. In bezug auf die Augsburger Bücher sei es am besten, sie nach Memmingen zu senden, es vereinfache doch die Rechnung, wenn sie an einem Orte geschehe. Die Augsburger Bücher wurden nun auch nach Memmingen gesandt. Nach dem Verzeichnis sind bei der Augsburger Filiale folgende Bücher geführt worden: ein Journal, ein Kapus, ein Schuldbuch, ein Venediger Gegenbuch, zwei Weberbücher, ein Barchentbuch, ein Krambüchlein und ein Kopierbuch; weiter wurden mitgeschickt Sebastian Schreglins Journal und dessen Abrechnung, dann Memminger, Lyoner, Nürnberger und Kaufbeurer Briefe, die Nördlinger und die Augsburger Rechnung, drei alte Journale, ein altes Wollbuch und endlich ein Buch, „darin Nichts geschrieben". Ähnlich mögen auch die beim Hauptgeschäft geführten Bücher gewesen sein, nur kam noch, wie aus den Akten hervorgeht, ein Sekretbuch hinzu.

Schwierig waren die Abrechnungen in Venedig und Lyon. Nach Lyon wurde Hans Lünser geschickt mit der Weisung, umgehend einen Auszug aus den Lyoner Büchern einzusenden, die Bücher der letzten 6 Jahre solle er bei seiner Rückkehr selbst mitbringen, die übrigen aber, die bis auf 26 Jahre zurückreichen, möge er dort lassen.

Am 6. Sept. 1560 reichten die Brüder die Bilanz ein. Den Passiven (Darlehn und Zins, Memminger und Lyoner Wechsel, Waren, Dienstgeld und

---

[1]) Vierteljahrsschrift für Sozial und Wirtschaftsgeschichte. Bd. VI, S. 460 ff.

Lieblohn) von 94174 fl. 15 ß 10 h standen die Aktiven mit 77239 fl. 44 ß 7 h gegenüber. Da aber von der letzten Summe 9826 fl. 16 ß 1 h als „böß Schulden", also für wahrscheinlich uneinbringlich bezeichnet waren, so war ein Fehlbetrag von 26701 fl. 17 ß 4 h vorhanden.

Aber auch für den Konkursgläubiger waren die Handelsbücher von Bedeutung. So bestimmte die Nürnberger Reformation vom Jahre 1564 in XII. 8., § 2: Jeder Gläubiger soll „sein schuld mit verschreibungen, gerichtlichen bekantnußen, handschriften, glaubwirdigen Handelsbüchern oder mit lebendiger kuntschaft beweisen und außfüren und auf erkantnus des Gerichts ain Aid schweren, da sein angebne schuld die warheit, und ime dieselbig noch außstendig sey". Auch nach der Frankfurter Reformation von 1611 II. 21., § 11, sollen die Gläubiger „ihre angegebene Credite oder Schulden durch unverdächtige Handschriften, Brieff, Handelsbüchern oder glaubwürdige Extract[1]) gleichfalls liquidieren und summariter bescheinen".

---

b) Die Eröffnungsbuchungen.

Nach den Vorschriften unseres heutigen Handelsgesetzbuches (§ 39) hat „jeder Kaufmann bei Beginn seines Handelsgewerbes seine Grundstücke, seine Forderungen und Schulden, den Betrag seines baren Geldes und seine sonstigen Vermögensgegenstände genau zu verzeichnen, dabei den Wert der einzelnen Vermögensgegenstände anzugeben und einen das Verhältnis des Vermögens und der Schulden darstellenden Abschluß zu machen".

Bestimmungen ähnlicher Art finden wir schon in dem ersten gedruckten Werk über Buchhaltung, dem Traktate des Franziskanermönches Luca Pacioli vom Jahre 1494 und sind von hier aus in die deutschen Lehrbücher übergegangen. Pacioli sagt im 2. Kapitel seines Werkes: „Vorher muß der Kaufmann ein sorgfältiges Inventar in der Weise abfassen, daß er immer in ein Blatt oder besonderes Buch dasjenige einschreibt, was er in der Welt zu besitzen glaubt an Beweglichem und Unbeweglichem, indem man immer bei den Sachen anfängt, welche kostbar sind und leicht verloren gehen können, wie bares Geld, Kleinodien, Silberwaren. Die Immobilien, wie Häuser, Felder, Lagunen, Täler, Fischteiche usw., können nämlich nicht verloren gehen wie bewegliche Sachen. Die anderen Güter muß man sodann allmählich aufschreiben, indem man immer zuerst den Tag, die Jahreszahl, den Ort und seinen Namen in besagtes Inventar einschreibt. Dieses Inventar soll an einem Tage gefertigt werden, sonst würde es den zukünftigen Handel stören."

Pacioli gibt auch ein Beispiel eines Inventars, von dem ich nur den Anfang wiedergeben will.

„Im Namen Gottes 1493 am 8. November in Venedig. Das Folgende ist das Inventar von mir N. zu Venedig, in der Straße des heiligen Apostels.

---

[1]) In David Gaugers Journal (1588) findet sich z. B. folgender Eintrag: $\frac{16}{163}$ Kassa soll an Mair Selig Erben, zahlt dem Spreng um einen vidimierten Extrakt aus dem Journal gezogen samt einer Supplikation an einen ehrbaren Rat fl. — 48.

Dieses habe ich ordnungsmäßig mit meiner Hand niedergeschrieben oder von dem Herrn so und so schreiben lassen, über alle meine Güter, bewegliche und unbewegliche, Schulden und Guthaben, welche ich in der Welt zu besitzen glaube, bis zum heutigen, oben genannten Tage.

Zuerst glaube ich zu haben: an barem Gelde, nämlich Gold und sonstiges Geld, so und soviel Dukaten usw."

Die ersten deutschen Schriftsteller über Buchhaltung geben keine Anleitung über Eröffnungsinventur und -bilanz, wir finden eine solche erst bei W. Schweicker (1546). Dort heißt es: „Ein jeder soll alle Zeit seinen Handel im Namen Gottes anfangen und den im Gedächtnis haben, anrufen und zu oberst setzen. Danach geziemt es sich, daß du dein Inventarium wahrhaftig und fleißig am ersten auf ein Papier machest, danach in ein besonderes Büchlein, alle fahrenden und liegenden Güter, und dein Vermögen bis auf dieselbe Stund einschreiben, und allewegen an dem mehr Köstlichen anfangen, als an barem Geld, Edelgestein, Gold, Silber" usw.

Schweicker übersetzt hier wörtlich das 2. Kapitel des Italieners Manzoni, der sich selbst wieder an Pacioli anlehnt. Gammersfelder, der sich von dem italienischen Einflusse frei gemacht hat und eigne Wege geht, gibt folgende Anleitung: „Willst du nun deinem Handel einen Anfang geben, so mach ein Inventarium, darein schreib alles dasjenige, das du zu deinem Handel zu gebrauchen hast, ordentlich nacheinander: erstlich dein Bargeld, wieviel das ist, deine Ware, die du etwa vorhanden hast, und wieviel eine jede Ware wert ist, deine Schuldner, die dir schuldig sind, einen jeden in Sonderheit, wieviel er schuldig und wann er zahlen soll. Also schreib auch deine Gläubiger, denen du schuldig bist. Das wird alsdann dein Kapital oder Hauptgut genannt." Eine ähnliche Erklärung gibt schließlich auch Passchier Goessens, aber in schlechtem Deutsch.

c) Die Bücher der doppelten Buchhaltung.

1. Ihre Zahl.

„Unmittelbar nach dem Inventar — so fährt Pacioli an anderer Stelle fort — erkläre ich, daß drei Bücher zur Geschicklichkeit und Bequemlichkeit erforderlich sind; das eine genannt Memorial, das zweite genannt Journal und das dritte genannt Heft (quaderno). Es kommt auch vor, daß Leute, welche wenige Geschäfte machen, nur die zwei letzten brauchen, nämlich Journal und Heft."

Den gleichen Standpunkt vertreten die deutschen Schriftsteller. Der Verfasser der Nürnberger Handschrift von 1548, also wahrscheinlich Neudörfer, läßt dabei den weitesten Spielraum. „Als ich jetzt gemeldet hab, daß viel und mancherlei Handels Amt und Verwaltung sind, die allein durch ein Buchhalten mögen verrichtet werden, also sind auch mancherlei Art der Bücher, denn ja eines Handels Gelegenheit mehr und andere Bücher erfordert denn des anderen. Denn es mag ja zuweilen ein ganzer Handel allein mit einem einzigen Buch, welches man ein Hauptbuch oder ein Manual nennet, mit aller Geschicklichkeit und gutem Vorteil gehalten werden. So mag auch etwa eines Handels Amt oder Verwaltung mit zwei Büchern vollzogen werden. Aber nach gemeinem und täglichem Gebrauch nimmt man zu einem jeden gemeinen Handel drei Bücher, nämlich ein Journal, ein Kaps oder Güterbuch und ein Schuldbuch."

Neudörfers Schüler Kaspar Brinner[1] brachte dies in folgender „Carmina":

> Nach dem ein Herr vnd Handelßman
> Ein grosses Gwerb wohl führen kan,
> Der braucht mit fleiß zu jeder zeit,
> Der Bücher vier mit vnderscheidt,
> Als Cassa, Schuldbuch vnd Zornal
> Das Capus kombt auch in die zal,
> Darzu gehören drey person,
> Die Cassa muß für sich ein hon,
> Die andern zwen, so auch darbey,
> Versicht der ein den Zornal frey,
> Der dritt das sein thut ohn verdruß,
> Tregt ein ins Schuldbuch vnd Capus,
> Also die zwen hie an dem end,
> Werden allzeit Buchhalter gnennt,
> Zum andern, wann die Handlung wird
> Etwas ring vnd schlechter geführt,
> So werden nur zway Bücher auch,
> Genommen zu demselben brauch,
> Als Zornal vnd Schuldbuch voran,
> Die ein Person versehen kan,
> Auch das ampt deß Cassiers mit fleiß
> Dieweil im schuldbuch gleicher weiß
> Ein Conto Caß kan ghalten wern,
> Solches zum Eingang meld ich gern.

Deshalb sagte auch Matth. Schwarz (1518): „Das Buchhalten ist nicht ein Buch, sondern es hat noch mehr an ihm hangen, als Journal, Schuldbuch, Kapus, Kasse, Rechnungsbuch, Rekordanzen, Unkostbuch, Strazzobüchlein" usw. Die Fuggerinventur vom Jahre 1527 verzeichnet daher auch im Bozner Inventar: „jornal u. schuldenpuecher, copirbuecher, auffenden" usw. Und als im Konkurs der Memminger Firma Zangenmeister (vgl. oben S. 170) die Bücher der Augsburger Filiale überschickt wurden, befanden sich dabei: ein Journal, ein Kapus, ein Schuldbuch, ein Venediger Gegenbuch, zwei Weberbücher, Barchentbuch, ein Krambüchlein und ein Kopierbuch. Das Bestreben, die Buchhaltung dem Betriebe anzupassen, tritt demnach uns schon im 16. Jahrhundert entgegen.

Die Bücher hatten meist schon das heute übliche Format, sie standen in bezug auf Größe, Dicke und besonders Schwere den Geschäftsbüchern der Gegenwart nicht nach. Die kleinern waren in Schweinsleder, die größeren in Leder eingebunden und enthielten gutes, festes Papier. Auffällig ist, daß

---

[1] Brinner, gebürtig aus Krems in Österreich, wurde 1565 als Lehrer in Augsburg angestellt und starb daselbst 1610.

troß des hohen Papierpreifes eine ziemliche Plaßverfchwendung ftattgefunden hat. Eine Beglaubigung der Handelsbücher, wie fie nach Pacioli in Jtalien ftattfand, war in Deutfchland nicht erforderlich.

2. Das Memorial.

Wenden wir uns nun den einzelnen Büchern zu. Das Memorial ift nach Pacioli „ein Buch, in welches der Kaufmann alle feine großen und kleinen Gefchäfte in der Ordnung, wie fie vorfallen, von Tag zu Tag, von Stunde zu Stunde einfchreibt. Jn diefes Buch fchreibt er ausführlich alles ein, betreffe es Kaufen oder Verkaufen oder andere Handelsgefchäfte, wobei er nicht ein Jota weglaffen foll, an wen und was und wie und wo, mit Erwähnung jedes Umftandes, der zur Deutlichkeit gehört. . . . Diefes Buch wird wegen des Dranges der Gefchäfte hergeftellt und es machen in dasfelbe der Prinzipal, die Gehilfen und die Lehrlinge, fowie die Frauen, wenn fie es können, in Abwefenheit des Einen oder Andern die Einträge". Die deutfchen Buchhaltungswerke des 16. Jahrhunderts erwähnen das Me-morial nur felten[1]), und unter den Gefchäftsbüchern diefer Zeit habe ich kein einziges gefunden. Die Erklärung dafür glaube ich bei Neudörfer (Siehe vorn S. 162) zu erkennen; denn er fagt: „Es ift der Gebrauch in den Schreib-ftuben, fo man etwas kauft oder verkauft, daß man dasfelbig vorhin in eine Schreibtafel trägt und aller erft ins Journal mit Fleiß und Mühe einfchreibt." Die Fuggerinventur von 1527 verzeichnet auch in der Nürnberger Schreibftube „ain hulßine fchreibtafel, damit man mit der kreyden phlegt zu fchreiben", ebenfo befanden fich in der Fuggerfchen Kammer in Denedig „3 fchwarcz fchreibtafelin".

Jn den Brinnerfchen Derfen, die auf der Neudörferfchen Buchhaltung beruhen, werden allerdings Recordobuch und Memorial aufgeführt:

> Diß Buch Recordo wird genant,
> Vom auffmercken hats den verstand
> Darein schreibt man fast alle tag,
> Was täglich sich zutragen mag,
> In handlung was sich stets verlaufft
> Mit einnam, außgeben was man kaufft
> Das alles per memoria,
> Wird kürtzlich fein verzaichnet da,
> Damit gar nichts vergessen werd,
> Was in das Cassa Buch gehört,
> Zu dem wird auch das Manual
> Gehalten neben dem Zornal.
> Dann darein schreibt man gleicher weiß
> Was sich täglich zutregt mit fleiß.

3. Das Journal.

Aus dem Memorial wurden die Poften fodann ins Journal über-tragen. Der Unterfchied zwifchen beiden Büchern beftand in der Bildung der Poften. War der Eintrag ins Memorial einfach, mehr erzählend, fo mußten nach Pacioli die Poften des Journals in „zierlicherer" Weife gebildet werden, doch follten fie nicht zu groß und nicht zu klein fein. Dabei waren die beiden Ausdrücke Per und A von größter Wichtigkeit. Hierüber fagt Pacioli:

---

[1]) Don ihnen bezeichnet es Pafchier Goeffens als „Denkbuch".

„Der Benennungen, welche im Journale vorkommen, sind es, wie gesagt, zwei. Die eine heißt Per, die andere A. Jede dieser Benennungen hat ihre besondere Bedeutung. Durch Per bezeichnet man immer den Schuldner, sei es einer oder mehrere, und durch A bezeichnet man den Gläubiger, sei es einer oder mehrere. Man muß keinen gewöhnlichen Posten in das Journal eintragen, ohne ihn mit genannten zwei Benennungen zuvor versehen zu haben. Am Anfange jedes Postens setzt man das Per, denn zuerst muß man den Schuldner spezifizieren und dann unmittelbar seinen Gläubiger. Der eine wird von dem andern getrennt durch zwei kleine Komma (vergolette), auf diese Weise //, wie du aus dem Beispiele unten ersehen wirst."

Die deutschen Schriftsteller über Buchhaltung gingen jedoch dabei zunächst ihre eigenen Wege. Grammateus, der erste von ihnen, trug in das Journal einfach in erzählender Form ein, z. B.

Adi am 20 des hornungs hab ich verstochen 6 tonnen hering, je ein tonnen vmb 7 fl. Facit 42.

Gegen diese „blinde bauerische und verkehrte Weise" eiferte sodann Gottlieb und gab als Muster folgende Buchung:

Wachs hab ich kaufft // vmb pargeldt von H. F. 2 stück, wegen lauter 1184 ℔; den centner p 14 fl, thut   fl 165 ß 15.

Schweicker ist der erste, der die beiden Ausdrücke „Für" und „an" verwendet, was sich leicht dadurch erklären läßt, daß sein Werk sich eng an Pacioli anlehnt. Daher lautet sein erster Eintrag:

Für Cassa // An Cauedal oder Haubtgut mein Tito Grunssweit, das ich auff dato parschafft hab in Golt vnd Müntz fl reinisch VᵐIIIᶜ   fl 5300.—.—

Bei Mennher erscheint sodann das Wort „soll" im Buchungssatze, z. B.:

Hanß Lam sol a dj 6 dito p. Weitzen L 240, ime verstochen vnd glybert 20 last Waitzen zu L 12 den Last, Tuet L 240.

So buchte auch Goessens, was durchaus erklärlich ist, da er ja Niederländer war, während Gammersfelder die heutige Form hat, z. B. „Cassa barschafft sol // an Capital" usw. Die von Pacioli dargestellte Form, die vor den Schuldner das Wörtchen Per setzt, ist demnach in Deutschland nie angewendet worden[1].

Leider befinden sich unter den Geschäftsbüchern, die aus dem 16. Jahrhundert auf uns gekommen sind, nur wenige Journale. Bei den Fuggern lauteten die Einträge z. B.: „Uns soll herr Jacob Fugger duc. 22, die sollen wir a Cassa," oder: „Uns soll Garkupfer, die sollen wir Botzen" usw. David Gauger gebraucht folgende Form: „Schafwolle konto soll // an David Gauger." Als aber am 16. Okt. 1589 ein neuer Buchhalter eintrat, fielen die Striche weg.

Die Schwierigkeit lag, wie auch heute noch, in der Unterscheidung zwischen Debitor und Kreditor. „Der grundt dieser kunst Puchhaltens — sagt

---

[1] Auch in Italien hatte schon Manzoni (1534) in seinen Textbeispielen diesen Weg eingeschlagen.

Schweicker — ligt gar an den vorgemelten zwo jnlben Für und an . . .
dann daran ligt es gar, zu wissen, wen Schuldner oder Creditor zu machen."
Deshalb suchte man das Verständnis hierfür durch verschiedene Regeln zu
erleichtern. So gibt Neudörfer z. B. folgende Regel: „Alles, das man ein-
sperrt, aufhebt oder zuschließt, das ist Debitor, und alles, das man auftut
oder herausläßt oder aufsperrt, das ist Kreditor." Zu dieser Regel fügt er
sofort das Beispiel: „Ich kauf ein Roß um 50 fl. Wird gefragt, wen ich
in solchem Falle Debitor oder Kreditor im Journal machen soll. Solches
kannst du dir aus jetzt gesagter Regel selbst fein bilden. Dieweil du das
Roß in den Stall sperrst, wirst ein Debitor, und die Kasse, die du aufsperrst,
ein Kreditor. Wie du aber nun das Roß wiederum verkaufst und das Geld
darum empfängst, so wird alsdann die Kasse, darin du solches gelöstes Geld
sperrst, ein Debitor, und das Roß, welches du als einen Gefangenen gehalten
hast, wird nun aus deinem Stalle ledig und für einen gerechten Kreditor
gesetzt."

Ist die Frage nach Debitor und Kreditor gelöst, so gilt es, die Punkte
zu beachten, die beim Eintrag erforderlich sind. Gottlieb (1531) rechnete
dazu „die zent, das ist, den Tag, Monat und Jar, darinnen solche Handlung
geschieht: darzu der wahr gewicht, elen oder maß, wieviel derselben und
auch wie teuer sie kaufft oder verkaufft wirdt, an welchem ort solchs gehandelt, wer solche wahr kaufft, verkauffen geben hat, und zuwenlen wer
damit oder daben gewesen usw." Nach Schweicker (1546) hielt die gemeine
Regel 6 Dinge inne, „nemlich haben, geben, was? wieviel? zeit und ordnung.
haben ist der Creditor, der haben soll. Geben bedeutet den, der geben soll,
den Schuldner. Was, ist die war. Wieviel, die zal oder maß, vil groß oder
klein. Zeit den Tag, Monat und Jar, darin sich solchs begeben. Ordnung,
die wir in diesem puch lernen." Diese Stelle ist eine nahezu wörtliche Übersetzung des XIII. Kapitels „Regole breuissime del Giornale, et Libro Doppio
des Italieners Manzoni (1534), die dort in Versform gegeben werden[1]).
Neudörfer lehrte sodann die Bildung der Journalposten, wie wir gesehen
haben (oben S. 160), nach den Circumstandis oder 8 Wörtlein: Wann, wer,
wem, was, wie, wo, womit, wieviel? Der Zusammenhang mit den Regeln
der Rhetorik liegt hier offen zutage.

Ein späterer Buchhaltungsschriftsteller, Habelius (1701), bringt dies auch
zum Ausdruck, indem er den Buchhalter mit einem fleißigen Studenten vergleicht, der „aus einer Oratio eine Epistel, aus der Epistel einen Vers oder
Carmen macht. Die Oration beschreibt ein Ding weitläufig nach den Umständen Quis, quid, ubi, quibus auxiliis, cur, quomodo, quando? Dieses
tut auch das Memorial mit den Umständen: Wann, wer, wem, womit, was, wie,
wieviel? Die weitläufigen Umstände und Worte des Memorials verkürzt der

---

[1]) Nota, che la Regola del Giornale et Libro maestro, in se contiene sei
cose, cio è.
Dare, Auvere, Qualità, Quantità, Tempo & Ordine.
Dare, significa douer dare, cio è, il debitore ò uno, ò più che siano.
Auvere, uuol dir douer auere, cio è, il creditore, ò uno, ò più che siano.
Qualità, sono quelle cose, che tu maneggi, et siano di che sorte si uogliono.
Quantità, è il numero, peso, ouer misura, ò piccioli, ò grandi che si siano.
Tempo, si è il giorno, il mese, e l'anno, sotto il quale tu fai la partita.
Ordine è quello, che nella presente opera con facilità insegnamo.

Stilus des Journals, gleichwie eine Epistel. Des Journals Posten aber werden aufs allerkürzeste verfasset im Kapitalbuch."

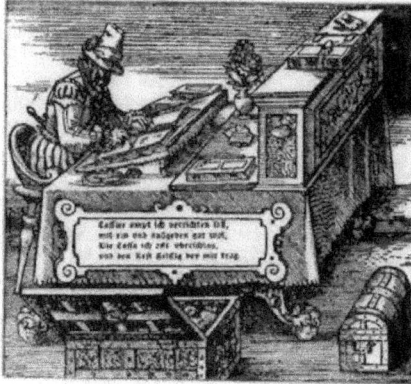

4. Das Hauptbuch.

„Nachdem du ordnungsgemäß" — lehrt Pacioli weiter — „alle deine Posten in das Journal eingetragen hast, sollst du dieselben aus diesem ausziehen und in das dritte Buch, das große Buch (quaderno grande) übertragen, welches man gewöhnlich mit der doppelten Zahl von Blättern des Journals anlegt. In dieses Heft wirst du alle Schuldner und Gläubiger nach dem Buchstaben eintragen. Du mußt wissen, daß von allen Posten, welche du im Journal gebildet hast, immer je zwei in dem großen Hefte gemacht werden sollen, nämlich einer im Geben und einer im Haben. Von dem einen oder von dem andern muß man je einen Posten bilden, wobei man denjenigen des Schuldners links und denjenigen des Gläubigers rechts setzt. In dem Posten des Schuldners muß man das Blatt nennen, wo sich derjenige des Gläubigers befindet." Nach erfolgtem Übertrag soll der Posten im Journal durchgestrichen werden, ferner sollen am Rande zwei Nummern angebracht werden, „wovon die obere das Blatt des Postens des Schuldners bezeichnet und die andre dasjenige des Gläubigers, wie du am Posten der Kasse siehst, welcher so steht ½". Pacioli erklärt dies nun an der Eintragung des Kassenbestandes und gibt dafür folgende Form:

(Kassenkonto links.)
Die Kasse des baren Geldes soll geben am Tage des 8. Nov. p. Kapital.
Für bares Geld in verschiedenen Sorten etc. glaube ich zu besitzen etc.

(Kapitalkonto rechts.)
Kapital von mir so und so, soll haben am 8. Nov. p. Kasse. Ich glaube in derselben zu haben bis zum heutigen Tage usw.

In Deutschland hieß dieses Buch meist Schuldbuch, Schweizer nennt es „Zweyfach Hauptbuch", sowie „topelt" Hauptbuch, und im Neidhartschen Geheimbuche wird es als Quaderno bezeichnet. Die Konten trugen anfangs keine

Überschrift und man half sich damit, daß man den Anfang der Eintragung stärker hervorhob. Später kam die Überschrift auf, die verschiedenen Wortlaut hatte. Ein Teil der Schriftsteller (Schweicker, Gammersfelder, Goessens) und ein Teil der praktischen Buchhalter (Haug, Neidhart, Gauger) schrieben „Soll — soll haben". Grammateus, der ja in das Wesen der Sache überhaupt nicht eingedrungen war, schrieb über die Kreditoren: „Ich hab zahlt — Ich soll" und über die Debitoren: „Hat zahlt — Soll mir". Bei den Fuggern findet sich die Überschrift: „Soll, sollen wir," ähnlich auch bei Paulus Behaim: „Soll man mir — Bin ich."

Brinner reimt darüber folgende Verse:

> Was das schuldbuch alhie mag sein
> Vergleicht sichs einer Wage fein
> Das ist, wie die Wahlen bekennen,
> Thut man solches Bilanza nennen,
> Vnd hat ein jedes Blat zwo Seit,
> Wie das Buch vor dir offen leit,
> Nun wird die seit gegm Hertzen dein,
> Alhie die linck genennet sein,
> Welches soviel gsagt ist, Sol mir,
> Das versteh zum Hertzen zu dir.
> Die ander Seiten, wie du weist,
> Von dir, von hertzen, die grecht heist,
> Das ist, Sol ich, also die Wag,
> Auff jeder Seit, ein Schal vermag,
> In der mitten man ein Zungen sicht,
> So man aufflegt Wahr vnd Gewicht,
> Vnd du vor der Wag stehst auffrecht,
> Vnd daß der thail gegm hertzen schlegt
> So haist dasselbige, Mir soll,
> So leg ich alßdann wider voll
> Mit dem Gewicht die rechte Schal,
> Biß die Zung jnnen steht zumal,
> So versteh das (Sol ich) Allein,
> In dem sichs gewicht vergleicht in gmein,
> Welches die Wahlen nennen schlecht,
> Salda auff jr Sprach gantz gerecht.

Betrachten wir die Konten dieser Hauptbücher, so finden wir wie heute Personen- und Sachkonten, und zwar von letzteren besonders das Kapital-, Kassen-, Waren-, Handlungsunkosten-, Haushaltungskosten-, Gewinn- und Derlustkonto u. dergl. Diese Konten sind eben, wie schon Kheil[1] betont, „unabweisliche Postulate einer jeden regelrechten und ordnungsmäßigen Buchhaltung, welche seit ihrem Ursprunge sich fortan erhalten und gewissermaßen ihr historisches Recht in der Verrechnungswissenschaft bewahrt haben".

War von einem Konto, z. B. dem Kassenkonto, eine Seite vollgeschrieben, so wurde es in aller Form abgeschlossen, der Saldo gezogen und auf das neue Konto übertragen. Es war allgemein üblich, auf ein neues Blatt nicht die Summen der Debet- und Kreditseite, sondern lediglich den Saldo vorzutragen[2]. Pacioli berichtet hierüber im 28. Kapitel sehr ausführlich, und Neudörfer behandelt den „Fürtrag oder Fernertrag" in unglaublich weitschweifiger Weise.

---

[1] Über einige ältere Bearbeitungen usw. S. 46.
[2] Im Gegensatz zu heute, wo der Saldovortrag nur zu der für sämtliche Konten bestimmten Abschlußzeit stattfindet.

Das Hauptbuch scheint zu Anfang des 16. Jahrhunderts in Deutschland jedoch anders geführt worden zu sein als in Italien. Bei Matthäus Schwarz, bei Grammateus und bei Gottlieb tritt uns dieser Unterschied entgegen. Schwarz stellt im ersten Teile seiner Anleitung zuerst ein Journal dar, sodann ein Hauptbuch, „darinnen werden die Güter Debitor gehalten, wie etwa der Brauch an etlichen Orten in Italien ist, auf daß man sehen kann, wann oder woran man gewinnt". Im zweiten Falle führt er Journal, Schuldbuch und Kaps und bemerkt dazu: „Solch Journal, Schuldbuch und Kapus hält man fast in deutschen Landen, darinnen man die Güter nicht für Debitor hält." Die Anleitung, die er dazu gibt, sowie die Beispiele sind bereits S. 49 ff. dargestellt worden.

Auch Neudörfer beschreibt das „Capis oder guter buch". Es ist nach ihm „ein sonderlicher Auszug vom Journal und hält in sich alles, was mit Ziffern, Numerieren, Fürträgen u. a. zusammenhängt. In dies Buch werden alle die Waren, so man empfängt oder einkauft, Debitor zur linken Hand gesetzt, was aber dann verkauft, verstochen oder verschickt wird, das setzt man Kreditor zur rechten Hand."

Sein Schüler Brinner drückt dies in seiner Reimerei wie folgt aus:

> Daß ich dir diß Buchs nutzbarkeit
> Allermaßen auch hie andeut,
> So ists ein außzug vom Zornal,
> Darinn gemeldt die Wahren all,
> Vnd gleich wies mit dem schuldbuch geht
> Die traw vnd Glauben halten stet,
> Also diß Buch auch gleicher weiß,
> Zu Gütern gebraucht wirdt mit fleiß,
> Dann auf die linck drein kombt zuhaufft
> Was man empfecht oder einkaufft,
> Was aber wirdt verschicket weit,
> Verkaufft, verstochen mit der Zeit,
> Dz bringt man auffs recht blat behend
> Wann man zum bschluß vnd fürtrag lend
> Daß man die Wahren zsammenaddiert
> Deßgleichen auch das Gelt summiert,
> Das auff der lincken seiten steht.
> Alßdann man auch zur Rechten geht,
> Wann man nun eins vom andern nimt,
> So kan man sehen was bestimt
> Von Gütern, so noch vnuerkaufft,
> Was gwinn oder verlust anlaufft.

In Lehrbüchern findet sich das Kaps bei Grammateus, Gottlieb und Ellenbogen, dann aber (also seit ungefähr 1550) scheint die völlige Verschmelzung von Schuld- und Güterbuch und damit der vollständige Übergang zur italienischen Form stattgefunden zu haben.

5. Die Nebenbücher.

Memorial, Journal und Schuldbuch, oder Journal, Kaps und Schuldbuch waren demnach die wesentlichen Bücher der Buchhaltungsform des 16. Jahrhunderts. Dazu kamen noch verschiedene andere, deren Führung und Einrichtung jedoch unabhängig vom System war. So gehörte vom Anfang an zum Hauptbuch das Register. Schon Pacioli sagt im 13. Kapitel: „In demselben geziemt es sich, daß es ein Alphabet oder Repertorium oder Nachschlagebuch (troverello) enthalte. Nach der Florentiner Art heißt letzteres stratto (Strazze)." Auch die deutschen Schriftsteller verlangen es, so bereits Grammateus in seiner 10. Regel und Gottlieb. Dieser wünscht sogar die Führung eines Doppelregisters. „Ist der Handel groß und weitläufig, so gibt man einem jeden äußeren Buchstaben von Vorteils wegen inwendig im Register ein Alphabet, welches in zwei oder drei Blätter nach Größe des Handels greifen mag." Zur Probe gebe ich den Anfang des Behaimschen Registers:

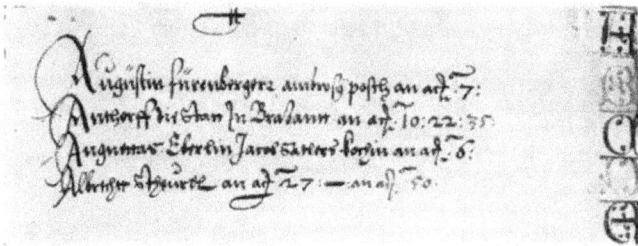

Maßgebend für die Anordnung war also der Anfangsbuchstabe des Vornamens, und diese Einrichtung findet sich bis weit in das 17. Jahrhundert. Ich muß gestehen, daß gerade diese Anordnung das Studium dieser Bücher wesentlich erschwert hat, und kann nicht begreifen, daß diese völlig unpraktische Anordnung fast 200 Jahre beibehalten worden ist.

Als weiteres Buch erscheint sodann das Kassenbuch. Die Kassenposten waren zwar alle im Journal enthalten, doch haben manche Firmen, vor allem solche, die auch Bankgeschäfte trieben, besondere Kassenbücher geführt. So sagt z. B. der Fuggerbuchhalter Matthäus Schwarz: „Das Buchhalten ist wie ein Gegenschreiber oder Kontrolleur („Controllier"); denn zum Journal hat es einen eigenen Menschen, diesen nennt man den Buchhalter, denn derselbe muß spitzfindiger sein denn die andern. Der muß aufsehen, daß er nicht fehle im Einschreiben, was täglich gehandelt wird; denn es liegt viel an ihm, und was er fehlt, und der Mutierer (=Übertrager) ist unfleißig und sieht den Fehler nicht nach, so fehlen sie beide. Zu der Kasse hat es auch einen eigenen, aber der sonst in das Journal schreibt, der schreibt auch die Kasse in das Journal[1]). Der dritte, der räumt oder mutiert aus dem Journal in das Schuldbuch, auch in das Kapus oder in die Rechnungen."

Über das Kassenbuch selbst gibt er folgende Erklärung: „Kasse ist auch ein welsches Wort, das ist so viel als eine Truhe; davon hält man auch ein besonderes Kassenbuch. Und soll in diesem Kassenbuch nichts stehen denn was Bargeld ist, da schreibt man allerlei Ausgaben und Einnahmen ein, das Einnehmen für „soll uns" auf die linke Seite und das Ausgeben für „Sollen wir" auf die rechte Seite. Alsdann nimmt der Buchhalter das Kassenbuch und schreibt alle Posten ins Journal, und ob es ihm dünkt, er habe zu wenig Bescheid in der Kasse, so soll er den Kassierer um besseren Bescheid fragen." Zuletzt gibt er noch eine Anweisung für den Kassierer: „Es haben die Walchen

---

[1]) An einer anderen Stelle sagt Schwarz: „Der Buchhalter könnte zwar auch die Kasse führen, es ist aber argwöhnisch, denn er möcht schreiben, was er wollt."

ein gutes Proverbium und fagen, der Kaffierer foll fich alfo halten: Schreib ein, gib aus, das andere: Nimm ein, fchreib ein."

Auch Neudörfer wünfcht, „es möchte der Kaffe ein fonders Buch gehalten werden", und fo findet fich unter den Brinnerfchen Derfen auch ein Abfchnitt: „Dom gbrauch der Caffa".

> Cassa ist ein welsch wort bekandt,
> Heist ein Truhen[1]) in seim verstand,
> Darein man das Gelt leget gut,
> Was man einnimbt, vnd außgeben thut
> Das Buch so man darüber helt,
> Ist allein auff das Gelt gestellt.
> Den Tittel so man darzu führt,
> Zur lincken der da gschriben wirdt,
> Cassa soll vns, mit worien schlecht,
> Cassa solln wir, kompt auff die recht."

Und vom „Ampt deß Caffiers" fagt er:

> „Weil er die Caß versorgen soll,
> Vor jrrthumb sich verhüten wol:
> So schreib er ein fleissig vnd eben,
> Ehe er pfleg bar was zu geben,
> Dasjenig was eingnummen wird,
> Ihm einzuschreiben auch gebührt."

Schließlich gibt Brinner auch noch Anleitung, „wie es mit dem Ein= fchreiben in das Caffa Buch fol gehalten werden", wobei er auf die Bedeutung der Belege hinweift.

> „Bist aber schuldig Gelt zu geben
> So magst du ein Vrkund darneben
> Begehrn, leg solch ins Cassa Buch;
> Wann kombt der Buchhalter vnd such
> Was jhm gebür zu schreiben ein,
> So thut er dann die Vrkund fein,
> Versorgen an jhr ghörig Ort,
> Damit es nit bring mängel hinfort.
> So du gegen empfahung auch,
> Ein Vrkund gibst nach gmeinen brauch
> Verrichts nach dems euch beiden gfellt
> Schreib daß dus jhm habst zugestellt
> Laut derselben jhme auff Datum,
> Jetzt hast in dem die gantze summ."

Diefes „Ampt des Caffiers" begegnet uns auch in den alten Handels= büchern. So heißt es im Gaugerfchen Journal (Bl. 183): „Herr Matthias Rexeifen foll an Kaffe, ift um zahlt primo Februar Wechfel aus Bozen von Fr. Mettin dem Mofel Geizkofler, empfing der Zech Caffier fl. 6000."

Und Hans Ullrich Krafft[2]) erzählt in feinen Denkwürdigkeiten, daß er im Jahre 1562 nach Augsburg in die Lehre zu Herrn Hieronymus Imhof gefchickt

---

[1]) Pacioli fagt: Per la Cassa sintende la tua propria overo borscia (unter Kaffe verfteht man dein eignes Geld oder deine Börfe).

[2]) Cohn, Ein deutfcher Kaufmann des 16. Jahrhunderts. Göttingen 1862. Als Krafft im Jahre 1572 merkt, daß ihn fein Herr „allein zur Buchhalterei" gebrauchen wollte, nahm er Abfchied, denn fein Sinn ftand, wie fo vielen Kaufleuten jener Zeit, ins „fremde Land". Nach feiner langen Gefangenfchaft in Syrien nahm er 1582 in Troppau eine Stelle als Buchhalter an, wobei er „eine neue, kürzere und genauere Buchhalterei ein= geführt", die feinem Herrn wohlgefallen hat.

worden sei, wo er „drittehalb Jahr als Schreiber, das letzte aber als Cassier" gebraucht worden sei.

Zur Entlastung des Kassenbuchs[1]) dienten schon damals Bücher für die kleineren Unkosten, wie sie Pacioli im 25. Kapitel andeutet. So bezeichnet es auch Gottlieb, denn er sagt: „Der kleinen vnkost helt man, so man gern will, ein besunders püchlein, biß zur Rechnung beschluß." Grammateus nennt es „Haderbüchlein", während es bei Matthäus Schwarz und bei Gauger auch mitunter den Namen „Gesellenbüchlein" führt. Schweicker begründet die Notwendigkeit dieser Bücher in dem Kapitel: „Von andern mehr pücher Particularen" mit folgenden Worten: „Es were vbel gethan, von vedlichs klein dings wegen, das man die großen Haubtpücher, die mit vleiß müssen gehalten werden, so mit schlechten ding, potenlon, pindter, tragerlohn etc. des jarß dennoch auch etwas vnkost macht, stettigs posten inn den Giornal solt schreiben, brecht große mühe, vnd die pücher dardurch geringer geacht". Ähnlich sagte auch Neudörfer (siehe oben S. 160), gab aber gleichzeitig ausführliche Anleitung zur Einrichtung dieses Buches. Danach soll man für folgende Ausgaben Blätter einrichten. 1. Nützliche Ausgabe aus der Kasse („da man zu weillen 19 fl. oder 20 fl. aus der casse nempt vnd ainem Diener gibt mit Vncosten, furlon Vnd anderen Zuverrichten"). 2. Besoldung. 3. Lohn. 4. Ausgaben für das Gewölbe (Strick, Planen, Bindfaden usw.). 5. Trägerlöhne. 6. Trinkgelder („Drinkpfennig"). 7. Ausgaben für das Kontor (Licht, Holz, Siegel, Wachs, neue Bücher, Wäschlohn). 8. Zehrung. 9. Unkosten für Wiegen der Ware. 10. Botenlohn für Briefe[2]). 11. Fuhrlohn. Man sieht hieraus, daß schon damals eine genaue Trennung der Unkosten bekannt war, insbesondere suchte man die Ausgaben für die Fracht genau zu ermitteln, da diese ziemlich bedeutend waren.

Meist enthielten diese Ausgabenbücher auch die Kosten der Haushaltung mit, vielfach waren dafür aber auch besondere Bücher vorhanden. So war es möglich, daß am Schlusse eines Monats oder eines längeren Zeitraums[3])

---

[1]) So bei Gammersfelder zur Entlastung der „glaubwirdigen bücher des Journals und Hauptbuchs".
[2]) Über das Briefbuch selbst siehe oben S. 160.
[3]) Neudörfer: Mit diesem Unkost- oder Haderbuch mag man wohl alle Monat abrechnen oder aber zur Zeit der Hauptrechnung des Beschlusses.

diefe Ausgaben in einer einzigen Summe ins Journal eingetragen und von hier
ins Hauptbuch übertragen werden konnten. Namentlich in den Gaugerfchen
Handelsbüchern finden fich hierfür zahlreiche Beifpiele.

d) Die Abfchlußbuchungen.

Wenden wir uns nun dem Abfchluffe zu! Hierzu gibt Pacioli in aus-
führlichfter Weife Anleitung: „Hole Dir einen Gefährten, denn fchwerlich könnteft
Du allein es zu ftande bringen. Gib ihm das Journal in die Hand aus größerer
Vorficht, und halte Du das große Heft. Sage dem Andern, er folle mit dem
erften Poften des Journals beginnen und die Blätter deines Heftes rufen, wo
derfelbe eingetragen ift, zuerft im Geben, dann im Haben, Du wirft ihm ge-
horchen und dasjenige auffuchen, was er dir anzeigt. Der andere wird Dir
immer fagen, woraus der Poften befteht, für wen er angelegt ift, und welches
die Summe der gleichartigen Beträge ift. Du wirft in der gerufenen Stelle
nachfehen, ob Du wirklich denfelben Inhalt, diefelbe Perfon und diefelbe Summe
findeft. Stimmt dein Poften mit dem des Journals überein, fo wirft Du denfelben anftreichen oder irgendein Zeichen nach Belieben über die L (= Lire)
oder über eine andere Stelle ziehen, das dich jedoch nicht irre machen darf ufw.“

Schweicker befpricht diefen Punkt in ähnlicher Weife: „Es ift auch von Nöten
und fehr nützlich, alle Wochen oder halbe Monat das Hauptbuch mit oder gegen
das Journal zu fkontrieren und fleißig zu überfehen, alle Poften auch zu punk-
tieren ufw.“ Auch Gammersfelder hält diefe Vergleichung für notwendig,
damit nicht etwa der Befchluß des Buches verhindert würde. Daß diefe
Vergleichung in Deutfchland vorgenommen wurde, geht aus dem Journal David
Gaugers hervor. Da findet fich auf Bl. 221 unterm 31. Mai 1580 die Bemerkung: „Bis herr alles Billanzierth, darum bey Zeichen gemacht“; an dem
Rande ift eine Hand gemalt. Und Paulus Behaim (fiehe oben S. 92) hatte
auf fein Hauptbuch gefchrieben „und zu fcontrieren angefangen“.

Stellt fich bei der Vergleichung ein Fehler heraus, fo wird nach heutigem
Gebrauch „ftorniert“. Diefelbe Anweifung gab fchon Pacioli im 31. Kapitel:
„Ift der Poften ins Haben eingetragen und foll er dagegen ins Geben gefchrieben
werden, fo wirft Du neben demfelben einen andern von eben fo viel im Haben
bilden, indem Du dich fo ausdrückft: Am Tage fo und fo den gleichen Betrag,
welcher hier neben im Geben angegeben ift, während er ins Haben eingetragen
werden follte. Wert Blatt fo und fo, und fchreibe jene felben Münzen.
L. S. G. P.

Vor befagtem Poften bilde ein Kreuz oder irgend ein anderes Zeichen,
damit du ihn wegläßt, wenn du die Rechnung ausziehen mußt. Übertrage
alsdann den Poften ins Haben, wie er anzulegen ift, und alles wird gut gehen.“

Pacioli gibt hier eine Belehrung, die bis heute Geltung behalten hat.
Auf dem Umwege über Manzoni, der diefen Gegenftand noch ausführlicher behandelt als Pacioli, kam diefe Regel durch Schweicker in noch umftändlicherer
Ausdrucksweife nach Deutfchland: „Ein Poften, darinn du einen hätteft Schuldner gemacht und der doch Kreditor haben follte, fo follft du entgegen auf der
anderen Seite des Blatts/ unter den Poften des Kreditors, der haben foll, fo
viel du den falfchen Debitor Schuldner gemacht haft, zufchreiben. —

Und vor folcher Poft mach ein † oder o.“

Diefe Aufhebung falfcher Poften findet fich verhältnismäßig häufig in
David Gaugers Journal. Da heißt es z. B.: „Ulrich Meyer foll an Thomas

Meyer, ist um zahlt er den 8. ds., so dem Ulrich Meyer in „eror" in Kredito geschrieben fl. 15."

Radieren war seit alter Zeit untersagt. Schon eine Verordnung aus Genua besagt ums Jahr 1350, daß in solchen Fällen das Verkehrte durchgestrichen werden mußte, aber so, daß das Durchgestrichene noch lesbar war: „cum penna mortificare, ita quod illa mortificatio semper possit legi"[1]). In deutschen Handelsbüchern des 16. Jahrhunderts fand ich verschiedene Male, so bei Gauger und Neidhardt, bei fehlerhaften Stellen einen kleinen Zettel. Dieser trug die richtige Zahl und war durch Wachs so befestigt, daß die ursprüngliche Zahl leicht festgestellt werden konnte.

Hat die Vergleichung die übereinstimmung zwischen Journal und Hauptbuch ergeben, so muß die Summe sämtlicher Sollposten gleich sein der sämtlicher Habenposten. Das legt schon Pacioli im 31. Kapitel dar: „Du wirst auf einem Blatt das ganze Geben des Heftes mit dem Kreuze addieren und es alsdann links hinlegen. Dann wirst Du das ganze Haben desselben Heftes ebenso addieren und es rechts hinlegen. Nachher wirst Du alle diese letzten Summen wieder summieren, nämlich: Von allen Summen des Gebens wirst Du eine machen, die Summa summarum heißen wird. Und von allen Summen des Habens wirst Du ebenfalls eine machen, die auch Summa summarum heißt. Wenn nun diese zwei Summen einander gleich sind, so wirst Du daraus schließen, daß das Heft gut geführt, gehalten und saldiert worden ist."

Wie vollzog sich nun der weitere Abschluß bei Pacioli, welche Rolle spielten insbesondere Bilanz-, Gewinn- und Verlust- und Kapital-konto?

„Hast Du das obige (gemeint ist die Vergleichung) mit Sorgfalt voll-zogen, so wirst Du dein ganzes Heft (= Hauptbuch), Posten für Posten in fol-gender Weise saldieren: Du wirst bei der Kasse, bei Schuldnern, Waren und Kunden anfangen und dieselben in das Buch A, nämlich in das neue Heft übertragen[2]). Aber jene Posten, welche Du in besagtes Heft A nicht über-tragen würdest, wie z. B. spezielle Warenspesen, spezielle Spesen auf dein Haus, Einnahme, Ausgabe und alle außerordentlichen Spesen, wie (Passiv-) Zinsen aus Fischteichen und Lehengärten, müssen in diesem Buche mit dem Kreuze, und zwar in den Posten des pro e danno oder Gewinnes und Verlustes oder des Nutzens und Schadens, wenn Du diesen Ausdruck vorziehst, in folgender Weise saldiert werden." Pacioli legt nun dar, daß alle Verluste auf der Kreditseite und alle Gewinne auf der Debetseite der betreffenden Konten anzuführen und auf das Konto pro e danno, und zwar die Verluste links und die Gewinne rechts zu übertragen sind. „Nachdem Du durch diesen Posten Deinen Nutzen und Schaden gesehen hast, wirst Du diesen Posten mit demjenigen des Kapitals saldieren". Der überschuß (Reingewinn) soll dem Kapitalkonto zu-, der Ab-gang (Verlust) abgeschrieben werden.

über das Kapitalkonto sagt Pacioli folgendes: „Du wirst den Posten des Kapitals im Hefte mit dem Kreuze auch saldieren, und denselben wie die anderen (Konten) in das Heft A in Rest und Summe, oder Posten per Posten

---

[1]) Sieveking, Genueser Finanzwesen. S. 17. Auch die deutschen Schriftsteller warnten davor, z. B. heißt es bei Goessens (1594): „Und in alweg nichts darin Radieren, sondern die Bücher so viel jmmer sein rein und sauber halten, damit im fahl der noth vor Obrig-keit bestehen mögen, desto mehr krafft vnd authoritet haben."

[2]) Gemeint ist natürlich, wie auch aus den Beispielen, die Pacioli hierfür gibt, der Saldo dieser Konten.

übertragen. Man pflegt aber den Posten in Summe zu übertragen, weil alsdann Dein ganzes Inventar Dir auf einen Blick vorliegt[1]."

Pacioli kennt also bereits Kapitalkonto und Gewinn- und Verlustkonto, stellt aber kein Bilanzkonto auf, sondern nimmt die Salden der Probebilanz in das Kapitalkonto auf; ihm ist die Bilanz lediglich ein Prüfstein für die Richtigkeit der im Hauptbuche enthaltenen Eintragungen.

Wie vollzogen sich nun nach den deutschen Schriftstellern die Abschluß-buchungen? Grammateus fertigt zwar auf Grund seines „Kaps" einen Aus-weis der an den Waren erzielten Gewinne und Verluste an und verzeichnet am Schlusse die noch vorhandenen Waren, aber das Ganze ist doch so form-los, daß wir von einem Abschlusse kaum sprechen können. In gleicher Weise verfährt Ellenbogen. Gottlieb zeigt in seinem ersten Werke den Abschluß überhaupt nicht; in seinem zweiten Werke stellt er jedoch einen Gewinn-und Verlustausweis sowie eine Vermögensbilanz auf und bringt sie auch in organische Verbindung. Bei Schweicker können wir wenige Jahre darauf eine weitere Ausbildung beachten, denn er verwendet Gewinn- und Verlust-, Bilanz- und Kapitalkonto, ebenso nach ihm Gammersfelder, Sartorius und Goessens.

Um zu erkennen, wie sich der Abschluß in der Praxis gestaltete, stehen uns leider nur wenige Quellen zur Verfügung. Zunächst finden wir im Neidhardt-schen Geheimbuche einige Abschlüsse, und zwar sowohl die ausführliche Auf-zählung der Schuldner und Gläubiger (vgl. oben S. 78) als auch die gekürzte Zusammenstellung. Unter der Überschrift „Beschluß dieser Rechnung" finden wir links die Kreditoren und das Kapital, rechts die Debitoren. Dies können wir als Bilanzkonto betrachten; Gewinn- und Verlustkonten enthält das Buch jedoch nicht.

Das Gaugersche Buch enthält Bilanzkonto (wenn auch nicht mit dieser Bezeichnung) und Kapitalkonto. Gleich zu Beginn finden wir die Buchung: „Wechselkonto soll an nachbenannte Kreditoren" und: „Nachbenannte Debitoren sollen an Wechselkonto." Das Kapitalkonto dieses Jahres trägt die Überschrift „David Gauger" und enthält links die Unkosten und Gaugers Privatent-nahme, rechts die Gewinne und „per Wechselkonto für sein Kapital aus den alten Büchern", also das Anfangskapital. Hier haben wir demnach ein Kapi-talkonto vor uns. Die Bergwerksbuchhaltung vom Jahre 1587 enthält einen „gemeinsamen Beschluß dieses Hauptbuches", der oben S. 98 genau zerlegt und besprochen worden ist.

Das Gewinn- und Verlustkonto[2]) kannten die deutschen Handlungs-bücher des 16. Jahrhunderts selten, aber auch die Theoretiker wendeten es zu-nächst nicht an. Die unmittelbare Buchung der Gewinne und Verluste auf das persönliche Konto des Geschäftseigentümers war der ursprüngliche Ge-brauch, erst später fand die mittelbare Übertragung statt, also zunächst auf ein besonderes Gewinn- und Verlustkonto und von hier aus auf das Unter-

---

[1]) Den Begriff Kapital erklärt Pacioli sehr kurz, aber treffend mit den Worten: Per lo caudale se intende tutto el tuo monte e corpo de faculta presente. (Unter Kapital versteht man die Gesamtheit und Wesenheit deines gegenwärtigen Vermögens.)
[2]) Wenn heute mitunter Zweifel über die Richtigkeit der Bezeichnung dieses Kontos auftauchen, so sei darauf hingewiesen, daß es von Pacioli ab bis ins 19. Jahrhundert lautete: Gewinn- und Verlustkonto. Erst Philipson (1813) trat für den Ausdruck: Ver-lust- und Gewinnkonto ein, nach ihm insbesondere Schiebe. Vgl. dazu auch den Meinungs-austausch in der „Zeitschrift für Buchhaltung". 1900.

nehmerkonto. Dieses letztere Verfahren entsprang, wie bereits Kheil hervorgehoben hat, „dem offenbaren Bedürfnis, die innerhalb einer gewissen Zeit-
periode aus den verschiedenen geschäftlichen Transaktionen sich ergebenden
Verluste und Gewinne in einer besonderen rechnungsmäßigen Aufstellung ersichtlich zu machen".

Häufiger, als bisher angenommen wurde, erfolgte der Abschluß auf Grund
einer tatsächlichen Inventarisierung. Die Fuggerinventur, die Geheim-
bücher der Firma Haug & Co. sowie die Sitzingerschen Bücher haben den Beweis
dafür erbracht. Dabei ging man sogar ins einzelne, sodaß für die Einrichtun-
gen der Schreibstuben, Schlafräume usw. ein besonderes Inventar aufgestellt
wurde. Auch fanden tatsächlich Neubewertungen von Aktiven statt. Die
haugsche Behausung in Augsburg hatte bei Beginn der Handelsgesellschaft im
Jahre 1531 mit 5124 fl. zu Buche gestanden. Beim Abschlusse im Jahre 1533
wird sie mit 5200 fl. angeschlagen. Später finden wir sie nur mit 4200 fl.
eingesetzt, und als im Schmalkaldischen Kriege sich „die Läufe dieser Stadt ändern
und in wenig Besserung schicken", erfolgt in der Inventur eine weitere Herab-
setzung auf 3600 fl. Die Haugs hatten ferner Bergwerksanteile in Joachims-
tal, als aber die Ausbeute abnahm, schrieben sie den Anteil völlig ab („also
das wir unsern ⅓ für nichts setzen"). Und wie oft begegnet uns im Inventarbuch
der Fugger die Bemerkung: „Ist für nichts zu achten." Daß auch bei den Schuldnern streng zwischen sicheren und zweifelhaften unterschieden wurde, ist oben ausführlich dargelegt worden. Namentlich die Darlehen der regierenden Herren
mußten bei der Inventur mit wesentlich niedrigeren Zahlen eingesetzt werden.
Schließlich wurde der erzielte Gewinn auch nicht immer vollständig verteilt,
stellten doch die Haugs gleich beim ersten Abschlusse 20 000 fl. in Reserve. Auch
in späteren Jahren wurde bei ihnen — wie heute bei den Aktiengesellschaften —
die Höhe der Dividende in einer runden Summe festgesetzt; so heißt es
z. B. im Jahre 1547: „bleiben noch fl. 1362, die lassen wir auf unsre nächste
Hauptrechnung stehen."

Bei den Schriftstellern des 16. Jahrhunderts finden wir nur wenige Angaben über die Inventur. Zwar stellte schon Grammateus am Schlusse die
unverkauften Güter zusammen, aber ob dieses Verzeichnis lediglich auf den
Büchern oder auf einer tatsächlichen Bestandsaufnahme beruhte, läßt sich nicht
feststellen. Valentin Menher setzt die Waren zu dem Preise ein, „wie er dieser
Zeit gern gilt" und das Grundstück zum Anschaffungswerte („welches uns
selber kost"). Gammersfelder sagt: Besiehe zuvor, ob diese Ware auch alle verkauft ist oder nicht und wieviel noch unverkauft ist, item, wieviel sie kostet.
Sein Nachfolger Sartorius hat die unverkauften Waren „taxiert", und Passchier Goessens verlangt, daß man sie, „was sie werth sein, ästimieren soll".

Wurde demnach, wenigstens von den größeren Handelshäusern, in bestimmten
Zwischenräumen Inventur gemacht, so fehlte doch, wie auch Simon[1]) hervorhebt, „noch der organische Zusammenhang zwischen Inventur und Bilanz."

Diese Abschlüsse finden wir meist in den Geheimbüchern, die besonders
für diesen Zweck errichtet worden waren. Matthäus Schwarz gibt zu seinen Ge-
schäftsgängen vom Jahre 1518 in späterer Zeit noch ein „vermischtes" Buchhalten, bestehend aus Schuldbuch, Hauptbuch und Geheimbuch. Er erzählte
darin, daß im Jahre 1550 ein Mann zu ihm gekommen sei, der eine neue Hand-

---

[1]) Betrachtungen über Bilanzen und Geschäftsberichte der Aktiengesellschaften aus
Anlaß neuerer Vorgänge. Berlin 1903.

lung mit Schlackenwalder Zinn beginnen wolle, wozu ihm Schwarz ein Formular eines Buchhaltens anfertigen solle. Dabei wolle er sich selber gern ein Geheimbuch a parte halten, in das er das aufgebrachte verzinste Geld, die Kontrakte und eine Generalrechnung eintragen könne. Dieses Buch wolle er selber führen, „auf das der, so teglich In bz Jornall schreibt, nit von allen Dingen weiß noch versteen soll, was oder wan gewin oder verlust ist" usw. Das Geheim oder Wechselbuch, das Schwarz für seinen Freund ausarbeitet, enthält zunächst das „Conto Cauedal Generall", sodann „das Ausgeben und Einnehmen des Geheimbuchs", hierauf das „Zin Conto Principal" und zuletzt den „Röm. Kön. ferdinanden etc. Conto auff den Zin Contract".

Auch Neudörfer beschreibt 1548 in seiner Anweisung das „Secretbuch". Man nennt es nach ihm auch Geheimbuch, „das der Herr des handels allein braucht und darin schreibt all sein Vermögen an barem Gelde, an Schulden, an Zinsen und Renten, an Bergwerk und desgleichen an liegenden und fahrenden Stücken in Form eines Inventariums. In diesem Buche nimmt das Journal allemal seinen Eingang, und so ein Herr eines stattlichen handels seine Rechnung und Auszüge von allen Orten zusammengebracht hat und der allerletzte Beschluß, es sei ein Gewinn oder Verlust, in diesem Buche wiederum heimtragen, also daß es der Eingang oder Ausgang, auch der Anfang und das Ende des handels ist. Es mag auch der Herr alle seine Geheimnisse von Gesellschaften, von Eingehung von Kontrakten, von wem und wieviel er von andern zu verzinsen aufnimmt, auch welcher Gestalt er seine Diener hält oder besoldet, mit eigner hand darein schreiben". Kaspar Brinner schmiedete daraus folgende Verse:

> „Diß Buch ghört nit für jederman,
> Der Herr sich deß allein nimbt an,
> Dann er selbs täglich mit vmbgeht,
> Weil drinn all sein vermögen steht,
> An barem Geld, an Schulden groß,
> An Fahrend Zinß, an Rend vnd schoß,
> Welches all in form und weiß
> Eins Inuentariums, mit fleiß
> Darinnen auffgezaichnet staht,
> Drauß der Zornal sein eingang hat.
> Nach disem ferner volgt bericht:
> Wann auß alln orten rechnung gschicht
> Was sey verlust oder Gewinn,
> Das wirdt in diß Buch bracht dahin,
> Vnd ist also der Eingang klar,
> Der anfang, außgang deß gewerbs gar
> Der Herr mag auch all sein handlung
> Von Gsellschaft, vnd vereinigung.
> Auch Contracten, Von wem auch er
> Geld auffnemmen mag ohn gefehr,
> In dises Buch auch schreiben ein,
> So bleibt in gheimb die handlung sein."

Der Lehre vom Beschluß der Bücher folgt auch bei den meisten deutschen Schriftstellern dieser Zeit die Lehre von der Wiedereröffnung. „Beschluß red, vnd wie von newem ein ander Buch oder new rechnung anzufahen sey" überschreibt z. B. Schweicker diesen Abschnitt und gibt darin eine Erklärung zur Eröffnung des A-hauptbuches.

Im allmählichen Fortschritt war die Buchhaltung im Laufe des 16. Jahrhunderts in Deutschland in Theorie und Praxis ausgebaut worden, so daß sie am Schlusse dieses Zeitraumes als fertiger Bau vor uns steht.

e) Der Unterricht in der Buchhaltung.

Auch im 16. Jahrhundert wurde die Buchhaltung von deutschen jungen Kaufleuten noch vielfach im Auslande erlernt. So schickte Lukas Rem, der seine Lehrzeit in Italien zugebracht hatte, seinen Sohn Jakob ebenfalls dahin und tat ihn „zwei monet in die cost zuo dem beriemptesten Schulmagister, um rechnen und buchhalten zuo lernen. Hab Im al monet 5 Ducaten zalt.‟ Friedrich Behaim wurde im Jahre 1506 als 15jähriger Knabe von Nürnberg nach Lyon in die Lehre gesandt; er selbst schickte seinen Sohn Paulus im Jahre 1533 zur Lehre nach Krakau. Andere verbrachten ihre Lehrzeit in Breslau, Paris, Poitiers, Barcelona, Saragossa, Lissabon, Antwerpen und London, so daß Geiler in seinen „Brosamlin‟ 1517 mit Recht sagen konnte: „mancher kauffmann sendet seine sun in welsche land.‟

Freilich ließ die Ausbildung im Auslande auch manchmal recht zu wünschen übrig, so hatte ja Matthäus Schwarz (vgl. oben S. 48) in Italien im Buchhaltungsunterrichte schlechte Erfahrungen machen müssen.

In Deutschland bestanden im 16. Jahrhundert eine ganze Reihe Schulen, in denen auch in Buchhaltung unterrichtet wurde, ich erinnere nur an Johann Neudörfer in Nürnberg, Ellenbogen, Gammersfelder und Sartorius in Danzig, Goessens in Hamburg. Die Lehrer jener Tage suchten ihre Kenntnisse möglichst geheim zu halten und erteilten, um sie finanziell möglichst ergiebig zu verwerten, vorzugsweise mündlichen Unterricht. Johann Gottlieb (1531) versprach, jedem das Buchhalten in 14 Tagen bis 4 Wochen gründlich beizubringen, man solle nur zu ihm kommen. Simon Schweicker sagte im Vorwort seines Werkes: „Ich wil nit sprechen, das vor mir nit auch gut Puchhalter wern gewesen, vnn dieser Zeit sind, dieselben aber solchs in geheim bey jnen vnd nit offentlich entdecken, oder sich der mühe nit wöllen vnterwinden.‟ So erklärt es sich auch wohl, daß der berühmte Johann Neudörfer seine Anleitung nicht hat drucken lassen. Andrerseits haben eine ganze Reihe dieser Lehrer auch Buchhaltungswerke verfaßt und so ihre Kenntnisse allen zugänglich gemacht.

Aus diesen Werken können wir auch einige Schlüsse auf das Lehrverfahren ziehen. Da fällt in erster Linie das stete Streben nach Anschaulichkeit auf. In einfacher, verständlicher Sprache wird der Stoff dargelegt, Fremdwörter werden dabei nach Möglichkeit vermieden, auf alle Fälle aber verdeutscht, es werden Vergleiche angestellt, Zeichnungen verwendet und zur leichteren Einprägung Reime geschmiedet. Sodann sucht man den Schüler immer und immer wieder zu völliger Einsicht in das innere Wesen der Sache hinzuführen, er soll den „wahren Grund des Buchhaltens‟ erkennen und soll frei werden von engherziger, mechanischer Auffassung der Sache. So sehen wir, wie wichtige methodische Grundsätze ihre Anwendung schon im Buchhaltungsunterrichte des 16. Jahrhunderts finden. Mag damals auf anderen Gebieten, wie im Rechnen, das mechanische Vor- und Nachmachen vorgeherrscht haben, so können wir vom Buchhaltungsunterricht behaupten, daß er meist methodisch in anerkennenswerter Form erteilt worden ist.

C. Die Entwickelung der Buchhaltung in Deutschland von 1600 bis heute.

I. Die einzelnen Veränderungen.

Der Entstehung und Verbreitung der doppelten italienischen Buchhaltung im 16. Jahrhundert folgte in Deutschland in der nächsten Zeit eine Periode des Stillstandes, die bis weit in das 19. Jahrhundert hereinragt. Aus Ge=schäftsbüchern ein und derselben Firma[1]), die sich über einen längeren Zeitraum erstrecken, läßt sich dies deutlich erkennen. Hier und da kam zwar ein neues Hilfsbuch hinzu oder es wurde im Hauptbuch ein Konto mehr eröffnet, aber das System selbst erfuhr keine Veränderungen.

Wohl aber treten uns in der Literatur der Buchhaltung vereinzelt Be=strebungen nach Abänderungen und Verbesserungen entgegen. Diese betreffen zunächst

a) Die einfache Buchhaltung.

In der deutschen Buchhaltungsliteratur des 16. und 17. Jahrhunderts finden wir diese mit keiner Silbe erwähnt. Daraus dürfen wir jedoch nicht den Schluß ziehen, daß sie in der Praxis unbekannt war. Für das 16. Jahr=hundert ist schon oben (S. 73) ein Beispiel gezeigt worden, und auch im 17. Jahrhundert finden wir dafür Belege. So sind z. B. die im Cölner Stadtarchiv liegenden Bücher des B. von Lohn in einfacher Buchhaltung ge=führt. Nr. 1406 ist ein Einkaufsbuch und ist rechts überschrieben:

---

[1]) 45 Bücher der Firma Platner=Nürnberg 1677—1790 (Germ. Nationalmuseum, N.).
15 Bücher der Familie Eberz=Jsny 1669—1742 (ebenda).
Journal, Schuldbuch und 2 Hauptbücher des Handelshauses Bodeck=Frankfurt a. M. 1602—1715 (Stadtarchiv Frankfurt a. M.).
Geschäftsbücher der Firma Gebrüder Schickler, Berlin, 1712 bis heute.
13 Geschäftsbücher der Firma Joh. Nikl. Meyer in Hamburg von 1765—1812 (Kommerzbibliothek).

Laus Deo Adi 23. Dezember Ao. 1616, gekauft von M. Albert, Posamentenmacher in Cöln wie folgt, bar zu bezahlen:

1 ℔ $13\frac{1}{4}$ Lot Posament, das Lot $14\frac{1}{2}$ alb. . .	fl	27. 8. 5
$7\frac{1}{4}$ Lot karm. Lein, das Lot 30 alb. . .	„	9. 1. 6
$15\frac{3}{8}$ Lot schwarze Seide, das Lot 14 alb. . .	„	9. 11. 3
$6\frac{3}{8}$ Lot Gallon mit Gold, das Lot 7 m. .	„	11. 3. 9
1 ℔ $17\frac{1}{4}$ Lot schw. ? das Lot 12 alb.	„	24. 15. —
$21\frac{1}{4}$ Lot Posament, das Lot $13\frac{1}{2}$ alb. . .	„	11. 22. 10
Summa	fl	93. 14. 9

Auf der linken Seite gegenüber steht:

Adi 24. Dezember zahlt an Albert Posamentenmacher die Summe wie folgt.	93. 14. 9

Nr. 1407 ist überschrieben „Jornall vnd Schuldt-Buech Nr. 2", ist aber in Wirklichkeit ein Verkaufsbuch.

(fol. 7.) Laus Deo Adi 13. Juni 1618.

Soll mir Herr Oheim Wilhelm Mockelt, Schultheiß, weist das Journal No. 1 a carta folio 97, Rest mir	fl	173. 18. 4
Noch soll Oheim $\frac{1}{4}$ Lot seegrüne Nähseide pro 7 alb.	„	—. 7. —
Adi 13 ditto Empfang von Nichte Gertrud auf Rechnung 60 g.		
Adi 18 ditto holt Nichte Gertrud $2\frac{1}{8}$ Lot Kurzgarn, das Lot 26 alb.	„	2. 7. 3
$5\frac{3}{4}$ Ellen blaues Lein, die Elle $2\frac{1}{2}$ alb.	„	—. 14. 4
usw.		
Summa	fl	194. 21. 10
Abgezogen den Empfang, nämlich 60 g.	„	60. —. —
So bleibt mir Rest	fl	134. 21. 10

Leistung und Gegenleistung sind hier nicht gegenübergestellt worden, sondern stehen untereinander, wobei die Zahlungen nicht mit ausgeworfen werden.

Auch die 8 Bücher, die das Bremer Staatsarchiv aus dem 17. Jahrhundert enthält, sind in einfacher Buchhaltung geführt. Sie sind sämtlich Schuldbücher, Grundbücher sind nicht geführt worden, sondern die erste Aufzeichnung erfolgte auf Zettel, von denen z. B. dem Buche des Andres Martens noch gegen 100 beiliegen, die vielfach die Bemerkung „is all to Boek gestellt" enthalten.

Die einfache Buchhaltung des 16. und 17. Jahrhunderts kannte in Deutschland — soweit ich bis jetzt sehen kann — nur das Schuldbuch, wogegen Memorial und Journal fehlten.

In den Buchhaltungslehrbüchern wird die einfache Buchhaltung zuerst bei Habelius 1701 erwähnt. Da heißt es:

„Das Buchhalten ist zweierlei, nämlich der einfachen und doppelten Konten. Das einfache heiße ich, wenn ein Konto nur einmal eingeschrieben wird. Das doppelte heiße ich, wenn jegliches Konto doppelt oder zweimal dem Hauptbuche einverleibt wird."

Bei Marperger[1]) heißt es im gleichen Jahre bei der Frage nach der Erklärung des doppelten Buchhaltens:

„. . . Es wird aber solches dem enckelte (= einzelne) Posten führenden Buchhalten, als der einfältigen und alten Manier, entgegengesetzt und um so viel höher gezogen, weil besogte alte Manier viel unnütze alte Weitläufigkeiten bei sich führt, den Kaufmann vom Zustande seiner Handlung nicht recht informiert

[1]) Probierstein der Buchhalter. Ratzeburg 1701. S. 9.

und beim Anfang noch Ende einer Handlung, am wenigsten aber bei gegebenen und genommenen Kommissionen, getanen Tratten und Rimessen, in- und ausländischen Kompagnien, item bei Wechseln oder Waren, die mit Gewinn oder Verlust geschlossen, eingekauft oder verkauft werden, bequem und geschickt ist und sonst bei Streitfällen und Erbteilungen große Unrichtigkeit erfordert."

Und in seinem „Trifolium mercantile aureum" vom Jahre 1723 verlangt Marperger für den Unterricht in den Handelsakademien zwar doppelte Buchhaltung, „jedoch so, daß auch das altfränkische, gemeine, unzierliche, unrichtige, einfältige, verwerfliche und undeutliche, in einfachen Posten geführte Buchhalten nicht dabei vergessen, sondern dessen Schwäche und Unfüglichkeit den Lernenden auch dabei gewiesen würde."

Selbständige Darstellungen über die einfache Buchhaltung erschienen in Deutschland jedoch erst später, und zwar zuerst im Jahre 1741[1]) in Flügels „Wegweiser", welcher nach dem Titel die wahren Fundamente sowohl des doppelten als einfachen Buchhaltens zeigen sollte. Dort heißt es vom einfachen Buchhalten: „Es ist nichts anders als eine bloße Aufzeichnung der in der Handlung sich ereignenden Aktiv- und Passivschulden. Man nennt es darum das einfache Buchhalten, weil jede Partita nur aus einer Person, nämlich aus einem Debitor oder Kreditor besteht (dahingegen im doppelten Buchhalten jederzeit beide zusammen, und keiner ohne den andern sein kann), hieraus erfolgt dann, daß ein jeder Posten nur einmal in das Hauptbuch übertragen wird. Man sollte es zwar allhier nicht Haupt-, sondern nur Schuldbuch nennen, weil eines Handelsmannes Hauptsache ist, zu wissen, woran und wieviel er gewonnen oder verloren, und also, ob sein Vermögen zu- oder abnehme, ingleichen ob es mit der Kasse richtig zugegangen? usw. Da nun solches aus einem in einfachen Partien geführten Hauptbuch nicht ersehen werden kann, indem weder Kapital-, Kasse-, Waren-, Gewinn- und Verlust- usw. Konten, sondern nur den Freunden, mit welchen man auf Zeit handelt, Rechnungen gehalten werden, so ist leicht zu erachten, mit was für Recht solchen der Titel: Hauptbuch zukomme." Zum besseren Verständnis gibt Flügel Muster des Journals und des Hauptbuches der einfachen Buchhaltung. So beginnt z. B. das Journal mit folgendem Eintrage:

Adi 2. Jan. An. 1741 in Frankfurt

6	Friedrich Klein allhier soll haben. Kaufte von ihm, in 2 Monat zu zahlen, 16 Ztr. englisch Zinn à 24 Rtl. tun Rtl.	384 — —

Am Schlusse seines Buches kommt Flügel auf die einfache Buchhaltung zurück und zeigt die Bildung von Journalposten bei der Propre-, Kommissions- und Kompagniehandlung. Freilich scheint er selbst empfunden zu haben, daß er die einfache Buchhaltung zu stiefmütterlich behandelt hat, wie aus folgender Stelle der Vorrede hervorgeht: „Daß aber so vieles vom doppelten und hingegen so wenig vom einfachen Buchhalten vorgestellt habe, bedünkt mich notwendig zu sein: denn weil das erstere zu erlernen weit mehr zu sagen hat als letzteres, und dieses ohnedem aus jenem entspringet."

---

[1]) In Frankreich war vorher das Werk von Gobain erschienen: Le commerce ... à tenir les livres de comptes à parties doubles et simples. — Bordeaux 1702.

Den Unterschied zwischen der einfachen und der doppelten Buchhaltung hebt besonders M a g e l s e n in seinem Buche: „Die ersten Gründe des Buchhaltens" (1772) scharf hervor, indem er in § 16 sagt: „Aus Büchern, die auf ein solche Art (= in einfacher Buchhaltung) gehalten werden, kann man zwar allezeit ersehen, was diese oder jene Eigentümer, die darin vorkommen, uns kosten, was sie wieder einbringen, und was daran gewonnen oder verloren wird. Ingleichen, was wir schuldig sind und was wir von anderen zu fordern haben. Allein, man kann darin von dem Zuwachs oder der Abnahme des Vermögens und der Größe desselben keine Nachricht finden. Wer davon zu aller Zeit Kenntnis haben will, muß auch darüber eine gedoppelte Rechnung halten." Deshalb bezeichnet G e r h a r d („Der Buchhalter") schon 1796 die einfache Buchhaltung als unvollständige im Gegensatz zur vollständigen oder doppelten Buchhaltung.

Die erste selbständige Behandlung erfuhr die einfache Buchhaltung von J. H. S t r i c k e r: „Kurze Erklärung nebst Anweisung zur einfachen Buchhaltung" Elberfeld 1799.

Die einfache Buchführung im eigentlichen Sinne eröffnet in ihrem Hauptbuche nur den Handelsfreunden Konten, weshalb dieses Buch ja auch richtiger Schuldbuch oder Kontokorrentbuch heißen sollte. Es entstand aber bald das Bedürfnis, auch die Veränderungen anderer Bestandteile des Vermögens planmäßig fortlaufend aufzuzeichnen. Zu diesem Zwecke errichtete man Skontrobücher (Lagerbuch, Besitzwechsel- und Schuldwechselbuch u. a.), wodurch die Zahl der Posten, die doppelt gebucht wurden, wesentlich größer wurde. Schließlich eröffnete man dann im Hauptbuche den betreffenden Gegenständen ebenfalls ein Konto. Diese Form bezeichnete man als die e r w e i t e r t e e i n f a c h e Buchhaltung, die jedoch bald von den Theoretikern der Buchhaltung scharf bekämpft wurde. „Zuerst möchte es ganz vergebliche Mühe sein, die doppelte mit der einfachen Buchhaltung vermischen oder verbinden zu wollen," sagte H i n g - stedt (1804) in seinen Winken „für künftige Verbesserer des Buchhaltens". Und S c h i e b e urteilte 1836 in der ersten Auflage seiner „Lehre von der Buchhaltung": „Auf diese Weise artet die einfache Buchhaltung aus, sie überschreitet die Grenzen der Einfachheit, die ihr eigentümlich sein soll, und ist unvereinbar mit dem Wesen der doppelten und den Resultaten, welche sich aus dieser ziehen lassen, weil es ihr an manchen Konten gebricht, die zu einer vollständigen kaufmännischen Rechnungsführung unumgänglich nötig sind. Manche nennen diese Art die Posten zu bilden, jedoch mit Unrecht, gemischte Buchhaltung (tenue des livres en parties mixtes), sie trägt aber alle Mängel und Gebrechen der einfachen Buchhaltung an sich, ist noch weitschweifiger als diese und gestattet aus den angeführten Gründen die Vorteile der doppelten nicht."

b) Die englische Buchhaltung von Jones.

Unter den Lehrbüchern der einfach erweiterten Buchhaltung nimmt unstreitig das „englische System der Buchhaltung" des Engländers Edward Thomas Jones[1]) die erste Stelle ein. Da es auch in Deutschland eine ganz hervorragende Rolle gespielt und den Anstoß zu verschiedenen Neuerungen gegeben hat, sei hier kurz darauf eingegangen.

---

[1]) Jones' English System of Book-Keeping, by single or double Entry, in which it is impossible for an error of the most trifling amount to be passed unnoticed etc. Bristol 1796.

Jones Bedeutung liegt, das sei vorweg gesagt, in der bis dahin unbekannten marktschreierischen Reklame für sein Buch. Er hatte sich seine Erfindung patentieren lassen und sich empfehlende Zeugnisse hervorragender
Bristoler und Londoner Kaufleute (darunter des berühmten Robert Peel und
der Gouverneure der Bank von England) verschafft, so daß dank der un-
geheuren Reklame das Buch große Verbreitung fand. Da er sich für jede
Lizenz 1½ Guineen (31½ Schilling) geben ließ, so hat er an dem Buche
eine schöne Summe verdient, verzeichnet doch die Subskriptionsliste nahezu
5000 Namen.

Jones beginnt mit einem heftigen Angriff auf die doppelte Buchhaltung, wobei er sich aber lediglich auf Gemeinplätzen bewegt, und preist sodann
seine Methode, durch die Betrügereien unmöglich seien. Über diese Methode
urteilen selbst seine Landsleute heute sehr abfällig: „Instead of two columns
in the ledger, make ten; in all essential points proceed as directed by
Paciolo. That is „Jones' English Book-keeping" in a nut-shell[1])".

Jones führt zunächst ein Journal (Day-book), in das alle Geschäfte eingetragen werden und das folgende Gestalt hat[2]):

Debet L S D	Datum	Bristol, Jan. 1794	Debet u. Kred. L S D	Kredit L S D
	Jan. 1.	Cred. Abrah. Bold für die ein-geschossenen	1500 — —	1500 — —
		Cred. Charles Wise für ditto	1500 — —	1500 — —
3000 — —		Deb. A. Bold, Kassierer, für die empfangenen . . .	3000 — —	
	2.	Cred. John Antonio zu Oporto für 40 Pipen Wein . . .	1000 — —	1000 — —
1000 — —		Deb. Derselbe für seine Tratte p. 1. Sept.	1000 — —	
		usw.		
4000 — —			8000 — —	4000 — —

Nach drei Monaten wird ein Abschluß gemacht; am Jahresschlusse wird
das Warenlager aufgenommen, geschätzt und der Betrag in die Debetspalte
und in die Gesamtspalte (Debet und Kredit) gesetzt. Nachdem die Hauptsummen
der vorigen Vierteljahrsabschlüsse hinzugezählt worden sind, addiert man alle
drei Spalten, wobei natürlich die Debet- und die Kreditspalte zusammen mit
der Gesamtspalte übereinstimmen müssen. Hierauf werden Debet- und Kreditspalte miteinander verglichen und die kleinere von der größeren Summe abgezogen, der Unterschied ist Gewinn oder Verlust.

Die Ermittelung des Gewinnes oder Verlustes erscheint hiernach also
sehr einfach. Aber Jones hat mit Absicht nur die allereinfachsten Geschäftsvorfälle zu seiner Darstellung gewählt, und eine nähere Prüfung ergibt,
daß sein Verfahren nicht nur die Nachteile der einfachen Buchhaltung besitzt,
sondern noch eine ganze Reihe anderer. Das Hauptbuch enthält neben den
Konten der einzelnen Debitoren und Kreditoren noch das Kapitalkonto, Kassenkonto (überschrieben mit dem Namen des Kassierers, vgl. hierzu die folgende
Wiedergabe) und die beiden Wechselkonten.

---

[1]) Brown, a. a. O. S. 163.
[2]) Nach Philipson, a. a. O. S. 273.

Abraham Bold, Cashier

	Jan. 1 bis Mar. 31	Apl. 1 bis June 30	July 1 bis Sept. 30	Oct. 1 bis Dec. 31	Dr.
Jan.	1 3000.-.-				Jan. Cash received this month 2329.10.0 Balance 3100.-.-
	17 50.-.-				
	21 50.-.-				
Febr.	10 26.-.-				Febr. Cash received this month 2454.0.0 Balance 127.-.-
	15 51.-.-				
	25 50.-.-				
Mar.	1 26.10.-				Mar. Cash received this month 1997.17.0 Balance 395.7.-
	3 54.-.-				
	7 53.-.-				
	10 27.10.-				
	15 34.10.-				
	186. 7.-				Apl. Cash received this month 1407.19.6 Balance 385.17.6
Apl.		1 203. 7. 6			
		2 25. 5.-			
		4 32.15.-			
		7 49.10.-			
		11 75.-.-			

Cr.	Jan. 1 bis Mar. 31	Apl. 1 bis June 30	July 1 bis Sept. 30	Oct. 1 bis Dec. 31
Jan. Cash paid this month 770.10	Jan. 1 750.-.-	Apl. 1 -.15.-		
	2 20.10.-	23 400.-.-		
Febr. Do 2.10.-	Febr. 2 2.10.-	27 175.-.-		
Mar. Do 851.10	Mar. 1 1.10.-	29 400.-.-		
	27 850.-.-			
Apl. Do 975.15				

Jones Werk wurde sehr bald ins Deutsche übersetzt, und zwar von Thomas Martens (Weimar 1800, Bremen 1801, Frankfurt 1804) und Andreas Wagner (Leipzig 1801, 1802 und 1807). Wagner war ein Bewunderer dieser neuen Methode und suchte ihr durch Verbesserungen auch in Deutschland Eingang zu verschaffen, aber er wies auch darauf hin, daß Jones schon Vorgänger in Deutschland gehabt habe. So sagte nämlich Joh. Chr. Serber[1]) in seinem „Wohlunterrichteten Kaufmann" (Hamburg 1712) auf S. 65: „Will man, ohne so viele Konten anzunehmen, den geschehenen Kauf und Verkauf kürzer notieren, so verfährt man also: Wenn einer Ware kauft, so schreibet nur Debet N. N. für so und so viel, was er erhalten. Bezahlt er Geld, so saget, Kredit N. N. für die bezahlte Summe. Nimmt man Debet und Kredit zusammen, so bekommt man den ganzen Inhalt der Geschäfte. Wenn dieses geschehen, so traget jede Post sogleich auf das zugehörige Konto in das Haupt- oder Kapitalbuch, und es ist nicht nötig, ein eigenes Journal zu halten, wie solches es die welsche Praktik lehrt. Diese Art der Buchhaltung ist aber nicht doppelter Satzung und wenig üblich, derowegen will ich solche nicht weiter anführen etc."

Wagner gibt selbst zu, daß diese Methode der von Jones erfundenen völlig gleichkommt und sich nur in der Form etwas davon unterscheidet, indem sie nämlich das Debet, Kredit und die Summe von beiden hintereinander stellt. „Es ist schade," sagt er hierauf, „daß Serber dieses System nicht weiter ausführte, sonst würde er die Erfindungen der Deutschen mit einem neuen Zusatze bereichert haben, welchen sich nun ein Ausländer anmaßt." Später legte sich Wagners Begeisterung für die englische Erfindung völlig, denn in seiner im Jahre 1817 erschienenen „Buchhalterei für das gemeine Leben" bezeichnet er die neueren Systeme, besonders die englische und deutsche Buchhaltung als Nachäfferei der gewöhnlichen italienischen Methode, die er auf Grund seiner Erfahrung für die einzig wahre, zweckmäßige Methode hält.

c) Die deutsche Buchhaltung (Meisner, Richter).

Dieser englischen Buchhaltung setzte man sehr bald nach ihrem Bekanntwerden in Deutschland eine deutsche Buchhaltung entgegen. Als erster trat damit S. G. Meisner mit seinem 1803 erschienenen Buche: „Neuerfundene deutsche Buchhalterei" auf den Plan. Er bezeichnet sein Buch ausdrücklich als Gegenstück zu Jones und als einen Versuch, die „bisherige einfache und doppelte Methode des kaufmännischen Buchhaltens auf die zweckmäßigste Art miteinander zu verbinden und auf das einfachste, leichteste und sicherste System zurückzuführen". In einem weiteren Werke: „Die Kunst, in drei Stunden ein Buchhalter zu werden" (Berlin 1805, 1820) stellt er sodann die doppelte italienische, die englische und seine neue deutsche Buchhaltung gegenüber. Die 1811 erschienene Schrift: „Die doppelte Buchhaltung auf der Stufe der möglichsten Vollkommenheit" ist trotz des prahlerischen Titels nur eine Wiederholung der beiden vorigen Werke.

Meisner führte ein Memorial zu den nicht baren Geschäften und ein Kassenbuch zu den Bargeschäften; aus beiden Büchern wurden die Posten in

---

[1]) Serber war Schreib- und Rechenmeister an der Heiligen Geistkirche in Hamburg und unter dem Namen „Der Sinnende" Mitglied der damals berühmten Kunstrechnungsgesellschaft, aus der die heutige Hamburger Mathematische Gesellschaft hervorgegangen ist.

das Hauptbuch übertragen. Eine Neuerung weist nur das Memorial auf, das blattmäßig geführt wird; einige Beispiele [1]) werden die Eigenart leicht kennzeichnen.

1. Debitores   Monat   Berlin, Anno 1804.   Julius.   Kreditores 1.

5	4	Zuckerkonto. Debet Für nebenstehende zwei Faß.	1168	1	—	7	4	Aug. Wilh. Sommer in Hamburg. Kredit Für 2 Faß Zucker mit Kaffee umschüttet, laut Fakturenbuch, Fol. 1. Für den Zucker Bko. Mk 2290. 4. — be- tragen à 153 p. Ct. Für den Kaffee Bko. Mk. 842. 12. — . .			
6	4	Kaffeekonto. Debet Für nebenstehenden Kaffee.	429	19	—				1168	1	—
									429	19	—
9	15	Christoph Sauer in Breslau. Debet Sende demselben Spesenrechnung üb. fünf Kisten nach Hamburg beförderte Leinwand, als: an Fracht, Zöllen, Reparaturen, Nie- derlage, Einladen usw. Rtl. 28. 2.— Provision 1.—.—	29	2	—	10 11	15 15	Speditionskonto. Kredit Für nebenstehende fünf Kisten Lein- wand. . . . . Provisionskonto. Kredit Für nebenberechne- te Provision . . .	28 1	2 —	— —
		Rtl.	1626	22	—			Rtl.	1626	22	—

Das Hauptbuch gleicht völlig dem der italienischen Methode. Der Nachteil der von Meisner empfohlenen Buchhaltungsform liegt darin, daß sie nur von kleinen Geschäften angewendet werden kann. Doch tauchte diese Idee auch später noch auf, so bei Hartzfeld, „Die verbesserte neue deutsche Buchhaltung". Leipzig 1858.

Ebenfalls durch Jones war der Hamburger Buchhalter Daniel Richter zu seinem Buche: „Deutsches Buchhalten" (1803) angeregt worden. Er behält die italienische Form bei und ändert nur das Journal ab. Dieses wird in doppelten Geldspalten geführt, von denen die eine für Debet-, die andere für Kreditsummen bestimmt ist. In diese Spalten werden nur die Summen eingesetzt, die der Kaufmann entweder wirklich einnimmt oder zu fordern hat, oder die er wirklich schuldig wird und auszahlt. Alle übrigen Posten, die z. B. das Waren-, Kommissions-, Unkosten-, Haushaltungskonto usw. be- treffen, werden nicht in die Geldspalten eingetragen, sondern der Betrag bleibt vor der Linie stehen. Am Ende jeder Seite werden die beiden Geld- spalten addiert, aber nur der Unterschied zwischen beiden auf die neue Seite übertragen, so daß am Jahresschlusse nur eine einzige Zahl übrig bleibt. Dann werden die Aktiven nach ihrem Werte in die Debetspalte ein- gesetzt und beide Spalten addiert, der Unterschied ergibt schließlich den Gewinn oder Verlust an.

---

[1]) Entnommen aus: Die Kunst, in drei Stunden Buchhalter zu werden. S. 110.

Obwohl diese Form viel Verehrer fand — insbesondere sprach sich Hing-stedt begeistert für sie aus — so vermochte sie sich doch in der Praxis nicht durchzusetzen.

d) Die amerikanische Buchhaltung.

Schließlich ist Jones englische Buchhaltung auch von hervorragendem Einflusse auf die Entwicklung der sogenannten „amerikanischen" Buch-führung gewesen, als deren Erfinder der Franzose Edmond Degrange anzu-sehen ist, der sie 1804[1]) in seinem Supplement a la Tenue des Livres rendue facile, ou Nouvelle méthode Pour tenir les livres en double partie, par le moyen d'un seul registre etc." beschrieben hat.

Den Einfluß dieser Erfindung für Frankreich hat Kheil[2]) in seiner Schrift ausführlich dargelegt. Für uns erwächst daher die Aufgabe, dies für Deutschland zu tun.

Bereits vor Erscheinen des Supplements von Ed. Degrange schrieb der Hamburger Buchhalter Hingstedt im Februar 1804: „Wenn man auf die Verbesserung des doppelten Buchhaltens sein Augenmerk richtet, so kann dabei wohl jetzt nach der glücklichen Richterschen Erfindung nichts mehr getan werden, als daß man etwa das Journal und das Hauptbuch in eins zu schmelzen sucht." Hingstedt gibt auch eine kurze Darstellung seiner Idee, die sich jedoch in anderer Richtung als die Erfindung von Degrange bewegt.

Nach wenigen Jahren war aber auch in Deutschland diese Idee verwirk-licht. Dr. Philipson in Hannover, der nach seinen eigenen Angaben 28 Jahre lang die Handlungsbücher eines sehr bedeutenden Hauses[3]) geführt hatte, ließ im Jahre 1813 seine „Briefe über das kaufmännische Rechnungs-wesen" erscheinen. In einer ganzen Anzahl von Briefen an seinen Sohn gibt er eine Darstellung der Buchhaltung, die als vorzüglich bezeichnet werden muß und die mich lebhaft an die Darstellung in Schär-Langenscheidts Unterrichts-briefen erinnerte. Am Schlusse seines Werkes finden sich folgende Vorschläge zur Verbesserung des italienischen Systems:

„1. Man führe ein Memorial und Kassenbuch in eins, nach Vorschrift des Code Napoléon, als Livre-Journal, oder wenn dies wegen der vielen Geld-geschäfte nicht angeht und ein besonderes Kassenbuch geführt werden muß, so trage man täglich alle Kassenposten aus dem Kassenbuch ins Memorial nach. Dadurch hat man den Vorteil, das Journal so kurz und so zusammengezogen als man nur will, führen zu können.

2. Das Journal richte man so ein, daß bloß die linke Seite zum Ein-tragen der Posten auf die gewöhnliche Weise angewendet, die rechte aber mit verschiedenen Kolumnen versehen werde, deren Gebrauch und Nutzen ich so-gleich näher angeben will.

3. Ein eigentliches Hauptbuch führt man gar nicht, statt dessen aber ein Reskontro für Personenrechnungen, ein Warenskontro für jede einzelne Ware und ein Kassenbuch, alles Bücher, die ohnehin auch neben dem Hauptbuche ge-führt werden müßten, und endlich ein Gewinn- und Verlustbuch.

---

[1]) Die seltene 2. Ausgabe vom Jahre 1809 fand ich in der Bibliothek der Öff. Handelslehranstalt Leipzig.

[2]) C. P. Kheil, über „amerikanische" Buchführung. Wien 1908. (Ist ein er-gänzter Sonderdruck aus der „Zeitschrift für Buchhaltung".

[3]) Des Meyerschen Bankhauses.

Um aber auch die großen Vorteile nicht zu verlieren, welche die doppelte Methode in der Hinsicht besonders gewährt, daß jedes Buch in ununterbrochener Beziehung zu allen anderen stehet, eins das andere erläutert und bestätigt, und so alle zusammen ein Ganzes, einen vollkommenen Zyklus bilden, müssen die Kolumnen im Journale, deren ich vorhin erwähnte, auf die rechte Seite angebracht und angewendet werden."

Dem Fünfkontensystem des Degrange stellt er nun ein Dreikontensystem gegenüber. „Da alle Konten des Hauptbuchs, welches ganz verschwinden soll,

Hannover 1812 Januar	Debet und Kredit	
	Rtl.	g
Kassa an Kapital: legte in meine Handlung bar	1500	—
Kattun an Kasse: Kaufte 10 Stücke Kattun zu 10 Rtl. und zahlte dafür	100	—
Taft an Kasse: Kaufte 20 Stücke Taft zu 20 Rtl. und zahlte dafür	400	—
Leinen an Florentin: Kaufte auf 6 Mon. Kredit von Florentin		
10 Stücke Leinwand zu 25 Rtl., betragen . . . 250 Rtl.		
item 30 Stücke zu 20 Rtl. . . . . 600 .	850	—
Gewinn- und Verlustkonto an Kasse: Zahlte Fracht und Spesen	100	—
Ditto . . . . an ditto: Ditto Porto usw.	6	—
usw.		

Es entsteht nun die Frage, ob Philipson die Erfindung von Degrange gekannt hat oder ob er von selbst auf dieses Verfahren gekommen ist. Wenige Seiten vor der Darstellung seiner Erfindung gibt er als die letzte Schrift, die er kennt, das Werk von Degrange: „La tenue des livres rendue facile," Paris 1811 an und sagt davon: „Darin wird bloß das doppelte Buchhalten, durch einige Jonessche Ideen abgeändert, vorgetragen. Ein neues System enthält diese Schrift nicht." Nun konnte ich — wie auch Kheil — diese 7. Ausgabe[1] nicht auffinden und also die Behauptung von Philipson nicht nachprüfen. Aber

Kassen- konto	Waren- konto	Wechsel- konto	Detail- konto	Per- sonen- konten	Gew.- u.Ver- lust- konto	übrige Konten	Datum	Monat
25124.8 9							1	Per Kassenkonto legte bar zum Fond schiedenen Münz
					450			Per Mobilienkonto sämtliche Mobilien
	2855.12. G						3	Per Warenkonto für von Hallen in gene 20 Faß Raffi
	403. 1.—							Per Warenkonto für Fracht und
		4866.16.—					5	Per Wechselkonto kaufte gegen bare hier No. 1—4 Bk.
				6836.16.—			20	Per Personenkonto für an L.Westmann tierte No. 1, 2 u. 5 à 146¹/₂

[1] Vor Jahren wurde mir vom Antiquariat Jaques Rosenthal in München ein aber damals deren Wert noch nicht kannte, schlug ich das Gebot aus.

sich in drei Hauptklassen einteilen lassen, nämlich in Konten für Personen, für Handlungsgegenstände und für Hilfs- oder Prinzipalrechnungen, so kann man jede rechte Blattseite des Journals in drei Hauptrubriken für diese drei verschiedenen Klassen einteilen, und jeder Rubrik wieder zwei Unterabteilungen, eine zum Debet und eine zum Kredit, geben. Außerdem bringt man noch eine Rubrik für sämtliche Debet- und Kreditposten wie gewöhnlich auf die linke Seite an: so ist man mit der ganzen Vorrichtung fertig."

Das Journal hat demnach bei Philipson folgende Gestalt:

Kasse		Waren		Personen		Prinzipal	
Debet Rtlr.	Kredit Rtlr.	Debent Rtlr.	Kredunt Rtlr.	Debent Rtlr.	Kredunt Rtlr.	Debet Rtlr.	Kredit Rtlr.
1500	—	—	—	—	—	—	1500
—	100	100	—	—	—	—	—
—	400	400	—	—	—	—	—
—	—	850	—	—	850	—	—
—	100	—	—	—	—	100	—
—	6	—	—	—	—	6	—

usw.

der ganze Charakter des Philipsonschen Werkes spricht dafür, daß er tatsächlich selbständig auf diesen Gedanken gekommen ist.

Im Jahre 1832 erschien dann in Dresden die „vereinfachte doppelte italienische Buchhaltung oder die doppelte Buchhaltung nach einer neuerfundenen vereinfachten Form" von C. D. Fort. Die Vereinfachung liegt sowohl im Journal als im Hauptbuch. Das Journal enthält links alle Soll- und rechts alle Habenposten, so daß es folgende Form aufweist:

	Kassen-konto	Wa-ren-kont.	Wechsel-konto	Detail-konto	Per-sonen-konto	Gew.-u.Ver-lust-konto	übrige Konten
An Kapitalkonto der Handlung, in versorten	25124. 8. 9						25124.8.9
An Kassenkonto betrugen	450 —.—		450.—.—				
An Personenkonto Hamburg empfannade	2855.12. 6				2855.12 6		
An Kassenkonto Spesen darauf	403. 1.—		403. 1.—				
An Kassenkonto Zahlung von Boserd Mk. 10000.—.— à 146	4866.16.—		4866.16.—				
An Wechselkonto in Hamburg remit-Bk. Mk. 14000.—.—	6836 16.—		6836 16.—				

Sammelband mit den verschiedensten Ausgaben der Degrangschen Werke angeboten, da ich

Im Hauptbuche bildet Fort drei Untergruppen: Inventar-, Gewinn und Verlust- und Kapitalkonten; jede Gruppe enthält in wagerechter Anordnung die dazu gehörigen Einzelkonten, wodurch die Übersicht wesentlich gefördert wird. In seinem nächsten Werke, dem „Vollständigen Lehrbuche der gesamten Buchhaltungskunde" (Leipzig 1837) fühlt sich jedoch Fort auf S. 226 zu der Erklärung verpflichtet, „daß die Idee zu dieser Einrichtung des Journals nur zum Teil ihm, zum Teil aber dem Herrn Rendant Gallus in Havelberg gehört." Gallus hatte im Jahre 1829 einen Entwurf zu einer von ihm er-fundenen Buchhaltung als Prospekt versandt, das Lehrbuch selbst aber er-schien erst 1839. Die Zwischenzeit hatte Fort als geschäftsgewandter Mann benutzt und war 1832 mit einem eigenen Buche erschienen. Die „Neue abge-kürzte Form der doppelten italienischen Buchhaltung," die Gallus 1839 heraus-gab, unterschied sich deshalb fast gar nicht von der von Fort dargestellten.

Auch die weiteren Schriften konnten keine wesentlichen Neuerungen bringen. 1840 erschien in Cöln von A. Ochs ein „Bilanzjournal", das nur die Führung des Hauptbuches ersetzt, während Memorial und Kassenbuch gehalten werden müssen. 1874 gab Schuhmacher (Mainz) eine „Amerikanische Buchführung" heraus, in der als Fortschritt die Spalte für „Verschiedene" bezeichnet wurde[1]. Auch die nächsten Werke, die nun in rascher Folge erschienen, brachten nur wenig Änderungen. In dankenswerter Weise hat Schär[2] all die „Variationen in der praktischen Verwendung des amerikanischen Journals" zusammengestellt.

Welche Beurteilung fand nun diese neue Buchungsform in Deutschland? Im großen und ganzen stand man ihr zunächst ziemlich mißtrauisch gegenüber und hielt sie für unbrauchbar. In der 3. Auflage seiner „Lehre von der Buch-haltung" (Grimma 1847) sagt Schiebe darüber: „Der Reiz der Neuheit hatte damals manches Handelshaus verleitet, seine Buchführung nach dieser Methode einzurichten; allein man gab sie bald wieder auf und kehrte zur gewöhnlichen Methode zurück, als man sich überzeugt hatte, daß sie für ein großes Geschäft nicht brauchbar sei, man nichts an Zeit gewinne, auch außerdem die vielen Kolumnen für das Auge störend und schädlich seien." Auch die 5. Auflage vom Jahre 1858 enthielt diese Stelle noch.

G. D. Augspurg („Die kaufmännische Buchführung", II. Teil. Bremen 1855) hatte ähnliche Bedenken, indem er auf S. 187 sagte: „Es gibt außer-dem noch andere neuere Methoden, von den Herren Ochs, Gallus, Jaclot und anderen vorgeschlagen, welche, obwohl mehr oder weniger hübsch und sinnreich erdacht, doch insofern nicht hierher gehören, als ihre auf möglichst größte Ver-einfachung und Abkürzung der Buchhaltung gerichtete Verfahrungsweise wohl für Detailgeschäfte, aber niemals für die Rechnungsführung eines größeren Handlungshauses dienen kann."

Telschow („Theorie und Praxis der kaufmännischen Buchführung", Leipzig 1862) erkannte auch die Bedeutung der Werke von Jaclot und Gallus an, sie sind indessen nach seiner Ansicht „nur für die Wissenschaft interessant, sonst aber, schon um der erforderlichen vielen Rubriken willen, die ein unförm-lich breites Buch nötig machen würden, durchaus unpraktisch zu nennen, und schwerlich wird jemals ein Kaufmann sich dazu entschließen, davon in seinen Büchern wirklich Gebrauch zu machen".

---

[1] Die es aber bereits gab!
[2] Zeitschrift für handelswissenschaftliche Forschung I. 1907, Heft 10.

Wann die amerikanische Form der doppelten Buchhaltung in Deutschland Eingang in die Praxis fand, läßt sich naturgemäß nicht so leicht nachweisen; zuerst habe ich sie für die 40er Jahre in einer Fabrik der sächsischen Oberlausitz feststellen können. Ihr „Siegeszug" erfolgte jedoch erst in den letzten Jahrzehnten des Jahrhunderts.

Auch die Unterrichtsanstalten öffneten ihr ziemlich spät ihre Pforten, die größeren sächsischen Handelslehranstalten 3. B. erst um 1890.

e) Die Zerlegung des Grundbuchs.

Eine weitere Veränderung, die im 18. Jahrhundert auftrat, bestand in der Zerlegung des Grundbuches. Memorial, Journal und Hauptbuch waren nahezu 200 Jahre als die wesentlichen Bücher der doppelten Buchhaltung bezeichnet worden. Dabei waren Memorial und Journal zur Aufnahme aller erfolgten Geschäfte bestimmt. Zwar wissen wir, daß bereits im 16. Jahrhundert das Kassenbuch besonders geführt wurde, es gab auch bereits einen selbständigen Kassierer, aber doch wurden die Kassengeschäfte sodann in das ungeteilte Journal übertragen. Aber im Laufe der Zeit scheint man doch die Notwendigkeit, das einheitliche Grundbuch aufzuteilen, immer mehr erkannt zu haben.

Zuerst begegnet uns diese Zerlegung des Grundbuches in Frankreich. De la Porte[1]), der bekannteste französische Schriftsteller über Buchhaltung des 17. Jahrhunderts, sagt: „Il y a des marchands qui, au lieu de tenir un mémorial ou brouillard entier, le divisent. Ces parties sont: livre d'achats, livre de ventes, livre de caisse, livre de notes pour tous les articles qui ne dépendent ni des marchandises, ni de la caisse, ils transportent ensuite les articles de ces quatre journaux au grandlivre et ne font point d'autre journal. D'autres font de ces quatre livres un journal au net."

In Deutschland wird derselbe Gedanke zuerst von dem bereits erwähnten Frankfurter Buchhalter Flügel 1741 zum Ausdruck gebracht. Nach ihm kann das Memorial auf dreierlei Art geführt werden: 1. Eine jede Verrichtung mit allen Umständen wird nur pro nota eingeschrieben; 2. der Posten wird sofort so gebildet wie im Journal; 3. das Memorial wird verteilt, in verschiedenen Büchern gehalten. Zu dieser letzten Art wird nach ihm erfordert: 1. Einkauf-, 2. Verkauf-, 3. Kassen-, 4. Notizbuch. In das Einkaufsbuch sollen alle Einkäufe, in das Verkaufsbuch die Verkäufe, in das Kassenbuch die Einnahmen und Ausgaben des Bargeldes und in das Notizbuch „alle anderen Vorfälle, so die Kasse und Waren nichts angehen", geschrieben werden. Flügel bemerkt sodann noch, daß viele Kaufleute nur das Einkaufsbuch besonders halten, alle übrigen Vorfälle aber in ein Memorial eintragen.

Fast der gleiche Wortlaut findet sich bei Graf[2]) 1787, der dazu folgende, wenn auch wohl nicht zutreffende Begründung gibt: „Alle diese unterschiedliche Arten laufen auf eins hinaus: Denn man zerteilet das Journal um keiner anderen Ursache willen, als daß man das Einkaufsbuch einschließen und also geheim halten könne, woher und wie teuer man die Waren gekauft habe."

---

[1]) Seine Hauptwerke sind: Le Guide des Négocians et Teneurs de Livres 1673 und La science des négocians et teneurs. 1712.

[2]) Theoretische und praktische Anleitung zur einfachen und doppelten Buchhaltung. Frankfurt und Leipzig 1787.

Zu Beginn des 19. Jahrhunderts nahm der bekannte Nürnberger Johann Michael L e u ch s [1]) die Zerlegung des Grundbuchs als seine Erfindung in An-spruch und bezeichnete dies Verfahren als „Nürnberger" Buchhaltung. „Da die Unbequemlichkeit des Memorials", sagt hier Leuchs, „teils in der Un-gleichartigkeit der angeschriebenen Geschäfte, teils in ihrer Zusammenhäufung liegt, so werden wir derselben dadurch abhelfen können, daß wir jenes Memorial in mehrere, nach der Gleichartigkeit der Geschäfte verteilen."

Eine Betrachtung des Memorials zeigt nun nach Leuchs, daß alle verschie-denen Geschäfte sich auf folgende bringen lassen: 1. Einkauf der Waren, 2. Verkauf der Waren; 3. Einnahme des Geldes; 4. Ausgabe des Geldes; 5. Versetzung der Schulden und Forderungen. „Es lassen sich daher für unsere Handlungen eben so viele einzelne Memoriale führen, als wir ungleichartige Geschäfte aufgefunden haben", und so gelangt Leuchs zu der bekannten Vier-teilung: Einkaufs-, Verkaufs-, Kassenbuch und Memorial, das er als Doppel-kontobuch oder Überweisungsmemorial bezeichnet.

Infolge der Verbreitung, die das „System des Handels" erfuhr, wurde Leuchs allgemein als derjenige bezeichnet, der zuerst die Zerlegung des ein-heitlichen Journals in 4 Grundbücher empfohlen hat, aus unseren Darlegungen geht aber hervor, daß diese Anregung französischen Ursprungs ist.

Dem Bestreben nach Zerlegung der Grundbücher stand das nach ihrer V e r b i n d u n g gegenüber, insbesondere suchte man Memorial und Kassenbuch zu vereinigen. Zuerst tauchte dieser Gedanke 1770 in Österreich [2]) auf. In Deutschland fand ich ihn am frühesten von Philipson ausgesprochen. Philip-son gibt folgendes „Schema zu einem Buche, welches als Memorial und Kassen-buch zugleich gebraucht werden kann."

Anno 1812	Debet		Anno 1812	Kredit	
Jan.			Jan.		
1	Legte in meine Handlung ein bares Kapital von	5000 — —	2	Kaufte folgende Wechsel: 1500 Fl. holl. Kur. auf Amsterdam vom I. Jan. 2 M. dato zu 132 Proz. und zahlte dafür . .	792 — —
2	Kaufte von Joh. Dacher, nächste Ostern zu be-zahlen, 247 Ellen Tuch, zu 2¹/₉ Rtlr. die Elle, und kreditiere ihn dafür mit 617 Rtlr. 12 Gr. .			8900 Fr. auf Paris vom 2. Jan. 2¹/₂ Uso und zahlte dafür zu 76¹/₂ Prozent	2254 16 —

f) Das Sammeljournal.

Der Übertrag aus dem Grundbuch in das Hauptbuch erfolgte in der alten italienischen Buchhaltung unmittelbar. Zwar hatte man, um im Hauptbuche eine bessere Übersicht zu erhalten, schon im 16. Jahrhundert gewisse Vor-bücher gehalten, wie z. B. Unkostenbücher, Haushaltbücher u. a., aus denen dann nach einem gewissen Zeitabschnitte die Summen in einer einzigen Zahl

---

[1]) Theorie und Praxis des Italienischen Buchhaltens und des Nürnberger Buch-haltens. III. Band des „System des Handels". Nürnberg 1806. S. 60 ff.

[2]) Praktischer Unterricht zur verbesserten doppelten Buchhaltung. Wien 1770.

auf das betreffende Konto des Hauptbuches übertragen wurden, doch geschah dies nicht durchgängig und auch nicht planmäßig.

Ein Fortschritt hierin wurde bewirkt durch die von De la Porte 1673 beschriebene Zerlegung der Grundbücher. Aus diesen vier Grundbüchern tragen nach De la Porte die einen die Posten unmittelbar ins Hauptbuch, während die anderen daraus erst ein „Journal au net" bilden. Hierin haben wir die Anfänge unseres heutigen Sammeljournals zu erblicken.

Aber auch in Deutschland finden wir diese Einrichtung bald. In seinen „Buchhalterischen Belustigungen" (Nürnberg 1714) weist J. G. Schoapp darauf hin, daß die Posten täglich, wöchentlich und monatlich eingeschrieben und journalisiert werden. „Bei großen Handlungen, da viel vorgeht, kann man wegen Menge der Posten wohl nicht anders als tageweise journalisieren, bei mittelmäßigen Handlungen aber kann es schon monatsweise passieren, welche, wenn es recht ordentlich geschieht, in wenigen Posten kann gefaßt werden, ebenfalls gewisser Ordnung nach, welche, weil es kürzer, so viel desto besser herauskommt, und im Übertrag weniger Zeilen im Schuldbuch gibt, so etwas menagieuser und bequemer vor dem, so man tageweise journalisiert und überträgt, wobei man ebenfalls auch differente Manieren hat, von welchen ich nur eine Weise zur Nachricht anführen will. Wenn in dem Memorial ein ganzer Monat tageweise zusammengeschrieben worden, es sein die Posten formiert oder nicht, so sucht man die Posten einerlei Gattung heraus vermittelst eines Extrakts oder Registers ... wie der 2. Kasus weiset."

In diesem 2. Kasus bucht er die Posten sowohl tage- als auch monatsweise. Durch die monatliche Jornalisierung bekommt Schoapp alles in folgende 7 Abteilungen:

I. a) Handelswarenkonto Soll an folgende Konten
   b) Fakturen, so hinausgesandt.
   c) Folgende Konten Sollen an Handelswarenkonto.
II. a) Lagerkonten der fremden Amici.
   b) Waren Kompagnie Posten Sollen und Sollen haben.
III. a) Handelsunkosten Sollen an folgende.
    b) Folgende Konten Sollen an Handelsunkosten.
IV. a) Wechselkonto Soll.
    b) Folgende Konten Sollen an Wechselkonto.
V. a) Bankokonto Soll an folgende Konten.
   b) Folgende Konten Sollen an Bankokonto.
VI. a) Kassenkonto Soll an folgende Konten.
    b) Folgende Konten Sollen an Kassenkonto.
VII. a) Nutz- und Schadenkonto Soll an folgende Konten.
    b) Folgende Konten Sollen an Nutz- und Schadenkonto.

Nach Schoapp wurde das Verfahren auch in Nürnberg von bedeutenden Firmen angewendet, die sich so wohl dabei finden, „daß sie gegen eine andere Weise schwerlich tauschen würden, welches ich, weil ich es auch selbsten einige Jahre geschrieben, mit Bestand der Wahrheit erfahren habe". In den von mir aufgefundenen zahlreichen Büchern des 18. Jahrhunderts habe ich jedoch diese Journalisierung leider nicht angetroffen.

In der zweiten Hälfte des 18. Jahrhunderts findet sich die Beschreibung und Verwendung des Sammeljournals in den Lehrbüchern häufiger. So sagt Helwig (Berlin 1774):

„Nach dieser (= von ihm) angenommenen Art hingegen ist das Journal nicht nach seinem eigentlichen Wortverstande als ein Tagebuch, obgleich die Data aller Memorial- und Kassengeschäfte in demselben mit angemerkt stehen, sondern als ein kurzer Extrakt aller der im Memorial- und Kassenbuche annotiert stehenden Geschäfte eines ganzen Monats anzusehen, und hat den Vorteil, die Übertragung des Hauptbuchs nicht allein zu erleichtern, sondern auch, mittels der wenigen Zeilen, so in demselben solchergestalt zu stehen kommen, zu bewirken, daß die Konten des Hauptbuchs desto leichter zu übersehen seien." Er betont ausdrücklich, daß er diese Art der Buchhaltung in verschiedenen großen Handlungen gesehen hat. Auch J h r i n g zeigt in seinem „praktischen Kaufmann" (Halle 1798) das Journal in einer Form, wobei „am Ende eines jeden Monats die in dem Memorial, Kassen-, Fakturen- und Speditionsbuche befindlichen Posten auf eine schickliche und möglichst kurze Art aufgeführt werden." G e r - h a r d t („Der Buchhalter." Berlin 1799) gibt davon nur einzelne Proben, denn er hat gegen die Verkürzung das Bedenken, daß dadurch „das Journal seine ordentliche und protokollmäßige Bestimmung der geschehenen Geschäfte mehren- teils verliert".

Im Anfange des 19. Jahrhunderts tritt das Sammelbuch bei L e u c h s (1806) auf, der ja vielfach als dessen Erfinder bezeichnet worden ist. Leuchs sagt: „Um nun diese Übersicht möglich zu machen, ist es notwendig, die Vorfälle einer Art nicht einzeln, sondern im ganzen, oder nicht die Tagesgeschäfte einzeln, sondern für eine größere Zeiteinheit zusammen, auf die Rechnung des Haupt- buchs zu tragen.

Das Buch, in welchem diese Zusammenstellung geschieht, heißt Journal. Das Journal ist also Vermittler zwischen dem Hauptbuche und dem Memoriale; es sammelt die in dem Memoriale zerstreuten Vorfälle einer Art zu einem Ganzen, oder es stellt die Veränderungen der Rechnungen über die Bestandteile unseres Besitzes und unserer Handelsfreunde aus dem Memoriale zusammen und bringt sie auf eine Einheit, auf ein Ganzes, auf eine Summe. Da nun diese Zusammentragung gewöhnlich monatlich geschieht, so könnte das Journal schicklicher M o n a t s b u c h genannt werden."

Aber noch fehlte eine bestimmte Reihenfolge, in der diese Zusammen- stellung erfolgte. Leuchs hat z. B. in seinem Journal für Januar 1806 fol- gende Posten: 1. Warenkonto an Kassenkonto; 2. Spesenkonto an Kassenkonto; 3. Warenkonto an (nun folgen die Namen der einzelnen Gläubiger, für die ihm eine Gesamtbezeichnung fehlt); 4. Folgende vier an Warenkonto; 5. Spesen- konto an folgende; 6. Folgende an Kassenkonto; 7. Kassenkonto an Waren- konto.

Den Fortschritt hierin regte H i n g s t e d t (1804) an, indem er schrieb: „Bei der näheren Prüfung dieser Probe und bei der Arbeit in dieser Manier ist es nicht bloß mir, sondern auch manchem andern denkenden Buchhalter schon eingefallen, alle diese fünf Abteilungen (= Posten) miteinander zu verbinden, und zuerst alle Debitoren, die Bank, Kasse und andere, nacheinander auf- zuführen, und dann wieder alle Summen denjenigen Konten zu kreditieren, kurz aus diesen fünf Abteilungen nur eine einzige zu bilden". Doch nahm er die Kasse und die Bank davon aus, da er meinte, daß es dem Buchhalter mehr Mühe mache, diese beiden Konten, die schon an und für sich richtig bilanziert sind und in vielen Handlungen einen sehr bedeutenden Teil der Buchführungs- arbeit bilden, auf diese Weise mit hereinzunehmen.

Weiter in dieser Richtung ging sodann Carl Crüger, der Direktor der Hamburgischen praktischen Handlungsakademie. Dieser sagt im IV. Teile seines Werkes: „Der Kaufmann" auf S. 27: „. . . Wenn wir uns nun einen Vermittler dächten, den wir für die Generalsumme aller Debitoren kredi-tierten und für die aller Kreditoren debitierten, so würde jeder Debitor und jeder Kreditor seine Posten der Reihe nach, hintereinander einen ganzen Monat von tausend Posten hindurch, haben können. Dem Vermittler wollen wir den Namen Diverse geben, also, indem wir die Debitoren zuerst nehmen:

(links)

Per Folgende R 4660 an Diverse.

Per Handlungsunkostenkonto.

    1. An Kasse für Spesen auf Kaffee von Schwarz   R 50

    31. „ „ „ Kourtage „ „ „ „   „ 10   R 60

Per Kassenkonto.

    1. An Kaffeekonto für 3000 ℔ an N. verkauft . R 1500

    30. „ Braun für seine Zahlung . . . . „ 1000   R 2500

usw.

(rechts)

Per Diverse R 4660   An Folgende.

An Kassenkonto.

    1. Per Handlungsunkosten für Spesen auf Kaffee

        von Schwarz . . . . R 50

    31. Per Schwarz für Barsendung . . . . „ 920

    31. Per Handlungsunkosten für Kourtage auf Kaffee

        von Schwarz . . . . „ 10   R 980

An Kaffeekonto.

    1. Per Kasse für an N. verkaufte 3000 ℔ Kaffee   R 1500

usw.

Dadurch wurden die Konten des Hauptbuches einfach und gleichförmig, so zeigte z. B. das Wechselkonto folgende Form:

Jan.	201	An Kapitalkonto	22000	—	—	Jan.	211	Pr. Diverse	8350	—	—
„	205	„ Diverse	16674	6	—	Febr.	219	„ Detti	37542	4	—
Febr.	215	„ Detti	18148	8	—	März	230	„ Detti	12105	1	—
März	223	„ Detti	1174	7	—						
			57997	5	—				57997	5	—

Daher machte Crüger auch den Vorschlag, das Hauptbuch im voraus fertig in Kupfer stechen zu lassen, und zwar etwa so:

1816					1816				
Jan.	An Bilanz				Jan.	Per Bilanz			
„	„ Diverse				„	„ Diverse			
Febr.	„ do				Febr.	„ do			
März	„ do				März	„ do			

Stieß diese neue Form auch anfangs auf etwas Widerstand[1]), so wurde sie, wie G. D. Augspurg angibt, bald an den bedeutendsten Kontoren der Hansestädte und auch Englands eingeführt, sowie von deutschen Kaufleuten über alle fünf Weltteile verbreitet. Heute wird dieses Verfahren häufig als die österreichische Methode[2]) bezeichnet, richtiger ist wohl die Bezeichnung als norddeutsche Methode.

Das Verfahren Crügers wurde insbesondere von Krauß („Die Kunst der kaufmännischen Buchführung", Hamburg 1840) bekämpft. Er schlug folgende Reihenfolge vor: Per Bank an Diverse, per Diverse an Bank, per Kasse an Diverse, per Diverse an Kasse, per Wechsel an Diverse, per Diverse an Wechsel usw. Da Schiebe[3]) in seinem „Lehrbuche der Buchhaltung" ebenfalls dieses Verfahren befolgte, so wurde es infolge des bedeutenden Einflusses dieses bekannten Fachmannes bald in Mittel- und Süddeutschland vorherrschend, weshalb es auch als das süddeutsche bezeichnet wurde. Heute wird auch in diesen Gegenden die norddeutsche Methode allgemein angewendet.

g) Das Kontokorrentkonto.

Dient das Sammelbuch zur Verminderung der Postenzahl auf den einzelnen Konten des Hauptbuchs, so suchte man die Kontenzahl selbst durch Anwendung von Kollektivkonten zu verringern. Hatte man dieses Verfahren in bezug auf die Warenkonten (Generalwarenkonto) schon im 18. Jahrhundert benutzt, so erfolgte seine Verwendung in bezug auf die Personenkonten jedoch erst im 19. Jahrhundert.

Die Grundform der doppelten Buchhaltung kannte im Hauptbuche sowohl Sach- als auch Personenkonten. Aber schon im 17. Jahrhundert errichtete man für die Personenkonten ein besonderes Buch, behielt sie aber außerdem im Hauptbuche bei. Hager (1660) nannte es Reskontrenbuch, das nach ihm den Zweck habe, das Hauptbuch abzukürzen, und im Cölner Stadtarchiv befindet sich unter Nr. 1467 ein Libro di Conti Correnti vom Jahre 1714.

Der Gebrauch, den Personen sowohl im Haupt- als auch im Kontokorrentbuche ein Konto zu errichten, dauerte bis in die zweite Hälfte des 19. Jahrhunderts. Das bekannteste Lehrbuch über Buchhaltung dieser Zeit, Schiebes „Lehre von der Buchhaltung", beschreibt diesen Zustand noch in der 5. Auflage vom Jahre 1858 ausführlich. Die Zusammenfassung der einzelnen Personenkonten im Hauptbuch zu einem Kollektivkonto, dem Kontokorrentkonto, zeigt Schiebe erst in der 7. Auflage vom Jahre 1864 und begründet es damit, daß dieses Verfahren in neuerer Zeit im Bankgeschäft wie im Großhandel üblich geworden sei.

In der Praxis lagen die Verhältnisse ähnlich. Das Berliner Bankhaus Gebrüder Schickler errichtete von 1712 ab bis 1830 jedem Kunden ein Konto

---

[1]) So sagte Auerdieck („Das Handlungs-Comtoir", Hamburg 1833, S. X) „daß ihm diese Worte (= gemeint ist Per Diverse, An Diverse) „immer ein unwillkürliches Grauen erregen".

[2]) Aber nur die Wiener Handelslehrer gebrauchten dieses Verfahren, während die Prager die süddeutsche Methode anwendeten; vgl. Zeitschrift für Buchhaltung. 21. Jahrg. S. 76.

[3]) Schiebe gibt insbesondere in der 7. Auflage (1864) S. 426 dazu ausführliche Bemerkungen.

im Hauptbuche. Seit diesem Jahre wurden die Personenkonten in einem besonderen Buche (Skontro) geführt, verblieben aber auch im Hauptbuche. Hier
wurde jedoch nur die Beziehung zu einem andern Konto angegeben, nicht die
Art des Postens, die sich ja aus dem Skontro ergab. Erst im Jahre 1889
wurde im Hauptbuche ein Kontokorrentkonto errichtet, das sämtliche Personenkonten zusammenfaßt. Die Leipziger Bank führte jedoch von Anfang (1838)
an ein Kontokorrentkonto, woraus ich folgendes Beispiel vom Jahre 1839
geben will:

Soll		Kontokorrent		Konto		Haben
Aug.	Jour. B.		Aug.	Jour. B.		
15	S. 1	An 5 Kreditoren R 71544. 7. —	15	S. 3	Per 4 Debitoren R 28894. 19. 3	
15	„ 16	„ Kassenkonto „ 30745. 3. —	15	„ 12	„ Kassenkonto „ 64734. 21. 3	
31	„ 13	„ 5 Kreditoren „ 40486. 8. —	31	„ 20	„ 4 Debitoren „ 49279. —. 9	
		usw.			usw.	

Vereinzelte Bestrebungen zur Bildung solcher persönlichen Kollektivkonten
treten schon Ende des 18. Jahrhunderts auf. Gerhardt empfahl in seinem
„Buchhalter" 1799 die Einrichtung des Schuldregisters „zur Berechnung kleiner
Debitoren und Kreditoren, denen man einzeln auf dem Hauptbuche nicht besondere Konten eröffnen will, sondern solche zusammen auf einem einzigen,
z. B. Schuldregisterkonto vorstellet, weil die Geschäfte mit denselben
entweder nur selten vorkommen oder überhaupt unbeträchtlich sind." Augspurg (1852) entwickelte sodann anschaulich die Entstehung solcher Kollektivkonten. „Wenn wir unsern Käufern Konten zu eröffnen gewohnt sind und darauf nichts weiter erscheint, als die ihnen für Warenverkäufe belasteten Beträge
und andrerseits die ihnen kreditierten Zahlungen, so können wir sämtliche
Verkäufe einem Konto für „Verschiedene Käufer" oder „Verschiedene Debitoren" belasten und demselben die erhaltenen Zahlungen ebenfalls sämtlich
wieder kreditieren." Neben dem Kollektivkonto „Verschiedene Debitoren" ge-
stattete er noch ein solches für „Verschiedene Debitoren und Kreditoren" und
allenfalls eins für „Verschiedene Kreditoren". Dagegen sträubt er sich gegen
Konten wie

Hiesige Debitoren und Kreditoren } für alle unsere Rechnungen mit Fremden,
Auswärtige Debitoren und Kreditoren

oder gar Zusammenfassungen wie: Personenkonten oder Diverse Konten (wie
es z. B. Gallus in seiner „neuen abgekürzten Form der doppelten Buchhaltung"
1839 vorschlug); denn dann würde nach ihm die Buchhaltung „zu einem bloßen
Rechenexempel herabsinken, dessen Fazit uns beim Bücherabschluß die Total-
summe unseres Vermögens liefern sollte".
     Unterstützt wurde die Einführung des Kontokorrentkontos durch die „ame-
rikanische Buchhaltung. So sagt Fort im Jahre 1832: „Das Kontokorrentbuch wird im Hauptbuche durch das Personenkonto vertreten, denn wenn man
die in einem Monat auf den Debetseiten der verschiedenen Konten (= des
Kontokorrentbuches) befindlichen Posten addiert, muß die Summe der auf
der Debetseite des Personenkontos von demselben Monat befindlichen gleich
sein, dasselbe findet mit den Posten der Kreditseiten und mit der auf derselben
Seite des Personenkontos befindlichen Summe statt."

Überblicken wir diese Reformbestrebungen, wie sie sich ungefähr bis zur Mitte des 19. Jahrhunderts geltend machten, so waren sie insbesondere auf Abkürzungen gerichtet. Man erstrebte durch das Sammeljournal eine Verminderung der Posten, durch die Kollektivkonten eine Verminderung der Konten. Die Aufteilung des einheitlichen Tagebuches in verschiedene Grundbücher erleichterte außerdem die Anwendung der Arbeitsteilung. Die Anfänge dieser Abänderungen reichten freilich weit zurück, die Entwicklung war aber sehr langsam erfolgt. Da erhielt in der zweiten Hälfte des 19. Jahrhunderts die Fortentwicklung der Buchhaltung einen mächtigen Anstoß durch die Industrialisierung im deutschen Wirtschaftsleben. „Die größeren Schwierigkeiten der Verrechnung wegen der Darstellung der komplizierten inneren Wirtschaftsvorgänge, verbunden mit der Massenhaftigkeit des zu verbuchenden Zahlenmaterials, die individuelle Verschiedenheit der Betriebe auch hinsichtlich der technisch-produktiven Arbeit, sie mußten eine Ausgestaltung der Buchführung als Anwendungssätze der buchhalterischen Grundsätze mit sich bringen[1])".

Die erste großzügige Darstellung des industriellen Rechnungswesens findet sich bei Gottschalk[2]). Er stellt neben das deutsche oder Meisnersche und das italienische System sein Listensystem, das sich von den beiden anderen dadurch unterscheidet, daß in ihm das Hauptbuch durch mehrere Bücher repräsentiert wird, wovon jedes für besondere Geschäfte, mithin auch nur für einen Teil von Konten bestimmt wird, so daß mehrere zugleich an der Buchführung arbeiten können und jeder zum Geschäftsabschluß einen bestimmten Teil beitragen kann. Als die größte Ausdehnung des Listensystems kann man sich nach ihm diejenige denken, bei der für jedes einzelne Konto ein besonderes Buch anzulegen und zu führen wäre, das am Abschlußtage seinen Saldobetrag für die Ausgleichungskonten, nämlich für das Gewinn- und Verlustkonto und für das Bilanzkonto zu liefern hätte. Im allgemeinen sieht er jedoch neben den erforderlichen Grundbüchern nur folgende Bücher für die systematische Ordnung der Posten und für die Bildung des Geschäftsabschlusses als Hauptteile an:

1. Das Kassenbuch;
2. das Kontokorrentbuch;
3. das Wechselskontro und das Wechselverfallbuch;
4. das Kreditpapierskontro;
5. das Naturalbuch für die sämtlichen Konten des Naturalvermögens mit dem Handelskostenbuche;
6. das Inventarienbuch für die sämtlichen Konten über die Anlagen und Betriebsgerätschaften;
7. das Betriebsbuch für die verschiedenen Konten des technischen Betriebs, das wichtigste Geschäftsbuch oder die technische Rechnung der Rohproduktionsindustrie und der Fabrikindustrie, sowie
8. das Hauptbuch im engeren Sinne für die Zusammenstellung der Geschäftsabschlüsse.

Von diesen Büchern sei das Betriebsbuch etwas eingehender dargestellt. Die Konten dieses Buches sollen

1. den wirklichen Betriebsaufwand, also den Verbrauch an Arbeit und Kapital;

---

[1]) Leitner, Grundriß der Buchhaltung und Bilanzkunde. I. 1909. S. 136.
[2]) Die Grundlagen des Rechnungswesens und ihre Anwendung auf industrielle Anstalten, insbesondere auf Bergbau, Hütten- und Fabrikbetrieb. Leipzig 1865.

2. die wirklichen Leistungen im Betrieb, also die Produktion;
3. die Gestehungskosten oder Produktionswerte der Produkte oder Fabrikate und nach Befinden
4. den Betriebsgewinn oder Betriebsverlust an der Produktion feststellen.

Für die Kontierung stellt dabei Gottschalk folgenden Grundsatz auf: „Soweit man den Betrieb in seinen einzelnen Zweigen in bezug auf Kosten,
Leistung und Gewinn und Verlust beobachten will, und soweit sich Konsumtion
und Produktion nach den einzelnen Zweigen des Betriebs trennen läßt, soweit
müssen spezielle Betriebskonten errichtet werden."

Die verschiedenen Konten des Betriebsbuches lassen sich nach ihm in zwei
Hauptklassen teilen, in Spezialkonten, die speziell das Rechnungsverhältnis eines
einzelnen Zweiges oder einzelner Zweige des Betriebes darstellen und in
Generalaufwandkonten, auf denen der Aufwand berechnet wird, der dem Be-
triebe im allgemeinen, außer dem in den Spezialkonten debitierten, noch zur
Last fällt.

Der Abschluß des Betriebsbuches besteht in der Ermittlung des Gewinnes
oder Verlustes auf jedem Betriebskonto und in der Konzentration dieser Saldo-
beträge zum Betriebsgewinn oder Betriebsverlust des betreffenden Werkes.
Dabei ist von Bedeutung, mit welchem Werte die erzeugten Produkte dem Betriebe gutgeschrieben werden. Gottschalk kennt drei Möglichkeiten, nach denen
die Bewertung erfolgen kann, nämlich 1. nach den wirklichen Gestehungskosten, 2. nach Normalwerten und 3. nach den Verkaufspreisen.

Von Interesse ist hiervon für uns die Bewertung nach Normalwerten.
Gottschalk führt dazu folgendes Beispiel an:„Hat man beim Fabrikbetrieb
berechnet, ein Zentner Bleiwaren koste 1,02 Zentner Blei und 19 Groschen
8 Pfg. Fabrikationskosten, so kann man sagen, der Produktionswert pro
Zentner Fabrikat ist bei einem Preis des Bleies im Einkauf von 6 Talern pro
Zentner

$$6 \times 1,02 = \quad 6 \text{ Tlr. } 3 \text{ Gr. } 6 \text{ Pf. für Rohmaterial und}$$
$$- \quad „ 19 „ 8 „ \quad „ \text{ Fabrikationskosten}$$
$$6 \text{ Tlr. } 23 \text{ Gr. } 4 \text{ Pf.}$$

Nehmen wir diesen Betrag als Normalwert an, so nehmen wir für jeden
Zentner der dargestellten Fabrikate diesen Betrag als Produktion an. Haben
wir z. B. 100 Zentner fabriziert, so haben wir nach dieser Grundlage beim
Abschluß dem Fabrikationskonto 678 Taler gutzuschreiben. Beträgt aber das
Soll des Betriebskontos über den Aufwand 700 Taler, so fallen 700 Taler
minus 678 Taler = 22 Taler Betriebsverlust aus, und dieser ist nun durch die
einzelnen Kapitel des Aufwandes, z. B. durch höhere Preise der Hilfsmaterialien,
durch höhere Löhne, durch größeren Verbrauch oder Verlust an Fabrikations-
material usw. zu motivieren. Der Ertrag tritt aber erst als Handelsgewinn
auf dem Konto im Naturalbuch hervor, welches über die Verkäufe und über die
Vorräte von Fabrikaten Nachweis gibt."

Neben dem Listensystem entstanden bald noch andere Formen der doppelten
Buchhaltung, von denen aber nur wenige Bedeutung erlangt haben. Sie finden
sich zusammengestellt bei Hügli: „Die Buchhaltungssysteme und Buchhaltungs-
formen", Bern 1887, 2. (fast unveränderte) Auflage 1913. Stern: „Buchhal-
tungslexikon", Wien-Leipzig 1901, 2. Auflage 1913. Leitner: „Grundriß der
Buchführung und Bilanzkunde", Bd. I, Berlin 1909, 2. Auflage 1913.

Leitner hat sowohl die Grundlinien der modernen Entwicklung der neueren Buchführungsformen treffend charakterisiert als auch die Prinzipien der wichtigsten Formen übersichtlich dargelegt, so daß ich mich hier auf diesen Hinweis beschränken kann [1]).

Es sind ganz gewaltige Veränderungen, welche die Buchhaltung in den letzten Jahren erfahren hat. Jahrhundertelang hatte die alte italienische doppelte Buchhaltung geherrscht, bis schüchtern einige Versuche zur Verbesserung und Abänderung erfolgten. Da kam der wirtschaftliche Aufschwung Deutschlands, die traditionelle Buchungsweise wurde umgeformt und ergänzt, und es entstanden die deutsche, französische, amerikanische Form. Aber noch nicht genug, die Buchhaltung wurde zu einer Betriebseinrichtung, die in Einheiten aufgelöst werden kann, die sich verschiedenfach zusammenstellen lassen. Sie ohne Rücksicht auf starre Regeln den Bedürfnissen des einzelnen Betriebes anzupassen, darin liegt heute vor allem die Kunst. Und so kommt es, daß all die verschiedenen Formen, wie italienische, deutsche, französische und amerikanische Buchhaltung heute mehr und mehr an Bedeutung verlieren.

Unverändert ist jedoch im Laufe der Zeiten das Prinzip der Buchhaltung geblieben. „Das Wesen besteht immer, wenn auch die Zufälligkeiten sich verdrängen," so kennzeichnete bereits im Jahre 1806 der bekannte handelswissenschaftliche Schriftsteller Leuchs die Entwicklung der Buchhaltung und knüpfte daran einen Vergleich, der auch heute noch zutrifft: „Die Buchhalter haben mit den Staatsmännern, welche die vollkommenste Staatsverfassung oder Regierungsform suchen, gleiches Schicksal. So wie sich allerdings die verschiedenen möglichen Regierungsformen ableiten und die innere Einrichtung für jede bestimmen läßt: so können und sollten auch die möglichen Arten des Buchhaltens (im allgemeinen) entwickelt werden. Aber so, wie keine Regierungsform allen Völkern, in allen Zeiten, unter allen Kulturverhältnissen angemessen entworfen werden kann, so kann ebensowenig ein Schema des Buchhaltens verfertigt werden, das allen Handlungen von gleicher Brauchbarkeit sein könnte."

II. Die Lehrbücher der Buchhaltung.

a) Im 17. Jahrhundert.

Zeigen die Geschäftsbücher des 17. Jahrhunderts keinen Fortschritt in der Entwicklung der Buchhaltung, so finden wir die gleiche Erscheinung in den Lehrbüchern dieses Zeitraumes. Die Verfasser von Buchhaltungswerken legten wenig Selbständigkeit an den Tag, sondern lehnten sich an berühmte Muster an, insbesondere an Neudörfer und an Goessens.

Dies können wir deutlich an der am Anfang des Jahrhunderts erschienenen „Arithmetica oder Rechenbuch [2]) ... Neben einer Anleitung zum ordentlichen

---

[1]) Außerdem kommen folgende Zeitschriften in Betracht: Zeitschrift für handelswissenschaftliche Forschung. Leipzig. G. A. Glöckner. Zeitschrift für Handelswissenschaft und Handelspraxis. Leipzig. C. E. Pöschel.

[2]) Abdruck in Dresden.

Buchhalten von Anthonium Schultzen," Liegnitz 1600, beobachten. In der Vorrede sagt der Verfaffer, daß unter allen Buchhalten, die ihm zur Hand gekommen find, „die Art, welche weiland der kunftreiche Johann Neudörfer, Rechenmeister zu Nürnberg gebraucht, am wohlgefälligsten gewesen", weshalb er seine Anleitung „ebenmäßiger Weise" gestellt hat.

Der theoretische Teil ist auch ein fast wörtlicher Abdruck der oben beschriebenen Handschrift[1].

Aus dem praktischen Teile werden schon einige Proben genügen, um die Ähnlichkeit mit den Werken aus der erften Hälfte des 16. Jahrhunderts zu zeigen.

Im Journal bucht Schultze:

K 1 C 1	Honig kauft ich von Konrad Klosen von Wien 2 Tonnen, jede Tonne zu 8 Taler, habe ihn bar bezahlt, tut . . . Tlr. 16. —. —

Dieser Einkauf findet sich im Güterbuch wieder:

Honig kauft	Honig verkauft
Adi 3. Jan. von K. Klosen To. 2 Tl. 16	Adi 7. Jan. Blasin Kirchner To. 2. Tl. 23
Summa 16 Taler	Summa 23 Taler gelöst
	16 Taler gestanden
	Facit 7 Taler Gewinn

Diese Gewinne werden am Ende zusammengestellt:

Den 31. Dezember befinde ich Gewinn in allem 599 Taler 7 gr. 8 h. Dargegen Verlust 71 Taler 24 gr. So habe ich am Ende des Journals 20 Taler Unkost eingetragen. Diese zwei Posten von den 599 Tal. 7 gr. 8 h abgezogen, Rest lauter Gewinn 507 Taler 19 gr. 8 h.

Das Schuldbuch hat die überschriften „Ich soll zahlen — Ich habe zahlt" und „Mir soll zahlen — Mir hat zahlt". Den Schluß bildet die „Proba".

Hat sich Schultze in seinem theoretischen Teil an ein empfehlenswertes Vorbild gehalten, so greift er in seinem praktischen Teile auf Grammateus zurück, bietet also im Jahre 1600 eine Darstellung, wie sie fast 100 Jahre früher in Gebrauch gewesen war. Daher kommt seinem Buche auch keinerlei Bedeutung zu.

Vortellhaft unterscheidet sich da der nächste Nachahmer Neudörfers, der Bremer Schulmeister Otto Wesselow in seinem 1619 erschienenen: „Buchhalten ad Imitationem Neudorffianam[2]). In der Vorrede sagt Wesselow, daß Neudörfers Arbeit sowohl in als außerhalb Deutschlands von vielen Jahren her bis auf diese Zeit hoch und wert geachtet und gehalten worden ist. Er hat sich zur Imitation gerade dieser Arbeit entschlossen, weil er auf den Messen

---

[1] So lautet z. B. der Anfang: Wer aber ein Buchhalter werden will und viel Irrtum in seinem Handel verhüten, auch viel Schreibens und Merkens entladen sein . . . soll Gott den Allmächtigen fürchten und vor Augen haben usw.

[2] Exemplare in Bremen und Greifswald. Eine spätere, vom 1. April 1620 dadierte, aber 1623 in Hamburg bei Heinrich Karstens in Hamburg gedruckte gleichlautende Ausgabe befindet sich in Königsberg (Stadtbibliothek).

zu Frankfurt, Leipzig und Straßburg gespürt und gesehen habe, daß der großen und vornehmen Kaufherrn Handelsbücher darnach formiert und gestellt gewesen sind. So hat er ein „Exemplarbuch" nach Bremer Kaufmannschaft, Maßen und Münzen zusammengestellt.

Der theoretische Teil lehnt sich völlig an die Neudörferschen Handschriften an. Das Journal beginnt mit folgenden Einträgen:

Laus Deo

Anno

CIƆIƆCXIIII Adij 1. Januar.

1	Kasse soll per Kapital	
2	Reichstaler 4000, welche wir sämtlich zu Anfang unserer Handlung in Kasse bar eingelegt, wie solches im Geheimbuch ist eingeschrieben worden	4000. —. —

2	Heinrich von Milanen soll per Kapital Reichstaler 650, ist	
2	uns schuldig laut seiner Rechnung auf 13. März, erst künftig zu bezahlen	650. —. —

usw.

Einkaufen um bar Geld.

Adi 12. Ditto.

4	Wachs soll per Kasse Reichstaler 300 für 10 Zentner à 30 Reichs-	
1	taler den Ztr., von Nikolaus Kron kauft um bar Geld, tut	300. —. —

Die von Wesselow behandelten Fälle berühren alle Arten des Bremer Handels, allerdings hatte er dafür auch zahlreiche Vorbilder, wie Gammersfelder, Goessens u. a.

Aus dem „Schuldt- vnd Güterbuch" will ich nur die Abschlußkonten hervorheben. Zuerst das Kapitalkonto:

	Kapital Soll					Kapital Soll haben			
1. Jan.	p. Arnold Passauer	3	340	—	1. Jan.	p. Kassa ist vorhanden	1	4000	—
5. k.	ditto Peter v. Lange	4	504	17 4		handen . . .	1	4000	— —
ult. Sept.	p. Bilanz Restnetto	19	8591	20 —	ditto	p. Heinrich von Milanen . . .	2	650	— —
	Summa		9435	37 4		p. Hannibal Konrad	2	760	— —
						p. Roggen	3	832	— —
						p. Weizen . . .	3	720	— —
					ult. Sept.	p. Gewinn u. Verlust, ist die Zeit über unser Handlung verdient .	10	2473	37 4
						Summa		9435	37 4

Bilanz Soll   Bilanz Soll haben

Adi					Adi				
ult. Sept.	p. Hering 12 Last kosten . . .	5	720	—	—	ult. Sept.	p. Kapital restiret	2	8591 20 —
	p. Francois de Barlamont . .	6	960	—	—		p. Marte de Ricaldo	15	2010 — —
	p. Kasse vorhanden	16	9003	47	2¹/₂		p. Augustin Hage-meyer	17	822 27 2¹/₂
	p. Hans Dallner in Danzig . .	18	740	—	—				
	11423. 47. 2¹/₂						11423. 47. 2¹/₂		

Gewinn und Verlust Soll   Gewinn und Verlust Soll haben

Adi					Adi				
17. März	p. Kasse Verlust an Wechsel . . .	1	10	—	—	17. März	p. Quentin Benoyt	11	12 — —
ditto	p. Hannibal Kon-rad	2	10	—	—	6. April	p. Benedix Hoff-mann . . .	7	10 — —
	usw.					12. Mai	p. Ebert Hagedorn	14	10 — —
20. Aug.	p. Kapital wird hie-mit übertragen, so diese Zeit unsrer Handlung netto ist ge-wonnen . .	2	2473 37 4				usw.		
			3631 35 —						3631 35 —

Von Henrich Wesselow, „Schulmeisters Sohn zu U. L. F.¹) daselb“, erschien 1622 ein in Bremen bei Johann Wesell gedrucktes „Italiänisch Buch
halten“, das sich völlig von dem vorigen unterscheidet.

Sowohl der theoretische als auch der praktische Teil scheinen selbständige
Arbeiten zu sein. Im Gegensatz zu früheren Schriftstellern gibt Wesselow auch
das Memorial mit. Der erste Posten lautet hier:

Gekauft von H. Herman Müller und habe es bar bezahlt:

1 Ball Wachs, tut 896 ℔ Tara 4 vom Hundert, Rest 860⁴/₂₅ ℔
à m. 70.— . . . . m. 602. 1. 10

Im Journal findet sich dann folgende Formierung:

Per Wachs an Kasse m. 602. 1. 10, welches ich von H. Hermann
Müller gekauft und kontant zahlt.

1 Ball Wachs wiegt 930 ℔ ²), Tara 4 p. cento, Restiert noch 900 ℔
à m. 66. 14. 8 . . . . m. 602. 1. 10

Das Hauptbuch führt hier die Bezeichnung „Großbuch“ und enthält die
üblichen Konten, jedoch mit der Abweichung, daß es in der Überschrift heißt
links: „ist Debitor“, und rechts: „ist Kreditor“.

---

¹) = Unser Lieben Frauen.
²) Exemplar in meinem Besitze.
³) Gewicht und Einzelpreis weichen also vom Memorial ab.

Völlig unter dem Einflusse Neudörfers steht wieder „Die Gülden Schul von Instruktion vnd Vnterrichtung des Italiänischen Buchhaltens [1]", die 1639 von dem Hamburger Magnus Kumans [2]), Schreib- und Rechenmeister an den Schulen St. Nikolai, herausgegeben wurde.

Der 1. Teil dieses Buches ist mit wenigen Änderungen eine Wiedergabe der Neudörferschen Handschrift. Bei Erklärung des Journals gibt Kumans noch einen besonderen Vergleich.

Der 2. Teil enthält „100 Fragen vnd Beantwortung, daraus die Debitores vnd Kreditores bald zu erkennen". Kumans gibt also keinen durchgeführten Geschäftsgang, sondern nur Beispiele, und zwar handeln die einzelnen Fragen über Kontantgelder, Properhandlung, Lieferung, Interesse und Rabatt, Rentengelder, ausländischen Handel, Assekuranz, Bodmerei, Schulden, Wechsel, Assignation, Unkosten und Bank.

An den Hamburger Goessens erinnert die „Schöne Forma des Buchhaltens, nach rechter Italianischer Arth vnnd Weise, künstlich zusammen verfasset vnnd gestellet, auff den Preußchen Handel durch Ambrosium Lerice, Genovensem. Gedruckt zu Dantzigä bei Wilhelm Willemoth Im Jahre 1606." Es ist ein dickes, großes Buch [3]), 19 cm breit und 32½ cm hoch, und besteht aus zwei Teilen, von denen der erste 57, der zweite 68 Blätter umfaßt.

Das Buch beginnt mit zwei Vorreden; die eine ist an den Rat von Danzig, die andere an den „bescheidenen" Leser gerichtet. Aus ihnen geht hervor, daß Lerice aus Genua stammt, aber seit langer Zeit (seit 1565) in Danzig wohnt. Er weist hin auf Lehrbücher, „deren zu Hamburg [4]) vnd Ambsterdam sein gedruckt worden", die aber für den Anfänger zu unklar sind. Als wichtigstes Buch stellt er das Warenbuch hin, das unserem Warenskontro entspricht. Das Warenbuch oder Kapus kannte man zwar in Deutschland schon ziemlich 100 Jahre [5]), trotzdem ist nach seiner Behauptung „solche Weise, den Waren sonderlich Buch zu halten in sonderlichen Rechnungen, in diesem Lande nie gebräuchlich, noch niemals von niemand gelehrt worden". Doch sei davon wenigstens eine Probe gegeben:

Laus Deo Adi 2. Januari 1606.

Weizen zu backen, Last à fl 69, gekauft vom Lambrecht Graudock,
    zu zahlen bar, liegend auf dem Fuchsspeicher, auf 2 Treppen   Last 60. —

Noch adi 8. ditto Last 25 Scheffel 20 à fl 66 jede Last, gekauft
    von Peter Konroffky, zu zahlen den dritten Teil bar, und einen
    dritten Teil auf medio Februar und den Rest auf primo April,
    liegend auf dem Bahren Speicher auf 1 Treppe . . . . .   Last 25.20

Ist Übermaß .   . . .   —,40
                                                    ——————————
                                        Summa   Last 86. —

¹) Exemplar in Königsberg.
²) Kußmann war 1598 geboren, wurde 1619 Lehrer an St. Nikolai; er starb 1656.
³) Exemplar in Danzig.
⁴) Gemeint ist offenbar Goessens, dem er auch einige Gedichte wörtlich entlehnt hat.
⁵) Vgl. Matthäus Schwarz. 1518.

(Rechts.)

Von diesem gegenüber geschriebenen Weizen sind verkauft
Last 54 à fl 75 jede Last, an Jan Diedrichsen, zu zahlen bar;
geliefert vom Fuchsspeicher . . . . Last 54. —
Noch adi 12. ditto Last 20 à fl 78.15 jede Last, an Jan von Harlem,
zu zahlen fl 1000 bar und den Rest auf primo April; geliefert
vom Bahren Speicher . . . . Last 20. —
Noch adi 18. ditto Last 12 à fl 75 jede Last, an Peter von Harlem
und gestützt[1]) gegen Last 12 Heringe voll Gut à fl 75 jede
Last, geliefert vom Fuchsspeicher . . . . Last 12. —

Summa Last 86. —

Das Journal beginnt mit folgenden Einträgen (schriftgetreu):

C/assa is schuldig für fl 8560. Welche ich N. N. eingelecht habe
in Cassa zu handeln / Creditor mein Capital[2]) . . . . . . fl 8560

R/ogge is schuldig vor Last 50 à fl 32 jeder Last: Gekauft von
Stanißlauß Patzinsky / bahr bezahlet. / Creditor Cassa . . . . fl 1600

Lerice zeigt sich in seinem Buche als äußerst geschickter Lehrer. Er gibt
einen „Fall" über den Monat Januar. Um aber die Bilanz recht üben zu
können, macht er bereits am 23. Januar einen Abschluß. Damit er glatte Rechnung erhält, werden von diesem Tage ab 1. die übriggebliebenen Waren gegen
bar verkauft, 2. die Kreditoren zum Empfange ihrer Zahlung an die Debitoren
verwiesen, 3. die Kreditoren vor der Zeit durch Skontoabzug („abkürtzen die
interes") bezahlt. So enthält die nächste Bilanz vom 2. Februar nur drei
Posten, links den Kassenbestand und rechts das Kapital und den Gewinn und
Verlust.

Die Konten haben noch keine Überschrift, sondern der erste Buchstabe ist
hervorgehoben; links heißt es: ist schuldig, rechts: muß haben.

Wie Goessens, so war auch Lerice Ausländer, und daher ist die sprachliche
Darstellung in seinem Werke etwas unklar und weitschweifig. Goessens scheint
ihm auch in der äußeren Anlage als Vorbild gedient zu haben. So verwundern
ist, daß sich Lerice nicht an das vortreffliche Buch seines Mitbürgers Gammersfelder gehalten hat, den er durchaus nicht erreicht. Beachtenswert ist aber sein
Buch in methodischer Hinsicht.

Fast um dieselbe Zeit erschien auch in Süddeutschland ein größeres Buch-
haltungswerk, die „Kurtze doch gründliche vnd aigentliche beschreibung eines
Ordentlichen rechten Buchhaltens[3]) . . ." durch Nikolaus Wolf. Gedruckt zu
Nürnberg durch Paul Kauffmann. Anno 1610."

Wolfs Werk erinnert in seinem theoretischen Teile vielfach an Gottlieb und
Neudörfer. Er verlangt vier Bücher: Das tägliche Handbuch oder Haberbuch,
das Journal, das Schuldbuch und das Kapus oder Güterbuch. Aus dem Journal will ich zur Probe einige Posten von dem Abschluß Ende Dezember geben.

---

[1]) Gestochen, getauscht.
[2]) Diese Bildung des Journalpostens: Debitor, Schuldgrund, Kreditor begründet
Lerice ausführlich in seinem Vorwort.
[3]) Abdruck in Nürnberg.

Rechnungskonto soll fl 977. 10. 9 // an nachbeschriebene 4 Unkosten Konten, ist bei Beschluß dieser Rechnung No. 1 in allem Unkosten zahlt worden laut Schuldbuch, wird zur Saldierung derselben Konten hiermit in Kredit und dem Rechnungskonto in Debit geschrieben.

Haushalt Unkosten, in allem ausgegeben	276	10	6
Kleine Unkosten, hat bis dato mein Diener ausgegeben und verrechnet laut desselben Unkostbüchleins	14	1	6
Verlust an Geldkonto, ist bis dato an Laso zahlt und verloren	239	—	—
Handels Unkosten, ist in allem bei dieser Rechnung ausgegeben worden.	447	18	9
Summa ganzer Unkosten	977	10	9

Rechnungskonto soll fl 1712. 19. 11 // an nachbeschriebene Waren, ist um verblieben bei Beschluß dieser Rechnung Nr. 1 an Waren allhier unverkauft in Vorrat, die werden p. Saldo und zur Beschließung dieser angeschlagen was allher kosten, hiermit demselben in Kredit und auf neue Rechnung gebracht, die haben gewogen wie folgt:

1 Fardel lang Kanel, wiegt sp. ♎ 27, tar. 1 ♎, resten netto ♎ 26 a ß. 19½ das ♎, tut	25	7	
usw.	—	—	—
Summa aller restierenden Waren	1712	19	11

usw.

Im Hauptbuch erhält das Rechnungskonto daher folgende Gestalt:

Soll geben		Soll haben	
An 4 Unkostenkonten . .	977. 10. 9	Für 5 Kreditoren . . .	13856. 13. 4
An Warenkonto	1712. 19. 11	Für 16 Warenkonten .	1608. 15. 2
An 23 Debitoren	12774. 13. 10		15465. 8. 6
An Nelkenkonto (= Abgang)	—. 4. —		
	15465. 8. 6		

Dieses Konto enthält also links die Aktiven (Waren und Außenstände) und die Unkosten, rechts die Schulden (fl 2648. 13. 10), das Kapital (fl 11 207. 19. 6) und den Rohgewinn, verbindet also Bilanzkonto und Gewinn- und Verlust-konto. Den Schritt zur klaren Scheidung in Kapital-, Bilanz- und Gewinn- und Verlustkonto hatte also Wolf noch nicht getan, zum Nachteil seiner sonst guten Darstellung. Um sicher zu gehen, stellt er folgende Probe auf:

An 23 übergebene Debi-		An 5 Kreditoren über-	
toren . . . . . fl 12774. 13. 10		nommen . . . . . fl 13856. 13. 4
An Waren restieren . „ 1712 19. 11		An Nutzung bei Rech-	
		nung No. 1. . . . „ 631. —. 5
fl 14487. 13. 9		fl 14487. 13. 9

Überhaupt sucht er viel durch Proben zu ermitteln. So stellt er z. B. Probebilanzen auf, und zwar schon als Verkehrsbilanzen; besonders beachtens-wert ist aber seine „Summarische Beschluß Bilanz aller erkauften, verkauften und restierenden Waren, auch den Ab- und Zugang derselben und ganzer Beschluß bei der Rechnung No. 1," die ich auszugsweise geben will.

Kapus		Kauf aller Waren					Verkauf aller Waren					Restieren der Waren					Abgang der Waren				Zugang und Nutzen			
		Stück		ℳ	ß	₰	Stück		ℳ	ß	₰	Stück		ℳ	ß	₰		ℳ	ß	₰		ℳ	ß	₰
Pfefferkonto ac.	47	Sack 2	404	229	5	4	Sack 2	405	249	6	8							—	—	—		1	19	11	4
Nelken	47	„ 1	91	131	19	—	1	93	131	15	—							—	4	—		2	—	—	—
usw.							usw.					usw.												
Säcke		69					Sack 69					—												
Hüte		817					H. 597					H. 220												
Scheiben		58					Sch. 54					Sch. 4												
Fässer		6					F. 6					F. —												
Fardel		4					F. 3					F. 1												
Dutzend		10					D. 9					D. 1												
Stücke		414					St. 349					St. 65												
In Summa		1378	24932	11239	5	1	1087	23207	11134	16	4	291	1923	1712	19	11	29	—	4	—	228	1608	15	2
Abgezogen Unkosten samt 4 ß																						977	14	9
Also verbleibt Gewinn																						631	—	5

Der bekannteste Schriftsteller über Buchhaltung des 17. Jahrhunderts war jedoch der Hamburger Passatius Hager.

Hager war 1584 zu Frankenberg (Sachsen) geboren und 1610 nach Hamburg gekommen, wo er im Jahre 1657 starb. Von Jugend an hatte er bei vornehmen Handelsleuten gedient und 1621 einen „Prodroman", worinnen eine kurze Instruction und Unterricht des Buchhaltens" verfaßt. Sein Hauptwerk erschien im Jahre 1624 unter dem Titel: „Buchhalten über Proper, Commissionen und Compagnia Handlungen."[1] Das Titelbild zeigt eine Abbildung der Hamburger Börse.

In der Vorrede an den günstigen Leser spricht Hager über die Erfindung, den Nutzen und die Erlernung des Buchhaltens.

Dann folgt die „General-Erklärung und Unterricht alles Buchhaltens", die vielen Nachsahmern als Vorbild gedient hat. Dadurch, daß am Rande jedes Blattes die Hauptsachen in kurzen Worten (Stichworten) angegeben sind, wird das Ganze sehr übersichtlich. Hager unterscheidet drei Handlungen: Proper, Kommissionen und Kompagnie. Dabei verlangt er drei Bücher: Memorial, Journal und Kapital, Haupt- oder Schuldbuch, die er nun bespricht, wobei er wichtige Erklärungen in eine „Observanz" kleidet. Die Kenntnisse, die er von einem richtigen Buchhalter verlangt, ergeben sich aus folgenden Stichworten: 1. Inventarium. 2. Debitoren und Kreditoren. 3. Übertragen, 4. Salbieren, 5. Balanzieren, 6. Korrigieren.

Diese sechs Punkte werden nun näher besprochen. Beim Inventar ist die ausführliche Aufzeichnung der Kasse, der Güter,

[1] Abdrücke in Hamburg, Nürnberg.

der Schulden und Gegenschulden zu „observieren". Bei dem zweiten Punkte (Debitoren und Kreditoren) gibt Hager drei Generalregeln: 1. Alle Empfänge oder Einnahmen sind Debitoren, alle Ausgaben oder Weglieferungen sind Kreditoren; 2. alle Einnehmer oder Käufer sind Debitoren, alle Ausgeber oder Verkäufer sind Kreditoren; 3. alles, daran gewonnen wird, sind Debitoren, alles, daran verloren wird, sind Kreditoren. In drei „General-Observanzen" wird dies nun auf die Kasse, die Güter und die Personen angewendet. Nachdem die sechs Punkte erläutert worden sind, kommt Hager nochmals auf die oben erwähnten drei Generalregeln zurück und wendet sie auf die verschiedensten Geschäftsvorfälle an. Dabei gibt er neben den Observanzen sogar noch „Observänzlein". Davon wenigstens ein Beispiel:

Erste Observanz.
Vom Ein- und Verkaufen pro Kontant.
1. Als man pro kontant einkauft?
   Dasjenige, so man empfängt, Debet an Kasse.
2. Als man pro kontant verkauft?
   Kassa Debet an dasjenige, so man verkauft hat.

Observänzlein.
Wann aber die Zahlungen nicht alsbald erfolgen, sondern etwa Verzug „causiert" wird, so kann man die Käufer Debet, die Verkäufer aber Kredit bis zur Zahlung stellen oder sich eines Konto pro Diverse oder Reskonter-Buchs „Compendiosè gebrauchen.

Diese Anwendung erfolgt zunächst auf die möglichen Vorfälle des Properhandels (Bar- oder Zielkauf, Interesse, belegte Gelder, ausländische Negotien, ausländische Messen, Assekuranzen, Bodmereien, Wechseln, Schulden, Bank, Assignieren und Reskontrieren, Unkosten) sodann des Kommissions- und des Kompagniehandels. Die Erklärungen erfolgen nicht an frischen, lebenswahren Beispielen, sondern immer in völlig abstrakten Sätzen und endlosen Regeln, so daß man herzlich froh ist, wenn man die 23 Seiten „General-Erklärung" hinter sich hat. Die von Hager hier angewendete und von seinen Nachahmern übernommene Art der Einführung in die Buchhaltung ist entschieden ein Rückschritt, denn sie reicht nicht heran an die anschauliche Form der Buchhaltungslehrer des 16. Jahrhunderts.

Der praktische Teil der Hagerschen Buchhaltung beginnt mit dem Sekret- oder Geheimbuche, das das Inventarium enthält, und zwar in folgender Kontenform:

(Links.)	(Rechts.)
An Barschaft vermöge Kassen-	Hiergegen ist zu zahlen, als
buch fol. 7 . . . . . 1705. 10. 7	an 121. 10. 7
An Gütern, als . . . . . 86. 10. –	Per Saldo beträgt das Netto
An Schulden, als 34. 7. 1	meines Kapitals . . . 1704. 17. 1
1826. 7. 8	L 1826. 7. 8

Das Memorial verzeichnet zunächst Geschäftsfälle aus der Properhandlung (Ein- und Verkauf, Lieferung, Interesse und Rente, ausländische Negotien, Schiffsparten, Banko, Wechsel, verfallene Schulden, Assignieren und Reskontrieren, Salbieren und Bilanzieren), sowie der Kommissions- und der Kompagniehandlung. Dann folgen Journal und Hauptbuch.

Von Nebenbüchern stellt Hager das Kalkulaturbuch, das Kassenbuch, Unkostenbuch, Monatsverfallbuch, Reskontrobuch, Saldier- und Balanzierbuch, Fakturenbuch und Kopierbuch dar, die aber trotz seiner Versicherung nichts wesentlich Neues bringen.

Hagers Werk erlebte verschiedene Auflagen und ist fast von allen nach-
folgenden Buchhaltungs-Schriftstellern des 17. Jahrhunderts stark benutzt worden.
Neben dem umfangreichen Werke von 1624 gab er 1654 noch die „Schatzkammer
Italienischen Buchhaltens" heraus, die wenigstens ein handliches Format besaß (18 cm breit, 11 cm hoch). Dieses Buch beginnt ebenfalls mit einer
„General-Instruktion", die wörtlich dem vorigen Buche entlehnt ist. Dann
folgt das Memorial über eine Proprehandlung. Dabei stehen die Überschriften
nicht mehr über den einzelnen Posten, sondern sind in einem Inhaltsverzeichnis
zusammengestellt, wodurch die Übersichtlichkeit gewinnt. Dann folgen Journal
und Hauptbuch. Der Abschluß weicht insofern ab, als Gewinn- und Verlustkonto und Kapitalkonto zu einem einzigen Konto, dem „Handelskonto" ver-
schmolzen sind. Ebenso werden noch Fälle aus dem Kommissions- und dem
Kompagniehandel verbucht. Der 2. Teil des Buches behandelt das kaufmännische
Rechnen.

„Uns hat Supplicando gebührend zu vernehmen gegeben, welcher Gestalt
für ungefähr 60 Jahren von dem sel. Christoph Achatio Hager ein zu der Zeit
sehr nützliches Buchhaltens Werk herausgegeben. Weil aber notariè, daß sie-
ther der Zeit die Handlung sehr variiert, auch in der Münze eine große Difference
sich eräuget . . ." Mit diesen Worten begründete im Jahre 1682 der Hamburger
Rat die Erteilung des Privilegs an den Buchhalter Joachim Rademann[1]) für
dessen „Neues zur itzigen Kauf- und Handlung sehr nütz- und dienliches Buchhaltens Werk . . ." In seiner Vorrede weist Rademann selbst auf Hager hin
und beklagt sich, daß etliche liederliche Schulgesellen dessen Werk von 1624
„ohne judicio und ferneres Nachsinnen" gebrauchen.

Rademann verzichtet auf lange theoretische Einleitungen, verweist vielmehr bei der Unterscheidung zwischen Debitor und Kreditor auf die Werke
von Hager und Gebhardt Overheiden. Er führt die bekannten drei Bücher:
Memorial,. Journal und Kapital-, Haupt- oder Schuldbuch. Von den Nebenbüchern tritt das „Portbuch von Briefen", also unser Portokassenbuch, neu
auf. Im Memorial folgt Rademann seinem Vorbilde Hager, ist aber wesentlich
ausführlicher, umfaßt doch das Memorial allein 87 Seiten. Dementsprechend
ist auch das Journal gehalten. Das Hauptbuch beginnt mit „Bilanz und Kapitalkonto":

		Bilanz Debet					Bilanz Kredit	
1682					1682			
Dez.	31	An 29 Kreditoren	110938. 7. 6		Dez.	31	Per 19 Debitoren	110938. 7. 6

		Kapital Debet						Kapital Kredit		
Jan.	2	An 10 Kreditoren	10	29928. 7. —	Jan.	2	Per Kasse . .	1	18000. —. —
Dez.	31	„ Bilanz, restiert	50	64000. 2. —	„	„	„ Banko . .	3	8500. —. —
					„	„	• Haus und		
							Brauerbe	4	38000. —. —
					„	„	„ 5 Debitoren	5	18051. 7. —
					„	„	„ 9 Debitoren	8	7377. —. —
					„	30	„ Gewinn- und		
							Verlustkonto	20	4000. 2. —
		Summe		93928. 9. —			Summe		93928. 9. —

---

[1]) Abdruck in Hamburg.

An den folgenden Sachkonten fällt besonders die große Zahl auf, eine nähere Betrachtung zeigt jedoch, wie außerordentlich fein und geschickt die Kontierung durchgeführt ist, so daß Rademanns Werk als vorzüglich bezeichnet werden muß.

Im Jahre 1714 erweiterte Rademann sein Werk, indem er einen drei jährigen Geschäftsgang durchführte. „Der wertgeschätzte Handelsmann, an weisend, wie eine dreijährige Generalhandlung, welche sowohl inn als außerhalb, zu Wasser und zu Lande, Proper, in Commission und Compagnie geführt worden, in ein richtiges Memorial zu beschreiben, aus solchem ins Journal, Hauptbuch und andre Nebenbücher einzutragen, zu stylisieren, zu saldieren und zu balanßieren sei", ist daher auch ein ungeheurer Wälzer geworden, der als Lehrbuch seinen Zweck wohl schwerlich erreicht haben wird.

Im wohltuenden Gegensatz dazu stehen Rademanns 1698 herausgegebenen „Buchhaltens Übungen", die nur 36 Seiten umfassen. Sie wollen nur der Übung dienen und stellen so den ersten gedruckten „Geschäftsgang" dar. Rade mann behandelt darin nur die schwierigen Fälle, und zwar

1. Generalhandlung, so ein junger Kaufmann angefangen und ordentlich continuiert worden;

2. eine auf Lissabon furnierte Kompagnie-Handlung;

3. Schiffs-Reederei;

4. Verwaltende Vormundschaft.

Rademann gibt nur die zu verbuchenden Geschäftsvorfälle und als Lösung die Schlußbilanz oder das Fazit. Wer jedoch die Aufgaben nicht lösen kann, dem will er gegen „gebührliche" Entschädigung helfen.

Wie Rademann, so begründete auch Hermling die Herausgabe seines Werkes damit, daß sich viele „in des Sel. Herrn Chr. Achatii Hagers und andern allbereit zur Genüge ausgegangenen Bücher vom Buchhalten nicht wohl finden könnten", da sie veraltet und mit viel unnötigen Exempeln und verworrenen Posten angefüllt sind. Deshalb beschränkte der Danziger Kaufmann und Buchhalter Paul Hermling in seinem 1685 erschienenen Buche: „Vollkommenes Buchhalten[1])" usw. die theoretische Erklärung des Buch haltens auf 6 Seiten. Ebenso nehmen das Memorial nur 19, das Journal 16 Seiten ein, und man kann nur sagen, daß die Übersichtlichkeit und Klarheit dadurch gewonnen haben. Der Abschluß erfolgt in der heute üblichen Form. — Am Ende des Memorials befindet sich die Inventur, und das Hauptbuch enthält die Konten: Kapital, Bilanz und Gewinn und Verlust.

Damit hätte der Verfasser sein Buch beenden können. Aber er gibt noch 17 Seiten Kalkulationstabellen, die jedem Rechenbuche unserer Tage Ehre machen würden, sodann den „Entwurff und Beschreibung der Kauffmann schafft . . . in Frage und Antwort gestellt und hierbevor außgegeben von Martin Wagner". Hermling begründet die Aufnahme dieser beiden Abschnitte damit, daß diese Tabellen für Danzig sehr nötig und nützlich sind und daß das Wagnersche Werk sehr selten geworden ist. Die Beschreibung der Kaufmann schaft ist ein Lehrbuch über Handelswissenschaft, das auch Abschnitte über Buch haltung enthält, nämlich 13 Fragen über den Nutzen der Buchhaltung, 5 über

---

[1]) Abdrücke in Danzig, Mainz und München.

die fürstliche[1]) Buchhaltung und 1 über Bilanz. Dann folgen 41(!) Seiten Erklärungen von Fremdwörtern, die nur zum Teil kaufmännisch sind (3. B. Duell). Den Beschluß bilden 60 „Güldene Lehren und Kaufmannsregeln". Für die Buchhaltung kommen folgende in Betracht:

39. Schreibe ein, ehe du ausgibst, und nimm ein, ehe du aufschreibst.

40. Lege dich nicht zur Ruhe, bevor du die Handlung desselben ganzen Tages in die Bücher aufgezeichnet hast. Und was du einschreibst, das sei lauter, klar, verständlich, richtig und sauber eingetragen.

42. Schließe des Jahres einmal eine richtige Bilanz, so kannst du allezeit bald wissen, wie dein Handel steht.

44: Hast du einen guten Buchhalter oder treuen Diener, so deiner Manier schon gewohnt ist, so laß denselbigen nicht leichtlich fahren. Siehe ein größeres Salarium nicht an, denn ein anderer wird dir doppelt soviel kosten ehe er ins Geschick kommt.

Diese Anhänge bilden die Hälfte des Buches, sie sind zwar gut, hätten aber wegbleiben können, ohne den wirklichen Wert des Hermlingschen Buches zu vermindern.

Zu den Nachahmern Hagers gehörte sodann Schurtz, der im Jahre 1662 eine „General Instruction der Arithmetischen und Politischen Kunst der hochlöblichen Wissenschaft der Kauff- und Handelsleute des Buchhaltens[2])" herausgab.

Georg Nikolaus S c h u r tz war, wie er selbst sagt, seit 1629 praktischer Buchhalter in Nürnberg. So erklärt es sich auch, daß sein Buch starke Einschläge aus den alten Nürnberger Werken, wie Neudörfer und Wolf enthält.

Dies zeigt schon seine Erklärung der Frage: „Was ist Buchhalten?" Auch die nächsten Ausführungen über die Frage, wie sich ein Buchhalter verhalten solle, zeigen verwandte Klänge, und der folgende Abschnitt über den Ursprung und die Erfindung des Buchhaltens ist zum größeren Teile wörtlich von Hager entlehnt. Nachdem Schurtz noch 29 Kaufmannsregeln, die mit der Buchhaltung gar nichts zu tun haben, gegeben hat, beschreibt er die einzelnen Bücher. Auch er verlangt Memorial, Journal und Hauptbuch, sowie 11 Nebenbücher. Die Bildung der Journalposten erfolgt nach Altnürnberger Vorbild (8 Wörtlein), dann aber wendet er sich wieder Hager zu und schreibt diesen seitenlang wörtlich ab. Ab und zu kommen auch einige selbständige Abschnitte vor, so z. B. die gar nicht üble Abhandlung vom Wechsel.

---

[1]) Die 5 Fragen über die fürstliche (= kameralistische) Buchhaltung erörtern insbesondere die Anwendung der doppelten Buchhaltung in der Staatsverwaltung und sollen daher auszugsweise hier wiedergegeben werden:

1. Können denn auch fürstliche und großer Herren Landes-Intraden und Einkommen unter der Form und nach Art und Weise des sogenannten italienischen Buchhaltens füglich berechnet und zu Buche gestellt werden? (Ja.)

2. Ist denn diese Art Buch zu halten nützlicher und besser als diejenige, die bisher die fürstlichen Rent- und Kammermeister gebraucht haben? (Ja.)

3. Ist es auch nützlich, daß ein Fürst sein ganzes Vermögen . . . wisse? (Ja.)

4. Kann ein Fürst sein fürstliches Vermögen füglicher und eher durch das italienische Buchhalten als auf gemeine rentmeisterische Rechnungsart und -weise erfahren? (Wird die Praxis zeigen.)

5. Wie und in welcher Gestalt kann denn solches italienische Buchhalten bei einer fürstlichen Ökonomie und Hofstaat werkstellig gemacht werden? (Wird jedoch nicht gezeigt.)

[2]) Abdrücke in Greifswald, Hamburg, München, Nürnberg.

Nach 74 Seiten Erklärung erfolgt endlich die Verbuchung eines „Falles" im Journal und Hauptbuch.

Das Journal beginnt am 1. Mai mit dem Eintrag der Aktiven und Passiven:

| 1 | Kassen-Konto soll fl 1768.5.8 an Geheimbuchkonto, wie ac. 1 zu | |
| 2 | ersehen, und befindet sich bei Anfang dieser meiner Handlung an barem Gelde vorhanden, besage der Specification im Kassenbuch ac 1 die Summe | fl 1768.5.8 |

Don Bedeutung ist dabei die Buchung des Grundstücks und des Hausrats:

Geheimbuch Konto soll fl 5202.9. — an Geheimbuch Konto ac 1. vermöge des Kaufbriefes über meine Behausung und Spezifikation meines taxierten Hausrats und Fahrnis usw., wird solches dem Geheimbuch hiermit als ein Kapital auch einverleibt, wie in demselben ac 1 und 2 mit mehreren zu ersehen, beträgt fl 5202.9.—

Dazu gibt Schurtz folgende Erklärung: Gegenüberstehende Post ist also geführt worden, um besseren Berichts willen, es ist aber dabei zu wissen, daß die liegenden Güter und Fahrnis zwar gehören zum Kapital, aber nicht als ein Debitor in dem Schuldbuche stehen zu bleiben.

Daher findet sich dieser Posten im Geheimbuchkonto auf beiden Seiten:

	Geheimbuchkonto Soll			Geheimbuchkonto Soll haben	
2. Mai	an 5 Kreditoren . fl 1029.10.3		1. Mai	an Kasse . . . fl 1768.5.8	
detto	an Geheimbuch-			an Gewölbekonto „ 1335.2.—	
	konto . . . . 5202.9.—			an 7 Debitoren . „ 1716.11.8	
ult.April	an Haushaltungs-			an 5 Debitoren . „ 1883.—.10	
	unkosten . . „ 325.10.—			an Geheimbuch-	
detto	an Neu Schuld-			konto . . . „ 5202.9.—	
	buch Lit. B . „ 6753.2.9		ult.April	an Gewinn u. Verlust . . . . „ 1905.2.10	
	Summe fl 13310.12.—			Summe fl 13310.12.—	

Das Geheimbuchkonto ist also weiter nichts als das Kapitalkonto.

Für eine Reihe von Monaten stellt Schurtz auch die Probebilanz auf, sowie Ende April ein Inventarium aller vorhandenen Waren.

Dem Hauptbuch folgt das „Capus Lit. A". Hier findet sich das Gewölbkonto, das Zuckerkonto u. a. Der Druck gerade dieses Buches unterscheidet sich vorteilhaft von dem „Augenpulver" unserer Tage, namentlich die Kontenüberschriften sind groß und kräftig gedruckt. Zum Schluß folgen nochmals Übungen zur besseren Unterscheidung von Schuldner und Gläubiger.

Im Jahre 1682 erschien dann im gleichen Verlage ein „Kurtz gegründeter Unterricht oder Bequeme Einleitung in Georg Nicolaus Schurtzens General-Instruktion des Buchhaltens" von Willibald Lindner[1]). Dieses kleine Werk (es enthält aber trotzdem 60 Blätter im gleichen Format wie das von Schurtz) soll als Einleitung in das größere Werk von Schurtz dienen. Der Name Schurtz ist wohl bloß zur Reklame benutzt worden, denn inhaltlich haben beide Werke nichts miteinander gemein. Lindner widmet dem theoretischen Teile nur acht Seiten, dann wendet er sich dem praktischen Beispiele zu. Er führt Journal, Schuldbuch und das Werenskontro. Irgendwelche Bedeutung kommt dem Buche nicht zu.

---

¹) Abdruck in München.

Nach Schurtzens Tode wurde sein Werk 1695 neu herausgegeben unter dem Titel: „Nutzbare Richtschnur der Löblichen Kauffmannschafft. Das ist: Neu-vermehrt-vollkommenes Buchhalten[1] usw."

Durch die Vermehrung entstand ein richtiger Wälzer (32 cm hoch, 20 cm breit und 4 cm dick). Das Buch beginnt mit den „Erinnerungsregeln", die sich schon in der früheren Auflage befanden, aber diesmal durch den Kaiserlichen Poeten Michael Schirmer in ein sechs Seiten langes Gedicht gebracht worden sind. Da heißt es u. a.

„Du sollst des Jahres einmal die Rechnung richtig schließen,
Und was du schreibest ein, laß dich noch nicht verdrießen.
Noch eins zu übersehen: Die Klügsten fehlen auch:
Drum halt die Bilanz in acht und stetem Brauch."

Der theoretische Teil umfaßt die Kleinigkeit von 155 Seiten. Er ist an vielen Stellen eine Wiederholung des Werkes von 1662, aber auch die inzwischen erschienenen Werke von Rademann und Hermling sind reichlich benutzt worden. In 87 Fragen werden die drei Hagerschen General-Observanzen erklärt, und zwar — darin besteht der Fortschritt — an kurzen, praktischen Beispielen. Daran schließt sich eine Abhandlung: „Von den Commercien insgemein." Diese findet sich auch bei Hermling, der als ihren Verfasser Martin Wagner bezeichnet. In dem Schurtzschen Werke wird diese Abhandlung mit geringen Veränderungen wörtlich abgedruckt und durch die Einfügung einiger Wechsel-ordnungen vermehrt. Darauf wird die Wechselarbitrage behandelt, und zwar von Seite 78 bis 130, wahrscheinlich um das ohnehin umfangreiche Buch noch zu erweitern und zu verteuern. Dann werden auf verschiedenen Seiten die Münzsorten verglichen, die Wechselkurse der einzelnen Plätze erklärt, die Ver-fallzeiten der Wechsel oder der „Uso" angegeben und die Gewichte verglichen. So sind in ein Buchhaltungswerk Dinge hereingebracht worden, die durchaus nicht hineingehören.

Hat man sich durch das alles glücklich hindurchgearbeitet, so gelangt man endlich an den praktischen Fall. Das Memorial umfaßt allein 72 Seiten, das Journal sogar 90.

Am Ende des Journals wird der Abschluß in verschiedener Form gezeigt, und zwar zunächst für den Fall, daß die Bücher voll geschrieben sind und neue begonnen werden müssen.

Wenn aber bei gewöhnlicher Handelsinventur oder Jahresrechnung in den alten Büchern die Konten vorgetragen werden, kann es auf folgende Weise geschehen, nämlich: 1. Die Debitoren:

Hernach folgende 22 Debitoren neues Konto soll :/: an ihre alten Konten fl 27646.3.—. Um werden bei Beschließung der Jahresrechnung ihre alten Konten saldiert und das restierende Debitum vorgetragen, als . —

Oder:

Kapitalkonto soll:/: an 22 Kreditoren fl 27646.3.—. Um werden die in der Bilanz befindenden Debitoren zur Beschließung der Jahresrechnung per Saldo ihrer Konten an das Hauptkonto getragen als . .

usw.

Sodann gibt Schurtz vier Probebilanzen (Ende Juni, September, Dezember und Februar), für Ende Februar außerdem noch die Inventurbilanz. Beide Bilanzen für den 28. Februar seien hier gekürzt dargestellt.

---

[1] Abdrücke in Berlin, Göttingen, Königsberg, München.

Bilanz vor der Inventur.

Debitoren				Kreditoren			
Pfefferkonto	840	18	11	Kapitalkonto	9552	17	7
Lorbeerkonto	30	6	5	Gewölbkonto	97	8	3
Frankf. Meßkonto . .	238	17	6	Wachskonto	95	4	4
Warenkonto	1130	9	6	Buratkonto	12	10	—
Haush. Unkostenkonto .	240	—	—	Damastkonto	127	10	—
Seidenkonto	443	10	—	Quinetkonto	35	5	—
usw.				usw.			
	24903	10	3		24903	10	3

Schlußbilanz nach der Inventur.

Debitoren				Kreditoren			
Gewölbkonto	592	10	—	Kapitalkonto	19197	10	5
Konraschkonto	234	—	—	Hans Willibald . . .	913	10	—
Leinwandkonto	565	—	—	Hans Übelgrün . . .	208	—	—
Pfefferkonto	972	9	—	Abrah. Gebert	288	—	—
Frankf. Meßkonto . .	238	17	6	Gerh. Gerson	111	16	3
Warenkonto	1139	9	6	Mich. Handmann . . .	759	7	6
usw.				usw.			
	27646	3	—		27646	3	—

Hätte der Verfasser noch eine Spalte für Gewinne und Verluste hinzugefügt, so hätte er das erhalten, was wir heute vielfach als Schärfsche[1]) Bilanztabelle bezeichnen.

An die zuletzt aufgezählten Werke wird man lebhaft erinnert beim Durchlesen des „Opus Tripartitum der Buchhaltung . . .", zum 3. Male vermehrt
und verbessert durch Antonio Gioseppe Martegiani è Compagn. Mainz,
Christoph Küchler 1690[2]).

Die „General-Erklärung des Buchhaltens", mit der das Buch beginnt,
stammt von Hager, der Abschnitt: „Kurze und grundrichtige Handleitung zur
edlen Kaufmannschaft" ist eine Umwandlung der Neudörfer-Brinnerschen Verse
in Prosa. Die nun folgenden „Güldnen Lehren vor alle neu angehenden Han-
dels- und Kaufleute" sind die Wagnerschen Regeln, die uns schon bei Schurtz
und Hermling begegnet sind. Den Beschluß bildet eine Erklärung der Fremdwörter. Aus drei Büchern hat also der edle Gioseppe ein viertes verfertigt,
was ja in der Buchhaltungsliteratur so manchmal beobachtet werden kann.

Selbständiger scheint der Frankfurter Rechenmeister Nikolaus Beusser in
seinem „Neu Vollkommenes Buchhalten über Propre-, Commissions-, Compagnie
Handlungen[3]) . . ." vom Jahre 1669 vorgegangen zu sein. Hier heißt es auf
Seite 6: „Als man anfähet Buch zu halten für sich selbsten oder zu Propre-
handlungen, so macht man erstlich das Inventarium, welches besteht in Geld,
Gut, Schuld und Gegenschulden, und wird debitiert als folgt:

Alle { von denen ich { zu fordern, { Debet, an { Kapital oder den
      { die von mir { heißen   { Kredit, per { Patron des Handels.

---

1) Zuerst wurde die Bilanztabelle jedoch von Joseph Obenthal angewendet, vgl.
dazu dessen Lehrbuch der doppelten Buchhaltung. Leipzig 1886.
2) Abdruck in Wolfenbüttel.
3) Abdrücke in Berlin, Göttingen, Königsberg, Leipzig (H. K.), München, Nürnberg.

Nota: Die unbeweglichen Güter, als Häuser, Äcker, Wiesen, usw.; item Silbergeschirr, Kleinodien, Schaupfennig etc. werden (à part) vom Patron inventiert und dem Sekretbuch einverleibt, daraus alsdann der ganze Status seines Vermögens just kann und mag vernommen werden [1]).

Zu diesen selbständigen Buchhaltungswerken treten nun noch einige andere, bei denen die Buchhaltung im Anhange dargestellt wird, und zwar sind dies zumeist Rechenwerke. Dahin gehört zunächst Delhagens „Arithmetica", Lübeck 1665, die im Anhang auf 14 Seiten einige notdürftige Proben zur Buchhaltung gibt. Auch Lange bietet in seiner 1693 in Hamburg erschienenen „Neu und selbstlehrenden Anweisung usw." nur ein fertiges Muster, das ohne jeden Wert ist. Wesentlich besser ist der Abschnitt Buchhalten in Biermanns neuer „Rechenkunst nebst Instruktion des italienischen Buchhaltens". Wenn Biermann, der sich als Arithmetikus bezeichnet, sich auch sehr an Hager anlehnt, so ist doch seine Darstellung klar und vollständig. Sogar in einer Sprachlehre befindet sich eine Abhandlung über Buchhaltung, nämlich in Gebhard Overheldens deutscher „Schreibkunst", (3. Auflage 1660). Overheide war Rechenmeister und Buchhalter in Braunschweig und hat sich durch diese Sprachlehre entschieden ein großes Verdienst erworben. Er bietet darin auch einen kurzen Unterricht vom italienischen Buchhalten, wobei er die langen Erklärungen Hagers und anderer kräftig verkürzt hat. Als praktische Beispiele gibt er zwei kurze Memoriale und die dazu gehörigen Bilanzen; Journal und Hauptbuch soll der Schüler nun selbst ausarbeiten.

Zwei Bücher sind mir nur dem Titel nach bekannt, sie selbst konnte ich nicht auffinden, und zwar Cordt Danzt[2]), „Traktat über Buchhalten". Lübeck 1694 und J. Tangermann[3]), „Der Buchhalter". Hamburg 1679.

------

b) Im 18. Jahrhundert [4]).

B. Buroner, Italienisches Buchhalten. Dresden 1700.

J. Marperger, Probierstein der Buchhalter oder selbstlehrende Buchhalterschule. Ratzeburg 1701.

A. Habelius, Des Buchhaltens neueste und kürzeste Manier. Leipzig 1701.

J. Chr. Ferber, Der wohlunterrichtete Kaufmann. Hamburg 1712.

J. G. Martzen, Unterricht und Generalerklärung des sogenannten italienischen kaufmännischen Buchhaltens in 260 Fragen und Antworten bestehend. Danzig 1703.

J. G. Schoapp, Buchhalterische Belustigungen. Nürnberg und Leipzig 1714.

J. G. Schoapp, Der wohlerfahrene Buchhalter. Nürnberg 1748.

J. Rademann, Der wertgeschätzte Handelsmann. Hamburg 1714.

[1]) Für die Aufnahme des Privatvermögens gibt also Beußer hier dieselbe Vorschrift wie heute das Reichsgericht.
[2]) Das „Fruchtbringende Informations-Gespräch" von Danzt dagegen befindet sich in Hamburg und in Dresden, es gehört aber, da es in Kopenhagen erschienen ist, nicht in diese Arbeit.
[3]) Über Tangermann vgl. Rübiger, Geschichte des Hamburger Unterrichtswesens. Hamburg 1896. S. 36.
[4]) Eine ausführliche Beschreibung der einzelnen Bücher würde zu weit führen, ich muß mich daher auf die Angabe der Titel beschränken.

G. G. Heyne, Der ganz neu ankommende Buchhalter. Frankfurt und Leipzig 1726.

M. Martin, Der Buchhalter. Berlin 1740.

G. Th. Flügel, Der getreue und aufrichtige Wegweiser zur gründlichen Erlernung des Buchhaltens. Frankfurt 1741 und 1792.

Allg. Schatzkammer der Kaufmannschaft. 5 Teile. Leipzig 1741/43.

G. Chr. Bohns wohlerfahrener Kaufmann. Hamburg 1721, 3. Aufl. 1750. 4. Aufl. 1762. 5. Aufl. 1789.

Greve, Gründlicher Unterricht von der vollständigen und kaufmännischen Buchhaltung. Nürnberg 1765.

S. Haasens Einfacher und doppelter Buchhalter. Frankfurt 1767.

C. G. Ludovici, Neu eröffnete Akademie der Kaufleute. Leipzig 1767.

H. Magelsen, Die ersten Gründe des Buchhaltens. Altona 1772.

S. F. Helwig, Anweisung zur leichten und gründlichen Erlernung der italienischen doppelten Buchhaltung. Berlin 1774. 2. Aufl. Stettin 1790.

J. F. Schneider, Italienische doppelte Buchhaltung. Leipzig 1775.

L. Oberreit, Kurze Einleitung oder Grundregeln zu der doppelten Buchhaltung. Lindau 1766.

G. Ch. Städter, Einleitung in die Handlungsrechnungen. Hamburg 1778.

Ch. F. Hänel, Erklärung des einfachen und doppelten Buchhaltens. Chemnitz 1778.

Ch. H. Simon, Kurze Beschreibung der bei den Kaufleuten gebräuchlichsten Handlungsbücher. Frankfurt und Leipzig 1780.

A. S. Fleischer, Kaufmännisches Handlungskompendium, worin die doppelte Buchhaltung . . . Hamburg 1781.

Ch. G. Krüger, Handbuch des italienischen doppelten Buchhaltens. Berlin 1779. 2. Aufl. 1781.

J. R. de Joseph Meyer, Theoretische Einleitung in die praktische Wechsel- und Warenhandlung und eine Anweisung zur doppelten Buchhaltung. Hanau 1782.

G. P. Fabricius, Unterricht zur doppelten Buchhaltung. Regensburg 1787.

P. Auracher, Unterricht von der Scrittura-Doppia der doppelten Buchhaltung. Augsburg 1789.

J. M. F. Schulze, Italienisch-buchhalterisches Elementar- und Methodenbüchlein. Halle 1784.

J. D. Eutener, Der neue doppelte Buchhalter. Barmen 1789.

Chr. F. Hoff, Allgemeine Buchhaltungsregeln für angehende Kaufleute. Magdeburg 1786.

F. W. Graf, Anleitung zur einfachen und doppelten Buchhaltung. Frankfurt und Leipzig 1787.

P. R. Gottschling, Anweisung im kaufmännischen doppelten Buchhalten. Dresden 1790.

J. J. Berghaus, Der selbstlehrende doppelte Buchhalter. Leipzig 1790. 2. Aufl. 1798. 3. Aufl. 1821.

N. Müller, Über das doppelte italienische Buchhalten. Göttingen 1790.

L. Königsbrun, Kurzgefaßte Grundsätze zur Buchhaltung in doppelten Posten. Leipzig 1791.

D. Richter, Sammlung von Übungen im Buchhalten. Hamburg 1791.

M. Euler, Vollständiger Unterricht von der doppelten Buchhaltung. Heilbronn 1792.

M. R. B. Gerhardt[1]), Der Buchhalter. Berlin 1796/99. 3 Bände.

A. Schumann, Kurze Anweisung zum doppelten Buchhalten im „Handbuch für Kaufleute. Leipzig 1797.

R. J. Sturm, Leichte Unterweisung vom Buchhalten mit Fragen und Antwort. Rostock 1796.

J. S. Van der Velde, Anweisung im italienischen Buchhalten. Frankfurt a. M. 1798.

F. H. W. Ihring, Der praktische Kaufmann. Halle 1798.

W. Richter, Doppelte Buchhaltung. Bremen 1799.

J. H. Brüder, Der kleine doppelte Buchhalter. Berlin 1799.

J. H. Stricker, Kurze Erklärung nebst Anweisung zur einfachen Buchhaltung. Elberfeld 1799.

c) Im 19. Jahrhundert.

Für dieses Jahrhundert muß sogar auf die Titelangabe verzichtet werden, denn die Produktion wuchs ungeheuer. Während für den Zeitraum von 1700 bis 1800 (G. D. Augspurg[2]) 30 Werke angibt, verzeichnet Jarosſy für das erste Jahrzehnt des 20. Jahrhunderts allein 800 Werke und 500 Aufsätze aus dem Gebiete der Buchhaltung. Daher sei auf folgende Werke verwiesen:

Leuchs, Vollständige Handlungswissenschaft. 3. Teil. Nürnberg 1804. 3. Aufl. 1821.

Enslin, Bibliothek der Handlungswissenschaft oder Verzeichnis der vom Jahre 1750 bis zu Anfang des Jahres 1845 in Deutschland erschienenen Werke. 2. Aufl. Leipzig 1846.

Zieger, Literatur über das gesamte kaufmännische Unterrichtswesen. 2 Teile. Leipzig 1900 und 1901.

Jarosſy, Zehn Jahre Buchhaltung. Linz 1910. (Zählt die in den Ländern deutscher Zunge erschienenen Schriften auf.)

Zeitschrift für Buchhaltung. Linz.

III. Der Unterricht in der Buchhaltung.

Lag im 17. und 18. Jahrhundert in Deutschland das niedere Schulwesen sehr im argen, so befanden sich die Rechenschulen (= die damaligen Handelsschulen) auf verhältnismäßig hoher Stufe, weil ihre Lehrer infolge ihres Zunftzwanges[3]) die tauglichsten und ehrsamsten waren. Solche Zünfte waren 1564 in München, 1585 in Lübeck, 1600 in Frankfurt, 1613 in Nürnberg und (wenn auch in etwas anderer Art) 1698 in Hamburg entstanden.

---

[1]) Dieses Buch gilt als das klassische Buchhaltungswerk des 18. Jahrhunderts.
[2]) Die kaufmännische Buchführung. Bremen 1852.
[3]) Vgl. dazu meine Aufsätze in der „Zeitschrift für das gesamte kaufmännische Unterrichtswesen", 1908, Heft 2 und 3, sowie in der „Deutschen Handelsschullehrer-Zeitung", 1910.

Diese Zünfte sorgten für gute Ausbildung des Nachwuchses; es war Lehr-zeit, Gesellenprüfung[1]) und Meisterstück vorgeschrieben. Daneben standen sie im Kampfe gegen den unlauteren Wettbewerb. So gab sich nach einer Be-schwerde der Hamburger Lehrer[2]) im 17. Jahrhundert ein preußischer Lehrer „als ein Großsprecher von sechserlei Buchhalten für, als sollte man meinen, er könne das Buchhalten auf sechserlei Manier und will aus einer Kunst sechs Künste machen, da er doch billig wissen sollte, daß nur ein einzig rechtschaffen Buchhalten, nämlich das italienische, vorhanden, da alle andern entsprossen."

Handelsschulen im eigentlichen Sinne des Wortes finden sich in Deutsch-land erst in der zweiten Hälfte des 18. Jahrhunderts. Nachdem die kamerali-stischen Schriftsteller der Idee vorgearbeitet hatten, trat ihr J. J. Hecker in Berlin näher, indem er seiner Realschule im Jahre 1750 auch eine Buchhalter-klasse eingliederte. Schon 1748 hatte er „ein paar geschickte Präceptores" zu einem Berliner Kaufmann geschickt, um dort die kaufmännische Praxis und das Buchhalten kennen zu lernen.

Die erste selbständige kaufmännische Unterrichtsanstalt entstand im Jahre 1768 in Hamburg durch den Geh. Kommerzienrat Wurmb und den Professor Joh. Georg Büsch. Als Wurmb ausschied, führte sie Büsch bis zu seinem 1800 erfolgten Tode allein weiter. Diese Handelsakademie wurde in der Hauptsache von Ausländern besucht, so waren z. B. von den 159 Schülern aus der Zeit von 1768—1778 ungefähr die Hälfte Briten; doch gehörte zu den deutschen Schülern W. von Humbold. Für das Handelsschulwesen war die Anstalt insofern von Bedeutung, als sie vielfach zum Vorbilde anderer Neugründungen wurde.

Weitere Handelsschulen entstanden sodann im 18. Jahrhundert in Leipzig (1773), Düsseldorf (1776), Magdeburg (1768), Mannheim (1779), Stuttgart (1779), Mühlhausen i. E. (1781), Duisburg (1782), Frankfurt a. M. (1785), Berlin (1791), Elberfeld (1792), Gummersbach (1794), nach Hagen verlegt (1799), Nürnberg (1791), Lüdenscheid (1799), Bremen (1799), Erfurt (1800). Einige von diesen Schulen entwickelten sich ganz gut, andere gingen nach kurzer Zeit wieder ein.

Im 19. Jahrhundert ist zunächst die 1818 erfolgte Gründung der Handels-schule zu Gotha durch die dortige Kramerinnung bemerkenswert. Diese Grün-dung bezeichnete in der Geschichte des Handelsschulwesens einen Wendepunkt; denn dadurch nahm nun die Kaufmannschaft selbst durch ihre Vertretung die Sache in die Hand und überließ sie nicht mehr der privaten Spekulation; sodann kam von jetzt ab die bisher vernachlässigte Form der Lehrlingsschule zu ihrem Recht. Nach dem Beispiele Gothas wurden nun zahlreiche Handelsschulen von den kor-porativen Vertretungen der Kaufmannschaft gegründet. Im Jahre 1831 folgte Leipzig, dann kamen Oschatz, Leisnig, Chemnitz, Freiberg, Dresden, Bautzen usw., sowie außerhalb Sachsens Osnabrück, Berlin, Erfurt u. a.

Einen kräftigen Aufschwung nahmen die kaufmännischen Unterrichtsan-stalten in der letzten Zeit durch die Tätigkeit des Deutschen Verbandes für das kaufmännische Unterrichtswesen (gegründet 1895), sowie durch die gesetzliche Regelung des kaufmännischen Schulwesens in verschiedenen Einzelstaaten. So vollzog sich z. B. die Entwickelung der kaufmännischen Lehrlingsschulen in Preu-ßen wie folgt:

---

[1]) Zur Vorbereitung darauf schrieb 1616 Johann Heer in Nürnberg seine „Arithmeticae et Geometricae Questiones für die Jenigen, so sich inns Examen, und folgends zu dem Teutschen Schulstandt zubegeben gesinnt."

[2]) Zeitschrift des Vereins für hamburgische Geschichte. Bd. XI. S. 284.

Jahr	obligatorische	freiwillige	zusammen	Schülerzahl
1900	118	110	228	21 103
1905	254	62	316	33 389
1910	463 [1])	38	501	64 671

Fast in allen diesen Schulen gehört die Buchhaltung zu den obligatorischen Unterrichtsgegenständen, so daß die Kenntnis dieses Faches eine ungemein weite Verbreitung erfuhr. In den deutschen Handelshochschulen entstanden schließlich berufene Pflegstätten der Buchführungswissenschaft.

In welcher Weise ist nun der Unterricht in Buchhaltung im Laufe der Jahrhunderte erteilt worden[2])? Aus verschiedenen Beispielen wissen wir, daß — abgesehen von einigen rühmenswerten Ausnahmen — der Unterricht vielfach im Abschreiben des geschriebenen oder gedruckten Lehrbuches bestand. Das scheint sehr lange der übliche Weg gewesen zu sein. So erzählt z. B. Büsch von einem hervorragenden Hamburger Buchhalter, der einem jungen Mann Unterricht in Buchhaltung gab und dabei dem Schüler einfach den Aufsatz über Buchhalten aus. „Bohns wohlerfahrenem Kaufmann" abschreiben ließ. Als der junge Mann die Abschrift brachte, warf sie der Lehrer ins Feuer und ließ eine zweite anfertigen, worauf der Buchhalter fertig gewesen sei. „Mag doch dies nachtun, wer dazu Lust hat," fügt Büsch hinzu.

Die Bestrebungen, den Lehrstoff mit Rücksicht auf den Geist des Schülers zu bearbeiten und darzureichen, treten erst eigentlich im 18. Jahrhundert hervor. Eingeleitet wurden diese Bemühungen von den Philanthropinisten, welche die Arbeit des Lernens soviel wie möglich zu verkürzen und zu erleichtern suchten. Die Philanthropinisten wollten dem Schüler vor allem praktische Kenntnisse überliefern, und so finden wir im Basedowschen Philanthropin in Dessau auch eine „kaufmännische" Klasse, in der auch Unterricht in der Buchhaltung erteilt wurde. Einen Einblick in den Betrieb dieses Lehrfaches gibt uns der betreffende Lehrer, J. M. F. Schulz, selbst in den „Nachrichten" über die Handelsklasse. Da heißt es: „Nebenbei halten wir auch Buch und Rechnung über ein unter uns errichtetes Straf- und Prämieninstitut, dessen Zwecke folgende sind: 1. Beförderung des Fleißes und der Ordnung und 2. um dadurch solche Geschäfte zu erlangen, bei denen der Lehrling selbst interessiert ist und bei denen er aus eben der Ursache weit eher eine Übersicht des Ganzen von dem italienischen Buchhalten erlangt als bei fingierten kaufmännischen Geschäften, die für den Lehrling noch immer uninteressant genug sind." Und an einer anderen Stelle heißt es: „Wir haben, was die Übung im doppelten Buchhalten anbetrifft, wieder die Geschäfte eines Monats zurückgelegt, und die monatliche Bilanz sowohl von der großen als auch von der Elementarbuchhaltung, welche wir (wie schon oben erwähnt worden) über unsre Strafen und Prämien führen, gezogen. Kreditores sind nach dieser gezogenen Bilanz verblieben (folgt eine Reihe von Schülernamen), Debitores (folgen wieder die

---

[1]) Einschließlich 123 kaufmännischer Fachklassen an gewerblichen Fortbildungsschulen.

[2]) „Eine Geschichte des Buchhaltungsunterrichts würde ungemein lehrreich sein, wenn sie die verschiedenen Methoden klar legte, die von einzelnen hervorragenden Männern angewandt wurden, um die Schüler in diesen schwierigen Zweig des kaufmännischen Unterrichts einzuführen." Diese Worte Ziegers („Ein sächsischer Merkantilist") rechtfertigen wohl am besten die Aufnahme dieses Abschnittes.

Namen)". Dieses Prämiensystem diente also nicht nur als pädagogische Trieb-
feder, sondern bildete auch gleichzeitig den Buchungsstoff in der Buchhaltung.
Heute schütteln wir ungläubig den Kopf über dieses Verfahren, aber Schulz
war ein durchaus ernst zu nehmender Pädagog, der später Direktor der Berliner Handelsschule wurde und von dem der Geh. Kriegsrat Kunth in einem
Bericht an den Minister von Struensee sagte: „Der Mann ist für sein Lehrfach
einzig." Eine Lösung dieses Rätsels brachte mir Schulzes „Italienisch-buchhalterisches Elementar- und Methodenbüchlein" vom Jahre 1784. Hier begründet er seine Methode mit folgenden Ausführungen:

„Die elementare Methode ist diejenige, die vom Leichteren zum Schweren,
vom Einfachen zum Zusammengesetzten mit weiser Rücksicht auf die Fähigkeiten
und Progressen des respektiven Lehrlings stufenweise fortschreitet: den Lehrling (ohne deswegen seine Kräfte kindisch zu schonen) dennoch nie mit zu
Vielem auf einmal überladet: nie etwas antizipiert oder unerklärt
läßt und als bekannt voraussetzt, was nicht mit Fug und Recht als solches vor-
ausgesetzt werden kann. Der elementarische Lehrer bemüht sich zu vergessen, daß
ihm das, was freilich ihm durch lange Übung leicht und geläufig geworden ist,
wirklich leicht und geläufig sei: er stellt es sich vielmehr in seiner ganzen
Schwierigkeit, die es für Anfänger hat, dar: sucht sich ganz in die Stelle
seines Lehrlings zu versetzen usw."

Gegen diese Gesetze der Elementarmethode wird aber nach Schulz häufig
gefehlt, und zwar besonders dadurch, daß Geschäftsvorfälle gebucht werden,
die schon theoretische und praktische Vorkenntnisse aus den Handelswissenschaften
voraussetzen, wie Wechselgeschäfte, Kalkulationen u. a. Dadurch wird natürlich
die Erlernung sehr erschwert; es ist nach Schulz gerade so, „als wenn man beim
Unterricht im Griechischen einem Lehrling, der noch gar nichts von Mathematik versteht, zumuten wollte, aus dem Euklid die ersten Anfangsgründe
der griechischen Sprache zu erlernen."

Schulz sieht zwar die Übung im italienischen Buchhalten „als das beste
Vehikel an, den Lehrling vermittelst desselben nach und nach mit einem Teile
der höheren Kaufmannswissenschaft nach dem anderen bekannt zu machen".
Aber zunächst muß der Schüler die Buchhaltung in einer Weise erlernen,
wobei der Stoff keine unüberwindlichen Hindernisse in den Weg legt, er
muß erst „das Rechnungssystem der italienischen Buchhaltung selbst, den Gang,
das mechanische Verfahren derselben und die Gründe dieses Verfahrens begriffen und von dem Ganzen eine Übersicht erlangt haben".

Und an einer anderen Stelle des Buches sagt er: „Der Stoff also eines
elementarischen Buchhaltungsschemas muß ein elementarisches Handlungsgeschäft
sein, ein Handlungsgeschäft, welches nicht aus viel Zweigen besteht, nicht ver-
wickelt ist, keine Kenntnisse aus der höheren Handlungswissenschaft erfordert:
kurz ein Handlungsgeschäft, welches — in Rücksicht auf dazu gehörige Fähigkeiten und Kenntnisse — ein jeder, der auch kein Kaufmann von Profession ist,
zu führen imstande ist."

Es waren also wohlerwogene Gründe, die Schulz zu jenem Experiment in
Dessau geführt hatten, und so war es auch erklärlich, daß er in seinem Entwurfe
zu diesem Elementarbuche zunächst das Straf- und Prämienkonto seiner Schüler
errichtete und von ihm ausging. Vor der Drucklegung sandte er das Manuskript
„den als großen Kennern der Handlungswissenschaft hinlänglich bekannten
Herrn Büsch und Ebeling" in Hamburg. Auf ihren Rat hin ließ er aber die
betreffenden Konten fallen, da „jenes Handlungsgeschäft zu viel Lokales hätte

und für das Publikum zu wenig interessant wäre". Er wählte nun als Buchungsstoff einige Geschäftsvorfälle aus einer Weinhandlung, die in ihrer Einfachheit
geradezu Muster sind.

Um recht anschaulich darstellen zu können, benutzte Schulz in ausgiebiger
Weise die Personifikation der Konten[1]). Diese war ja schon von
Pacioli, sodann aber auch von den deutschen Buchhaltungslehrern mit Vorteil
angewendet worden, während heute das Bestreben besteht, ohne sie auszu-
kommen. Die Anwendung der Personifikation zeigt folgende Probe:

I. Akt.

1. Auftritt.

Kapitalkonto, welches bisher seit der letzten Inventur auf Fol. 1 des Hauptbuches als müßiger Zuschauer seiner Interimskonten dagestanden hat, ladet jetzt
diese seine Stellvertreter und Verwalter gleichsam vor sich, um Rechenschaft abzulegen von ihrem Haushalten" usw.

Ist auch heute in unserem Lehrverfahren gegenüber der Methodensucht
dieser Zeit eine ungemeine Vereinfachung eingetreten, so gebührt doch den
Philanthropinisten das Verdienst, ihre Zeitgenossen für das Streben nach Verbesserung der Methode begeistert zu haben. Die methodischen Grundsätze, die
Schulz im Buchhaltungsunterricht anwendete, besitzen auch heute noch volle Anerkennung[2]).

Dazu kommt noch das Streben der Philanthropinisten, die einzelnen Lehr-
fächer miteinander zu verbinden, also eine Konzentration des Unterrichts
herbeizuführen, damit, wie es in einer Schulschrift der Berliner Handelsschule
(Nr. 4, S. 95) heißt, „immer ein Rad in das andre griffe".

Sowohl nach den „Elementarbüchlein" und den Dessauer und Berliner
Schulschriften dient die „doppelte Buchhaltung zum Leitfaden und zum Vehikel
zur sukzessiven Erlernung alles dessen, was zur Bildung eines tüchtigen Kontoristen gehört". Nach dem Abschlusse eines dreimonatigen Geschäftsganges
waren daher in Dessau im Jahre 1781 im Buchhaltungsunterrichte gleichzeitig
folgende kaufmännischen Kenntnisse erworben worden: „Was eine Banko sei?
Wie vielerlei Arten derselben es gebe? Wie in denselben ab- und zugeschrieben
werde? Wie Banko-Geschäfte zu Buche gebracht und wie die Banko-Interessen
nach der Regula Quinque berechnet werden? Rabatt und Rabattrechnung in und
auf 100, Diskonto, Agio, Propre- und Kommissionshandel, Barattieren,
Assignation, Obligation, Provision, Makler, Kourtage, Spekulation. Da im
Schreibunterrichte darauf gesehen wurde, daß der Schreibstoff in Beziehung
zu den behandelten kaufmännischen Stoffen stand, erfolgte die Reinschrift des
Memorials, Kassenbuchs usw. in der kalligraphischen Übungsstunde". Im

---

[1]) Heute unterscheiden wir eine materialistische (Ein- und Zweikontentheorie) und
eine personalistische Theorie. In Deutschland sind als Vorkämpfer der neuen Theorien
zu nennen: G. D. Augspurg, Grundlagen der Buchführung. Bremen 1863. Die kaufmännische Buchführung zunächst für den Geschäftsgang der Hansestädte. Hamburg.
2. Aufl. 1872. M. Berliner. Schwierige Fälle und allgemeine Lehrsätze der kaufmännischen
Buchführung. Hannover. 3. Aufl. 1909. 50 Leitsätze zur Theorie der kaufmännischen
Buchführung. Hannover 1906.

[2]) Die Methodik des philanthropinistischen Rechenunterrichts faßt Unger (Die
Methodik der praktischen Arithmetik in historischer Entwicklung. 1888.) in folgende
drei Sätze zusammen: 1. Der Stoff ist mit Rücksicht auf Alter, Geschlecht und künf-
tigen Beruf des Schülers zu wählen. 2. Schreite stufenmäßig fort. 3. Knüpfe an die
Anschauung an. Sie finden wir auch im Buchhaltungsunterricht angewendet.

Gegensatz zum Rechenunterricht[1]) bewegte sich also die Verbindung der Buchhaltung mit anderen Fächern noch in maßvollen Grenzen.

Auch in Berlin befolgte Schulz später diese Methode. Aus den „Schulschriften"[2]) erfahren wir darüber folgendes:

„Von 2—3 Uhr ward das italienische Buchhalten theoretisch ¿etrieben; und zwar so, daß zuvörderst von den sämtlichen Geschäften eines Monats, welche zu Buche gebracht werden sollten, eine kurze historische Übersicht vorgelegt und mündliche Anleitung gegeben ward, wie davon die Prima Nota im Kassabuch und Memorial; und dann die Übertragung ins Journal und Hauptbuch zu bewerkstelligen sei. Bei dieser vorläufigen theoretischen Erläuterung war alle Augenblick Gelegenheit und Anlaß vorhanden, die Lehre vom Wechselgeschäft und Wechselbriefen, nebst andern Materien der Handlungswissenschaft, beiläufig mit abzuhandeln. — Nach allen diesen Vorbereitungen ward es hierauf den Kontoristen überlassen, die ihnen vorgelegten und erläuterten Handlungsgeschäfte selbst zu Buche zu bringen; besonders was die Übertragung ins Journal und Hauptbuch, und die Ausfertigung der monatlichen rohen Bilanz anbetraf. — Zur Mundierung und Berichtigung dieser selbstverfertigten Arbeiten, und überhaupt zu den kalligraphischen Geschäften des italienischen Buchhaltens ist die Schreibstunde der Kontoristen von 3—4 Uhr bestimmt. Hier ist es, wo unser geschickter Lehrer der Schreibkunst, Herr Maréchaux, die ersprießlichen Dienste leistet. Der Erfolg seiner Bemühungen ist aus den hier öffentlich anliegenden Handlungsbüchern zu ersehen."

Der Gedanke, die Buchhaltung in Verbindung mit anderen kaufmännischen Fächern zu lehren, taucht zum ersten Male bei dem Danziger Rechenmeister Lerice auf, und zwar in einer Weise, die durchaus neuzeitlich anmutet. Im 2. Teile seines 1610 erschienenen Buchhaltungswerkes, der auf „Commission und Factorey" gestellt war, denkt sich Lerice einen Danziger Kaufmann namens Peter Winst, der vor allem Kommissionsgeschäfte trieb. Dies ersehen wir aus seinem Kopierbuche, des einschließlich der Kopien 44 Briefe enthält. Diese Briefe bilden den Buchungsstoff, auf Grund derselben erfolgen die Buchungen genau in der gleichen Weise, wie z. B. bei Schär-Langenscheidt die „Korrespondenz einer Tuchhandlung als Grundlage eines fingierten Geschäftsganges[3])."

Der erste Brief hat bei Lerice folgenden Wortlaut:

Laus beo adi 2. Januar Anno 1609 in Amsterdam.
An Peter Winst in Danzig.

Ehrsamer guter Freund Peter Winst, dieses mein Schreiben belangend, tue ich Euch zu wissen, daß ich an Euch remittiere Pfund achthundert à Groschen achtundneunzig polnisch für jedes Pfund, einen Monat nach Sicht zu empfangen. Nämlich Pfund dreihundert auf Hans Wiedemann und Pfund Fünfhundert auf Peter Grünhold, durch Wechselbriefe von Jakob Janssen, von welchem E. L. (= Euer Liebden) soll die Akzeptation fordern und zu seiner Zeit die Bezahlung empfangen, und wenn Ihr dasselbige empfangen habt, mir das wiederum remittieren auf meinen besten Profit. Damit Gott befohlen.   E. L. G. Freund

Herman Rider.

¹) Hier geriet Schul? entschieden auf Abwege, wie seine „kommerziell geographische Reise" zeigt.
²) Monumenta Germaniae Pädagogica. Bd. XXXV. S. 144.
³) Kaufmännische Unterrichtsstunden Kursus I, Lektion 10.

Auf Grund dieses Briefes erfolgt nun der Eintrag ins Journal:

Hans Wiedemann ist schuldig für den Wert von ₤ 300 Flämisch und gr. 98 jedes Pfund, auf ihn remittiert von Hermann Rider von Amsterdam durch Wechselbriefe, von Jakob Janssen zu empfangen einen Monat nach Sicht, ist fällig den 3. März. Kreditor ditto Hermann.

fl. 930.

Der Wechsel selbst wird ebenfalls im Wortlaut angegeben.

Im 18. Jahrhundert findet sich der Konzentrationsgedanke zuerst bei Marperger. Dieser sagt in seinem Trifoleum mercantile aureum vom Jahre 1723: „Vornehmlich hätte man nach dem Einhalte (= Muster) unseres „Handels-korrespondenten" (in 3. Aufl. erschienen 1703) alle auszuschreibenden Rechnungs-formularien und benötigten Dokumente in Schriften mutatis mutandis bei den Posten und Rechnungen, wo es nötig ist, konzipieren zu lassen." Und im „Probierstein der Buchhalter" vom Jahre 1701 heißt es: „Ein Informator des Buchhaltens wird viel ausrichten, wenn er die Lehre von der Untersuchung des Debitors und Kreditors stark treibt und die Handelsskripturen mit der Kunst des Buchhaltens verbindet und aus seiner Informationsstube gleichsam ein lebendiges Kaufmannskontor macht." Ihm schwebte offenbar die Idee des Musterkontors vor, der er nur keinen geeigneten Namen zu geben vermochte.

Eine Art Musterkontor findet sich sodann bei Prof. Büsch in Hamburg. Als die Handelsakademie noch dem Geh. Kommerzienrat Wurmb gehörte, wurden die Schüler in dem Geschäft Wurmbs zeitweilig beschäftigt und mußten die Geschäftsvorfälle, die sich dort ereigneten, im Unterrichte buchhalterisch be-arbeiten. Bald wurde jedoch diese Verbindung zwischen Geschäft und Schule aufgegeben, weil die ausschließliche Berücksichtigung der Vorfälle des Geschäfts eine gewisse Einseitigkeit zur Folge hatte und weil manche Handelsgeschäfte gar nicht vorkamen.

Gegen Ende des 18. Jahrhunderts ging man sogar noch weiter, indem man nicht nur die Verknüpfung der Unterrichtsgegenstände als notwendig er-achtete, sondern die Schüler in Gruppen teilte, die in- und ausländische Ge-schäftshäuser vertraten, miteinander Handelsgeschäfte abschlossen und sie buch-halterisch darstellten. So sagte der Leiter der Leipziger Kaufmannsschule, Rektor Martini, im Jahre 1775: „Eine Art von erdichteter Handlung wird man zugrunde legen, und solche wechselweise unter den Jünglingen führen lassen."

In Eulers „Handlungskontorist (1792) heißt es: „Ist nun dieser Zeitpunkt nach seinen nötigen Vorbereitungen da, so geht das merkantilische Theater auf einmal auf; Themata, ungefähr wie sie hier erscheinen, stellen unser Studier-stübchen einem geschäftigen Kontor vor, bald in Deutschland, bald in Italien usw. Dieses Benehmen muß unstreitig wieder seine besondere Wirkung haben; un-streitig muß der Scholar mehr Kenntnisse anstrengen und zeigen, wenn er bald den Lyoner, bald den Cadixer, bald den Basler usw. mit seinen Hauptbüchern auftreten lassen muß, als wie wenn er nur für sich allein als Herr und Unter-nehmer in seine eigenen Bücher für sich einschreibt."

---

¹) p. J. Marperger war 1656 in Nürnberg geboren und wurde 1712 Hof- und Kommerzienrat (für das geplante Kommerzkollegium) in Dresden. Er war neben Büsch der fruchtbarste handelswissenschaftliche Schriftsteller des 18. Jahrhunderts; seine Viel-schreiberei erklärt sich jedoch aus seinen schlechten Verhältnissen, hatte er doch 1720 noch kein Gehalt bekommen.

Eine ähnliche Einrichtung hatte Leuchs in Nürnberg 1795 in seiner Handelsakademie getroffen.

Ein von den bis dahin üblichen Wegen des Unterrichts im Buchhalten abweichendes Verfahren wurde zu Beginn des 19. Jahrhunderts von dem Bankbuchhalter Dr. Philipson in Hannover vorgeschlagen. Dieser äußerte seine Idee bei Besprechung des bekannten Gerhardtschen Buchhaltungswerkes (1796—99), indem er schrieb: „Um das Ganze der Buchhalterei gehörig darzustellen und einleuchtend zu machen, soll man mit dem Hauptbuche anfangen, dessen Gebrauch und Nutzen erklären, nur eine äußerst kurze und einfache Geschichte von Handelsgeschäften erfinden, darin eintragen und dann die Bilanz ziehen. In wenigen Blättern muß sich alles recht deutlich machen lassen. Hierauf erst sollte man lehren, wie zur bequemen und sichern Führung dieses Hauptbuches eine Kladde nötig sei, dann, wie man, um das Hauptbuch noch leichter, sicherer und kürzer zu führen, aus der Kladde ein Journal zu formieren pflege. Endlich könnte man dann zu den Nebenbüchern schreiten, deren Gebrauch erklären und zu zeigen suchen, wie auch sie nur erfunden sind, das Hauptbuch mit der äußersten Kürze, Zuverlässigkeit und Ordnung zu führen. Wenn man es dann noch für durchaus notwendig hielte: so könnte man zuletzt alles so gelehrt und abstrakt vortragen als man wollte."

Als Philipson dann im Jahre 1813 seine ausgezeichneten „Briefe über das kaufmännische Rechnungswesen" herausgab, kam er im Vorwort auf seine Idee zurück, beschränkte aber ihre Anwendung auf Jünglinge, die schon einige Vorkenntnisse besitzen. Es steht für ihn fest, „daß der Unterricht des italienischen Buchhaltens, und zwar nach der analytischen Methode, für sie der beste, ich möchte sagen, der einzig zweckmäßige sei." Schüler ohne Vorkenntnisse möchte er jedoch erst durch einen Unterricht im einfachen Buchhalten zur Erlernung der doppelten vorbereiten. Für die Erlernung der einfachen Buchhaltung scheint ihm aber die heuristische Methode vorteilhafter zu sein; denn „der Lehrling muß nämlich so geleitet werden, daß er wirklich selbst erfindet, oder doch zu erfinden glaubt".

Eine weitere Einschränkung erfuhr das von Philipson vorgeschlagene Verfahren durch Büsch, durch dessen Abhandlung über das Buchhalten („Darstellung der Handlung", Buch 4, Kapitel 6) Philipson erst zu seiner Idee gekommen war. Büsch sagt nämlich: „Ich wiederhole, daß eine solche Methode nur dienen würde, vom Buchhalten sich deutliche Einsichten zu verschaffen, nicht aber, um dasselbe zu üben."

Eine scharfe Zurückweisung fand Philipsons Vorschlag durch den bekannten Handelsschuldirektor Friedrich Noback in einem Aufsatze „über den Fachunterricht auf Handelslehranstalten[1]". Da sagt er: „Was aber Philipsons Idee angeht, so denke ich, man mag dem des Bauwesens schon einigermaßen Kundigen ein ganz genügendes Bild einer architektonischen Konstruktion geben, wenn man ihm das fertige Werk zeigt und seine Herstellung analysiert, den Lernenden aber wird man vielmehr den Aufbau, das Zustandekommen Schritt vor Schritt sehen lassen müssen; die Methode der Schule muß also keine analytische, sondern eine synthetische sein."

Nach Noback ist der Weg, der dem Schüler die günstigsten Resultate verspricht, der heuristische, weil die Ergebnisse, zu denen man durch eignes Nachdenken gelangt ist, immer am festesten wurzeln und am längsten haften bleiben.

---

[1] Einladungsschrift der Öffentlichen Handelslehranstalt in Chemnitz 1860. Noback war Handelsschuldirektor in Berlin, Chemnitz und Dresden.

Auf diese Weise erhöht sich das Interesse des Schülers am Gegenstande, er wird
selbsttätiger und genießt die Befriedigung des Erfinders. Freilich ist dieses
Finden nur vermeintlich, da der Lehrer den Weg ebnet und die Gesichtspunkte
feststellt. Dieser Weg, so meint Noback, wird zweckmäßig auch die historische [1] Ausbildung der Wissenschaft abspiegeln, wenn man den Schüler mit der einfachsten
Einkleidung beginnen und zu der durch Bedürfnis und Nützlichkeit allmählich
eingeführten künstlerischen vorschreiten läßt.

Sodann tritt Noback der von Philipson gegebenen Begründung seiner
Methode entgegen. Nach Philipson sollte der Schüler besonders den Grund, auf
dem alles künstliche Buchhalten beruht, kennen lernen, er sollte wissen, worin
die Sicherheit besteht, welche die künstliche Eintragung bewirkt, wie weit die
Grenzen dieser Kunst reichen, was von ihr gefordert werden kann, was sie
leisten und was sie nicht leisten kann. Das vermag nach ihm das bisherige
Verfahren, das den Unterricht mit dem Memoriale beginnt, zum Journale
fortschreitet und sodann zum Hauptbuche übergeht, aber nicht. Die dabei er-
hobene Behauptung, daß der Lehrer bei der synthetischen Behandlung des doppelten Buchhaltens den Grund nicht erörtern, Wert und Maß der Wissenschaft
nicht feststellen könne, die Theorie außer acht lasse, wird von Noback scharf
zurückgewiesen.

„Führen wir den Schüler", sagt er hierbei, „zu selbsteigner Tätigkeit,
begründen wir die gewonnenen Regeln sorgfältig und sicher, so geben wir ihm
Stab und Stütze zum Halt .in allen besonderen Anforderungen, deren zahlreiche Menge kein Unterricht erschöpfen kann; der tüchtige Jüngling wird
nicht im Zweifel sein, wie er in einem eigentümlichen Sonderfalle zu verfahren
hat, wenn er auf der Basis alles Buchhaltens feststeht, wenn er die Grundsätze sich vollständig angeeignet hat."

Es sind wertvolle Gedanken und Anregungen, die uns in dem Lehrverfahren
der alten Buchhaltungslehrer entgegentreten und uns mancherlei zu denken
geben können; sie liefern wieder einmal den Beweis, daß es unter der Sonne
nichts Neues gibt.

IV. Die gesetzlichen Vorschriften über die Buchhaltung.

Die erste einheitliche gesetzliche Regelung des deutschen Handelsrechts und
damit auch der Vorschriften über die Buchhaltung erfolgte erst durch das Allgemeine Deutsche Handelsgesetzbuch vom Jahre 1861. Vorher kamen, wie bereits für das 16. Jahrhundert gezeigt worden ist, Stadtrechte und Landesgesetze
in Betracht. Alle diese Bestimmungen betrafen aber in der Hauptsache nur
die Beweiskraft der Handelsbücher.

Von den Stadtrechten (Statuten) des 17. Jahrhunderts zeichnete sich das
Hamburger durch Ausführlichkeit aus. Dort lautet Artikel 6: „Wenn Kaufleute
und diejenigen, so offenen Kram und Laden halten, auch Brauer, ihre Schuld-
und andere Handelsbücher zur Beweisung ihrer daselbst eingeschriebenen Schul-

---

[1] So haben in neuerer Zeit Bonn und Cüppers „Die Entwicklung der Buchführung", Bonn 1911 und „Methodisches Handbuch zur Einführung in die Buchführung",
Bonn 1911, tatsächlich den (von ihnen konstruierten) Entwicklungsgang der Buchhaltung als Hilfsmittel für die Einführung benutzt.

den und Handlung gerichtlich produzieren und dieselben Kauf- und Handelsleute in ihren Gewerben aufrichtig befunden und eines guten Leumunds sind,
auch ihre Handelsbücher ordentlich und richtig, ehrbarer Kaufleute Gebrauch
gemäß gehalten und darin nicht allein creditum, sondern auch debitum, mit
Benennung Jahres, Monats und Tages geschrieben, die Ursache der Schuld gemeldet und dieselbe Schuld nicht übermäßig, und der Gegenteil solche Bücher
durch keine Gegenbeweisung oder rechtmäßige Vermutung kann ablehnen, so
wird ihnen, in Sachen, ihr Gewerbe und Hantierung belangend, so viel
Glauben gegeben, daß dem Produzenten der Eid zur völligen Beweisung zuer-
kannt werden mag." Denselben Wortlaut hatte später der 5. Artikel der neuen
revidierten Gerichtsordnung vom Jahre 1711.

Landesgesetzliche Vorschriften über die Buchhaltung wurden im
17. Jahrhundert in Deutschland selten erlassen. Im Codex Augusteus, der
kursächsischen Gesetzessammlung (Leipzig 1724), findet sich die erste Erwähnung
der Handelsbücher in dem Mandat vom 3. April 1683. Da heißt es u. a.:
„Gleichwie Wir auch aus unterschiedlichen hierbei mit einlaufenden nicht un-
erheblichen Ursachen nicht befinden können, daß den Handelsbüchern ein mehrer
Valor als bisher zuzulegen, sonder Wir wollen, daß dieselben in Zukunft in
eben der Würde gelassen und auf solche Weise ferner derselben zur Bescheini-
gung sich bedient werde."

Wohl aber erfolgte in diesem Jahrhundert eine einheitliche gesetzliche
Regelung durch die Ordonnanze Ludwig XIV. vom März 1673. An ihrer
Schöpfung hat der bekannte handelswissenschaftliche Schriftsteller Jaques Sa-
vary so wesentlichen Anteil gehabt, daß man sie auch manchmal als Code
Savary bezeichnet. Sein Werk: Le parfait Négociant (1675) bildet daher
auch hierzu einen vorzüglichen Kommentar.

Am Ende des 18. Jahrhunderts (1794) erfolgte in Deutschland eine gesetzliche Regelung durch das Allgemeine Landrecht für die preußischen Staaten, das
in Buch II, Titel 8, Abschnitt 7—14, §§ 475—2464 die handelsrechtlichen
Stoffe ordnet. Wie Büsch, der bekannte Direktor der Hamburger Handelsakademie in seiner „Darstellung der Handlung I" S. 606 erzählt, hatte er in
Gemeinschaft mit G. H. Sieveking, Ullrich Moller und J. H. Gädertz (Lübeck)
auf Anregung des preußischen Großkanzlers 5 Jahre lang diesem Teile des
Gesetzbuches „ernsthaft vorgearbeitet". Die Vorschriften über Buchhaltung finden
sich in den §§ 562—613.

Für diejenigen Länder, in denen das französische Recht galt, (Rheinpreußen,
Rheinbayern, Rheinhessen) galt sodann das französische Handelsgesetzbuch, der
Code de Commerce vom Jahre 1807. In Baden war der Code de Commerce mit vielen Zusätzen und Änderungen versehen und als „Anhang von
den Handelsgesetzen" des Code Napoléon unterm 3. Februar 1809 als Landrecht erklärt worden.

Unter Berücksichtigung dieser Zustände war der Wunsch nach einheitlicher Regelung des Handelsrechts in Deutschland begreiflich. Er wurde zuerst von Württemberg 1836 und 1846 bei Beratung der Zollvereinsstaaten geäußert und auch insofern gefördert, als Württemberg in den Jahren 1839
und 1840 einen ausführlichen Entwurf nebst Motiven veröffentlichte. Ein
weiterer Entwurf wurde sodann im Auftrage des Reichsministeriums der Justiz
ausgearbeitet und erschien in 1. Abteilung 1849 in Frankfurt im Druck. Im
nächsten Jahre nahm Preußen die Angelegenheit in die Hand. Ein 1856 fertig-
gestellter Entwurf wurde eingehend mit kaufmännischen Sachverständigen und

praktifchen Juriften beraten und umgearbeitet und erfchien 1857. Mittler-
weile hatte Bayern im Jahre 1856 bei der deutfchen Bundesverfammlung den
Antrag geftellt, eine Kommiffion zur Entwerfung und Dorlage eines Allgemeinen Deutfchen Handelsgefeßbuches einzufeßen. Daraufhin fanden 1857
bis 1861 in Nürnberg Beratungen ftatt, an denen neben den Regierungs-
vertretern auch zahlreiche Dertreter des Kaufmannsftandes als Sachverftän-
dige teilnahmen. Den Beratungen wurde der preußifche Entwurf zugrunde
gelegt, dabei aber auch dem vorliegenden öfterreichifchen Entwurfe volle Beachtung zugewendet. In der Zeit von 1861—1865 wurde dann das Allgemeine
Deutfche Handelsgefeßbuch durch befondere einzelftaatliche Gefeße in faft allen
Staaten des damaligen Deutfchen Bundes eingeführt, 1869 zum Bundesgefeß
(des Norddeutfchen Bundes) erklärt und bald auch von den füddeutfchen
Staaten angenommen.

Erhebliche Änderungen der gefeßlichen Dorfchriften über Buchführung erfolgten durch die Aktiengefeßgebung der Jahre 1870 und 1884.

Als fodann durch die Schaffung des Bürgerlichen Gefeßbuches auch eine
Umänderung des Handelsgefeßbuchs erforderlich wurde, veröffentlichte das
Reichsjuftizamt im Jahre 1896 einen „Entwurf eines Handelsgefeßbuchs mit
Ausfchluß des Seehandelsrechts nebft Denkfchrift". Diefer Entwurf wurde wie
die vorhergehenden eingehend befprochen und dann umgearbeitet. Diefer zweite
Entwurf wurde im Bundesrate beraten und dem Reichstage vorgelegt. Don
diefem wurde er Anfang 1897 beraten und mit nicht erheblichen Änderungen
angenommen, worauf er unterm 10. Mai 1897 als Gefeß verkündet wurde
und am 1. Januar 1900 in Kraft trat.

Welche Wandlungen haben nun die Dorfchriften über die
Buchhaltung dabei erfahren? Bei Beantwortung diefer Frage geht
man wohl am beften von dem Inhalte des neuen Handelsgefeßbuchs aus.

Die Dorfchriften über Buchführung finden fich in diefem im 4. Abfchnitt
unter der Überfchrift: Handelsbücher. Der erfte Paragraph (38) diefes Ab-
fchnittes fchreibt den Kaufleuten vor, „Bücher zu führen". Zahl und Gattung
der Bücher find im Gegenfaß zu manchen früheren Gefeßen nicht feftgefeßt.
Die Ordonnance vom Jahre 1673 hatte in Titel III, 1 beftimmt: „Les
négociants et marchands, tant en gros qu'en détail, auront un livre qui
contiendra tout leur négoce, leurs lettres de change, leurs dettes actives
et passives et les deniers employés à la dépense de leurs maisons."

Der Code de commerce verlangte die Führung von drei Büchern, nämlich
Tagebuch, Briefkopierbuch und Inventarienbuch. Diefe Beftimmung war auch
in die folgenden Gefeßbücher und Entwürfe übergegangen (holländifches Gefeß Art. 6, fpanifches Art. 32, Württemberger Entwurf Art. 34, Frankfurter Entwurf von 1849 Art. 4).

Auf der Nürnberger Konferenz[1] lehnte man jedoch einftimmig die Anträge
ab, „auszufprechen, welche Bücher der Kaufmann führen müffe, oder daß in
diefem Gefeßbuche eine Beftimmung des Inhalts aufzunehmen fei, es bleibe
der Partikulargefeßgebung überlaffen, Zahl und Art der Bücher vorzufchreiben".

Was follen nun die Bücher enthalten? Nach dem Code de
commerce follte (im Anfchluß an die Ordonnance von 1673) der Kaufmann

---

[1] Dgl. Luß: Protokolle der Kommiffion zur Beratung eines allgemeinen deutfchen Handelsgefeßbuches. Würzburg 1858/61. 6 Bde. Die Beratungen über Buchführung find enthalten in Bd. I 44 ff. und Bd. III 932 ff.

im Geschäftstagebuche seine Forderungen und Schulden, seine Handelsunter-
nehmungen, seine Wechselgeschäfte, die Akzeptation und Indossierung von
Papieren, wie überhaupt alles, was er, unter welchem Titel es auch sei, einnimmt oder ausgibt, Tag für Tag aufführen, sowie von Monat zu Monat
die auf sein Hauswesen verwendeten Summen ausdrücken, und zwar unabhängig von den übrigen Büchern, die im Handel üblich, jedoch nicht von un-
erläßlicher Notwendigkeit sind. Der Entwurf von 1849 übernahm diese Bestimmung fast wörtlich, während der preußische Entwurf von 1857 sich auch
hierin an das Allgemeine Landrecht anlehnte, das sich auf die Feststellung des
allgemeinen Grundsatzes beschränkt hatte, daß jeder Kaufmann solche Bücher
führen müsse, aus denen jederzeit die Geschäfte und die Lage des Vermögens
vollständig zu ersehen sein.

Auf der Nürnberger Konferenz wurden jedoch die Worte: „zu jeder Zeit"
gestrichen. Auch der Entwurf des neuen Handelsgesetzbuches sah davon ab,
über Zahl und Gattung der Handelsbücher gesetzliche Regeln zu geben, beschränkte sich vielmehr auf die Vorschrift, daß der Kaufmann in den Büchern
seine Handelsgeschäfte und die Lage seines Vermögens nach den Grundsätzen
ordnungsmäßiger Buchführung ersichtlich zu machen hat. Nach der „Denk-
schrift zu dem Entwurf eines Handelsgesetzbuches und eines Einführungs-
gesetzes" Reichstag, 9. Legislaturperiode, IV. Session 1895/97. Zu Nr. 632
S. 44 sollte durch den in dem bisherigen Artikel 28 nicht enthaltenen Hinweis
auf die Grundsätze ordnungsmäßiger Buchführung der wesentliche Punkt hervorgehoben werden; wie die Bücher geführt werden müssen, sei nach den Ge-
pflogenheiten sorgfältiger Kaufleute zu beurteilen. Diese Anforderungen könnten aber je nach dem Gegenstande, der Art und insbesondere dem Umfange des
Geschäfts verschieden sein.

Neben der Verpflichtung zur Buchführung enthält § 38 die weitere Verpflichtung zur Aufbewahrung der Handelsbriefe. Auch diese Vorschrift ist alt,
sie findet sich bereits in der erwähnten Ordonnance von 1673, wo es in Tit III,
VII heißt: „Tous négociants et marchands, tant en gros qu'en détail,
mettront en liasse les lettres missives qu'ils recevront, et en registre
la copie de celles qu'ils écriront." Nach dem Code de commerce war der
Kaufmann verbunden, die einlaufenden Geschäftsbriefe zusammenzuheften und
die abgeschickten in ein Kopierbuch einzutragen. Auch in den Entwürfen
von 1849 und 1857 findet sich diese Vorschrift, doch ist im letzteren die Haltung
eines Briefkopierbuches nicht allgemein vorgeschrieben, da es nicht überall
gebräuchlich sei und die Benutzung der Kopiermaschine zum Kopieren auf lose
Blätter geführt habe. Auf der Nürnberger Konferenz fand die Bestimmung große
Gegnerschaft. Am weitesten ging der Vertreter Hamburgs, der den Antrag
stellte, den 1. Absatz („Der Kaufmann ist verpflichtet, Bücher zu führen, aus
welchen zu jeder Zeit seine Handelsgeschäfte und die Lage seines Vermögens vollständig zu ersehen sind") dahin zu fassen: „Jeder Kaufmann ist verpflichtet,
ordentliche Bücher zu führen," den Absatz 2 aber (von der Aufbewahrung) zu
streichen. Er führte dabei aus, daß dieses ganze ängstliche Präventiv-System nicht
deutschrechtlich sei, es sei vielmehr durch die französische Gesetzgebung und die
Akoluthen des Code de commerce eingebracht worden, dem wiederum, wie
auch sonst häufig, die Ordonnance de commerce von 1673 zugrunde liege,
ein Gesetz, welches bei allen für seine Zeit sonst anzuerkennenden Verdiensten
der Ausfluß eines argwöhnischen Polizei- und Bevormundungssystems sei.
Mit dem Prinzipe des Entwurfs komme die Konferenz konsequenterweise auf

die Anordnung und Aufsicht über die pflichtmäßige Führung der Handelsbücher und die Befugnis der Behörde, auf den Kontoren der Kaufleute eine Inspektions-revue zu halten, wie denn allerdings ein solcher Vorschlag in neuerer Zeit auch schon gemacht sei.

Schließlich wurde die beantragte Streichung des 2. Absatzes abgelehnt, der Ausdruck „wörtlich" wurde gestrichen, hinter das Wort Abschrift wurden in Klammern die Worte: Kopie oder Abdruck eingesetzt, statt „aller" Handels-briefe wurde „der" gesetzt und das Kopierbuch, (obwohl der preußische Entwurf in richtiger Erkenntnis der tatsächlichen Verhältnisse davon ab-gesehen hatte) in das die abgesandten Briefe der Zeitfolge nach einzutragen waren, gesetzlich verlangt. Erst der Entwurf von 1897 hat diese Bestimmung, die in größeren Geschäften gar nicht durchführbar war und auch tatsächlich nicht befolgt wurde, beseitigt, indem er nur verlangte, daß der Kaufmann eine Abschrift der abgesandten Handelsbriefe zurückzubehalten und die Abschriften geordnet aufzubewahren hat.

Zur Beachtung dieser Vorschriften ist der Kaufmann nach § 38 verpflichtet; ebenso sprechen alle übrigen an den Kaufmann gerichteten Vor-schriften des Handelsgesetzbuches über Buchführung mit Ausnahme von § 43 Abs. 2 im Mußton. Eine Erzwingung dieser Verpflichtung ist aber nicht vor-gesehen, weder im neuen noch in einem früheren Handelsgesetzbuche.

Die Verfasser des preußischen Entwurfs von 1857 setzten, wie Goldschmidt in seiner Kritik annimmt, offenbar die Strafbestimmungen des geltenden preu-ßischen Rechts über den betrügerischen und einfachen Bankerott voraus (Straf-gesetzbuch § 259; Nr. 3, 4. § 261, Nr. 2). Und in seinem Gutachten über den Entwurf nach den Beschlüssen zweiter Lesung (Erlangen 1860) sagt Gold-schmidt: „Dieselben sind weder erschöpfend, noch ohne stete polizeiliche Kon-trolle, mit welcher man doch die Handelsgerichte schwerlich wird belästigen wollen, durchführbar. Auf ihre Verletzung ist wenigstens im Entwurf keine Strafe gesetzt. Selbst für die Anwendung der sehr verschiedenartigen parti-kulären Bankrottstrafen, um deren willen überdies ein deutsches Handelsgesetz-buch keine Normen aufzustellen hat, bieten sie durchaus keinen sicheren An-halt."

Diese Strafbestimmungen fanden sich zuerst mit in den Handelsgesetz-büchern, gingen dann in die Strafgesetzbücher über und finden sich jetzt in der Konkursordnung (§§ 239, 240).

Der nächste Paragraph (§ 32) unseres Handelsgesetzbuches handelt nun von Inventur und Bilanz, insbesondere von der Zeit der Aufstellung.

Wenn auch, wie wir gesehen haben, tatsächliche Inventuren schon vielfach im 16. Jahrhundert erfolgten, so findet sich die erste gesetzliche Bestimmung über die regelmäßige Einrichtung des Inventars erst in der Ordonnance von 1673. Dort heißt es: VIII. „Seront aussi tenus tous les marchands de faire dans le même délai de six mois, inventaire sous leur seing, de tous leurs effets mobiliers et immobiliers, de leurs dettes actives et passives, lequel sera recollé et renouvelé de deux en deux ans. In dem 38. Kapitel seines Buches: „Le parfait Négociant" gibt dann Savary unter der Überschrift: „Wie die Kaufleute nach Inhalt der Ordonnanz ihre Inventarien machen sollen" eine ausführliche Anleitung über die Anfertigung des Inventars und der Bilanz.

Der Code de commerce schrieb sodann jährliche Aufnahme in ein dazu bestimmtes Buch vor. Aus dem französischen ging diese Bestimmung in alle späteren Handelsgesetzbücher über. Das spanische Handelsgesetzbuch hatte noch

die Bestimmung, daß schon beim Beginne des Geschäfts ein Inventar aufgenommen werden müsse, hinzugefügt, die infolge ihrer Zweckmäßigkeit von den
deutschen Entwürfen (Württemberg 1839, Reichsentwurf 1849, preußischer Entwurf 1857) übernommen wurde. Ein Inventurbuch fordert der letztere nicht
unbedingt.

Bei den Nürnberger Beratungen hielt man jedoch die Forderung einer all-
jährlichen Inventur für viele Geschäfte (Detail-, Manufaktur- und Kurzwaren-
geschäfte, Drogerien usw.) für zu schwierig und zeitraubend. In Österreich habe
sich der achtbarste Teil der Kaufmannschaft gegen das Verlangen einer alljähr-
lichen Inventur ausgesprochen. Deshalb wurde beschlossen, im Sinne des § 58
des (revidierten) österreichischen Entwurfs in einem besonderen Satze auszu-
sprechen, „daß es, wenn dies die Natur des Geschäfts erfordere, genüge, wenn
wenigstens alle zwei Jahre eine Inventur vorgenommen wird". Diese heute
häufig falsch aufgefaßte Bestimmung ist also eine Konzession an Österreich. Dabei
wurde noch ausgesprochen, daß der in dem Zwischenjahre zu ziehenden Bilanz
„das Inventar aus dem Vorjahre mit den erkennbaren Veränderungen zugrunde
gelegt werden solle".

Das neue Handelsgesetzbuch behielt die Bestimmung über die Füglichkeit, nur
aller 2 Jahre Inventur zu machen, bei, hob aber ausdrücklich hervor, daß dadurch die Verpflichtung zur jährlichen Aufstellung der Bilanz nicht berührt
wird. Es änderte ferner die Zeitangabe der Aufstellung insofern, als die
Worte „in jedem Jahre" umgeändert wurden in „für den Schluß eines Geschäftsjahres," wofür strafrechtliche Gründe maßgebend gewesen waren. Auch
wurde noch ausdrücklich bestimmt, daß das Geschäftsjahr die Dauer von 12 Monaten nicht überschreiten solle.

Nun folgen im Gesetz die wichtigen Angaben über die Bewertung. Danach
sollen Vermögensgegenstände und Schulden nach dem Werte angesetzt werden,
„der ihnen in dem Zeitpunkte beizulegen ist, für welchen die Aufstellung stattfindet".

Eine Bewertung fand in Deutschland, wie oben gezeigt worden ist, schon
im 16. Jahrhundert statt. Auch die Lehrbücher dieser Zeit enthielten schon die
Bestimmung, daß die Waren inventiert, abgewogen und ästimiert werden
sollten. Allerdings ist die Ausdrucksweise vielfach ungenau: Da sollen die Waren
angeschlagen werden, „was allher kosten", oder sie sollen nach „ihrem Wert und
Kosten" gerechnet werden. Genauere Angaben macht hierüber erst Savary,
der in dem bereits erwähnten 38. Kapitel seines bekannten Werkes folgende
Grundsätze aufstellt:

Nachdem die Bücher saldiert worden sind, werden die Warenvorräte nacheinander in den Laden gebracht, gemessen und aufgezeichnet. Dabei soll der
Preis nicht höher als sichs gebührt eingesetzt werden, car ce seroit vouloir se
rendre riche en idée. Man soll vielmehr den Wert so ansetzen, daß sich durch
den späteren Verkauf bei der nächsten Inventur ein Gewinn ergibt. Dabei ist
zu beachten, ob die Ware frisch gekauft worden ist oder schon lange lagert.
„Si elle est nouvellement achetée, et que l'on juge qu'elle n'est point
diminuée de prix dans les Manufactures, où chez les grossiers, il la faut
mettre au prix coûtant." Bei neuen Waren ist also, wie hier Savary klar
ausspricht, der Einkaufspreis zugrunde zu legen. Kommt eine Ware aus der
Mode oder ist der Preis gesunken, so muß der Wert niedriger eingesetzt werden.
(„Si ce sont marchandises qui commencent à s'appieitir, dont la mode se
passe, et que l'on juge que l'on en peut trouver de semblabe dans les

Manufactures, et chez les grossiers, à cinq pour cent moins, il la faut diminuer de ce prix.") Ist die Ware jedoch von alter Faßon oder schwer verkäuflich, so muß der Wert bedeutend herabgesetzt werden (il faut la diminuer considerablement de prix).

Bei den Debitoren verlangt Savary die Bildung von drei Klassen: die erste besteht aus den sicheren Außenständen, die zweite aus den zweifelhaften (qui seront douteuses) und die dritte aus den uneinbringlichen (de .celles qu'il croira être perdues, et dont il n'estimera pas en pouvoir recevoir aucune chose). In seinem Musterbeispiele des Inventars gliedert er auch die Außenstände in 3 Gruppen, in Bonnes, Douteuses und Mauvaises, setzt aber auch die beiden letzten mit ihrem vollen Betrage ein.

In deutschen Buchhaltungswerken fand ich die ersten näheren Ausführungen über die Bewertung bei Magelsen (1772). Da heißt es auf Seite 16: „Man kann ihn (= den Saldo der Mobilienrechnung) noch nicht für den wahren Abschluß annehmen, so lange nicht der Verlust, der durch die Abnutzung oder andere zufällige Ursachen ihren Wert vermindert hat, weggeschrieben ist. Der beste Weg, den wahren Saldo zu finden, wäre freilich dieser, wenn man die Mobilien stückweise aufzeichnete und schätzte. Weil aber dieses sehr mühsam ist und einige sich nicht füglich schätzen lassen, da ihr Wert sehr ungewiß ist, so begnügt man sich gemeiniglich damit, daß man von dem Wert, den man beim letzten Abschluß für den wahren Saldo angenommen hat, ein Gewisses von Hundert für jedes Jahr als Verlust wegen der Abnutzung wegschreibt. Wieviel von Hundert man aber für die Abnutzung wegschreiben muß, wird nach der Beschaffenheit der Mobilien und durch die Erfahrung bestimmt. Insgemein pflegt man 4 bis 5 pro Cento zu rechnen. Ist viel Silbergeschirr, Gold und andere Sache von einem gewissen Wert darunter, so kann man weniger nehmen; Juwelen aber und andere Stücke eines ungewissen Wertes verlieren mehr."

Ferner werden die ungewissen Schulden, „wenn zuvor die gänzlich verlorenen weggeschrieben worden sind", besonders verzeichnet.

Eine weitere Vorschrift über die Bewertung findet sich ferner in Gerhardts „Buchhalter" (1796). Dort heißt es:

„Bei den Gütern oder Effekten, als Grundstücken, Handels- und Haushaltungsgerätschaften, Kaufmannswaren, Wechselbriefen und anderen Papieren von Wert nimmt man gemeiniglich den Einkaufs- oder kostenden Preis derselben zur gewöhnlichsten Würdigung an und versetzt diesen Preis sogleich in diejenige Valuta, worin das ganze Kapital berechnet werden soll. Da aber dergleichen Effekten auch merklich können auf- und abgeschlagen haben, oder sonst geringer geworden sein, so muß man sich auch dabei nach demjenigen Werte richten, den dergleichen Dinge eigentlich in der Zeit der Aufnahme des Inventars haben, falls man sie bald realisieren wollte."

Wie die Bewertung in der Praxis am Ende des 18. Jahrhunderts erfolgte, zeigt der im Anhang gegebene Regreß der Firma Gebr. Schickler in Berlin aus dem Jahre 1795¹).

Wie man sieht, vollzog sich die Bewertung sehr willkürlich, fehlte es ja an gesetzlichen Vorschriften. Solche brachte erst das „Allgemeine Landrecht für die preußischen Staaten" vom Jahre 1794. Freilich fanden sie sich hier nicht

---

¹) Ich verdanke den Wortlaut des Regresses Herrn Prokurist Meincke, Berlin.

unter den allgemeinen Bestimmungen über die Handelsbücher, sondern in dem Abschnitt über die Sozietätshandlungen. Dort hieß es in Teil 2, Titel 8:

§ 644. Sind in dem Kontrakte keine besonderen Abreden getroffen, so werden bei Aufnahme des Inventars die zum Handlungsvermögen gehörenden Vorräte an Materialien und Waren nur zu dem Preise, wofür sie angeschafft sind, und wenn der gangbare Wert zur Zeit der Inventur niedriger ist, nur zu diesem niedrigen Preise angesetzt.

§ 645. Von solchen Naturalien und Waren, deren Wert durch das Liegen im Lager vermindert wird, ingleichen von den Gerätschaften, welche sich durch den Gebrauch abnutzen, muß außerdem noch ein verhältnismäßiger Abzug gemacht werden[1]).

§ 646. Die außenstehenden Forderungen der Handlung, welche nicht beigetrieben werden können, müssen ganz abgeschrieben; die zweifelhaften aber nur mit einem verhältnismäßigen Abzuge angesetzt werden.

Diese Vorschriften des Allgemeinen Landrechts waren fast wörtlich in den ersten preußischen Entwurf von 1856 übergegangen, aber mit Geltungskraft für alle Kaufleute (nicht nur Handelsgesellschaften).

Bei den Nürnberger Beratungen verwies man jedoch sofort darauf, „daß man mit Aufstellung des Art. 31 über die Zwecke eines Handelsgesetzbuches hinaus in den Bereich der Instruktionserteilung sich verliere, was um so bedenklicher sei, als an manchen Orten bei verschiedenen Geschäften auch verschiedene Arten der Einrichtung von Inventaren und Bilanzen beständen, andre bei dem Bankier, andre bei dem Reeder", man stellte daher den Antrag auf Streichung des Artikels, was aber, da man in ihm doch einen sehr schätzbaren Wegweiser erhalte, abgelehnt wurde.

Nachdem auch in der zweiten Lesung die Streichung der Bewertungsvorschriften beantragt war, wurde der Artikel schließlich in folgender Fassung angenommen:

Bei der Aufnahme des Inventars und der Bilanz sind sämtliche Vermögensstücke und Forderungen nach dem Werte anzusetzen, welcher ihnen zur Zeit der Aufnahme beizulegen ist. Zweifelhafte Forderungen sind nach ihrem wahrscheinlichen Werte anzusetzen, uneinbringliche Forderungen aber abzuschreiben.

Weitere Vorschriften über Bilanzen brachte sodann die Novelle vom 11. Juli 1870, betreffend die Kommanditgesellschaften auf Aktien und die Aktiengesellschaften.

Der Code de commerce, der zuerst das Recht der Aktiengesellschaften regelte, enthielt noch keine besonderen Bestimmungen über Bilanzen und Gewinnverteilung. Das preußische Aktiengesetz vom 9. November 1843 schrieb die Führung regelmäßiger Bücher und jährliche Bilanzziehung vor; im Statut mußten die Grundsätze, nach denen die Bilanz aufzunehmen ist, enthalten sein. Diese Bestimmungen wurden im wesentlichen von dem preußischen Entwurfe übernommen.

Diese staatliche Genehmigung des Statuts kam infolge der Novelle von 1870 in Wegfall. Deshalb wurde es nach den Motiven zur Novelle (S. 657) notwendig, „im Interesse der Gläubiger Festsetzungen zu treffen und dadurch

---

[1]) Eine ähnliche Bestimmung findet sich auch im 17. Titel des 1. Teils § 243 in dem Abschnitte „Von Gemeinschaften, welche durch Vertrag entstehen", nämlich: „Bei Berechnung des Gewinnes und Verlustes muß auf die fortwährende, durch den Gebrauch entstehende Abnutzung und Verminderung des Wertes der Werkzeuge, Gerätschaften und anderen Effekten, deren die Gesellschaft zum Betriebe ihres Gewerbes sich bedient, Rücksicht genommen werden."

der Tendenz, die Bilanz so einzurichten, daß hohe Dividenden verteilt werden
können, einigermaßen entgegenzuwirken. Zu den gesetzlichen Bestimmungen tritt
dann die persönliche Derantwortlichkeit der Gesellschaftsorgane. Don einer
eingehenden Spezialisierung muß zwar abgesehen werden, weil die einschla-
genden Fragen sich je nach dem Geschäftsbetriebe verschieden gestalten und es
sich um ein alle Aktiengesellschaften umfassendes Gesetz handelt; allein gewisse
allgemeine Grundsätze lassen sich dennoch, ohne gerechte Beschwerden hervor-
zurufen, aufstellen". Diese Grundsätze wurden als Artikel 239a dem Handelsgesetzbuch eingefügt.

Weiter ging das Reichsgesetz vom 28. Juli 1884, betreffend die Kommanditgesellschaften auf Aktien und Aktiengesellschaften. Der Entwurf zur Novelle
wollte die Einführung von Bilanzschemata einführen; denn der Bundesrat
sollte ermächtigt werden, „für gewisse Arten von Unternehmungen Formulare
aufzustellen, nach welchen die Gesellschaften die Bilanz sowie die Gewinn- und
Derlustrechnung anzufertigen haben", doch fiel dieser Antrag in der Reichstags-
kommission.

Als leitenden Grundsatz stellte der Entwurf nach der Begründung „im
Anschluß an Artikel 31 des Handelsgesetzbuches die Bestimmung auf, daß alle
Dermögensstücke zum gemeinen Werte zur Zeit der Bilanzaufstellung anzusetzen sind". Doch wurden Ausnahmen gebildet, die in Artikel 185a bestimmt
wurden.

Das Handelsgesetzbuch von 1897 änderte an den allgemeinen Bewertungsvorschriften des Art. 31 zweierlei. Da § 39 dahin abgeändert worden war,
daß Inventar und Bilanz nicht am Schlusse des Geschäftsjahres, sondern für
diesen Zeitpunkt aufgestellt werden sollten, so wurde für den Wert, zu dem die
einzelnen Posten einzustellen sind, auch der Zeitpunkt, für den die Aufnahme erfolgt, als maßgebend erachtet. Ferner wurden die Bewertungsvorschriften auch
auf die Schulden ausgedehnt (z. B. bedingte unverzinsliche Verbindlichkeiten,
bedingte Verpflichtungen, Prämienanleihen, Zahlungen in ausländischer Währung). Schließlich wurde noch die Bestimmung eingefügt, daß die Bilanz in
Reichswährung aufzustellen ist.

Inventar und Bilanz sind sodann nach § 41 zu unterzeichnen und
aufzubewahren. Die Unterschrift wurde schon von der Ordonnance von
1673 verlangt und findet sich von da ab in allen Handelsgesetzen. § 41 entspricht
daher wörtlich dem Art. 30 des Allgemeinen Deutschen Handelsgesetzbuches.

Eine völlig neue Bestimmung bringt dagegen das neue Handelsgesetzbuch
in § 42, indem Unternehmungen deutscher staatlicher Körperschaften ihre Rech-
nungsabschlüsse (= Inventar und Bilanz) in einer von den Dorschriften der
§§ 38—41 abweichenden Weise vornehmen können.

§ 43 enthält Äußerlichkeiten der Buchführung und Aufzeichnungen.
Zunächst soll sich der Kaufmann dabei einer lebenden Sprache und deren Schrift-
zeichen bedienen. Bei Abfassung dieser Bestimmung hatte man besonders die
hebräische Sprache im Auge, deren Anwendung schon von jeher verboten war,
z. B. durch die Reichs-Polizeiordnung von 1577, die Hessisch-Darmstädtische Juden-
ordnung von 1783, das Allgemeine Landrecht und das Gesetz über die Der-
hältnisse der Juden vom 23. Juli 1847[1]). Die Nürnberger Konferenz sah

---

[1]) Den Beweis, daß das Hebräische zu den lebenden Sprachen zu rechnen ist,
erbringt Blau im Archiv für Bürgerliches Recht, Band 23, S. 177 ff. Das Frankfurter
Stadtarchiv bewahrt verschiedene Geschäftsbücher aus dem 17. Jahrhundert auf, die in
hebräischer Sprache geführt sind.

von einer Aufzählung der zulässigen Sprachen ab, um nicht etwa „die Nieder-
lassung von Kaufleuten fremder Nationalität in Deutschland zu erschweren".

Nach dem französischen Rechte mußten alle Handelsbücher von einem der
Richter des Handelsgerichts oder einem Bürgermeister oder Beigeordneten foliiert
und paragraphiert, Tagebuch und Inventarienbuch außerdem einmal im Jahre
visiert werden. In Deutschland haben diese Bestimmungen glücklicherweise
keinen Eingang gefunden. Der Frankfurter Entwurf sah davon ab, weil diese
Formalität in Deutschland im allgemeinen fremd sei und auch kein Bedürfnis
vorliege, würde sie ja selbst in den Gegenden, wo das französische Handelsgesetzbuch gilt, von der großen Mehrzahl der Kaufleute nicht beobachtet. Das deutsche
Handelsgesetzbuch von 1861 beschränkte sich daher auf folgende Vorschrift:
Die Bücher müssen gebunden und jedes von ihnen muß Blatt für Blatt mit
fortlaufenden Zahlen versehen sein. Das neue Handelsgesetzbuch verwandelte
diese Mußvorschrift in eine Sollvorschrift (die Bücher sollen usw.). Für die
Frage der rechtlichen Zulässigkeit auswechselbarer Kontenbücher ist dies von
entscheidender Bedeutung.

Auch die Bestimmungen über die leeren Zwischenräume stammen aus dem
französischen Recht. Der Entwurf von 1857 hatte die Worte: „An Stellen,
welche der Regel nach zu beschreiben sind", deshalb gewählt, weil es bei Anwendung der Briefkopiermaschine unvermeidlich sei, jede 2. Seite im Briefkopierbuch freizulassen. Rasuren hatte der Entwurf untersagt, „weil sonst jede
Zuverlässigkeit der Buchungen untergraben werden würde". Auf der Nürnberger Konferenz war man nicht allgemein mit diesem Verbot einverstanden.
Man wünschte zwar keine ausdrückliche Zulassung von Rasuren, wohl aber Streichung der Worte: Es darf nicht radiert werden. Es blieb jedoch bei der Fassung
des Entwurfs.

§ 44 regelt die Dauer der Aufbewahrungspflicht. Diese war vom
französischen Handelsgesetzbuch auf 10, vom holländischen und portugiesischen auf
30 Jahre und vom spanischen bis zum Schlusse und zur Liquidation des Handels-
geschäfts festgesetzt worden. Der letztere Zeitpunkt kam wegen seiner Unbe-
stimmtheit für die deutsche Gesetzgebung nicht in Frage. Die 30 jährige Frist
hatte den Vorteil, daß sie mit der allgemeinen Verjährungsfrist überein-
stimmte, deshalb wurde sie auch in den Frankfurter Entwurf von 1849 aufgenommen. Man entschied sich in Nürnberg aber für die 10 jährige Frist. Ein
in der ersten Lesung gefaßter Beschluß, auch die Aufbewahrung der Belege
(Fakturen, Wechsel usw.) anzuordnen, wurde in 2. Lesung aufgehoben, da
hierdurch eine große Belästigung für die Kaufleute begründet werde. Das neue
Handelsgesetzbuch änderte nur wenig. Statt „während zehn Jahren" heißt es
jetzt „bis zum Ablauf von zehn Jahren"; ferner wurde die Aufbewahrungspflicht auch auf die Abschriften der abgesendeten Handelsbriefe ausgedehnt.

§ 45 handelt sodann über die Vorlegung der Bücher im Rechtsstreite.
Über die Beweiskraft der Handelsbücher war im Laufe der Jahrhunderte eine
ungeheure Literatur entstanden, und auch die Gesetzgebung hatte sich dieser
Frage mit Vorliebe zugewandt.

Das Allgemeine Landrecht ging von dem Grundsatze aus, daß die Handelsbücher bei regelmäßiger Führung unter Kaufleuten den vollen, gegen Nicht-
kaufleute aber nur bei Warenlieferungen und auch hier nur den halben Beweis
erbringen, wenn die Lieferung selbst unbestritten oder sonst erwiesen war.
Daneben führte es aber Ausnahmefälle auf, in denen die Glaubwürdigkeit der
Bücher geschwächt oder gänzlich aufgehoben wird.

Auf der Nürnberger Konferenz nahmen die Beratungen über diesen Punkt einen sehr breiten Raum ein, handelte es sich ja um eine rein juristische Frage, der die beteiligten Juristen großes Interesse entgegenbrachten. Das Ergebnis bildeten die Artikel 34 bis 36.

Durch das Einführungsgesetz zur Zivilgerichtsordnung vom 30. Januar 1877 wurden diese 3 Artikel (sowie Artikel 37, Satz 2) aufgehoben, an ihre Stelle trat der Grundsatz über die freie Würdigung des Beweises. Handelsbücher haben dessenungeachtet immer noch einen hohen Grad von Beweiskraft, das Maß derselben ist jedoch in jedem einzelnen Falle zu prüfen.

Das neue Handelsgesetzbuch behielt die dem Richter eingeräumte allgemeine Befugnis, die Vorlegung der Handelsbücher einer Partei anzuordnen, bei, erweiterte sie aber aus Gründen der Zweckmäßigkeit dahin, daß das Gericht auch von Amts wegen davon Gebrauch machen kann.

Dabei ist nach § 46 „von ihrem Inhalt, soweit er den Streitpunkt betrifft, unter Zuziehung der Parteien Einsicht zu nehmen und geeignetenfalls ein Auszug zu fertigen. Der übrige Inhalt der Bücher ist dem Gericht insoweit offen zu legen, als es zur Prüfung ihrer ordnungsmäßigen Führung notwendig ist". Diese Bestimmung ist wörtlich dem alten Handelsgesetzbuch entnommen (Artikel 38). Von diesem war er dem französischen Recht entlehnt worden. Schon die Ordonnance von 1673 bestimmte, daß die Vorlegung angeordnet werden könne, pour en extraire ce qui concernera le differend, und der Code de commerce nahm den Satz wörtlich auf.

Volle Offenlegung kann das Gericht jedoch nach § 47 bei Vermögensauseinandersetzungen anordnen. Auch diese Bestimmung hat ihre Vorschrift im französischen Recht, aus dem sie dann in den Frankfurter und den preußischen Entwurf sowie in das alte Handelsgesetzbuch überging (Art. 40). Aber dieser Artikel hatte zu dem Zweifel Anlaß gegeben, ob auch sonstige Vermögensauseinandersetzungen hierher gehören. Im neuen Handelsgesetzbuch erhielt daher dieser Paragraph eine neue Fassung, durch die diese Frage bejaht wird, außerdem fiel die Vorschrift, daß im Konkurse eines Kaufmanns das Gericht die Vorlegung seiner Handelsbücher anordnen kann, als überflüssig weg.

Was zeigt nun dieser historische Überblick? Zunächst geht daraus der große Einfluß des französischen Rechts hervor; denn ein großer Teil der allgemeinen Vorschriften über Buchhaltung geht zurück bis auf die berühmte Ordonnance Ludwigs XIV. vom Jahre 1673.

Sodann zeigt sich uns der große Einfluß der Kaufleute auf diese Bestimmungen. Vom alten Handelsgesetzbuch hat man einmal gesagt: Es wurde von Kaufleuten diktiert und von Juristen niedergeschrieben. Trotzdem entsprechen viele gesetzlichen Bestimmungen über Buchführung nicht den Anforderungen des praktischen Lebens; insbesondere die Vorschriften über Bilanzen, so daß eine Änderung, die volle Klarheit und Bestimmtheit schafft, notwendig ist.

Anhang.

§ 9.

Die drei hiesigen Zuckersiedereien werden ultimo Dezember dieses Jahres inventiert und von den Herren Gebrüder Schickler übernommen, wobei der Herr Jägermeister von Splitgerber seinerseits einen Mitaufseher bestellt.

Diese Inventur geschieht nach folgenden Grundsätzen:

a) Alle fertigen Zucker werden nach den zur Zeit der Übergabe stehenden Verkaufspreisen angesetzt und darauf ein Rabatt von 10 % bonifiziert.

b) Die rohen Zucker werden zu dem Preis, wie sie bei der Inventur hier hergestellt werden können, kalkuliert und ohne Rabatt angenommen.

c) Die in Arbeit befindlichen Zucker werden so weit als möglich vor der Inventur ausgesotten und rein ausgearbeitet.

d) Der Wert der übrig bleibenden Zucker wird folgendergestalt ausgemittelt: Zwei Meister, wovon ein jeder auf seiner Seite einen bestellt, sollen die Qualität dieser Arten von Zucker abschätzen und sodann die Preise, welche sie im Verhältnis der raffinierten Zucker haben, ausgerechnet werden.

e) Von den Sirupen sind bei jeder Inventur gewöhnlich dreierlei Arten vorhanden, welche verschieden behandelt werden müssen:

1. Diejenigen, welche nicht hier verfertigt, sondern von außen kommittiert werden. Diese werden zu den Preisen angesetzt, wie sie zur Zeit der Inventur angeschafft werden können.

2. diejenigen, die in den Siedereien zum Verkauf verfertigt werden. Diese werden zum Verkaufspreise mit 10 % Rabatt von den Herren Gebrüder Schickler übernommen,

3. die verschiedenen Sorten, welche vor dem 1. Januar a. f. nicht ausgesotten werden können, sollen gleich den in der Arbeit befindlichen Zuckern von zwei Meistern nach ihrer Qualität taxiert, gewogen und nach Verhältnis ihres inneren Wertes und Gehalts von den Herren Gebrüder Schickler übernommen werden.

Dem Herrn Jägermeister von Splitgerber stehet frei, zur Taxation der in Arbeit stehenden Zucker und Sirupe ein Subjekt (nur nicht aus einer hiesigen fremden Siederei) zu wählen und die Vereidigung dieser Taxanten zu verlangen.

§ 10.

Die auswärtigen Zucker- und Sirupläger werden zu den Verkaufspreisen, wie sie an Ort und Stelle, wo die Lager sich befinden, verkauft werden, von den Herren Gebrüder Schickler gegen einen Rabatt von 10 % übernommen.

Mit den ausstehenden Aktiven bei den verschiedenen Niederlagen wird es ebenso gehalten, so wie es § 7 bei der Wechselhandlung und den Zuckersiedereien festgesetzt ist, so wie denn auch die Herren Gebrüder Schickler die etwaigen Passivschulden dabei die Liquidation übernehmen und nachweisen.

§ 11.

Die Siedereien in Bromberg und Minden werden von den Herren Gebrüder Schickler auf gleiche Art übernommen, nur werden die dortigen Verkaufspreise und die Preise, was die rohen Zucker und Sirupe dahin zu stehen kommen, bei der Berechnung zugrunde gelegt.

Und da auch wegen der Mindenschen Siederei noch ein Prozeß mit der Amsterdamer Assekuranz-Kompagnie schwebt, so ist festgesetzt worden, daß der etwa entstehende Verlust von beiden Herren Interessenten pro rata getragen werden soll.

§ 12.

Die Gewehrfabrik zu Potsdam und der Gewehrplan zu Spandau, wird, insoweit beide im Eigentum der Handlung sind, ultimo Dezember dieses Jahres inventiert und von den Herren Gebrüder Schickler übernommen.

§ 13.

Die Messerfabrik zu Neustadt-Eberswalde wird ultimo Februar 1796 inventiert und an die Herren Gebrüder Schickler übergeben, und die Bestände mit 10 % Rabatt von denselben übernommen, worunter jedoch diejenigen 8⅓% Rabatt, welche bei der Inventur gewöhnlich auf die Bestände abgezogen werden, nicht mitbegriffen sind.

Für die bei dem Eisenwerke zu Neustadt-Eberswalde befindliche und der Handlung eigentümlich zugehörige Gebäude und Grundstücke bezahlen die Herren Gebrüder Schickler dem Herrn Jägermeister von Splitgerber noch besonders zweitausend Taler, schreibe 2000 Taler Kurant, dagegen aber wird dasjenige, wofür diese Grundstücke auf den Büchern als Debitores aufgeführt sind, ingleichen der Verlust, welcher bisher auf dem Gewinn- und Verlustkonto ebenfalls als Debitor stehen geblieben, auf den Gewinn- und Verlustkonto der Handlung als ein gemeinschaftlicher Verlust abgeschrieben.

§ 14.

Dasjenige Kapital, welches nach völlig berichtigtem Abschluß für den Herrn Jägermeister von Splitgerber ausgemittelt wird, bleibt vor der Hand gegen eine einjährige Kündigung, welche beiden Teilen freisteht, zu 5 % Zinsen in der Handlung stehen, und werden über diese sowohl wie über die § 4 auf Kündigung stehen bleibenden 165 000 Taler Wechsel ausgestellt und die Zinsen quartaliter entrichtet.

www.ingramcontent.com/pod-product-compliance
Lightning Source LLC
Chambersburg PA
CBHW021948220326
41599CB00012BA/1380